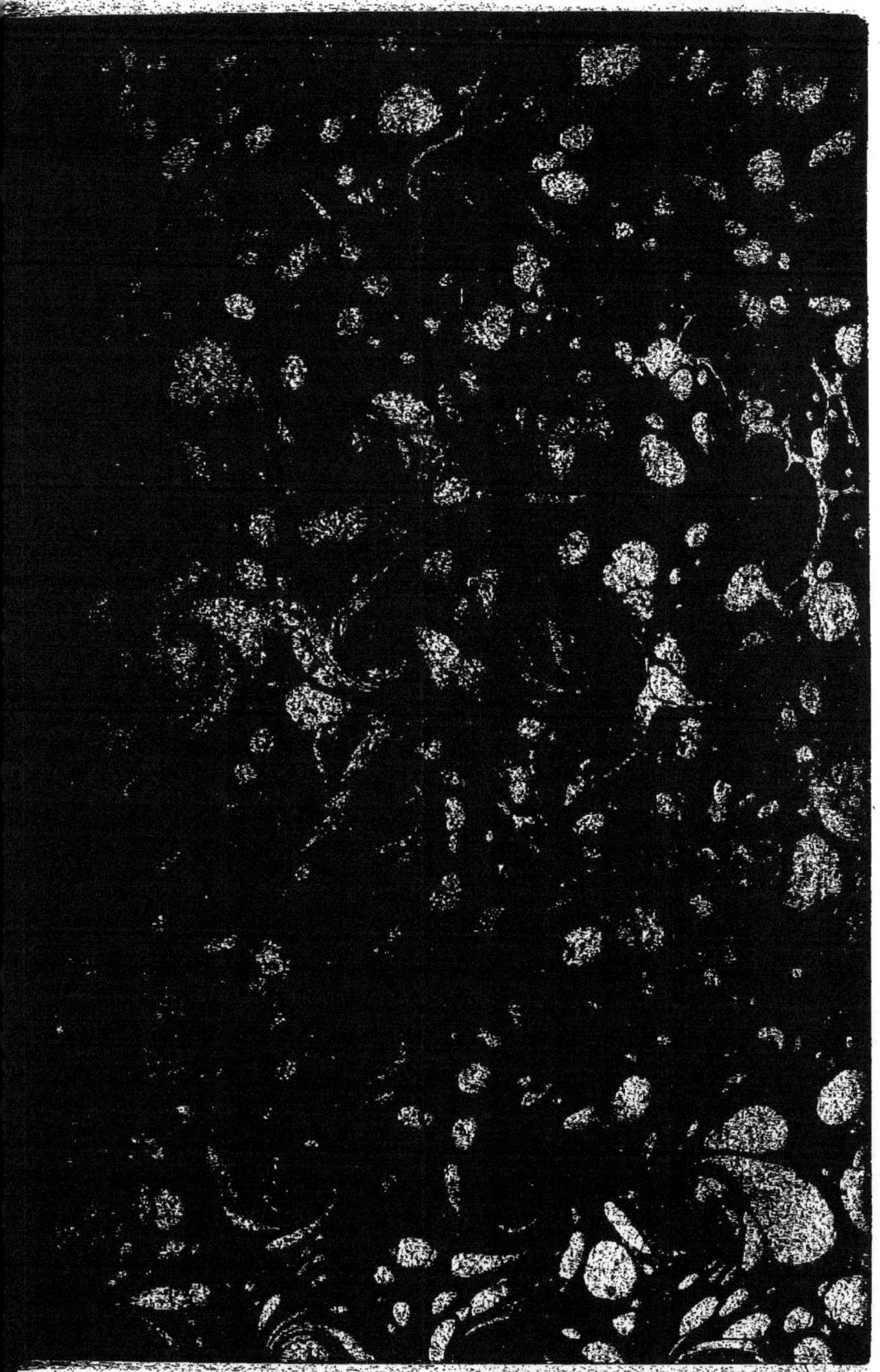

700. T.D.

HARMONIE
OU
CONCORDE
EVANGELIQUE,
CONTENANT
LA VIE
DE NOTRE-SEIGNEUR
JESUS-CHRIST
SELON
LES QUATRE EVANGELISTES.

Suivant la methode & avec les Notes de feu M. TOINARD.

A PARIS,

Chez JEAN-BAPTISTE LAMESLE, à l'entrée de la ruë du Foin, du côté de la ruë S. Jacques, à la Minerve.

M DCC XVI.

AVEC APPROBATION ET PRIVILEGE DU ROY.

A
MESSIRE
JACQUES BENIGNE
BOSSUET,
ABBÉ DE S. LUCIEN DE BEAUVAIS,
NOMMÉ
A L'ÉVÊCHÉ DE TROYES.

ONSEIGNEUR,

Le Monde Chrétien ne connut jamais d'Ouvrage plus précieux que celui-ci ; & la

a

voix publique semble autoriser la liberté que je prends de le faire paroître sous votre Nom. C'est renouveller dans tous les cœurs les justes sentimens d'estime & de veneration qu'y excita pendant sa vie ce Prélat fameux à qui le sang vous unissoit de si près, & dont aujourd'hui Vous nous rendez également le Nom, le Genie & les Vertus *. La France lui confia l'éducation de ce qu'elle avoit de plus cher; l'Europe le regarda comme un sçavant du premier ordre, & l'Eglise comme une de ses plus fermes colonnes. On sçait, MONSEIGNEUR, qu'il se fit aussi un plaisir de Vous former, bien moins parce que la nature Vous lioit à lui, que parce qu'il découvroit en Vous toutes les dispositions qui pouvoient faire honneur à ses soins. Juge équitable, il ne fut point seduit par de trop flateuses esperances. Bientôt il put se reposer sur Vous d'une partie de l'administration de son Diocese, & ce qui sans doute le toucha plus encore, il put dans des conjonctures delicates, vous charger auprès du Souverain

---

* JACQUES-BENIGNE BOSSUET, Evêque de Meaux, Précepteur de Monseigneur le Dauphin.

EPITRE.

Pontife de la défense d'une cause qui étoit devenuë celle de la Religion même *.

Toute la Nation pleura ce grand Homme, & jetta des fleurs sur son tombeau ; mais vous ne donnâtes pas à sa perte une de ces douleurs steriles qui font le partage des ames vulgaires. Empressé de lui procurer une vie plus durable, de l'immortaliser par tout ce qui pouvoit ajoûter quelque chose à sa gloire, vous rassemblâtes ses Ouvrages posthumes, & ce que vous en avez déja publié ne fait pas moins d'honneur à votre pieté qu'à sa memoire.

Vous allez, MONSEIGNEUR, le faire revivre de la maniere la plus parfaite dans les voyes de l'Episcopat ; on y louera sans cesse en vous le même zele, la même justice, la même charité ; vous y signalerez la douceur de ses mœurs, la pureté de sa doctrine, l'étenduë de ses connoissances; enfin tout ce qui annonce un Pasteur formé sur le modéle que j'ai l'honneur de vous offrir. Fasse le Ciel, que dans une si noble carriere vos jours soient prolongez au delà du terme or-

---
* La condamnation du Quiétisme.

dinaire & selon les vœux de la personne du monde qui est avec plus de reconnoissance & de respect,

MONSEIGNEUR,

DE VOTRE GRANDEUR,

Le tres-humble & tres-obeissant
serviteur J. B. LAMESLE.

PRÉFACE.

LE respect que l'on a toujours eu pour les Evangiles a porté en tout tems des Chrétiens à composer des Concordes des quatre Evangiles, tant pour faire voir que les Evangelistes ne sont point tombés en contradiction sur la vie de Jesus-Christ, que pour representer de suite toutes les actions & les discours de Notre-Seigneur. Dès les premiers siecles de l'Eglise, Tatien & Ammonius y travaillerent. Eusebe de Cesarée, homme tres-habile profitant de leurs Ouvrages fit une Concorde encore plus exacte. S. Augustin crut qu'il ne pouvoit pas rendre un service plus utile à l'Eglise qu'en travaillant à faire voir dans quatre Livres la Concorde des quatre Evangelistes. Sedulius & S. Eucher ont fait en vers la vie de Jesus-Christ tirée des Evangelistes. Victor de Capouë a dressé dans le sixieme siecle une Harmonie des quatre Evangelistes; & dans le douzieme Odon de Cambrai a expliqué la Concordance de l'Evangile. Zacharie Evêque de Chrysople, a fait dans le même tems un Commentaire sur la Concorde d'Ammonius.

Après ces Auteurs le fameux Jean Gerson dans le quinzieme siecle dressa une Concordance des quatre Evangelistes qu'il intitula à l'imitation d'Ammonius *Monotessaron*, c'est à dire un Evangile composé des quatre. Cet ouvrage est plus exact & plus complet que ceux qui avoient precedé en ce genre. Après lui, Marianus Scotus, Denis le Chartreux, Zegers, & quelques autres ont fait des Concordances.

Dans ces derniers tems, le nombre des Auteurs Catholiques & Protestans qui ont composé des Harmonies

b

est si grand qu'il seroit ennuyeux de rapporter leurs noms. La Concorde de Janſenius Evêque de Gand, qui parut en 1549. eſt ſans difficulté celle qui l'a emporté ſur toutes les autres, & qui a eu le plus de cours. Elle fut redigée depuis par Jean du Buiſſon qui en retrancha les Commentaires de Janſenius & la fit imprimer avec de courtes Notes à Doüai en 1573. Il n'y en a point eu depuis de plus utile & de plus exacte que celle de M. Arnaud imprimée en Latin à Paris en 1653. & depuis traduite en François. Le Pere Lami & le Sieur le Roux ſont venus après, & ont donné au Public des Concordances des Evangiles d'une methode particuliere.

Enfin celle que Monſieur Toinard, homme d'une erudition conſommée, avoit meditée, & à laquelle il avoit travaillé pendant pluſieurs années, a paru après ſa mort en 1707. Elle eſt d'une preciſion & d'une exactitude auſquelles on ne peut plus rien ajouter. C'eſt le texte Grec des Evangeliſtes ſur lequel il a fait cette Concorde avec un art inimitable. Tous les ſçavans en ont été charmés, & le Public l'a reçuë avec un applaudiſſement univerſel. Mais comme peu de gens ſçavent le Grec, ſes peines & ſes ſoins auroient été inutiles à un tres-grand nombre de perſonnes s'il ne ſe fût trouvé un Auteur qui ſe fût donné la peine de la traduire & de la rediger, à la verité dans une autre diſpoſition, mais toujours en ſuivant exactement ſes traces.

C'eſt cette Concorde Françoiſe que l'on donne au Public ; & voici l'ordre que l'on y a gardé.

1º. On a marqué à chaque page l'année de Jesus-Christ & le tems auquel s'eſt paſſé ce qui eſt contenu dans la même page.

2º. On a mis au commencement de chaque année de Jesus-Christ ce qui pouvoit fixer davantage la Chronologie ; ſçavoir, l'année de la Periode Julienne, l'année de la Creation du Monde, l'année Julienne, l'année de la Nativité de Jesus-Christ, & l'année de l'Ere vulgaire.

3°. Après cette Chronologie, dans une autre ligne enfermée par un reglet, sont marqués les lieux où les évenemens, dont on parle dans la page, se sont passés.

4°. On a fait quatre colonnes à chaque page à côté du texte, qui ont chacune en tête le nom de l'Evangeliste, le chapitre courant, & les versets qui y sont employés, qui répondent aux versets marqués dans le texte, en sorte que d'un coup d'œil il est facile de connoître l'Evangeliste, le chapitre & le verset, ou s'ils sont un, ou deux, ou trois, ou quatre, qui rapportent la même chose, ou en quoi ils sont differens. L'on y remarque aussi les transpositions de chapitres ou de versets, par l'interruption de la suite des versets, & l'on renvoye au chapitre où cette suite se peut trouver. S'il se rencontre quelque verset coupé en deux ou en trois, on met au dessous du verset un *c.* qui veut dire le commencement, une *m.* qui veut dire le milieu, ou un *r.* qui veut dire le reste du verset. On observe la même chose à la fin de chaque chapitre, en y mettant une *f.* qui veut dire fin du chapitre.

5°. On a rapporté quelques versets des Epîtres de S. Paul touchant l'institution du S. Sacrement & les apparitions de JESUS-CHRIST aux Apôtres, & quelques versets des deux premiers chapitres des Actes des Apôtres, pour continuer la vie de JESUS-CHRIST jusqu'au tems son Ascension.

6°. Pour accommoder la maniere de compter les jours des Juifs avec la nôtre, on a marqué que la premiere ferie étoit le Dimanche, la seconde le Lundi, la troisiéme le Mardi, & ainsi du reste de la semaine jusqu'au Sabbat qui est notre Samedi; ce qui est observé dans toute la suite de cette Harmonie.

Il y a encore une difference pour les jours, les Juifs les commençoient à six heures du soir, au lieu que les nôtres ne commencent qu'à minuit, ce qui fait six heures de retardement; c'est pourquoi on a pris soin de les conformer à notre maniere; & l'on a mis outre cela par tout le nom du mois Romain au lieu du nom du mois Judaïque.

La même différence se rencontre encore pour les heures, parce que les jours des Juifs commençant à six heures du soir, ils comptoient la premiere heure du jour à sept heures du soir, jusqu'à la douzieme heure, & à six heures du matin ils recommençoient la premiere heure, & en formoient un jour composé de deux fois douze heures, qui finissoit à nos six heures du soir. Ainsi pour accommoder leurs heures avec les nôtres, il a fallu reculer nos heures de six des leurs: par exemple, quand les Evangelistes disent que Notre-Seigneur fut crucifié à la sixieme heure, c'étoit à notre maniere à douze heures ou midi. Quand ils disent qu'il mourut à la neuvieme heure, c'étoit selon nous à trois heures après midi. L'on a eu soin de marquer en marge cette différence toutes les fois que les Evangelistes ont indiqué les heures.

7°. On a inseré dans cette Harmonie les sçavantes Notes de M. Toinard sur quelques endroits, particulierement celles qu'il a faites sur la derniere Pâque de Jesus-Christ.

Ce travail étoit difficile & demandoit beaucoup d'exactitude. On n'a épargné ni tems ni soins pour le rendre digne du suffrage des Lecteurs habiles. La version est fidele ; la disposition est des plus ingénieuses, & l'édition est correcte presque au delà de ce qu'il est permis d'esperer dans un ouvrage de ce genre.

TABLE
DES CHAPITRES ET ARTICLES
contenus dans cette Harmonie.

L'Evangile selon S. Luc.

Preface. page 1
Chapitre I. Article I. Apparition de l'Ange à Zacharie. 2
2. Prediction de la naissance de S. Jean Batiste. ibid.
3. Zacharie muet. 3
Ch. II. Annonciation & Incarnation de J. Ch. 4

L'Evang. selon S. Matthieu.

Ch. III. Genealogie paternelle de J. Ch. 5
Ch. IV. 1. Visite de la sainte Vierge à sainte Elisabeth. 6
2. Cantique de la Sainte Vierge. ibid.
Ch. V. 1. Nativité & Circoncision de S. Jean Batiste. 7
2. Cantique de Zacharie. 8
Ch. VI. 1. Joseph averti par l'Ange de la naissance de J. Ch. 9
2. Naissance de J. Ch. ibid.
3. Bergers à Bethléem. 10
Ch. VII. 1. Circoncision de J. Ch. 11
2. Adoration des Mages. ibid.
Ch. VIII. 1. Purification. 12
2. Symeon. ibid.
3. Cantique de Simeon. ibid.
4. Anne Prophetesse. 13
Ch. IX. 1. Fuite en Egypte. ibid.
2. Meurtre des enfans. ibid.
3. Retour d'Egypte. 14

Ch. X. L'enfant Jesus parmi les Docteurs. 15
Ch. XI. 1. Batême & Predication de S. Jean Batiste. 17

L'Evangile selon S. Marc.

2. Reproches de S. Jean Batiste contre les Pharisiens. 18
3. Avis de S. Jean Batiste au peuple, aux publicains & aux soldats. 19
4. Premier Témoignage de S. Jean Batiste touchant J. Ch. ibid.
Ch. XII. 1. Batême de J. Ch. 20

L'Evangile selon S. Jean.

2. Le Verbe éternel de Dieu fait chair. ibid.
3. Second Témoignage de S. Jean Batiste touchant J. Ch. 21
Ch. XIII. Genealogie maternelle de J. Ch. 22
Ch. XIV. 1. Jeûne de J. Ch. 24
2. Premiere Tentation. ibid.
3. Seconde Tentation. ibid.
4. Troisieme & derniere Tentation. ibid.
Ch. XV. 1. Troisieme Témoignage de S. Jean Batiste touchant J. Ch. 25
2. Quatrieme Témoignage de saint Jean Batiste touchant J. Ch. 26
3. Cinquieme & dernier Témoignage de S. Jean Batiste tou-

chant J. Ch. Vocation de saint Pierre & de saint André. ibid.
4. Vocation de S. Philippe. 27
5. Entretien de J. Ch. avec Nathanaël. ibid.
Ch. XVI. Noces de Cana. 28
Ch. XVII. 1. Vendeurs chassés du Temple. 29
2. Temple détruit. ibid.
3. PREMIERE PAQUE de J. Ch. depuis son Batême. ibid.
Ch. XVIII. Entretien de J. Ch. avec Nicodême. 30
Ch. XIX. Dispute & murmure des disciples de S. Jean-Baptiste sur ce que J. Ch. batize. 32
Ch. XX. Prison de S. Jean Batiste. 34
2. J. Ch. quitte la Judée pour aller en Galilée. ibid.
Ch. XXI. 1. Samaritaine. 35
2. Moisson spirituelle. 36
3. Foi des Samaritains. 37
Ch. XXII. 1. Predication de J. Ch. dans la Galilée & à Nazareth. 38
2. Nul Prophete en son païs. ibid.
3. J. Ch. va à Capharnaüm. 39
4. Exhortation à la penitence. ibid.
Ch. XXIII. Fils d'un Officier gueri. 40
Ch. XXIV. 1. Seconde Vocation de S. Pierre & de S. André, & celle de S. Jaque & de S. Jean. 41
2. J. Ch. prêche à Capharnaüm. ibid.
Ch. XXV. 1. Premier Demoniaque gueri. ibid.
2. Belle mere de S. Pierre guerie. 42
3. Malades gueris & Demons chassés. ibid.
4. Retraite, Priere, Predication,

& Miracles de J. Ch. 43
5. Second Demoniaque gueri. ibid.
6. Reputation de J. Ch. & guerison de malades. ibid.
Ch. XXVI. Premiere Pêche miraculeuse. 44
Ch. XXVII. 1. Premier Lepreux gueri. 45
2. Premier Paralytique gueri. ibid.
Ch. XXVIII. 1. Vocation de S. Matthieu. 47
2. J. Ch. mange avec les pecheurs. ibid.
3. Dispute sur le Jeûne. 48
4. Paraboles du drap neuf & des vaisseaux vieux. ibid.
Ch. XXIX. 1. Piscine probatique. ibid.
2. Second Paralytique gueri. 49
Ch. XXX. Sermon de J. Ch. aux Juifs. 50
SECONDE PAQUE de J. Ch. depuis son Batême. 52
Ch. XXXI. 1. Epics rompus. Culte du Sabbat. ibid.
2. Main seche guerie. 53
Ch. XXXII. Concours de peuple après J. Ch. Guerison de malades. Confession de Demons. 54
Ch. XXXIII. Election des Apôtres. 55
Ch. XXXIV. 1. Sermon sur la montagne. 56
2. Les huit Beatitudes. ibid.
3. Quatre Imprecations. 57
Ch. XXXV. 1. Apôtres, sel & lumiere de la terre. ibid.
2. Qu'il faut accomplir la loi. ibid.
3. Justice abondante. Parole injurieuse. Reconciliation. 58
Ch. XXXVI. 1. De la continence & du scandale. 59
2. Mariage

2. Mariage indissoluble. Jurement. 59
CH. XXXVII. Etre prêt à tout souffrir. Etre charitable. Aimer ses ennemis. Prêter sans rien espérer. 60
CH. XXXVIII. 1. Faire l'aumône. 61
2. Prier. ibid.
3. Jeûner. 62
CH. XXXIX. 1. Trésor dans le Ciel. Oeil simple. 63
2. Servir Dieu, & non l'argent. Ne point s'inquiéter des besoins de la vie, ni de l'avenir. ibid.
CH. XL. 1. Ne point juger. 64
2. Aveugles conducteurs d'aveugles. Paille & poutre dans l'œil. 65
3. Ne donner point le saint aux chiens. Demander, chercher, frapper. Abregé de la Loi. ibid.
CH. XLI. 1. La voie étroite. 66
2. Faux Prophetes. Fruit semblable à l'arbre. ibid.
3. Dieu juge par les œuvres, & non par les paroles. 67
4. Bâtir sur la pierre, & non sur le sable. ibid.
CH. XLII. 1. Second Lepreux guéri. 68
2. Foi du Centenier. Troisiéme & dernier Paralytique guéri. ibid.
3. Le fils d'une veuve de la ville de Naïm ressuscité. 69
CH. XLIII. Premiere Onction de J. Ch. par une pecheresse. Parabole d'un creancier qui avoit deux debiteurs. 70
CH. XLIV. 1. Disciples de Saint Jean-Batiste envoyés par lui à J. Ch. 71
2. Eloge de Saint Jean-Batiste. 72
3. J. Ch. & S. Jean Batiste rejettés des Juifs. 73
CH. XLV. 1. J. Ch. prêche dans les villes de Galilée. ibid.
2. Troisiéme Demoniaque aveugle & muet guéri. 74
3. Blasphême des Pharisiens. Royaume divisé. ibid.
4. Parabole du Fort armé. Peché contre le Saint Esprit. 75
5. Trésor du cœur. Parole inutile. ibid.
6. Prodige demandé, & refusé. Jonas. Ninivites. Reine du Midi. 76
7. Parabole de l'Esprit impur rentrant. ibid.
CH. XLVI. Mere & frere de J. Ch. 77
CH. XLVII. 1. Parabole du Semeur. ibid.
2. Parabole de l'Ivraie. 78
3. Parabole de la Semence jettée en terre. 79
4. Parabole du grain de Seneve. ibid.
5. Parabole du Levain. ibid.
CH. XLVIII. 1. Les disciples demandent à J. C. l'explication de ces paraboles. 80
2. Explication de la Parabole du Semeur. 81
3. Lampe sous le boisseau. 82
4. Qui a déja, aura davantage. ibid.
CH. XLIX. 1. Explication de la parabole de l'Ivraie. ibid.
2. Parabole du Trésor caché. 83
3. Parabole d'une Perle de grand prix. ibid.
4. Parabole du Filet jetté dans la mer. ibid.
CH. L. 1. Suivre pauvre J. Ch. pauvre. 84
2. Morts ensevelir les morts. ibid.

c

3. *Premiere Tempête appaisée.* 84
CH. LI. *Quatriéme Demoniaque gueri. Legion de demons chassée. Pourceaux precipités.* 85
CH. LII. 1. *Arrivée de Jaïre vers J. Ch.* 87
2. *Hemorroïsse guerie.* ibid.
3. *Fille de Jaïre ressuscitée.* 88
CH. LIII. 1. *Deux Aveugles gueris.* 90
2. *Cinquiéme Demoniaque muet gueri.* ibid.
3. *J. Ch. meprisé. Nul prophete en son païs.* ibid.
CH. LIV. 1. *J. Ch. prêche en Galilée.* 92
2. *Brebis sans Pasteur. Moisson. Ouvriers.* ibid.
CH. LV. 1. *Mission & puissance des Apôtres.* ibid.
2. *Instructions pour la pauvreté.* 93
3. *Souffrir les persecutions.* 94
4. *Le Disciple n'est pas plus que le Maître.* ibid.
5. *Ne craindre que Dieu.* 95
6. *Confesser J. Ch. devant les hommes.* ibid.
7. *Epée pour separer. Domestiques ennemis.* ibid.
8. *Recompense de la charité.* ibid.
9. *Predication & miracles des Apôtres.* 96
10. *Reproche de J. Ch. aux villes impenitentes.* ibid.
CH. LVI. *Mort de S. Jean-Batiste.* 97
CH. LVII. 1. *Retour des Apôtres.* 98
2. *Mysteres cachés aux Sages.* ibid.
3. *Joug leger.* 99
CH. LVIII. 1. *Doute d'Herode sur la reputation de J. Ch.* ibid.

2. *Retraite de J. Ch.* ibid.
CH. LIX. 1. *Premiere Multiplication des pains.* 100
2. *J. Ch. fuit pour n'être pas Roi.* 102
CH. LX. 1. *J. Ch. marche sur la mer.* ibid.
2. *Seconde Tempête appaisée. Saint Pierre marche sur la mer.* 103
CH. LXI. 1. *Malades gueris.* ibid.
2. *Le peuple cherche J. Ch.* 104
3. *Nourriture qui ne perit point.* ibid.
4. *Jesus pain de vie.* ibid.
5. *Murmure des Juifs touchant le pain celeste.* 105
6. *Pain vivant, chair de Jesus.* 106
7. *Murmure des disciples sur les paroles de J. Ch.* 107
8. *Fermeté des Apôtres.* ibid.
TROISIÈME PASQUE *de J. Ch. depuis son Batême.* 108
CH. LXII. 1. *Malades gueris par le bord du vêtement de J. Ch.* ibid.
2. *Mains non lavées. Traditions.* ibid.
3. *C'est le cœur qui souïlle l'homme.* 109
CH. LXIII. 1. *La fille de la Cananée guerie.* 110
2. *Second Sourd & muet gueri.* 111
3. *Foule de malades gueris.* 112
CH. LXIV. *Seconde & derniere Multiplication des pains.* ibid.
CH. LXV. 1. *Prodige demandé & refusé.* 113
2. *Levain des Pharisiens. Apôtres repris de leur peu d'intelligence.* ibid.
3. *Aveugle gueri.* 114
CH. LXVI. 1. *Confession & Primauté de S. Pierre.* 115

2. Premiere prediction de la Passion de J. Ch. 115
3. Porter sa croix. Perdre tout pour se sauver. 116
CH. LXVII. 1. Transfiguration de J. Ch. 117
2. De l'avenement d'Elie. 118
CH. LXVIII. 1. Demoniaque lunatique & muet gueri. ibid.
2. Force de la foi, de la priere, & du jeûne. 120
CH. LXIX. 1. Seconde prediction de la Passion de J. Ch. ibid.
2. J. Ch. paye le tribut. 121
CH. LXX. 1. Premiere dispute des Apôtres sur la primauté. S'humilier comme un enfant. ibid.
2. Qui n'est point contre nous, est pour nous. 122
3. Eviter le scandale. ibid.
4. Ne pas mépriser les petits. Parabole de la brebi égarée. 123
5. Correction fraternelle. 124
6. Pouvoir de lier & délier donné aux Apôtres. ibid.
7. Dieu dans l'union. ibid.
8. Combien de fois il faut pardonner. ibid.
9. Parabole des dix mille talens. ibid.
CH. LXXI. 1. J. Ch. n'est pas venu pour perdre les hommes, mais pour les sauver. 126
2. Les Renards ont leurs tannieres, & les oiseaux leurs nids. Laisser les morts ensevelir les morts. Ne point regarder en arriere. ibid.
CH. LXXII. 1. Mission & instruction des soixante & douze disciples. 127
2. Ville impenitentes. 128
CH. LXXIII. 1. Retour des soixante & douze disciples. ibid.

2. Mysteres cachés aux Sages. 129
3. Parabole du Samaritain. ibid.
4. Marthe & Marie. Un necessaire. 130
CH. LXXIV. 1. Comment il faut prier. 131
2. Parabole des trois pains prêtés, sur la perseverance dans la priere. ibid.
CH. LXXV. 1. Huitieme & dernier Demoniaque muet gueri. 132
2. Seconde Parabole du Fort armé. ibid.
3. Seconde Parabole de l'Esprit impur rentrant. 133
4. Bonheur de ceux qui entendent la parole de J. Ch. ibid.
5. Troisieme Prodige demandé. Jonas. Reine du Midi. Ninivites. ibid.
6. Lampe sur le chandelier. Oeil simple. 134
CH. LXXVI. 1. Nettoyer ce qui est au dedans. ibid.
2. Trois imprecations contre les Pharisiens. ibid.
3. Trois imprecations contre les Docteurs de la loi. 135
CH. LXXVII. 1. Levain des Pharisiens. 136
2. Ne craindre que Dieu. ibid.
3. Se garder de l'avarice. 137
4. Parabole du Riche qui bâtit des greniers. ibid.
5. Ne point s'inquieter des besoins de la vie. 138
6. Parabole du serviteur vigilant & du mauvais. 139
7. Division sur la terre. 140
8. Tems du Messie inconnu. ibid.
9. S'accorder avec son adversaire. 141

TABLE DES CHAPITRES

10. Faire penitence. 141
11. Parabole du figuier sterile. ibid.

CH. LXXVIII. 1. Femme courbée guerie le jour du Sabbat. 142
2. Parabole du grain de Seneve. ibid.
3. Parabole du Levain. ibid.

CH. LXXIX. 1. Porte étroite. 143
2. J. Ch. doit mourir à Jerusalem. Jerusalem homicide, deserte. ibid.

CH. LXXX. 1. Hydropique gueri. 144
2. Parabole de la derniere place. 145
3. Inviter les pauvres, & non les riches. ibid.
4. Parabole des conviés qui s'excusent. ibid.

CH. LXXXI. 1. Haïr ses parens. Porter sa croix. 146
2. Parabole d'un homme qui bâtit une tour. ibid.
3. Parabole d'un Roi qui va pour combattre contre un autre Roi. 147
4. Sel affadi. ibid.

CH. LXXXII. 1. Murmure des Juifs contre J. Ch. ibid.
2. Parabole de la brebis retrouvée. Joie dans le ciel pour un penitent. ibid.
3. Parabole de la Drachme retrouvée. 148
4. Parabole de l'enfant prodigue. ibid.

CH. LXXXIII. 1. Malades gueris. 150
2. Parabole de l'oeconome injuste. Se faire des amis dans le ciel. ibid.
3. Qui est fidele en peu, l'est en beaucoup. On ne peut servir Dieu & l'argent. 151
4. Ce qui est grand aux yeux des hommes est abomination devant Dieu. ibid.
5. Le ciel se prend par violence. 152

CH. LXXXIV. 1. Mariage indissoluble. ibid.
2. Eunuques volontaires. 153
3. Parabole du mauvais Riche. ibid.

CH. LXXXV. 1. Eviter le scandale. Pardonner. 154
2. Serviteur inutile. 155

CH. LXXXVI. 1. J. Ch. sollicité par ses parens de se faire connoître. ibid.
2. J. Ch. va à la fête des Tabernacles. Il prêche dans le Temple. 156
3. Differens sentimens des Juifs touchant J. Ch. 157

CH. LXXXVII. 1. Premier complot des Juifs pour se saisir de J. Ch. 158
2. Promesse du S. Esprit à ceux qui croiront en J. Ch. ibid.
3. Dissension entre les Juifs touchant J. Ch. ibid.
4. Discours de Nicodeme aux Pharisiens. 159

CH. LXXXVIII. Femme adultere. ibid.

CH. LXXXIX. 1. Témoignage de J. Ch. par lui-même. 160
2. Impenitence des Juifs. 161
3. J. Ch. Fils de Dieu. ibid.
4. La verité rend libre, & le peché esclave. 162
5. Juifs, enfans du diable. ibid.
6. Juifs blasphemans & voulans lapider J. Ch. 163

CH. XC. 1. Aveugle-né gueri le jour du Sabbat. 164

ET ARTICLES.   xvij

2. L'aveugle-né conduit aux Pharisiens. 165
3. L'aveugle-né chassé pour avoir défendu J. Ch. 166
4. L'aveugle-né croit en J. Ch. 167
Ch. XCI. 1. Parabole du Pasteur & du Voleur. ibid.
2. J. Ch. est la porte. 168
3. J. Ch. le bon Pasteur. ibid.
4. J. Ch. traité de possedé. 169
Ch. XCII. 1. Dix lepreux gueris. ibid.
2. Le royaume de Dieu au dedans de nous. 170
3. Le tems de Noé & de Loth. ibid.
4. Parabole du juge d'iniquité, sur la perseverance dans la priere. 171
5. Parabole du Pharisien & du Publicain. ibid.
Ch. XCIII. 1. Les brebis de J. Ch. entendent sa voix, & ne peuvent perir. 172
2. Fureur des Juifs contre J. Ch. 173
Ch. XCIV. 1. Maladie de Lazare. 175
2. Petits enfans presentés à J. Ch. ibid.
3. Marcher pendant le jour. 176
4. Mort du Lazare. ibid.
5. Garder les Commandemens. ibid.
6. Peril des richesses. 177
7. Centuple promis à ceux qui quittent tout. 178
8. Parabole des ouvriers de la vigne. ibid.
9. Entretien de Marthe avec J. Ch. 179
10. Marie va au devant de J. Ch. se jette à ses pieds, & pleure. 180

11. Resurrection du Lazare. 181
Ch. XCV. 1. Les Juifs tiennent conseil pour perdre J. Ch. 182
2. Troisieme prediction de la Passion de J. Ch. ibid.
3. Demande des enfans de Zebedée. 183
4. Aveugle gueri. 184
Ch. XCVI. 1. Zachée. 185
2. Parabole des dix marcs. ibid.
Ch. XCVII. 1. Deux aveugles gueris. 187
2. Second ordre des Juifs pour prendre J. Ch. 188
Ch. XCVIII. 1. Seconde Onction des pieds de J. Ch. ibid.
2. Les Juifs veulent aussi faire mourir Lazare. 189
3. Pact de Judas avec les Juifs. 190
Ch. XCIX. Anon délié & amené à J. Ch. ibid.
Ch. C. 1. Marche triomphante de J. Ch. sur le chemin de Jerusalem. 191
2. Premiere prediction de la ruine de Jerusalem. ibid.
Ch. CI. 1. Acclamation du peuple lorsque J. Ch. entre dans Jerusalem. 192
2. Aveugles & boiteux gueris. Indignation des Juifs. 193
Ch. CII. 1. Gentils veulent voir J. Ch. ibid.
2. J. Ch. predit qu'il sera glorifié. ibid.
3. J. Ch. doit être élevé par la croix. 194
Ch. CIII. 1. Aveuglement & endurcissement des Juifs. 195
2. Exhortation à la foi. ibid.
3. Les Juifs cherchent le moyen de perdre J. Ch. 196
Ch. CIV. 1. Figuier maudit. ibid.

c iij

TABLE DES CHAPITRES

2. *Vendeurs chassés du Temple.* 196
CH. CV. 1. *Figuier seché.* 197
2. *Force de la foi & de la priere.* ibid.
CH. CVI. 1. *Par quelle autorité. D'où étoit le batême de saint Jean.* 198
2. *Parabole de deux fils, l'un revenant à soi, & l'autre desobeïssant.* 199
3. *Parabole des Vignerons homicides.* ibid.
4. *Application de cette parabole aux Juifs.* 200
5. *Parabole des conviés aux noces.* 201
CH. CVII. 1. *Rendre à Cesar ce qui est à Cesar, & à Dieu ce qui est à Dieu.* 202
2. *Sadducéens confondus.* 203
3. *Quel est le grand Commandement.* 204
CH. CVIII. 1. *J. Ch. Fils & Seigneur de David.* 205
2. *Docteurs de la loi & Pharisiens bons à être écoutés, & non à être imités.* ibid.
3. *Huit imprecations contre les Docteurs de la loi & les Pharisiens.* 206
4. *Seconde prediction de la ruine de Jerusalem.* 208
CH. CIX. 1. *Veuve donnant de son indigence.* 209
2. *Prediction de la destruction du du Temple de Jerusalem.* ibid.
3. *Presages de la ruine de Jerusalem.* 210
4. *Justes persecutés.* ibid.
5. *Troisieme Prediction de la ruine de Jerusalem.* 211
6. *Signes qui doivent préceder l'avenement de J. Ch.* 212

CH. CX. 1. *Parabole du Figuier.* 213
2. *Veiller & prier.* 214
3. *Parabole du bon & du mauvais serviteur.* 215
4. *Parabole des vierges folles & des prudentes.* ibid.
5. *Parabole des cinq talens.* 216
6. *Dernier Jugement.* 218
CH. CXI. *Conspiration des Juifs contre J. Ch.* 219

PASSION DE N. S. J. CH. 221

CH. CXII. 1. *Preparation de la Pâque.* ibid.
2. *Prediction de la trahison de Judas.* 222
CH. CXIII. *Lavement des pieds des Apôtres.* 223
CH. CXIV. 1. *Institution de l'Eucharistie.* 224
2. *Denonciation de celui qui devoit trahir J. Ch.* 227
CH. CXV. 1. *Seconde dispute entre les Apôtres sur la primauté.* 228
2. *Priere pour la foi de S. Pierre. Nouveau Commandement de s'entr'aimer.* ibid.
3. *Premiere prediction du renoncement de S. Pierre.* 229
4. *Les Apôtres consolés & instruits par J. Ch.* ibid.
CH. CXVI. 1. *Suite des instructions de J. Ch. à ses Apôtres.* 232
2. *Suite des instructions de J. Ch. à ses Apôtres.* 234
3. *Seconde prediction du Renoncement de S. Pierre.* 236
CH. CXVII. 1. *J. Ch. prie pour sa glorification.* 237
2. *J. Ch. prie pour ses Apôtres.* ibid.

ET ARTICLES.   xix

3. Il prie pour tous les Elus. 238
Ch. CXVIII. 1. Tristesse de J. Ch. 239
2. Agonie de J. Ch. 240
3. Priere de J. Ch. Apôtres dormans. ibid.
Ch. CXIX. 1. Arrivée & baiser de Judas. 241
2. Soldats renversés. ibid.
3. Oreille coupée. ibid.
4. Reproches de J. Ch. contre les Juifs. Fuite des Apôtres. 242
Ch. CXX. 1. J. Ch. emmené chez Anne, & ensuite chez Caïphe. 243
2. S. Pierre entre dans la cour du Grand-Prêtre. ibid.
Ch. CXXI. 1. Premier Renoncement de saint Pierre. Premier Chant du Coq. 244
2. Second Renoncement de S. Pierre. ibid.
3. Troisieme & dernier Renoncement de S. Pierre. Second Chant du Coq. ibid.
Ch. CXXII. 1. J. Ch. interrogé sur sa doctrine. Soufflet donné. 245
2. Faux témoins. 246
3. J. Ch. interrogé & condamné. ibid.
4. Crachats, coups de poing, dérision. 247
Ch. CXXIII. 1. J. Ch. mené à Pilate. 248
2. Mort de Judas. ibid.
Ch. CXXIV. 1. J. Ch. accusé devant Pilate. 249
2. J. Ch. interrogé par Pilate. ibid.
3. J. Ch. envoyé à Herode par Pilate. 250
Ch. CXXV. 1. Barabbas preferé à J. Ch. 251

2. Clameurs des Juifs contre J. Ch. 252
Ch. CXXVI. 1. Flagellation, Couronnement & Derision. ibid.
2. J. Ch. presenté aux Juifs par Pilate. ibid.
3. J. Ch. interrogé une seconde fois par Pilate. 253
Ch. CXXVII. 1. J. Ch. condamné par Pilate. 254
2. J. Ch. moqué, frappé & insulté par les soldats. 255
3. J. Ch. portant sa croix. ibid.
4. Quatrieme & derniere prediction de la ruine de Jerusalem. ibid.
Ch. CXXVIII. 1. Crucifiment de J. Ch. 256
2. Titre de la croix. ibid.
3. Vêtemens de J. Ch. jettés au sort. 257
4. Blasphêmes & derisions des Juifs. ibid.
5. Larrons crucifiés avec J. Ch. 258
6. Mere de J. Ch. & S. Jean au pied de la croix. ibid.
7. Tenebres sur la terre. ibid.
Ch. CXXIX. 1. Mort de J. Ch. 259
2. Prodiges arrivés à la mort de J. Ch. ibid.
3. Centenier, & Femmes saintes. 260
4. Côté de J. Ch. percé d'une lance. ibid.
5. Joseph d'Arimathie. 261
Ch. CXXX. 1. Nicodéme. Sepulture de J. Ch. ibid.
2. Gardes au sepulcre. 262

Resurrection de J. Ch.
Ch. CXXXI. 1. Saintes Femmes au Sepulcre. 263

1. Resurrection de J. Ch. annoncée aux saintes femmes. 264
3. S. Pierre & S. Jean courent au sepulcre. ibid.
Ch. CXXXII. Premiere Apparition de J. Ch. à Madelaine. 265
Ch. CXXXIII. 1. Seconde Apparition, aux saintes femmes 266
2. Dessein des Juifs pour cacher la resurrection de J. Ch. 267
Ch. CXXXIV. Troisieme Apparition, aux deux disciples allant à Emmaüs. ibid.
Ch. CXXXV. 1. Quatrieme Apparition, à saint Pierre. 269
2. Cinquieme Apparition, aux Apôtres, S. Thomas absent. ibid.
Ch. CXXXVI. Sixieme Apparition, aux mêmes, en presence de saint Thomas. 270
Ch. CXXXVII. 1. Septieme Apparition, proche de la mer, aux Apôtres. Seconde pêche miraculeuse. 271
2. J. Ch. confie ses brebis à saint Pierre. 272
3. Prédiction du martyre de saint Pierre, & de la mort de S. Jean. ibid.
Ch. CXXXVIII. 1. Huitieme Apparition, en Galilée. 273
2. Neuvieme Apparition, à saint Jaque. ibid.
3. Dixieme & derniere Apparition, à tous les Apôtres. 274
4. Promesse du saint Esprit. ibid.

ACSENSION DE JESUS-CHRIST.

Ch. CXXXIX. 275
Ch. CXL. Election de Matthias à la place de Judas Iscariote. 276
Ch. CXLI. 1. Descente du saint Esprit. 277
2. Conclusion. ibid.

Fin de la Table des Chapitres & Articles.

HARMONIE

HARMONIE EVANGELIQUE, OU LA VIE DE NOTRE SEIGNEUR JESUS-CHRIST SELON LES QUATRE EVANGELISTES.

L'EVANGILE SELON S. LUC.

PREFACE.

17.

1. COMME plusieurs ont entrepris de composer une histoire exacte des choses qui se sont passées parmi nous,

2. selon le rapport que nous en ont fait ceux qui les ont vues eux-mêmes dès le commencement, & qui ont été les Prédicateurs de l'Evangile;

3. j'ai aussi moi-même jugé à propos, tres-excellent Theophile, après avoir été exactement informé de toutes les mêmes choses, comme elles se sont passées depuis leur commencement, que je devois de même les écrire & vous les ranger de suite,

4. afin que vous connoissiez la verité de ce qui vous a été enseigné.

A

Au mois d'Août.

| De la Periode Julienne 4709. | De la Creation du Monde 4000. | De l'Année Julienne 41. | Avant la Nativité de Jesus-Christ 2. | l'Ere vulgaire 5. |

Dans le Temple de Jerusalem.

CHAPITRE I.

1. *Apparition de l'Ange à Zacharie.*

5. AU tems d'Herode Roi de Judée, il y avoit un Prêtre nommé Zacharie, de la classe d'Abia; & sa femme étoit de la race d'Aaron, nommée Elisabeth.

6. Ils étoient tous deux justes devant Dieu, & ils vivoient selon les commandemens & les ordonnances du Seigneur, d'une maniere irreprehensible.

7. Ils n'avoient point d'enfans, parce qu'Elisabeth étoit sterile, & ils étoient tous deux avancés en âge.

8. Or Zacharie exerçant *a* la fonction de Prêtre devant Dieu, dans le rang de sa classe,

9. il arriva par le sort, selon ce qui se pratiquoit entre les Prêtres, que ce fut à lui à entrer dans le Temple du Seigneur pour y offrir les parfums.

10. Cependant toute la multitude du peuple étoit dehors, faisant sa priere à l'heure qu'on offroit les parfums.

11. Alors un Ange du Seigneur s'apparut à lui, se tenant debout à la droite de l'autel des parfums.

12. Zacharie le voyant en fut troublé, & la frayeur le saisit.

2. *Prediction de la naissance de S. Jean-Baptiste.*

13. Mais l'Ange lui dit; Ne craignez point, Zacharie, parce que votre priere a été exaucée; Elisabeth vôtre femme vous enfantera un fils, à qui vous donnerez le nom de Jean.

14. Vous en aurez de la joie & du ravissement, & plusieurs se réjouïront de sa naissance :

15. car il sera grand devant le Seigneur, il ne boira point de vin, ni de tout ce qui peut enyvrer, & il sera rempli du S. Esprit dès le ventre de sa mere.

16. Il convertira plusieurs des enfans d'Israël au Seigneur leur Dieu :

17. " & il marchera devant lui dans l'esprit & la vertu " d'Elie ; pour reconcilier les cœurs des peres avec leurs " enfans ", & rappeller les désobeïssans à la prudence des justes, pour preparer au Seigneur un peuple bien disposé.

a le 31. d'Août jour du Sabat,

Malach. IV. 5. 6.

Année 2. avant la Nativité de J. C. En Septembre.

	Dans le Temple de Jérusalem.	A Hebron.
17	3. *Zacharie muet.*	Chap. 1.

18. 18. Zacharie dit à l'Ange : A quoi connoîtrai-je cela ? car je suis vieux, & ma femme est avancée en âge.

19. 19. L'Ange lui répondit : Je suis Gabriel qui suis *toujours* present devant Dieu ; j'ai été envoyé pour vous parler, & pour vous annoncer ces choses ;

20. 20. & dans ce moment vous allez devenir muet, & vous ne pourrez plus parler jusqu'au jour que ces choses arriveront, parce que vous n'avez point cru à mes paroles, qui s'accompliront en leur tems.

21. 21. Cependant le peuple attendoit Zacharie, & s'étonnoit de ce qu'il demeuroit si long-tems dans le Temple.

22. 22. Mais étant sorti, il ne pouvoit leur parler ; & ils reconnurent par les signes qu'il leur faisoit, qu'il avoit eu une vision dans le Temple. Et il demeura muet.

23. 23. Quand les jours de son ministere furent accomplis, il s'en alla en sa maison *a*.

24. 24. Quelque tems après * Elisabeth sa femme conçut *b*, & elle se tenoit cachée durant cinq mois, en disant :   * le 24. de Septembre,

25. 25. C'est la grace que le Seigneur m'a faite en ce tems, où il m'a regardée pour me tirer de l'opprobre où j'étois devant les hommes.

a à Hebron.
b En ce même tems l'Etoile apparut aux Mages en Orient, comme on l'apprend par la réponse qu'ils firent à Herode lorsqu'il s'enquit d'eux en quel tems ils l'avoient apperçue ; ce qui lui donna occasion dans la suite de faire tuer tous les enfans âgés de deux ans & au dessous, selon le tems qu'ils lui avoient marqué. *Matth.* II. 7. & 16.

Fin de ce qui s'est passé en l'année
4709. de la Periode Julienne,
4000. de la Creation du Monde,
41. de l'Année Julienne,
2. avant la Nativité de Jesus-Christ,
5. avant l'Ere vulgaire.

A ij

Année I. avant la Nativité de J. C. En Mars.

Chap. 2.	17	De la Periode julienne 4710.	De la Creation du Monde 4001.	De l'Anné Julienne 42.	Avant la Nativité de Jesus-Christ 1.	Avant l'Ere vulgaire 4.

Dans Nazareth ville de la Galilée.

CHAPITRE II.

Annonciation, & Incarnation de JESUS-CHRIST.

a le 25 de Mars. 26. 26. Lorsqu'Elisabeth étoit dans son sixieme mois, l'Ange Gabriel fut envoyé ª de la part de Dieu en une ville de Galilée, appellée Nazareth,

27. 27. à une vierge qui étoit promise en mariage à un homme de la maison de David, nommé Joseph; & cette vierge s'appelloit Marie.

28. 28. L'Ange étant entré où elle étoit, lui dit : Je vous salue, pleine de grace ; le Seigneur est avec vous ; vous êtes benie entre les femmes.

29. 29. Mais elle l'ayant entendu, fut troublée par son discours ; & elle pensoit *en elle même* quelle pouvoit être cette salutation.

30. 30. L'Ange lui dit : Ne craignez point, Marie ; car vous avez trouvé grace auprès de Dieu.

Isa. VII. 14. 31. 31. » Vous concevrez dans vos entrailles, & vous enfan- » terez un fils, à qui vous donnerez le nom de JESUS.

32. 32. Il sera grand, & il sera appellé le Fils du Tres- » haut ; & le Seigneur lui donnera le trône de David son » pere.

Michée IV. 7. 33. 33. » il regnera éternellement sur la maison de Jacob, & » son regne n'aura point de fin «.

34. 34. Alors Marie dit à l'Ange : Comment cela se fera-t-il, car je ne connois point d'homme ?

35. 35. L'Ange lui répondit : Le Saint Esprit surviendra en vous, & la vertu du Tres-haut vous couvrira de son ombre ; c'est pourquoi le *fruit* saint qui naîtra de vous, sera appellé le Fils de Dieu.

36. 36. Et je vous declare qu'Elisabeth votre cousine a aussi conçu un fils en sa vieillesse, & que celle qu'on appelloit sterile, est dans son sixieme mois :

37. 37. parce qu'il n'y a rien d'impossible à Dieu.

38. 38. Alors Marie dit : Voici la servante du Seigneur ; qu'il me soit fait selon votre parole. Et l'Ange se separa d'elle.

Année 1. avant la Nativité de J. C.   En Mars.

L'EVANGILE SELON S. MATTHIEU.
CHAPITRE III.
Genealogie paternelle de JESUS-CHRIST.

1. Livre de la generation de Jesus-Christ fils de David, fils d'Abraham.
2. Abraham engendra Isaac.
Isaac engendra Jacob.
Jacob engendra Juda & ses freres.
3. Juda engendra Pharès & Zara de Thamar.
Pharès engendra Esron.
Esron engendra Aram.
4. Aram engendra Aminadab.
Aminadab engendra Naasson.
Naasson engendra Salmon.
5. Salmon engendra Booz de Rahab.
Booz engendra Obed de Ruth.
Obed engendra Jessé.
Jessé engendra David qui fut Roi.
6. David Roi engendra Salomon de celle qui avoit été femme d'Urie.
7. Salomon engendra Roboam.
Roboam engendra Abias.
Abias engendra Asa.
8. Asa engendra Josaphat.
Josaphat engendra Joram.
Joram engendra Ozias.
9. Ozias engendra Joathan.
Joathan engendra Achaz.
Achaz engendra Ezechias.
10. Ezechias engendra Manassé.
Manassé engendra Amon.
Amon engendra Josias.
11. Josias engendra Jechonias & ses freres vers le transport des Juifs à Babylone.
12. Et depuis leur transport à Babylone, Jechonias engendra Salathiel.
Salathiel engendra Zorobabel.
13. Zorobabel engendra Abiud.
Abiud engendra Eliakim.
Eliakim engendra Azor.

Année I. avant la Nativité de J. C. En Mars.

A Hebron chez Zacharie.

	Matth.	Luc
Chap. 3	14	
	15	
	16	
	17	

14. Azor engendra Sadoc.
Sadoc engendra Achim.
Achim engendra Eliud.
15. Eliud engendra Eleazar.
Eleazar engendra Mathan.
Mathan engendra Jacob.
16. Et Jacob engendra Joseph l'époux de Marie, de laquelle est né Jesus qui est appellé Christ.
17. Voici donc toutes les generations. Depuis Abraham jusqu'à David il y a quatorze generations : Depuis David jusqu'au transport des Juifs à Babylone quatorze generations : & depuis leur transport à Babylone jusqu'à Jesus-Christ quatorze generations.

CHAPITRE IV.

1. Visite de la sainte Vierge à sainte Elisabeth.

a le 26. de Mars,
b à Hebron.
c le 30. de Mars

39. Alors Marie partit *a*, & s'en alla en diligence au païs des montagnes *de Judée*, en une ville *b de la tribu* de Juda :
40. & étant entrée *c* dans la maison de Zacharie, elle saluä Elisabeth.
41. Aussitôt qu'Elisabeth eut entendu la salutation de Marie, son enfant tressaillit dans ses entrailles, & elle fut remplie du Saint Esprit ;
42. & élevant sa voix, elle s'écria : Vous êtes benie entre les femmes, & le fruit de vos entrailles est beni.
43. Et d'où me vient ce bonheur, que la mere de mon Seigneur vienne vers moi !
44. Car votre voix n'a pas plutôt frappé mes oreilles lorsque vous m'avez saluée, que mon enfant a tressailli de joie dans mes entrailles.
45. Et vous êtes bienheureuse d'avoir cru, parce que ce qui vous a été dit de la part du Seigneur, sera accompli.

2. Cantique de la sainte Vierge.

46. Alors Marie dit ces paroles : Mon ame glorifie le Seigneur ;
47. & mon esprit a été ravi de joie en Dieu mon Sauveur ;
48. parce qu'il a regardé la bassesse de sa servante : & desormais je serai appellée bienheureuse par toutes les generations.

Année 1.avant la Nat.de J.C. En Av.Mai, Juin & Juill.

À Hebron chez Zacharie.

49. Car le Toutpuissant a fait en moi de grandes choses, & son nom est saint.

50. & sa misericorde se répand de generation en generation sur ceux qui le craignent.

51. Il a déployé la force de son bras ; il a renversé les superbes en dissipant leurs desseins.

52. Il a chassé les grands de leurs trônes, & il a élevé les petits.

53. Il a rempli de biens ceux qui étoient affamés, & il a réduit à la necessité ceux qui étoient riches.

54. Il a pris en sa protection Israël son serviteur, se ressouvenant de sa misericorde,

55. selon les promesses qu'il a faites à nos peres, à Abraham & à sa race pour jamais.

56. Marie demeura avec Elisabeth environ trois mois, & ensuite elle s'en retourna en sa maison.

CHAPITRE V.

1. *Nativité & Circoncision de S. Jean-Baptiste.*

57. Cependant le tems *a* auquel Elisabeth devoit accoucher arriva, & elle enfanta un fils.

58. Ses voisins & ses parens ayant appris la grace signalée que Dieu lui avoit faite, s'en rejouïssoient avec elle ;

59. & étant venus le huitieme jour *b* pour circoncire l'enfant, ils le nommoient Zacharie, du nom de son pere.

60. Mais la mere prenant la parole, leur dit : Non, mais il sera nommé Jean.

61. Ils lui repondirent : Il n'y a personne dans votre famille qui porte ce nom.

62. Et ils firent signe au pere de l'enfant *pour sçavoir* comment il vouloit qu'il fût nommé.

63. Ayant demandé des tablettes, il écrivit : Jean est son nom. Ce qui les étonna tous.

64. Au même instant sa bouche s'ouvrit, & sa langue *se délia*, & il parloit en benissant Dieu.

65. Tous ceux qui demeuroient dans les lieux voisins furent saisis de crainte ; le bruit s'en répandit dans tout le païs des montagnes de Judée ;

66. & tous ceux qui entendirent ces merveilles, les conserverent en leur cœur, disant *entre eux* : Quel pensez-vous que sera cet enfant ? car la main du Seigneur étoit avec lui.

Chap. 4.

a le 24. de Juin.

b le 1. de Juillet.

Chap. 5. | Luc I. | A Hebron chez Zacharie.

67. En même tems Zacharie son pere fut rempli du Saint Esprit, & il prophetiza en disant :

2. Cantique de Zacharie.

68. Beni soit le Seigneur le Dieu d'Israël, de ce qu'il a visité & racheté son peuple :

69. de ce qu'il nous a suscité un puissant Sauveur dans la maison de son serviteur David ,

70. selon qu'il avoit promis par la bouche de ses saints Prophetes qui ont été dans tous les siecles passés :

71. De nous délivrer de nos ennemis, & de la main de tous ceux qui nous haïssent :

72. Pour exercer sa misericorde envers nos peres, & se souvenir de sa sainte alliance ;

73. selon le serment qu'il avoit fait à notre pere Abraham, qu'il nous feroit cette grace ;

74. Qu'étant délivrés de la main de nos ennemis, nous le servirions sans crainte,

75. marchant devant lui dans la sainteté & dans la justice tous les jours de notre vie.

76. Et vous petit enfant, vous serez appellé le Prophete du Tres-haut ; car vous marcherez devant le Seigneur pour lui preparer ses voies :

77. pour donner à son peuple la connoissance du salut, afin qu'il obtienne la remission de ses pechés,

78. par les entrailles de la misericorde de notre Dieu, dans lesquelles ce Soleil levant nous est venu visiter d'en-haut,

79. pour éclairer ceux qui étoient ensevelis dans les tenebres & dans l'ombre de la mort, & pour conduire nos pieds dans le chemin de la paix.

80. Or l'enfant croissoit & se fortifioit en esprit ; & il étoit retiré dans les deserts jusqu'au jour qu'il devoit paroître devant le peuple d'Israël.

S. Jean demeura dans les deserts jusqu'à l'âge de 32 ans, auquel tems il commença à prêcher le batême de penitence pour la remission des pechés.

CHAP. VI.

Année 1. avant la Nat. de J. C. En Juill. & Decemb.

A Nazareth.   A Bethléem.

CHAPITRE VI.

1. Joseph averti par l'Ange de la naissance de Jesus-Christ.

Mt. I.	L. 80. f.		
18		18. OR Jesus-Christ naquit en cette maniere. Marie sa mere ayant été mariée avec Joseph, elle fut reconnue enceinte *a*, ayant conçu par la vertu du Saint Esprit, avant qu'ils eussent été ensemble.	*a* le 8. de Juillet.
19		19. Joseph son époux étant juste, & ne voulant pas la deshonorer, resolut de la quitter secretement.	
20		20. Mais lorsqu'il étoit dans cette pensée, un Ange du Seigneur lui apparut en songe, & lui dit: Joseph fils de David, ne craignez point de prendre Marie pour femme; car ce qui est conçu dans elle, est formé par la vertu du Saint Esprit;	
21		21. & elle enfantera un fils qui sera appellé Jesus, parce que ce sera lui qui delivrera son peuple de ses pechés.	
22		22. Or tout ceci s'est fait pour accomplir ce que le Seigneur avoit dit par le Prophete:	
23		23. » Une vierge concevra & enfantera un fils, à qui » on donnera le nom d'EMMANUEL «, c'est à dire, Dieu avec vous.	Isa. VII. 14.
24		24. Joseph étant reveillé, fit comme l'Ange du Seigneur lui avoit ordonné, & la prit pour sa femme;	
25		25. & il ne l'avoit point connue quand elle enfanta son fils premier-né, auquel il donna le nom de Jesus.	

2. Nativité de JESUS-CHRIST.

	II.		
	1	1. En ce même tems on publia un Edit de Cesar Auguste, pour faire un dénombrement des habitans de toute la terre.	
	2	2. Ce premier dénombrement fut fait par Quirinus Gouverneur de Syrie.	
	3	3. Et tout le monde alloit se faire enregistrer, chacun en la ville dont il étoit.	
	4	4. Joseph donc étant parti *b* de la ville de Nazareth qui est en Galilée, vint en Judée dans la ville de David appellée Bethléem, parce qu'il étoit de la maison & de la famille de David,	*b* le 14 de Decembre
	5	5. pour se faire enregistrer avec Marie son épouse qui étoit enceinte.	

B

Année 1. avant la Nativ. de J.C. En Decembre.

	Mt L 25 f.		
Chap. 6. a le 25. Decembre.	II.	6	**A Bethléem.** 6. Pendant qu'ils étoient en ce lieu, il arriva que le tems auquel elle devoit accoucher fut accompli.
		7	7. Elle enfanta son fils premier-né ; & l'ayant emmailloté, elle le coucha dans une crêche, parce qu'il n'y avoit point de place pour eux dans l'hôtellerie.
			3. Bergers à Bethléem.
		8	8. Or il y avoit en cet endroit des Bergers qui logeoient dans les champs, veillans la nuit à la garde de leur troupeau.
		9	9. Tout d'un coup un Ange du Seigneur se presenta à eux, & une lumiere divine les environna, ce qui les remplit d'une extrême crainte.
		10	10. Alors l'Ange leur dit : Ne craignez point, car je vous viens apporter une nouvelle qui remplira de joie tout le peuple.
		11	11. C'est qu'aujourd'hui dans la ville de David il vous est né un Sauveur, qui est le Christ le Seigneur.
		12	12. Et la marque à laquelle vous le reconnoîtrez, est que vous trouverez un enfant emmailloté, couché dans une crêche.
		13	13. Au même instant il se joignit à l'Ange une grande troupe de l'armée celeste, louant Dieu & disant :
		14	14. Gloire à Dieu au plus haut des cieux, & paix sur la terre aux hommes de bonne volonté.
		15	15. Après que les Anges se furent retirés dans le ciel, les Pasteurs se dirent l'un à l'autre : Passons jusqu'à Bethléem, & voyons ce qui est arrivé, & ce que le Seigneur nous a fait connoître.
		16	16. S'étant donc hâtés de venir, ils trouverent Marie & Joseph, & l'enfant couché dans une crêche.
		17	17. Et l'ayant vu, ils publierent ce qui avoit été dit touchant cet enfant.
		18	18. Tous ceux qui l'entendirent, admirerent ce qui leur avoit été rapporté par les Bergers.
		19	19. Cependant Marie conservoit toutes ces choses en elle-même, les repassant dans son cœur.
		20	20. Et les Bergers s'en retournerent, glorifiant & louant Dieu de toutes les choses qu'ils avoient entendues & qu'ils avoient vues selon qu'il leur avoit été dit.

Fin de ce qui s'est passé en l'Année
4710. de la Periode Julienne,
42. de l'Année Julienne,
4. avant l'Ere de Jesus-Christ.

De la Periode Julienne 4711.	De l'Année Julienne 41.	De l'Age de Jesus-Christ 1.	Avant l'Ere vulgaire 3.
A Bethléem.		Au Palais d'Herode.	

CHAPITRE VII.

1. *Circoncision de* Jesus-Christ.

21. LE huitieme jour étant arrivé auquel l'enfant devoit être circoncis, il fut nommé Jesus, qui étoit le nom que l'Ange lui avoit donné avant qu'il fût conçu dans le sein *de sa mere*. — *Le 1. jour de Janvier.*

2. *Adoration des Mages.*

1. Jesus étant né dans Bethléem ville de la Tribu de Juda, au tems du Roi Herode, les Mages vinrent d'Orient à Jerusalem *a*, — *a le 28. de Janvier,*

2. & demanderent : Où est celui qui est né Roi des Juifs ? car nous avons vu son étoile en Orient, & nous sommes venus l'adorer.

3. Ce que le Roi Herode ayant appris, il en fut troublé, & toute la ville de Jerusalem avec lui.

4. Et ayant assemblé *b* tous les Princes des Prêtres & les Docteurs du peuple, il s'enquit d'eux où devoit naître le Christ. — *b le 29. de Janvier,*

5. Ils lui dirent : Dans Bethléem *de la Tribu* de Juda, selon ce qui a été dit par le Prophete :

6. » Et vous Bethléem terre de Juda, vous n'êtes pas » la plus petite entre les principales villes de Juda ; car » de vous sortira le chef qui conduira mon peuple Is- » raël «. — *Mich. V. 2.*

7. Alors Herode ayant appelé les Mages en secret *c*, s'enquit d'eux avec grand soin, du tems que l'étoile leur étoit apparue : — *c le 30. de Janvier,*

8. & les envoyant à Bethléem *d*, il leur dit : Allez, informez-vous exactement de cet enfant ; & lorsque vous l'aurez trouvé, faites-le-moi sçavoir, afin que j'aille aussi l'adorer. — *d le 1. de Février,*

9. Ayant ouï ces paroles du Roi, ils partirent. En même tems l'étoile qu'ils avoient vue en Orient parut, & elle alloit devant eux, jusqu'à ce qu'étant arrivé sur le lieu où étoit l'enfant, elle s'y arrêta.

10. Lorsqu'ils virent l'étoile, ils furent transportés d'une extrême joie :

		À Bethléem. À Jerusalem.
Chap. 7.	Mat. II. 11	11. & entrant dans la maison, ils trouverent l'enfant avec Marie sa mere; & se prosternant en terre, ils l'adorerent: puis ouvrant leurs tresors, ils lui offrirent pour presens de l'or, de l'encens & de la myrrhe.
a le 2. de Février.	12	12. Et ayant eu en songe un avertissement du ciel, de n'aller point trouver Herode, ils s'en retournerent *a* en leur païs par un autre chemin.

CHAPITRE VIII.

1. Purification.

	Luc II.	
	13. 22.	13. *c.* LEs Mages étant partis, 22. & le tems de la purification *de Marie* étant accompli selon la loi de Moyse, *Joseph & Marie* porterent l'enfant à Jerusalem pour le presenter au Seigneur,
b Exode XIII. 2. 12. Num. VIII. 16. 17. c Levit. XII. 6. 8.	23	23. (selon qu'il est écrit dans la loi du Seigneur; *b* Tout enfant mâle premier-né sera consacré au Seigneur.)
	24	24. Et pour donner ce qui devoit être offert en sacrifice, selon la loi du Seigneur, *c* deux tourterelles, ou deux petits de colombes.

2. Symeon.

	25	25. Or il y avoit dans Jerusalem un homme juste & craignant Dieu, nommé Symeon, qui vivoit dans l'attente de la consolation d'Israël, & le Saint Esprit étoit en lui.
	26	26. Il lui avoit été revelé par le Saint Esprit, qu'il ne mourroit point qu'il n'eût vu auparavant le CHRIST du Seigneur.
	27	27. Il vint donc au Temple par le *mouvement du* Saint Esprit. Et comme le pere & la mere de l'enfant JESUS le portoient dans le Temple, afin d'accomplir pour lui ce que la loi avoit ordonné,
	28	28. il le prit entre ses bras, & benit Dieu en disant:

3. Cantique de Symeon.

	29	29. Seigneur, vous laisserez maintenant mourir en paix votre serviteur selon votre parole;
	30	30. puisque mes yeux ont vû le Sauveur que vous nous donnez;
	31	31. & que vous destinez pour être exposé à la vûe de tous les peuples:
	32	32. pour être la lumiere qui éclairera les nations, & la gloire de votre peuple d'Israël.

Année première de Jesus-Christ.   En Fevrier.   13

Dans le Temple de Jerusalem.   En Egypte.   A Bethléem.

| Mt. II. | L. II. | | Chap. 8. |

33. Le pere & la mere de JESUS étoient dans l'admiration des choses que l'on disoit de lui.

34. Et Symeon les benit, & dit à Marie sa mere : Cet enfant que vous voyez, est mis pour la ruine & pour la resurrection de plusieurs dans Israël, & pour être en butte à la contradiction des hommes.

35. Votre ame sera percée *comme* par une épée, afin que les pensées de plusieurs *qui étoient cachées* dans le fond de leur cœur, soient découvertes.

4. *Anne Prophetesse.*

36. Il y avoit aussi une Prophetesse nommée Anne, fille de Phanuël de la Tribu d'Aser, qui étoit déja fort avancée en âge, n'ayant vêcu que sept ans avec son mari depuis qu'elle l'avoit épousé étant vierge.

37. Elle étoit alors veuve, âgée d'environ quatre-vingt-quatre ans, & elle demeuroit sans cesse dans le Temple, servant *Dieu* jour & nuit dans les jeûnes & dans les prieres.

38. Etant donc survenue en ce même instant, elle louoit aussi le Seigneur, & parloit de lui à tous ceux qui attendoient la delivrance d'Israël.

CHAPITRE IX.

1. *Fuite en Egypte.*

39. c. Près qu'ils eurent accompli tout ce qui étoit ordonné par la loi du Seigneur,

13. r. un Ange du Seigneur apparut en songe à Joseph *a*, & lui dit : Levez-vous, prenez l'enfant & sa mere, fuyez en Egypte, & n'en sortez point jusqu'à ce que je vous le dise ; car Herode cherchera l'enfant pour le perdre.   *a* le 3. de Fevrier.

14. Joseph s'étant levé, prit l'enfant & sa mere durant la nuit, & se retira en Egypte,

15. où il demeura jusqu'à la mort d'Herode ; afin que cette parole que le Seigneur avoit dite par le Prophete fût accomplie : » J'ai appellé mon fils de l'Egypte.   Osée XI. 1.

2. *Meurtre des enfans.*

16. Alors *b* Herode voyant que les Mages s'étoient

b Cet Herode mourut le 9. de Février de douleurs tres-cruelles, & Herode Archelaüs son fils lui succeda, qui fut celui qui fit couper la tête à S. Jean-Baptiste.

B iij

14　Année 1. de J. C.　En Avril & le reste de l'année.

	M. II.	L. II.	A Bethléem. En Egypte. En Judée. En Galilée, & à Nazareth.
Chap. 9. *a* le 4. de Février.			moqués de lui, entra en une extrême colere, & envoya *a* tuer tous les enfans qui étoient dans Bethléem & en tout le païs d'alentour, âgés de deux ans & au dessous, selon le tems qu'il avoit appris des Mages, s'en étant enquis très-exactement.
	17		17. Ce fut alors qu'on vit accomplir ce qui avoit été dit par le Prophete Jeremie :
Jerem. XXX. 15.	18		18. » Un grand bruit a été entendu dans Rama, des » plaintes & des cris lamentables, Rachel pleurant ses » enfans, & ne voulant point recevoir de consolation, » parce qu'ils ne sont plus «.
			3. *Retour d'Egypte.*
b le 2. d'Avril.	19		19. Herode étant mort, un Ange du Seigneur apparut en songe *b* à Joseph *qui étoit* en Egypte,
	20		20. & lui dit : Levez-vous, prenez l'enfant & sa mere, & retournez dans la terre d'Israël ; car ceux qui cherchoient l'enfant pour lui ôter la vie, sont morts.
c le 15. en suivant.	21		21. Joseph s'étant levé, prit l'enfant & sa mere, & s'en vint dans la terre d'Israël *c*.
	22		22. Mais ayant appris qu'Archelaüs regnoit en Judée à la place d'Herode son pere, il apprehenda d'y aller ; & ayant reçu en songe un avertissement du ciel,
	23	39	39. r. il se retira dans la Galilée, 23. & vint demeurer en une ville appellée Nazareth, afin que cette prédiction des Prophetes fût accomplie : Il sera appellé Nazaréen.
		40	40. Cependant l'enfant croissoit & se fortifioit en esprit, étant rempli de sagesse, & la grace de Dieu étoit en lui.
		41	41. Son pere & sa mere alloient tous les ans à Jerusalem à la fête de Pâque.

Jésus demeura à Nazareth avec Joseph & Marie jusqu'à l'âge de douze ans, sans que les Evangelistes en rapportent autre chose, sinon qu'il croissoit & se fortifioit en esprit.

Fin de ce qui s'est passé en l'Année
4711. de la Periode Julienne,
43. de l'Année Julienne,
1. de l'Age de Jesus-Christ.
3. avant l'Ere vulgaire.

Année 12. de J. C.   En Mars & Avril.

De la Periode Julienne 4722.	De l'Année Julienne 54.	De l'Age de Jesus-Christ 12.	De l'Ere vulgaire 9.
A Jerusalem.		Dans le Temple.	

CHAPITRE X.

L'enfant JESUS parmi les Docteurs.

42. Lorsque JESUS eut atteint l'âge de douze ans, ils allerent à Jerusalem *a*, selon qu'ils avoient accoutumé au tems de la fête.

a le 27. de Mars,

Joseph, Marie & JESUS celebrent la Pâque à Jerusalem le 30. & le 31. de Mars, & s'en retournent à Nazareth le 1. d'Avril.

43. Après que les jours que dure la fête furent passés, comme ils s'en retournoient, l'enfant JESUS demeura dans Jerusalem sans que son pere & sa mere s'en apperçussent.

44. Et pensant qu'il seroit avec quelqu'un de leur compagnie, ils marcherent durant un jour; & ils le cherchoient parmi leurs parens & ceux de leur connoissance.

45. Mais ne l'ayant point trouvé, ils retournerent à Jerusalem pour l'y chercher.

46. Trois jours après *b* ils le trouverent dans le Temple, assis au milieu des Docteurs, les écoutant & les interrogeant.

b le 3. d'Avril,

47. Et tous ceux qui l'entendoient, étoient ravis en admiration de sa sagesse & de ses réponses.

48. Lors donc qu'ils le virent, ils furent remplis d'étonnement, & sa mere lui dit : Mon fils, pourquoi avez-vous agi ainsi avec nous ? Voilà votre pere & moi qui vous cherchions étant tout affligés.

49. Il leur répondit : Pourquoi me cherchiez-vous ? ne sçaviez-vous pas qu'il faut que je sois occupé à ce qui regarde le service de mon Pere ?

50. Mais ils ne comprirent point ce qu'il leur disoit.

51. Il s'en alla ensuite avec eux, & vint à Nazareth *c*; & il leur étoit soumis. Or sa mere conservoit dans son

c JESUS demeura encore à Nazareth avec Joseph & Marie jusqu'à l'âge de trente-trois ans, qui fut le tems auquel il fut batizé, sans que les Evangelistes en disent autre chose, sinon qu'il leur étoit soumis, & qu'il croissoit en sagesse, en âge & en grace devant Dieu & devant les hommes.

16   *Année* 12. *de* J. C.   Le reste de l'année, & suiv.

Ch. 10.	*Mt*. II.	L. II. 52 f.	A Nazareth.
			cœur toutes ces paroles.
			52. Et JESUS croissoit en sagesse, en âge & en grace devant Dieu & devant les hommes.

         Fin de ce qui s'est passé en l'Année
         4722. de la Periode Julienne,
           54. de l'Année Julienne,
           12. de l'Age de JESUS-CHRIST,
            9. de l'Ere vulgaire.

CHAP. XI.

De la Periode	De l'Année	De l'Age	De sa	De l'Age	De l'Ere
Julienne	Julienne	de S.J.B.	Pred.	de J.Ch.	vulgaire
4741.	7.	32.	1.	31.	28.

Dans le desert de la Judée près le Jourdain.

CHAPITRE XI.

1. Batême & Prédication de S. Jean-Batiste.

1. 1. EN ce tems-là, 1. l'an quinzieme de l'empire de Tibere Cesar, Ponce Pilate étant Gouverneur de la Judée, Herode Tetrarque de la Galilée, Philippe son frere Tetrarque de l'Iturée & de la Province Trachonite, & Lysias Tetrarque d'Abilene,

2. 2. Anne & Caïphe étant Grands-Prêtres *a*, Dieu fit entendre sa parole à Jean fils de Zacharie dans le desert.

a Environ au mois de Novembre & le reste de l'année.

L'EVANGILE SELON S. MARC.

1. Le commencement de l'Evangile de Jesus-Christ Fils de Dieu ;

2. comme il est écrit dans le Prophete Isaïe : » J'envoye mon Ange devant votre face, qui mar- » chera devant vous pour vous preparer le chemin.

Malach. III. 1.

» 3. Voici la voix de celui qui crie dans le desert : » Preparez la voie du Seigneur, applanissez ses sen- » tiers «.

Isa. XL. 3.

1. r. 4. Jean-Batiste étoit dans le desert,

3. & vint dans tout le païs qui est aux environs du Jourdain, batizant & prêchant le batême de penitence pour la remission des pechés ;

2. disant : Faites penitence, car le royaume des cieux est proche.

3. 4. C'est de lui dont il est parlé dans le Livre des paroles du Prophete Isaïe : » Voici la voix de celui » qui crie dans le desert : Preparez la voie du Sei- » gneur, applanissez ses sentiers.

Isa. XL. 3. 4. 5.

» 5. Toute vallée sera remplie, & toute montagne » & toute colline sera abaissée ; les chemins tortus » deviendront droits, & les raboteux seront unis ;

» 6. & tout homme verra le Sauveur qui est en- » voyé de Dieu «.

4. 6. Jean avoit un habillement de chameau, une ceinture de cuir autour de ses reins, & pour son

C

18 *Ann.* **31.** *de* J. C. **32.** *de* S. Jean-B. En Nov. & le reste.

Chap. II.	Mt.III.	Mr. I.	L.III.	Dans le desert de la Judée près le Jourdain.
	5	5		manger, des sauterelles & du miel sauvage.
				5. 5. Ceux de Jerusalem, de toute la Judée, & de tous les païs des environs du Jourdain, venoient à lui;
	6			6. & confessant leurs pechés, ils étoient batizés par lui dans le fleuve du Jourdain.
				2. *Reprothes de S. Jean Baptiste contre les Pharisiens.*
	7			7. Mais voyant plusieurs des Pharisiens & des Sadducéens qui venoient à son batême,
			7	7. il disoit au peuple qui venoit en troupes pour être batizé par lui : Race de viperes, qui vous a avertis de fuir la colere à venir ?
	8	8		8. 8. Faites donc des fruits dignes de penitence;
	9			9. & ne pensez pas dire en vous-mêmes : Nous avons Abraham pour pere. Car je vous declare que Dieu peut faire naître de ces pierres mêmes des enfans à Abraham.
	10		9	10. 9. La coignée est déja à la racine des arbres. Tout arbre donc qui ne produit point de bon fruit, sera coupé & jetté au feu.

Fin de ce qui s'est passé en l'Année

4741. de la Periode Julienne,

73. de l'Année Julienne,

31. de l'Age de Jesus-Christ,

28. de l'Ere vulgaire.

		De la Periode Julienne 4742.	De l'Année Julienne 74.	De l'Age de S.J.B. 32.	De sa Pred. 1.	De l'Age de J.CH. 32.	De l'Ere vulgaire 29.	
Mt. III.	Mr. I.	L. III.						Chap. II. Le reste de l'année.

Dans le desert de la Judée près le Jourdain.

3. *Avis de S. Jean-Baptiste au peuple, aux publicains & aux soldats.*

10. 10. Et le peuple lui demandant : Que devons-nous donc faire ?

11. 11. il leur répondit : Que celui qui a deux habits, en donne à celui qui n'en a point ; & que celui qui a dequoi manger, en fasse de même.

12. 12. Il y eut aussi des publicains qui vinrent à lui pour être batizés, & qui lui dirent : Maître, que ferons-nous ?

13. 13. Il leur dit : N'exigez rien au delà de ce qui vous a été ordonné.

14. 14. Les soldats aussi lui demandoient : Et nous, que devons-nous faire ? Il leur répondit : N'usez point de violence & de fraude envers personne, & contentez-vous de votre paye.

4. *Premier Témoignage de S. Jean-Baptiste touchant* JESUS-CHRIST.

15. 15. Cependant le peuple étant dans une grande attente, & tous ayant dans l'esprit cette pensée, que Jean pourroit être le CHRIST,

II 16. 16. Jean dit à tout le monde : 11. Pour moi je vous batize dans l'eau, pour vous porter à la penitence :

7. 7. mais celui qui vient après moi, est plus puissant que moi, & je ne suis pas digne de m'abaisser pour dénouer le cordon de ses souliés.

8. 8. Pour moi, je vous ai batizé dans l'eau ; mais pour lui, il vous batizera dans le Saint Esprit & dans le feu.

12 17. 12. 17. Il a le van à la main, & il nettoyera parfaitement son aire : il amassera le bled dans son grenier, & il brulera la paille dans un feu qui ne s'éteindra jamais.

18. 18. Il disoit encore beaucoup d'autres choses au peuple dans les exhortations qu'il leur faisoit.

Fin de ce qui s'est passé en l'Année
4742. de la Periode Julienne,
74. de l'Année Julienne,
32. de l'Age de JESUS-CHRIST,
29. de l'Ere vulgaire.

C ij

Mt. III.	Mr. I.	L. III.	J. I.	De la Periode Julienne 4743.	De l'Année Julienne 75.	De l'Age de J. Ch. 33.	De son Ministere 1.	De l'Ere vulgaire 30.

Ch. 12.

Dans le desert de la Judée près le Jourdain.

CHAPITRE XII.

1. *Batême de* JESUS-CHRIST.

13	9	21		

a le 6. de Janvier,

13. 9. 21. EN ce même tems, lorsque Jean batizoit tout le peuple, JESUS vint de Nazareth *a qui est* en Galilée, au Jourdain trouver Jean pour être batizé par lui.

14			

14. Mais Jean l'en empêchoit, en disant : C'est moi qui ai besoin d'être batizé par vous, & vous venez à moi.

15			

15. JESUS lui répondit : Laissez-moi faire maintenant ; car c'est ainsi qu'il faut que nous accomplissions toute justice. Alors il le laissa faire, & fut batizé par Jean dans le Jourdain.

16	10		

16. JESUS ayant été batizé, 10. sortit aussitôt de l'eau ; & en même tems, comme il faisoit sa priere, le ciel s'ouvrit,

		22	

22. & il vit l'Esprit de Dieu qui descendit en forme corporelle comme une colombe, & vint se reposer sur lui.

17	11		

17. 11. Et on entendit une voix du ciel qui disoit : Vous êtes mon fils bien-aimé, dans lequel j'ai mis toute mon affection.

L'EVANGILE SELON S. JEAN.

2. *Le Verbe éternel de Dieu fait chair.*

			1

1. Au commencement étoit le Verbe, & le Verbe étoit avec Dieu, & le Verbe étoit Dieu.

| | | | 2 |

2. Il étoit au commencement avec Dieu.

| | | | 3 |

3. Toutes choses ont été faites par lui, & rien de ce qui a été fait, n'a été fait sans lui.

| | | | 4 |

4. Dans lui étoit la vie, & la vie étoit la lumiere des hommes ;

| | | | 5 |

5. & la lumiere luit dans les tenebres, & les tenebres ne l'ont point comprise.

| | | | 6 |

6. Il y eut un homme envoyé de Dieu, qui s'appelloit Jean.

| | | | 7 |

7. Il vint pour servir de témoin pour rendre

Année 33. de J.C. 1. de son Ministere. En Janvier.

Dans le desert de la Judée près le Jourdain.

Mt. III. 17. f.	Mr. I.	iii. I.	Fl.		Ch. 12.
				témoignage à la lumiere, afin que tous crussent par lui.	
			8	8. Il n'étoit pas la lumiere, mais il étoit venu pour rendre témoignage à *celui qui étoit* la lumiere.	
			9	9. Celui-là étoit la vraie lumiere qui illumine tout homme venant dans ce monde.	
			10	10. Il étoit dans le monde, & le monde a été fait par lui, & le monde ne l'a point connu.	
			11	11. Il est venu chez soi, & les siens ne l'ont point reçu.	
			12	12. Mais il a donné à tous ceux qui l'ont reçu, le pouvoir d'être faits enfans de Dieu, à ceux qui croyent en son nom,	
			13	13. qui ne sont point nés du sang, ni de la volonté de la chair, ni de la volonté de l'homme, mais de Dieu même.	
			14	14. Et le Verbe a été fait chair, & il a habité parmi nous, & nous avons vu sa gloire, sa gloire, *dis-je*, comme du Fils unique du Pere, étant plein de grace & de verité.	

3. *Second Témoignage de S. Jean-Baptiste touchant* Jesus-Christ.

			15	15. Jean rend témoignage de Jesus, & il crie en disant : Voici celui dont je vous disois : Celui qui doit venir après moi, a été preferé à moi, parce qu'il étoit avant moi.
			16	16. Nous avons tous reçu de sa plenitude, & grace pour grace.
			17	17. Car la loi a été donnée par Moyse; mais la grace & la verité a été apportée par Jesus-Christ.
			18	18. Nul homme n'a jamais vu Dieu; c'est le Fils unique qui est dans le sein du Pere, qui l'a fait connoître.

C iij

Année 33. *de J. C.* 1. *de son Ministere.* **En Janvier.**

Mt.	Mr.	L.	F.
III. 17. f.	I.	III.	I.

Chap. 13.

CHAPITRE XIII.

Genealogie maternelle de JESUS-CHRIST.

23. JESUS avoit environ trente ans *a* lorsqu'il commença *à exercer son ministere*, étant comme l'on croyoit,
fils de Joseph,
qui fut fils *b* d'Heli,

24. qui fut fils de Mathat,
qui fut fils de Levi,
qui fut fils de Melchi,
qui fut fils de Janna,
qui fut fils de Joseph,

25. qui fut fils de Matathias,
qui fut fils d'Amos,
qui fut fils de Nahum,
qui fut fils d'Hesli,
qui fut fils de Naggé,

26. qui fut fils de Mahat,
qui fut fils de Matathias,
qui fut fils de Semei,
qui fut fils de Joseph,
qui fut fils de Juda,

27. qui fut fils de Joanna,
qui fut fils de Resa,
qui fut fils de Zorobabel,
qui fut fils de Salathiel,
qui fut fils de Neri,

28. qui fut fils de Melchi,
qui fut fils d'Addi,
qui fut fils de Cosam,
qui fut fils d'Elmadam,
qui fut fils d'Her,

29. qui fut fils de Jesus,
qui fut fils d'Eliezer,
qui fut fils de Jorim,
qui fut fils de Mathat,
qui fut fils de Levi,

a Selon l'Ere ; & selon l'Année Julienne il commençoit sa trente-troisiéme depuis douze jours.
b C'est à dire, *gendre d'Heli*. Ce mot *Heli* est l'abregé d'*Heliakim*, qui est le même que *Joakim*, qui étoit pere de la Vierge Marie.

Année 33. de Jesus-Christ. 1. de son Ministere.

Mt. III. 17. f.	Mr. 1.	L. III.	f. 1.	
		30		30. qui fut fils de Simeon, qui fut fils de Juda, qui fut fils de Joseph, qui fut fils de Jona, qui fut fils d'Eliakim,
		31		31. qui fut fils de Melca, qui fut fils de Menna, qui fut fils de Mathatha, qui fut fils de Nathan, qui fut fils de DAVID,
		32		32. qui fut fils de Jessé, qui fut fils d'Obed, qui fut fils de Booz, qui fut fils de Salmon, qui fut fils de Naasson,
		33		33. qui fut fils d'Aminadab, qui fut fils d'Aram, qui fut fils d'Esron, qui fut fils de Pharès, qui fut fils de Juda,
		34		34. qui fut fils de Jacob, qui fut fils d'Isaac, qui fut fils d'ABRAHAM, qui fut fils de Tharé, qui fut fils de Nachor,
		35		35. qui fut fils de Sarug, qui fut fils de Ragau, qui fut fils de Phaleg, qui fut fils d'Heber, qui fut fils de Salé,
		36		36. qui fut fils de Caïnan, qui fut fils d'Arphaxad, qui fut fils de Sem, qui fut fils de Noé, qui fut fils de Lamech,
		37		37. qui fut fils de Mathusalé, qui fut fils d'Henoch, qui fut fils de Jared, qui fut fils de Malaléel, qui fut fils de Caïnan,
		38		38. qui fut fils d'Enos, qui fut fils de Seth, qui fut fils d'ADAM, qui fut créé de DIEU.

Chap. 13.

Année 33. de J. C. 1. de son Min. En Janv. & Fevr.

	Mt. IV.	Mr. I.	L. IV.	Fl.	Dans le desert de la Judée.
Ch. 14.					**CHAPITRE XIV.**
					1. Jeûne de JESUS-CHRIST.
a le 6 de Janvier,	1	12	1		1. JEsus étant plein du Saint Esprit, revint des bords du Jourdain *a*, 12. & 1. il fut auſſitôt pouſſé par l'Eſprit dans le deſert pour y être tenté par le Diable.
b Satan en ſaint Marc.		13	2		2. 13. Il y demeûra quarante jours & quarante nuits, & y fut tenté par le Diable *b*, & il étoit parmi les bêtes, ne mangeant rien pendant tout ce tems-là.
					2. Premiere Tentation.
c le 15 de Fevrier,	2				2. Après avoir jeûné quarante jours & quarante nuits, lorſque ces jours furent paſſés *c*, il eut faim.
	3		3		3. 3. Alors le Diable *d* s'approchant, lui dit: Si vous êtes le Fils de Dieu, commandez à ces pierres qu'elles deviennent des pains.
d le Tentateur en S. Math. Deut. VIII. 3.	4		4		4. 4. JESUS lui répondit: Il eſt écrit: "L'hom- "me ne vit pas ſeulement de pain, mais de toûte "parole qui ſort de la bouche de Dieu".
					3. Seconde Tentation.
e la Sainte cité, en ſaint Matth. Pſ. XC. 11.	5		9		5. 9. Alors le Diable le tranſporta dans Jeruſalem *e*, & l'ayant mis ſur le haut du Temple,
	6				6. il lui dit: Si vous êtes le Fils de Dieu, jettez-vous d'ici en bas.
			10		10. Car il eſt écrit: "Qu'il ordonnera à ſes "Anges d'avoir ſoin de vous & de vous garder";
			11		11. & qu'ils vous ſoutiendront de leurs mains, de peur que vous ne vous heurtiez le pied contre quelque pierre.
Deut. VI. 16.	7		12		7. 12. JESUS lui répondit: Il eſt écrit auſſi: "Vous ne tenterez point le Seigneur votre Dieu".
					4. Troiſiéme Tentation.
	8		5		8. 5. Le Diable le tranſporta encore ſur une montagne fort haute, lui montrant en un inſtant tous les royaumes du monde, & leur gloire,
	9		6		9. 6. & lui dit: Je vous donnerai tout cela, je

Année 33. de J. C. 1. de son Minist. En Fev. & Mars. 25

Mt. IV.	Mr. I.	L. IV.	J. I.	Dans le desert de la Judée. A Bethanie au delà du Jourdain.	
				je vous donnerai toute leur puissance & leur gloire, car elle m'a été donnée, & je la donne à qui je veux.	Ch. 14.
		7		7. Si donc vous m'adorez en vous prosternant devant moi, vous serez maître de toutes ces choses.	
10		8		10. 8. Jesus lui répondit: Retire-toi, Satan; car il est écrit : ″ Vous adorerez le Seigneur votre Dieu, & vous ne servirez que lui seul ″.	Deut. VI. 13.
11		13		11. Alors 13. ayant achevé toutes ses tentations, le Diable le laissa, & se retira de lui pour un tems *a* ; & aussitôt les Anges s'approchant de lui,	
	13			13. *r*. ils le servoient.	

a à sçavoir au tems de la Passion, où Jesus-Christ fut tenté presque de la même maniere par les Juifs ministres du Diable, en lui disant : *Si tu es Roi des Juifs, sauve-toi*, &c.

S. Jean quitte le desert de la Judée où il batizoit, & va à Bethanie au delà du Jourdain, où il batize aussi. *En S. Jean* I. 28.

CHAPITRE XV.

I. *Troisieme Témoignage de S. Jean-Baptiste touchant* Jesus-Christ.

19	19. Voici le témoignage que rendit Jean lorsque les Juifs envoyerent *b* de Jerusalem des Prêtres & des Levites pour lui demander qui il étoit.
20	20. Car il confessa, & ne le nia point : il confessa qu'il n'étoit point le Christ.
21	21. Ils lui demanderent : Qui êtes-vous donc ? Etes-vous Elie ? & il dit ; Je ne le suis point. Etes-vous Prophete ? Et il répondit : Non.
22	22. Qui êtes-vous donc, afin que nous puissions rendre réponse à ceux qui nous ont envoyés ? Que dites-vous de vous-même ?
23	23. Je suis, répondit-il, la voix de celui qui crie dans le desert : Preparez la voie du Seigneur, comme a dit le Prophete Isaïe.
24	24. Or ceux qui avoient été envoyés, étoient des Pharisiens ;
25	25. & ils lui firent *encore* cette demande : Pourquoi donc batizez-vous si vous n'êtes ni le

b le 19. de Mars.

D

Année 33. de J. C. **I.** *de son Minist.* **En Mars.**

				À Bethanie au delà du Jourdain.
Chap 15.	M. IV.	L. I.	L. IV.	CHRIST, ni Elie, ni Prophete ?
			26	26. Jean leur répondit : Pour ce qui est de moi, je batize avec de l'eau ; mais il y en a un au milieu de vous que vous ne connoissez pas.
			27	27. C'est lui qui doit venir après moi, qui a été fait avant moi, & je ne suis pas digne de dénouer le cordon de ses souliers.
			28	28. Ceci se passa à Bethanie au delà du Jourdain où Jean batizoit.
				2. *Quatrieme Témoignage de S. Jean-Baptiste touchant* JESUS-CHRIST.
a le 20. de Mars.			29	29. Le lendemain *a* Jean vit JESUS qui venoit à lui, & il dit : Voici l'Agneau de Dieu, voici celui qui ôte le peché du monde.
			30	30. C'est celui duquel j'ai dit : Il viendra après moi un homme qui a été fait avant moi, parce qu'il étoit avant moi.
			31	31. Pour moi je ne le connoissois pas ; mais je suis venu batizer avec de l'eau, afin qu'il soit connu dans Israël.
			32	32. Et Jean rendit alors ce témoignage, en disant : J'ai vu le Saint Esprit descendre du ciel comme une colombe, & se reposer sur lui.
			33	33. Pour moi je ne le connoissois pas ; mais celui qui m'a envoyé batizer avec de l'eau, m'a dit : Celui sur qui vous verrez descendre & demeurer le Saint Esprit, est celui qui batizera par le Saint Esprit.
			34	34. Je l'ai vu, & j'ai rendu témoignage qu'il est le Fils de Dieu.
				3. *Cinquieme & dernier Témoignage de S. Jean-Baptiste touchant* JESUS-CHRIST, *Et premiere Vocation de S. Pierre & de S. André.*
			35	35. Le même lendemain encore Jean étoit là, & deux de ses disciples avec lui ;
			36	36. & jettant sa vue sur JESUS qui marchoit, il dit : Voilà l'Agneau de Dieu.
			37	37. Ces deux disciples l'ayant entendu parler ainsi, suivirent JESUS.
			38	38. JESUS se retourna, & voyant qu'ils le suivoient, il leur dit : Que cherchez-vous ? Ils lui

Année 33. de J.C. 1. de son Minist. En Mars.   27

			A Bethanie au delà du Jourdain. En Galilée.	
Mat. IV.	Mar. I.	L.IV. F.I.		
			répondirent : Rabbi, c'est à dire Maître, où demeurez-vous?	Chap. 15.
		39	39. Il leur dit : Venez & voyez. Ils vinrent, & ils virent où il demeuroit, & ils demeurerent chez lui ce jour là. Il étoit environ la dixiéme heure *a*.	*a* c'est à dire, 4. heures après midi.
		40	40. André frere de Simon Pierre étoit l'un des deux qui avoient entendu dire ceci à Jean, & qui avoient suivi Jesus ;	
		41	41. & ayant trouvé le premier son frere Simon, il lui dit : Nous avons trouvé le Messie, c'est à dire le Christ.	
		42	42. Et il l'amena à Jesus: Jesus l'ayant regardé, lui dit : Vous êtes Simon fils de Jonas, vous serez appellé Cephas, c'est à dire Pierre.	
			4. *Vocation de S. Philippe.*	
		43	43. Le lendemain *b* Jesus voulant s'en aller en Galilée, trouva Philippe, & il lui dit : Suivez-moi.	*b* le 21. de Mars.
		44	44. Philippe étoit de la ville de Bethsaide, d'où étoient aussi André & Pierre.	
			5. *Entretien de* Jesus-Christ *avec Nathanaël.*	
		45	45. Philippe ayant rencontré Nathanaël, lui dit : Nous avons trouvé celui de qui Moyse a écrit, & que les Prophetes ont prédit, sçavoir Jesus de Nazareth, fils de Joseph.	
		46	46. Nathanaël lui dit : Peut-il venir quelque chose de bon de Nazareth ? Philippe dit : Venez voir.	
		47	47. Jesus voyant Nathanaël qui le venoit trouver, dit de lui : Voici un vrai Israëlite sans déguisement & sans artifice.	
		48	48. Nathanaël lui dit : D'où me connoissez-vous? Jesus lui répondit : Je vous ai vu avant que Philippe vous eût appellé, lorsque vous étiez sous le figuier.	
		49	49. Nathanaël lui dit : Maître, vous êtes le Fils de Dieu, vous êtes le Roi d'Israel.	
		50	50. Jesus lui répondit: Vous croyez, parce que je vous ai dit que je vous ai vu sous le figuier ; vous verrez bien de plus grandes choses.	

D. ij

Année 33. de J.C. 1. de son Minist.   En Mars.

| | | | | A Cana ville de la Galilée. |

Chap. 15

Mt. IV. | Mr. I. | L. IV. | J. I. 51. f.

51. Et il ajoûta : En verité en verité je vous le dis, vous verrez desormais le Ciel ouvert, & les Anges de Dieu monter & descendre sur le Fils de l'homme.

CHAPITRE XVI.

Noces de Cana.

II.

a le 22. de Mars,

I. MIRA-CLE.

1. Trois jours après *a* il se fit des noces à Cana en Galilée, & la mere de JESUS y étoit.
2. JESUS fut aussi convié aux noces avec ses disciples.
3. Le vin étant venu à manquer, la mere de JESUS lui dit : Ils n'ont point de vin.
4. JESUS lui dit : Femme, qu'y a-t-il entre vous & moi ? mon heure n'est pas encore venue.
5. Sa mere dit à ceux qui servoient : Faites tout ce qu'il vous dira.
6. Or il y avoit là six grandes urnes de pierre mises selon la purification des Juifs, dont chacune tenoit deux ou trois mesures *b*.

b la metrete ou mesure étoit d'environ 28. pintes de Paris.

7. JESUS leur dit : Emplissez les urnes d'eau. Et ils les emplirent jusqu'au haut.
8. Alors il leur dit : Puisez maintenant, & portez-en au maître d'hôtel ; & ils lui en porterent.
9. Le maître d'hôtel ayant goûté de cette eau qui avoit été changée en vin, ne sçachant point d'où ce vin venoit, quoique les serviteurs qui avoient puisé cette eau le sçussent bien, il appella l'époux,
10. & lui dit : Tout homme sert d'abord le bon vin, & après qu'on a beaucoup bu, il en sert alors de moindre ; mais pour vous, vous avez reservé jusqu'à cette heure le bon vin.
11. Ce fut là le premier des miracles de JESUS, qui fut fait à Cana en Galilée ; & il fit connoître sa gloire, & ses disciples crurent en lui.

JESUS ayant passé la semaine aux noces de Cana, en part le 29. de Mars, & arrive le 30. à Capharnaüm, où il fait plusieurs grands miracles, *selon S. Luc IV. 23.*

Année 33. de J.C. 1. de son Minist.   En Avril.   29

Mt. IV.	Mr. I.	L. IV.	J. II.	A Capharnaüm. Dans le Temple de Jérusalem.	
				## CHAPITRE XVII.	Ch. 17.
				1. Vendeurs chassés du Temple.	
			12	12. Après cela Jesus alla à Capharnaüm avec sa mere, ses freres *& ses disciples, & il y demeura peu de jours.	*a* ses parens.
			13	13. Car la Pâque des Juifs étant proche, il s'en alla à Jerusalem *b*.	*b* le 3. d'Avril.
			14	14. & ayant trouvé dans le Temple des gens qui vendoient des bœufs, des moutons & des colombes, & des changeurs qui y étoient assis,	
			15	15. il fit un fouët avec des cordes, & les chassa tous du Temple avec les moutons & les bœufs; & il jetta par terre l'argent des changeurs, & renversa leurs tables;	
			16	16. puis il dit à ceux qui vendoient des colombes : Otez tout cela d'ici, & ne faites point de la maison de mon Pere une maison de trafic.	
			17	17. Alors les disciples se souvinrent qu'il est écrit : » Le zele de votre maison me devore «.	Psalm. LXVIII. 10.
				2. Temple détruit.	
			18	18. Les Juifs lui dirent : Quel miracle nous montrez-vous pour faire de telles choses?	
			19	19. Jesus leur répondit : Détruisez ce Temple, & je le rétablirai en trois jours.	
			20	20. Les Juifs lui repartirent : Ce Temple a été quarante-six ans à bâtir, & vous le rétablirez en trois jours?	
			21	21. Mais il parloit du temple de son corps.	
			22	22. Après donc qu'il fut ressuscité d'entre les morts, ses disciples se souvinrent qu'il leur avoit dit cela, & ils crurent à l'Ecriture & à la parole que Jesus leur avoit dite.	
				3. PREMIERE PASQUE DE JESUS-CHRIST depuis son Batême.	
				Jesus celebre à Jerusalem la premiere Pâque depuis son Batême, le 7. & le 8. d'Avril, & y fait pendant la fête plusieurs signalés miracles. *S. Jean III. 2. & IV. 45.*	
			23	23. Pendant que Jesus étoit dans Jerusalem à la fête de Pâque, plusieurs crurent en son nom,	

D iij

Dans Jerusalem.

voyant les miracles qu'il faisoit.

24. Mais Jesus ne se fioit point en eux, parce qu'il les connoissoit tous,

25. & qu'il n'avoit pas besoin que personne lui rendît témoignage d'aucun homme, sçachant par lui-même ce qui étoit dans l'homme.

CHAPITRE XVIII.

Entretien de JESUS-CHRIST *avec Nicodême.*

1. IL y avoit un homme d'entre les Pharisiens, nommé Nicodême, l'un des principaux d'entre les Juifs,

2. qui vint la nuit trouver Jesus, & lui dit: Maître, nous sçavons que vous êtes un Docteur venu de la part de Dieu pour nous instruire; car personne ne peut faire les miracles que vous faites, si Dieu n'est avec lui.

3. Jesus lui répondit : En verité en verité je vous dis que personne ne peut voir le royaume de Dieu, s'il ne naît de nouveau.

4. Nicodême lui dit : Comment peut naître un homme qui est déja vieux ? peut-il rentrer une seconde fois dans le ventre de sa mere pour naître encore ?

5. Jesus lui répondit : En verité en verité je vous dis, que si un homme ne renait de l'eau & de l'esprit, il ne peut entrer dans le royaume de Dieu

6. Ce qui est né de la chair, est chair, & ce qui est né de l'esprit, est esprit.

7. Ne vous étonnez pas de ce que je vous ai dit, qu'il faut que vous naissiez encore une fois.

8. L'esprit souffle où il veut, & vous entendez sa voix ; mais vous ne sçavez d'où il vient, ni où il va : il en est de même de tout homme qui est né de l'esprit.

9. Nicodême lui répondit : Comment cela se peut-il faire ?

10. Jesus lui dit : Quoi, vous êtes Maître en Israël, & vous ignorez ces choses !

11. En verité en verité je vous dis que nous parlons de ce que nous sçavons, & que nous

Marginalia:
Ch. 17.
La nuit du 8. d'Avril.
Mt. IV. Mr. I. LIV.

Année 33. de J. C. 1. de son Minist.   En Avril.   31

Mt. IV.	Mr. I.	L. IV.	J. III.	Dans Jerusalem.	
				rendons témoignage de ce que nous avons vû ; mais vous ne recevez point notre témoignage.	Ch. 18.
			12	12. Si vous ne me croyez pas lorsque je vous parle des choses de la terre, comment me croirez-vous lorsque je vous parlerai des choses du ciel ?	
			13	13. Aussi personne n'est monté au ciel, que celui qui est descendu du ciel, *sçavoir* le Fils de l'homme qui est dans le ciel.	
			14	14. Et comme Moyse dans le desert éleva le serpent d'airain, il faut de même que le Fils de l'homme soit élevé en haut,	Num. XXI. 9.
			15	15. afin que tout homme qui croit en lui ne perisse point, mais qu'il ait la vie éternelle.	
			16	16. Car Dieu a tellement aimé le monde, qu'il a donné son Fils unique, afin que tout homme qui croit en lui ne perisse point, mais qu'il ait la vie éternelle.	
			17	17. Car Dieu n'a pas envoyé son Fils dans le monde pour condamner le monde, mais afin que le monde soit sauvé par lui.	
			18	18. Celui qui croit en lui, n'est pas condamné ; mais celui qui ne croit pas, est déja condamné, parce qu'il ne croit pas au Fils unique de Dieu.	
			19	19. Or le sujet de cette condamnation est, que la lumiere est venue dans le monde, & que les hommes ont mieux aimé les tenebres que la lumiere, parce que leurs œuvres étoient mauvaises.	
			20	20. Car quiconque fait le mal, hait la lumiere, & il ne s'approche point de la lumiere, de peur qu'elle ne le convainque du mal qu'il fait :	
			21	21. mais celui qui fait la verité, vient à la lumiere, afin que ses œuvres soient découvertes, parce qu'elles ont été faites en Dieu.	

S. Jean quitte Bethanie qui est au delà du Jourdain où il avoit déja batizé, va à Ennon près de Salim, & là il batize pour la troisieme & derniere fois.

| | En Judée. | A Ennon près de Salim. |

CHAPITRE XIX.

Dispute & murmure des disciples de S. Jean-Baptiste de ce que Jesus-Christ batize.

22. Après cela Jesus étant venu avec ses disciples dans la Judée, il y demeuroit & y batizoit.

23. Jean batizoit aussi à Ennon près de Salim, parce qu'il y avoit là beaucoup d'eau, & plusieurs y venoient, & y étoient batizés;

24. car pour lors Jean n'avoit pas encore été mis en prison.

25. Il s'excita donc une dispute entre les disciples de Jean & les Juifs touchant la purification *a*.

26. Et étant venus trouver Jean, ils lui dirent : Maître, celui *b* qui étoit avec vous au delà du Jourdain, auquel vous avez rendu témoignage, batize maintenant, & tous vont à lui.

27. Jean leur répondit : L'homme ne peut rien recevoir, s'il ne lui a été donné du ciel.

28. Vous m'êtes vous-mêmes témoins que je vous ai dit, que je ne suis point le CHRIST, mais que j'ai été envoyé devant lui.

29. l'époux est celui à qui est l'épouse ; mais l'ami de l'époux, qui se tient debout & qui l'écoute, est ravi de joie à cause qu'il entend la voix de l'époux : ma joie est donc accomplie.

30. Il faut qu'il croisse, & moi que je diminue.

31. Celui qui est venu d'en haut, est au dessus de tous ; celui qui tire son origine de la terre, est de la terre, & parle de la terre ; celui qui est venu du ciel, est au dessus de tous ;

32. & il rend un témoignage de ce qu'il a vu & entendu, & personne ne reçoit son témoignage.

33. Celui qui a reçu son témoignage, a assuré que Dieu est veritable.

34. Celui que Dieu a envoyé, dit des paroles de Dieu ; parce que Dieu ne lui donne pas son esprit par mesure.

35. Le

Ch. 19.

a le batême.

b JESUS.

Mt. IV.	Mr. I.	L. IV.	J. III. 35 36	À Ennon près de Salim.	Ch. 19.
				35. Le Pere aime le Fils, & il lui a tout mis entre les mains.	
				36. Celui qui croit au Fils, a la vie éternelle : celui qui ne croit pas au Fils, ne verra point la vie, mais la colere de Dieu demeure sur lui.	

Fin de ce qui s'est passé en l'Année

4743. de la Periode Julienne,

75. de l'Année Julienne,

33. de l'Age de JESUS-CHRIST,

1. de son Ministere,

30. de l'Ere vulgaire.

E

En Janvier

Ch. 20.

Mt.IV.	Mr.I.	LIV.	F III. 36 f.	Dé la Periode Julienne 4744.	De l'Année Julienne 76.	De l'Age de Jesus-Ch. 34.	De son Minist. 2.	De l'Ere vulgaire 31.
				A Ennon.	En Judée.		A Sichar.	
		III.						
		19						
		20						
		ch. 12. 1.						
		IV.	IV.					
12	14	14	1					
c.	c.	c.						
ch. 22. 1.	ch. 22. 1.	ch. 22. 1.						
			2					
			3					

CHAPITRE XX.

1. *Prison de S. Jean-Baptiste.*

19. HErode le Tetrarque ayant été repris par Jean sur le sujet d'Herodiade femme de son frere, & de toutes les autres mechancetés qu'il avoit faites,

20. il ajouta encore pardessus tous ces crimes celui de le faire mettre en prison.

S. Jean fut mis en prison par ordre d'Herode sous pretexte qu'il batizoit trop de peuple, *selon Joseph, liv. XVIII. ch. 7. des Antiq.* mais la veritable cause étoit de ce qu'il reprenoit Herode de son inceste avec Herodiade femme de Philippe son frere.

Jesus ayant appris que Jean avoit été mis en prison sous pretexte qu'il batizoit, craignit d'être aussi arrêté sous le même sujet par Pilate Gouverneur de la Judée, à l'incitation des Pharisiens ; c'est pourquoi il se retira en Galilée, où Pilate n'avoit point de pouvoir.

2. Jesus-Christ *quitte la Judée pour aller en Galilée.*

12. 14. 14. 1. Jesus donc ayant depuis ouï dire que Jean avoit été mis en prison, & que les Pharisiens avoient appris qu'il faisoit plus de disciples, & qu'il batizoit plus que Jean,

2. quoique Jesus ne baptizât pas lui-même, mais ses disciples ;

3. il quitta la Judée, & s'en retourna, par la vertu de l'Esprit de Dieu, en Galilée.

Année 34. de J. C. 2. de son Minist. En Janvier.

A Sichar en Samarie.

CHAPITRE XXI.

1. Samaritaine.

Ch. 21.

4. Comme il falloit qu'il passât par la Samarie,
5. il vint en une ville de Samarie nommée Sichar, près de l'heritage que Jacob donna à son fils Joseph.
6. Or il y avoit là *un puits nommé* la fontaine de Jacob. Et Jesus étant fatigué du chemin, s'assit sur la fontaine. Il étoit environ la sixieme heure [a].

[a] c'est à dire, midi.

7. Il vint alors une femme de Samarie pour puiser de l'eau. Jesus lui dit : Donnez moi à boire.
8. (Car ses disciples s'en étoient allés à la ville pour acheter à manger.)
9. Alors cette femme Samaritaine lui dit : Comment vous qui êtes Juif, me demandez-vous à boire, à moi qui suis Samaritaine ? car les Juifs n'ont point de commerce avec les Samaritains.
10. Jesus lui dit : Si vous connoissiez le don de Dieu, & qui est celui qui vous dit, donnez-moi à boire, peut-être que vous lui en auriez demandé, & il vous auroit donné de l'eau vive.
11. Cette femme lui dit : Seigneur, vous n'avez point dequoi en puiser, & le puits est profond ; d'où pourriez-vous donc avoir de l'eau vive ?
12. Etes-vous plus grand que notre pere Jacob qui nous a donné ce puits, & en a bû lui-même aussibien que ses enfans & ses troupeaux ?
13. Jesus lui répondit : Quiconque boit de cette eau, aura encore soif ;
14. au lieu que celui qui boira de l'eau que je lui donnerai, n'aura jamais soif ; mais l'eau que je lui donnerai, deviendra dans lui une fontaine d'eau rejaillissante à la vie éternelle.
15. Cette femme lui dit : Seigneur, donnez-moi de cette eau, afin que je n'aye plus soif, & que je ne vienne plus ici pour en puiser.
16. Jesus lui dit : Allez, appellez votre mari, & venez ici.
17. Cette femme lui répondit : Je n'ai point de

E ij

				A Sichar en Samarie.
Ch. 21.	Mt. IV.	Mr. I.	L. IV.	J. IV.

				mari. JESUS lui dit : Vous avez raison de dire que vous n'avez point de mari ;
			18	18. car vous avez eu cinq maris, & maintenant celui que vous avez n'est pas votre mari, vous dites vrai en cela.
			19	19. Cette femme lui dit : Seigneur, je voi bien que vous êtes un Prophete.
			20	20. Nos peres ont adoré sur cette montagne ; & vous autres vous dites que c'est dans Jerusalem qu'est le lieu où il faut adorer.
			21	21. JESUS lui dit : Femme, croyez-moi, le tems va venir que vous n'adorerez plus le Pere ni sur cette montagne ni dans Jerusalem.
			22	22. Vous adorez ce que vous ne connoissez point ; pour nous, nous adorons ce que nous connoissons, car le salut vient des Juifs.
			23	23. Mais le tems vient, & il est déja venu, que les vrais adorateurs adoreront le Pere en esprit & en verité ; car ce sont là les vrais adorateurs que le Pere cherche.
			24	24. Dieu est esprit, & il faut que ceux qui l'adorent, l'adorent en esprit & en verité.
			25	25. Cette femme lui répondit : Je sçai que le Messie, qui est appellé CHRIST, doit venir ; lorsqu'il sera venu, il nous annoncera toutes choses.
			26	26. JESUS lui dit : C'est moi-même qui vous parle.
			27	27. Là-dessus ses disciples arriverent, & ils s'étonnoient de ce qu'il parloit avec une femme ; neanmoins aucun d'eux ne lui dit : Que lui voulez-vous ? ou, d'où vient que vous parlez à elle ?
			28	28. Cette femme donc laissa sa cruche ; & étant venue à la ville, elle dit à tout le monde :
			29	29. Venez voir un homme qui m'a dit tout ce que j'ai fait ; ne seroit-ce point le CHRIST ?
			30	30. Ils sortirent donc de la ville pour le venir trouver.

2. Moisson spirituelle.

			31	31. Cependant les disciples le prioient de manger, en lui disant : Maître, mangez.
			32	32. Il leur dit : J'ai une viande à manger que vous ne connoissez pas.

Année 34. de J. C. 2. de son Minist.   F11 Janvier.

A Sichar en Samarie.

Mr IV.	Mr I.	L. IV.	JV.	
			33	33. Les disciples se disoient l'un à l'autre : Quelqu'un lui auroit-il apporté à manger ?
			34	34. Jesus leur dit : Ma nourriture est de faire la volonté de celui qui m'a envoyé, & d'accomplir son œuvre.
			35	35. Ne dites-vous pas vous-mêmes que dans quatre mois la moisson viendra? Mais moi je vous dis : Levez vos yeux, & consíderez les campagnes qui sont déja blanches & prêtes à moissonner :
			36	36. & celui qui moissonne reçoit la recompense, & amasse du fruit pour la vie éternelle, afin que celui qui seme se rejouisse aussi-bien que celui qui moissonne.
			37	37. Car ce que l'on dit d'ordinaire, est vrai en cette rencontre : Que l'un seme, & l'autre moissonne.
			38	38. Je vous ai envoyé moissonner ce en quoi vous n'avez pas travaillé ; d'autres ont travaillé, & vous êtes entrés dans leurs travaux.

Ch. 21.

3. Foi des Samaritains.

			39	39. Or plusieurs des Samaritains de cette ville crurent en lui à cause des paroles de cette femme qui avoit rendu ce témoignage : Parce qu'il m'a dit tout ce que j'ai fait.
			40	40. Les Samaritains donc étant venus le trouver, le prierent de demeurer chez eux ; & il y demeura deux jours.
			41	41. Il y en eut beaucoup davantage qui crurent en lui pour l'avoir entendu parler.
			42	42. De sorte qu'ils disoient à cette femme : Ce n'est plus à cause de vos paroles que nous croyons; car nous l'avons ouï nous-mêmes, & nous sçavons qu'il est veritablement le Sauveur du monde.

E iij

Année 34. de J. C. 2. de son Minist.   En Janvier.

Ch. 22.	Mt. IV.	Mr. I.	L. IV.	J. IV.	En Galilée. A Nazareth.
					CHAPITRE XXII.
					1. *Prédication de* JESUS-CHRIST *dans la Galilée & à Nazareth.*
a de Sichar.	12	14 r.	14 r.	43 *c.*	43. DEux jours après JESUS sortit de ce lieu *a* pour aller 12. 14. 14. en Galilée ; & sa réputation se répandit dans tout le païs d'alentour.
				15	15. Il enseignoit dans leurs Synagogues, & il étoit estimé & honoré de tout le monde.
				16	16. Etant venu à Nazareth où il avoit été élevé, il entra selon sa coutume le jour du Sabbat dans la Synagogue, & il se leva pour lire.
				17	17. On lui presenta le livre du Prophete Isaïe ; & l'ayant ouvert, il trouva le lieu où ces paroles étoient écrites :
Isa. LXI. 1. 2.				18	18. » L'Esprit du Seigneur s'est reposé sur moi ; » c'est pourquoi il m'a oint : il m'a envoyé pour » prêcher l'Évangile aux pauvres, pour guerir » ceux qui ont le cœur brisé ;
				19	» 19. pour annoncer aux captifs leur delivrance, » & aux aveugles le recouvrement de leur vue ; » pour renvoyer libres ceux qui sont accablés » sous leurs fers ; pour publier l'année de la mi- » sericorde & des graces du Seigneur, & le jour » auquel Dieu rendra à chacun selon ses œuvres «.
				20	20. Et ayant fermé le livre, il le rendit au ministre, & s'assit. Tout le monde dans la Synagogue avoit les yeux arrêtés sur lui.
				21	21. Et il commença à leur dire : C'est aujourd'hui que cette Ecriture que vous venez d'entendre est accomplie.
				22	22. Tous lui rendoient témoignage ; & dans l'étonnement où ils étoient des paroles pleines de grace qui sortoient de sa bouche, ils disoient : N'est-ce pas là le fils de Joseph ?
					2. *Nul Prophete en son païs.*
				23	23. Alors il leur dit : Sans doute que vous m'appliquerez ce proverbe : Medecin, guerissez vous vous-même ; faites ici en votre païs d'aussi grandes choses que nous avons ouï dire que vous avez faites à Capharnaüm.

Année 34. de J. C. 2. de son Minist.   En Janvier.   39

Mt. IV.	Mr. I.	L. IV.	F. IV.	A Nazareth. En Galilée. A Capharnaüm.	
		24		24. Mais je vous assure, ajouta-t-il, qu'aucun Prophete n'est bien reçu en son païs.	Ch. 23.
		25		25. Je vous dis en verité qu'il y avoit plusieurs veuves en Israël au tems d'Elie, lorsque le ciel fut fermé pendant trois ans & demi, & qu'il y eut une grande famine sur toute la terre:	III. Reg. XVIII. 7.-16.
		26		26. neanmoins Elie ne fut envoyé chez aucune d'elles; mais seulement chez une femme veuve de Sarepte dans le païs des Sidoniens.	
		27		27. Il y avoit aussi plusieurs lepreux en Israël au tems du Prophete Elisée; neanmoins aucun d'eux ne fut gueri, mais seulement Nahaman qui étoit de Syrie.	IV. Reg. V. 1.-14.
		28		28. Tous ceux de la Synagogue l'entendant parler de la sorte, furent remplis de colere,	
		29		29. & se levant, ils le chasserent hors de leur ville, & le menerent jusques sur la pointe de la montagne sur laquelle leur ville étoit bâtie, pour le précipiter.	
		30		30. Mais il passa au milieu d'eux, & se retira,	
			43 r.	43. r. & s'en alla en Galilée.	
			44	44. Car il avoit lui-même témoigné qu'un Prophete n'est point honoré en son païs.	
		ch. 24.2.			

Depuis ce tems-là JESUS quitte Nazareth, & parcourt plusieurs endroits de la Galilée.

3. JESUS-CHRIST va à Capharnaüm.

13				13. JESUS ayant donc quitté Nazareth, vint demeurer à Capharnaüm, qui est proche de la mer, sur les confins de Zabulon & de Nephtali;	
14				14. afin que cette parole du Prophete Isaïe fût accomplie:	
15				15. » La terre de Zabulon & la terre de Nephtali vers la mer au delà du Jourdain, la Galilée des nations.	Isa. IX. 1.
16				» 16. Ce peuple qui étoit assis dans les tenebres » a vu une grande lumiere, & la lumiere est » venue éclairer ceux qui étoient dans la region » de l'ombre de la mort «.	

4. Exhortation à la penitence.

			45	45. Lors donc que JESUS fut revenu en Galilée, les Galiléens le reçurent comme ayant vu tout	

	Mt.IV.	Mr.I.	L.IV.	J.IV.	A Cana, ville de Galilée.
Ch. 23. *a* la Pâque dernière. Commencement de la Prédication de J.Ch.	17	15			ce qu'il avoit fait à Jerusalem pendant la fête *a*, parce qu'ils y avoient aussi été pour la fête. 17. Depuis ce tems-là 15. JESUS commença à prêcher l'Evangile du royaume de Dieu, en disant : Le tems est accompli, faites penitence, car le royaume des cieux est proche ; faites penitence, & croyez à l'Evangile.

CHAPITRE XXIII.

Fils d'un Officier gueri.

II. MIRACLE.				46	46. JEsus vint donc encore à Cana en Galilée, où il avoit changé l'eau en vin.
				47	47. Or il y avoit un Officier, dont le fils étoit malade à Capharnaüm ; lequel ayant appris que JESUS venoit de Judée en Galilée, s'en alla le trouver, & le pria de venir chez lui pour guerir son fils qui étoit prêt de mourir.
				48	48. JESUS lui dit : Si vous ne voyez des miracles & des prodiges, vous ne croyez point.
				49	49. Cet Officier lui dit : Seigneur, venez avant que mon fils meure.
				50	50. JESUS lui dit : Allez, votre fils se porte bien. Il crut à la parole que JESUS lui avoit dite, & s'en alla.
				51	51. Et comme il étoit en chemin, ses serviteurs le rencontrerent, & lui dirent : Votre fils se porte bien.
				52	52. Et s'étant enquis de l'heure qu'il s'étoit trouvé mieux, ils lui répondirent : Hier à la septieme heure *b* la fievre le quitta.
b. c'est à dire, une heure après midi.				53	53. Son pere reconnut que c'étoit la même heure en laquelle JESUS lui avoit dit : Votre fils se porte bien. Et il crut, lui & toute sa famille.
				54 *f.*	54. Ce fut là le second miracle que JESUS fit, étant revenu de Judée en Galilée.

CHAP. XXIV.

Année 34. de J.C. 2. de son Minist. 1. de sa Pred. En Janv. 41

| Mt. IV. | Mr. I. | L. IV. | f. IV. 54. f | Le long de la mer de Galilée. | A Capharnaüm. | Ch. 24. |

CHAPITRE XXIV.

1. Seconde Vocation de S. Pierre & de S. André, & celle de S. Jaque & de S. Jean.

18. 16. JEsus marchant le long de la mer de Galilée, vit deux freres, Simon appellé Pierre, & André son frere, qui jettoient leurs filets dans la mer : car ils étoient pêcheurs.

19. 17. Il leur dit : Suivez-moi, & je vous ferai devenir pêcheurs d'hommes.

20. 18. Aussitôt ils quitterent leurs filets, & le suivirent.

21. 19. De là s'étant un peu avancé, il vit dans une barque deux autres freres, Jaque fils de Zebedée, & Jean son frere, avec leur pere Zebedée, qui raccommodoient leurs filets,

20. il les appella à l'heure même.

22. Aussitôt ayant quitté leurs filets & Zebedée leur pere dans la barque avec ceux qui travailloient pour lui, ils le suivirent.

2. JESUS prêche à Capharnaüm.

21. 31. Il vint ensuite à Capharnaüm ville de Galilée ; & étant entré aussitôt le jour du Sabbat dans la Synagogue, il les enseignoit.

22. 32. Ils étoient ravis en admiration de sa doctrine, parce qu'il les enseignoit comme ayant autorité, & non pas comme les Docteurs de la loi.

Depuis cette seconde arrivée à Capharnaüm, JESUS ayant quitté Nazareth, il choisit son domicile à Capharnaüm, & l'adopte pour sa patrie. *En S. Matth. IX. 1. & S. Marc II. 1.*

CHAPITRE XXV.

1. Premier Demoniaque gueri.

23. 33. IL y avoit dans leur Synagogue un homme possedé de l'esprit impur, qui s'écria à haute voix,

24. 34. en disant : Laissez-nous ; qu'y a-t-il de commun entre vous & nous, JESUS de Nazareth ? êtes-vous venu pour nous perdre ? je sçai qui

III. MIRACLE.

42　Année 34. de J.C. 2. de son Minist. 1. de sa Pred. En Fev.

	Mt.IV.	Mr.I.	L.IV.	f.IV.	A Capharnaüm.
Ch. 25.		25	35	54.f.	vous êtes ; vous êtes le Saint de Dieu.
					25. 35. Mais Jesus lui parlant avec menaces, lui dit : Tais-toi, & sors de cet homme.
		26			26. Alors l'esprit impur l'agitant avec de grandes convulsions, & l'ayant jetté à terre devant tout le monde, après avoir jetté un grand cri, sortit hors de lui sans lui avoir fait aucun mal.
		27	36		27. 36. Alors tous en furent dans un si grand étonnement, qu'ils se demandoient les uns aux autres, en disant : Qu'est-ce que ceci ? quelle est cette nouvelle doctrine ? il commande aux esprits impurs avec tant d'autorité & avec tant de puissance, qu'ils lui obeïssent, & se retirent.
		28	37		28. 37. Sa réputation se répandit aussitôt dans tout le païs de la Galilée.

2. Belle-mere de S. Pierre guerie.

	Mt.VIII.	Mr.I.	L.IV.		
IV. MIRACLE. a Pierre.		29	38		29. 38. Jesus sortit en même tems de la Synagogue, & entra avec Jaque & Jean en la maison de Simon & d'André.
		30			30. La belle-mere de Simon étoit au lit, ayant une grosse fievre.
	14				14. Jesus étant venu en la maison de Pierre, vit sa belle-mere qui étoit au lit, & qui avoit la fievre ; aussitôt ils le prierent pour elle. 31. Il s'approcha, 39. & se tint debout auprès d'elle ;
		31	39		
	15				15. puis lui ayant touché la main, il la prit par la main, & la fit lever. Il commanda à la fievre de la quitter ; & au même instant la fievre la quitta : & s'étant levée aussitôt, elle les servoit.

3. Malades gueris, & Demons chassés.

	16	32	40		16. 32. Sur le soir, 40. le Soleil étant couché, tous ceux qui avoient des malades affligés de diverses maladies les lui amenoient ; & il les guerissoit en imposant les mains sur chacun d'eux.
		33			33. Et toute la ville étoit assemblée devant la porte.
		34			34. Il guerit plusieurs malades de diverses maladies, & il chassa plusieurs demons par sa parole.
			41		41. Les demons sortoient du corps de plusieurs, criant & disant : Vous êtes le Fils de Dieu. Mais

Année 34. de J.C. 2. de son Minist. 1. de sa Pred. En Fev. 43

Mt. VIII	Mr. I	L. IV	F. IV. 54. f.	A Capharnaüm.	En Galilée.	
				il les menaçoit, & il ne leur permettoit pas de dire qu'ils sçavoient qu'il étoit le Christ : & guerit tous ceux qui étoient malades,		Ch. 25.
17				17. afin que cette parole du Prophete Isaïe fût accomplie : « Il a pris lui-même nos langueurs, » & il s'est chargé de nos maladies «.		Isa. LIII. 4.
				4. Retraite, Priere, Predication, & Miracles de Jesus-Christ.		
	35	42		35. 42. Le lendemain s'étant levé avant le jour, il sortit, & s'en alla en un lieu desert où il prioit.		
	36			36. Simon *a* & ceux qui étoient avec lui le suivirent;		*a* Pierre.
	37			37. & l'ayant trouvé, ils lui dirent : Tout le monde vous cherche.		
	38			38. Il leur répondit : Allons aux villages & aux bourgs voisins, afin que j'y prêche aussi ; car c'est pour cela que je suis venu. Tout le peuple le vint chercher jusqu'où il étoit, & ils le retenoient afin qu'il ne les quittât point.		
		43		43. Mais il leur dit : Il faut que je prêche aussi aux autres villes l'Evangile du royaume de Dieu.		
IV. 23	39	44 f.		23. 39. 44 Or Jesus alloit par toute la Galilée, enseignant dans les Synagogues. Il prêchoit l'Evangile du royaume, guerissoit toutes sortes de maladies & de langueurs parmi le peuple, & chassoit les demons.		
				5. Second Demoniaque gueri.		
				Il paroît par ce qui est rapporté ci-après par les Evangelistes, que ce fut en ce même tems que Marie Magdelaine dont il chassa sept demons, fut guerie ; & que Jeanne femme de Chuza Intendant de la maison d'Herode, Susanne & plusieurs autres femmes furent aussi gueries ; parce qu'ils en parlent comme d'un miracle fait il y a quelque tems, sans en avoir rien dit, sinon que ces femmes avoient suivi Jesus depuis qu'il avoit été en Galilée, & qu'elles l'assistoient de leurs biens. *Voyez S. Matth. XXVII. 55. 56. S. Marc XV. 40. 41. & XVI. 9. & S. Luc VIII. 2. 3. & XXIII. 49. 55.*		V. Miracle.
				6. Reputation de Jesus-Christ, *& guerison de malades.*		
24				24. Sa reputation s'étant répandue par toute la Syrie, on lui amena tous ceux qui étoient mala-		

F ij

					Dans les villes de la Galilée.	Au lac de Genesareth.
Ch. 25.	Mt. IV. 25. ch. 34. 1.	Mr. I.	L. IV. 44. f.	J. IV. 54. f.		

des, & diversement affligés de maux & de douleurs, les possedés, les lunatiques, les paralytiques; & il les guerit.

25. Et une grande multitude de peuple le suivit de la Galilée, de Decapolis, de Jerusalem, de la Judée, & de delà le Jourdain.

CHAPITRE XXVI.

Premiere Pêche miraculeuse.

VI. MI-RACLE.

1. UN jour JESUS étoit sur le bord du lac de Genesareth, & se trouvant accablé par la foule du peuple qui se pressoit pour entendre la parole de Dieu;

2. il vit deux barques arrêtées au bord du lac, d'où les pêcheurs étoient descendus, & lavoient leurs filets.

a Pierre.

3. Il entra dans l'une de ces barques qui étoit à Simon *a*, & le pria de s'éloigner un peu de la terre; & s'étant assis, il enseignoit le peuple dessus la barque.

4. Lorsqu'il eut cessé de parler, il dit à Simon: Avancez en pleine eau, & jettez vos filets pour pêcher.

5. Simon lui répondit : Maître, nous avons travaillé toute la nuit sans rien prendre ; neanmoins sur votre parole je jetterai le filet.

6. L'ayant jetté, ils prirent une si grande quantité de poissons, que leur filet se rompoit.

7. Ils firent signe à leurs compagnons qui étoient dans une autre barque, de venir les aider. Ils y vinrent, & ils remplirent tellement les deux barques, qu'il s'en falloit peu qu'elles ne coulassent à fond.

8. Ce que Simon Pierre ayant vu, il se jetta aux pieds de JESUS, en disant : Seigneur, retirez-vous de moi, parce que je suis un pecheur.

9. Car il étoit épouvanté aussi-bien que ceux qui étoient avec lui, de la pêche des poissons qu'ils avoient faite.

10. Jâque & Jean qui étoient compagnons de Simon, étoient dans le même étonnement. Mais JESUS dit à Simon : Ne craignez point ; votre

Année 34. de J.C. 2. de son Minist. 1. de sa Pred. En Fev. 45

Mt.IV.25.f.	Mr.I.	L.V.	f.IV.54.f.	En une certaine ville. A Capharnaüm.	
		11		emploi sera desormais de prendre des hommes.	Ch. 26.
				11. Et ayant ramené leurs barques à bord, ils quitterent tout, & le suivirent.	

CHAPITRE XXVII.

1. *Premier Lepreux gueri.*

	40	12		40. 12. Lorsque Jesus étoit en une certaine ville, il vint un homme tout couvert de lepre, qui l'ayant vu se proiterna contre terre, & le prioit, en lui disant : Seigneur, si vous voulez, vous pouvez me guerir.	VII. Miracle.
	41	13		41. 13. Jesus fut ému de compassion, & étendant la main il le toucha, & lui dit : Je le veux, soyez gueri :	
	42			42. & ayant dit cette parole, sa lepre disparut en même instant, & il fut gueri.	
	43			43. Jesus le renvoya aussitôt, après lui avoir fortement defendu d'en parler,	
	44	14		44. 14. en lui disant : Gardez-vous bien d'en parler à personne ; mais allez vous montrer au Prêtre, & offrez pour votre guerison ce que Moyse a ordonné, afin que cela leur serve de témoignage.	
	45 f.			45. Mais cet homme l'ayant quitté, commença à parler de sa guerison, & à la publier par tout.	
		15		15. Cependant comme sa reputation se répandoit de plus en plus, les peuples venoient en foule pour l'entendre, & pour être gueris de leurs maladies ; de sorte que Jesus ne pouvoit plus paroître dans aucune ville,	
		16		16. mais il se retiroit dans le desert, & y prioit, & on venoit à lui de tous côtés.	

2. *Premier Paralytique gueri.*

IX. 1	II. 1			1. Quelques jours après 1. Jesus étant entré dans une barque, passa au delà de l'eau, & revint en sa ville de Capharnaüm *a*. Aussitôt qu'on eut ouï dire qu'il étoit dans la maison,	VIII. Miracle.
	2.			2. il s'y assembla un si grand nombre de personnes, que l'espace même de devant la porte ne les pouvoit contenir ; & il leur prêchoit la parole de Dieu.	

a Ville qu'il avoit choisie pour être sa demeure, ayant quitté Nazareth.

46 Année 34. de J.C. 2. de son Minist. 1. de sa Pred. En Fev.

Mt. IX.	Mr. II.	L.V.	F. IV. 54. f.	A Capharnaüm.
Ch. 27.		17		17. Un jour comme il enseignoit, (il y avoit des Pharisiens & des Docteurs de la loi qui étoient venus de tous les villages de la Galilée, du païs de la Judée, & de la ville de Jerusalem, qui étoient assis auprès de lui,) la vertu du Seigneur agissoit pour la guerison des malades.
2	3	18		2. 3. 18. Alors ils lui apporterent un paralytique couché dans un lit, qui étoit porté par quatre hommes;
	4			4. & ne pouvant approcher de lui, ils cherchoient le moyen de le faire entrer dans la maison, & de le presenter devant lui.
		19		19. Mais ne trouvant par où le faire entrer à cause de la foule du peuple, ils monterent sur la platte-forme de la maison où il étoit, & le descendirent avec son lit par l'ouverture du pavé de brique, & le mirent au milieu de la place devant JESUS:
	5	20		5. 20. lequel voyant leur foi, dit au paralytique: Mon fils, ayez confiance, vos pechés vous sont remis.
3	6	21		3. 6. 21. Il y avoit là quelques Docteurs de la loi & quelques Pharisiens assis, qui s'entretenoient de ces pensées dans leur cœur:
	7			7. Que veut dire cet homme? il blasphême: Qui peut remettre les pechés que Dieu seul?
4	8	22		4. 8. 22. JESUS reconnut aussitôt par son esprit ce qu'ils pensoient en eux-mêmes, & il leur dit: Pourquoi vous entretenez-vous de ces pensées dans votre cœur?
5	9	23		5. Car 9. 23. lequel est le plus aisé ou de dire à ce paralytique: Vos pechés vous sont remis; ou de dire: Levez-vous, emportez votre lit, & marchez?
6	10	24		6. 10. 24. Or afin que vous sçachiez que le Fils de l'homme a le pouvoir sur la terre de remettre les pechés:
	11			11. Levez-vous, je vous le commande, dit-il alors au paralytique, emportez votre lit, & allez-vous-en à votre maison.
7	12	25		7. 12. 25. Au même instant il se leva en leur presence, emporta le lit où il étoit couché, & s'en retourna en sa maison devant tout le monde, rendant gloire à Dieu.

Année 34. de J.C. 2. de son Minist. 1. de sa Pred. En Mars. 47

Mt. IX.	Mr. II.	L. V.	J. IV. 54 s.	A Capharnaüm. Vers la mer de Galilée. Chez S. Matth.	
8		26		8. 26. Ce que voyant, ils furent tous saisis d'un étonnement extrême, & ils rendirent gloire à Dieu de ce qu'il avoit donné une telle puissance aux hommes ; & dans la frayeur dont ils étoient saisis, ils disoient : Nous avons vu aujourd'hui des choses prodigieuses, jamais nous n'avons rien vu de semblable.	Ch. 27.

CHAPITRE XXVIII.

1. *Vocation de S. Matthieu.*

9	13	27		9. 13. 27. JEsus étant ensuite sorti de là, s'en alla encore vers la mer, & tout le monde venoit à lui, & il les enseignoit.	
	14			14. Lorsqu'il passoit, il vit un publicain nommé Levi, fils d'Alphée, qui étoit assis au bureau des impôts, nommé Matthieu, auquel il dit : Suivez-moi.	
		28		28. Et quittant tout, il se leva aussitôt, & le suivit.	

2. JESUS-CHRIST *mange avec les pecheurs.*

		29		29. Levi fit à JEsus un grand festin dans sa maison.	
10	15			10. 15. Et JEsus étant assis à table en la maison de cet homme, il y vint beaucoup de publicains & de gens de mauvaise vie, qui étoient assis à table avec JEsus & ses disciples ; car il y en avoit plusieurs qui le suivoient.	
11	16	30		11. 16. 30. Les Docteurs de la loi & les Pharisiens voyant qu'il mangeoit avec des publicains & des gens de mauvaise vie, murmuroient, & dirent à ses disciples : Pourquoi mangez-vous & buvez-vous avec des publicains & des gens de mauvaise vie ? & pourquoi vôtre Maître mange-t-il & boit-il avec eux ?	
12	17			12. 17. Ce que JEsus ayant entendu,	
		31		31. il leur répondit : Ce ne sont pas les sains, mais les malades qui ont besoin de medecin.	
13				13. C'est pourquoi allez, & apprenez ce que veut dire : ,, J'aime mieux la misericorde que le ,, sacrifice ''. Car 32. je ne suis pas venu pour appeller les justes, mais les pecheurs à la penitence.	Osée VI. 6.
		32			

48 Année 34. de J.C. 2. de son Minist. 1. de sa Pred. En Mars.

	Mt. IX.	Mc. II.	L. V.	J. IV. 54. f.	A Capharnaüm.	A Jerusalem.
Ch. 28.					3. *Dispute sur le jeûne.*	
		18.			18. Or les disciples de Jean & ceux des Pharisiens jeûnoient souvent.	
	14.		33.		14. 33. Alors les disciples de Jean le vinrent trouver, & lui dirent : Pourquoi les disciples de Jean & ceux des Pharisiens jeûnent-ils souvent, & font des prieres, & que vos disciples boivent & mangent, & ne jeûnent point ?	
	15.	19.	34.		15. 19. 34. Jesus leur répondit : Les amis de l'époux peuvent-ils jeûner pendant que l'époux est avec eux ?	
		20.	35.		20. 35. Mais il viendra un tems que l'époux leur sera ôté, & alors ils jeûneront.	
					4. *Paraboles du drap neuf & des vaisseaux vieux.*	
			36.		36. Il leur proposa aussi cette parabole.	
I. Parabole.	16.	21.			16. 21. Personne ne met une piece de drap neuf à un vieux vêtement ; parce que si on le fait, le neuf emporte encore une partie du vieux, & la rupture en devient plus grande, & cette piece de drap neuf ne convient point au vieux vêtement.	
II. Parabole.	17.	22.	37.		17. 22. 37. Personne aussi ne met de vin nouveau dans de vieux vaisseaux, le vin se répand, & les vaisseaux sont perdus :	
		ch. 52. 3.	38.		38. mais il faut mettre le vin nouveau dans des vaisseaux neufs, & tous les deux se conservent.	
			39. f.		39. Et il n'y a personne qui buvant du vin vieux, veuille aussitôt du nouveau, parce qu'il dit : Le vieux est meilleur.	

CHAPITRE XXIX.

1. *Piscine probatique.*

				V.		
a la Pâque.				1	1. APrès cela étoit la fête des Juifs *a*, & Jesus alla à Jerusalem.	
				2	2. Or il y a à Jerusalem une piscine aux moutons, appellée en Hebreu Bethsaida *b*, qui a cinq galeries ;	
b c'est à dire, maison de misericorde.				3	3. dans lesquelles étoient couchés par terre un grand nombre de malades, d'aveugles, de boiteux, & de ceux qui avoient les membres secs, qui attendoient que l'eau eût été troublée.	

4. Car

Année 34. de J.C. 2. de son Min. 1. de sa Pred. En Mars. 49

Mt. IX	Mr. II	L.V.39.f	F.V.	A Jerusalem.	Dans le Temple.	
			4	4. Car l'Ange du Seigneur descendoit dans la Piscine en un certain tems, & troubloit l'eau; & celui qui entroit le premier dans l'eau après qu'elle avoit été ainsi troublée, étoit gueri de quelque maladie qu'il eût.		Ch. 29.

2. Second Paralytique gueri.

			5	5. Il y avoit là un homme qui étoit malade depuis trente-huit ans.		IX. MI-RACLE.
			6	6. Jesus l'ayant vu couché par terre, & sçachant qu'il étoit malade depuis fort long-tems, lui dit: Voulez-vous être gueri?		
			7	7. Le malade lui répondit: Seigneur, je n'ai personne pour me jetter dans la Piscine après que l'eau a été remuée; & pendant le tems que je mets à y aller, un autre y descend avant moi.		
			8	8. Jesus lui dit: Levez-vous, emportez votre lit, & marchez.		
			9	9. Et cet homme fut gueri à l'instant, & prenant son lit, il commença à marcher. Mais comme ce jour-là étoit un jour de Sabbat *a*;		
			10	10. les Juifs dirent à celui qui avoit été gueri: Il est aujourd'hui le Sabbat, il ne vous est pas permis d'emporter votre lit.		
			11	11. Il leur répondit: Celui qui m'a gueri m'a dit: Emportez votre lit, & marchez.		
			12	12. Ils lui demanderent donc: Qui est celui qui vous a dit: Emportez votre lit, & marchez?		
			13	13. Mais celui qui avoit été gueri ne sçavoit qui il étoit; car Jesus s'étoit retiré de la foule du peuple qui étoit en ce lieu là.		
			14	14. Depuis Jesus trouva cet homme dans le Temple, & lui dit: Vous voyez que vous avez été gueri; ne pechez plus à l'avenir, de peur qu'il ne vous arrive quelque chose de pire.		
			15	15. Cet homme s'en alla trouver les Juifs, & leur dit que c'étoit Jesus qui l'avoit gueri.		
			16	16. C'est pour cette raison que les Juifs persecutoient Jesus, parce qu'il faisoit ces choses le jour du Sabbat.		

a C'étoit le Premier-Sabbat, ou Grand-Sabbat, qui précede immediatement la Pâque, & qui arrivoit cette année le 24. de Mars.

G

Année 34. de J.C. 2. de son Min. 1. de sa Pred. En Mars.

Dans le Temple.

CHAPITRE XXX.

Sermon de Jesus-Christ *aux Juifs.*

17. ALors Jesus dit aux Juifs : Mon Pere ne cesse point d'agir jusqu'à present ; & moi j'agis aussi.

18. Les Juifs donc cherchoient encore avec plus d'ardeur un moyen de le faire mourir, voyant que non seulement il ne gardoit pas le Sabbat, mais qu'il disoit encore que Dieu étoit son pere, se faisant ainsi égal à Dieu.

19. Jesus donc leur dit : En verité en verité je vous dis, que le Fils ne peut agir par lui-même, mais qu'il ne fait que ce qu'il voit faire à son Pere; car tout ce que le Pere fait, le Fils le fait aussi comme lui,

20. parce que le Pere aime le Fils, & il lui montre tout ce qu'il fait ; & il lui montrera des œuvres plus grandes que celles-ci ; en sorte que vous en serez vous-mêmes remplis d'admiration.

21. Car comme le Pere ressuscite les morts, & leur rend la vie ; ainsi le Fils donne la vie à qui il lui plait.

22. Le Pere ne juge personne, mais il a donné au Fils tout pouvoir de juger ;

23. afin que tous honorent le Fils, comme ils honorent le Pere. Celui qui n'honore point le Fils, n'honore point le Pere qui l'a envoyé.

24. En verité en verité je vous dis, que celui qui entend ma parole, & qui croit à celui qui m'a envoyé, a la vie éternelle, & il ne vient point en jugement, mais il passe de la mort à la vie.

25. En verité en verité je vous dis, que l'heure vient, & qu'elle est déja venue, que les morts entendront la voix du Fils de Dieu, & que ceux qui l'entendront vivront.

26. Car comme le Pere a la vie en lui-même, il a donné aussi au Fils la vie en lui-même ;

27. & il lui a donné le pouvoir de juger, parce qu'il est le Fils de l'homme.

28. Ne vous étonnez pas de ceci ; car le tems

Année 34. de J.C. 2. de son Min. 1. de sa Pred.   En Mars. 51

Mr. IX.	Mr. II.	L. V. 39. f	J. V.	Dans le Temple.	
				est venu, que tous ceux qui sont dans les sepulcres, entendront la voix du Fils de Dieu :	Ch. 30.
			29	29. & ceux qui auront fait de bonnes œuvres, en sortiront pour ressusciter à la vie ; mais ceux qui auront fait de mauvaises œuvres, en sortiront pour ressusciter à leur condamnation.	
			30	30. Je ne puis rien faire de moi-même. Je juge selon ce que j'entens ; & mon jugement est juste, parce que je ne cherche pas ma volonté propre, mais la volonté de celui qui m'a envoyé.	
			31	31. Si je rens témoignage de moi-même, mon témoignage n'est pas veritable.	
			32	32. Il y en a un autre qui rend témoignage de moi ; & je sçai que le témoignage qu'il en rend est veritable.	
			33	33. Vous avez envoyé à Jean, & il a rendu témoignage à la verité.	
			34	34. Pour moi je ne reçois point le témoignage d'un homme, mais je dis ceci afin que vous soyez sauvés.	
			35	35. Jean étoit une lampe ardente & luisante ; & vous avez voulu vous réjouir pour un peu de tems à sa lumiere.	
			36	36. Mais pour moi j'ai un témoignage plus grand que celui de Jean ; car les œuvres que mon Pere m'a donné à faire, ces mêmes œuvres que je fais rendent témoignage pour moi que c'est le Pere qui m'a envoyé.	
			37	37. Et mon Pere qui m'a envoyé, a rendu lui-même témoignage de moi. Vous n'avez jamais entendu sa voix, ni rien vu qui le representât :	
			38	38. & cependant sa parole ne demeure point en vous, parce que vous ne croyez point en celui qui m'a envoyé.	
			39	39. Examinez les Ecritures, puisque vous croyez y trouver la vie éternelle, & ce sont elles qui rendent témoignage de moi.	
			40	40. Mais vous ne voulez pas venir à moi pour avoir la vie.	
			41	41. Je ne tire point ma gloire des hommes :	
			42	42. mais je connois bien que vous n'avez point en vous l'amour de Dieu.	
			43	43. Je suis venu au nom de mon Pere, & vous	

G ij

	Mt XI	Mr. II	L. V 39.f.	F v.	Dans le Temple.	A Jerufalem.	Dans la Judée.
Ch. 30.					ne me recevez pas : si un autre vient en son propre nom, vous le recevrez.		
				44	44. Comment pourriez-vous croire, vous qui recherchez la gloire que vous vous donnez les uns aux autres, & qui ne recherchez point la gloire qui vient de Dieu seul ?		
				45	45. Ne pensez pas que ce soit moi qui vous accusera devant le Pere ; vous avez un accusateur qui est Moyse, auquel vous esperez.		
Gen. III. 15.- XXII. 18. XLIX. 10. Deuter. XVIII. 15.				46	46. Car si vous croyiez Moyse, vous me croiriez peut-être aussi ; parce que c'est de moi qu'il a écrit.		
				47 f.	47. Que si vous ne croyez pas à ses écrits, comment croirez-vous à mes paroles ?		

SECONDE PASQUE DE JESUS-CHRIST depuis son Batême.

Jesus celebre à Jerusalem la seconde Pâque depuis son Batême, le 27. & le 28. de Mars.

CHAPITRE XXXI.

1. Epics rompus. Culte du Sabbat.

	Mt XI	Mr. II	L. V	F v.	
a le 31. de Mars.	XII	1	23	1	1. 23. 1. IL arriva encore en ce tems-là *a* que Jesus passant le long des bleds un jour de Sabbat, appellé le Second-premier *b*, ses disciples ayant faim, en marchant commencerent à rompre des épics, & les pressant dans leurs mains en mangeoient.
				2	2. Quelques-uns des Pharisiens leur dirent : Pourquoi faites-vous ce qu'il n'est pas permis aux jours de Sabbat ?
		2	24		2. 24. Les Pharisiens voyant cela, lui dirent : Voilà vos disciples qui font ce qu'il n'est pas permis de faire les jours de Sabbat.
I. Reg. XXI. 6.		3	25	3	3. 25. 3. Jesus prenant la parole, leur dit : N'avez-vous jamais lu ce que fit David dans le besoin où il se trouva, lorsque lui & ceux qui l'accompagnoient furent pressés de la faim ?
		4	26	4	4. 26. 4. Comment il entra dans la maison de Dieu sous le Grand-Prêtre Abiathar, prit les

b Le Second-premier Sabbat, ainsi appellé, est le Sabbat qui suit immediatement après la Pâque, & qui arrivoit cette année le 31. de Mars.

Année 34. de J. C. 2. de son Min. 1. de sa Pred. En M. & Av. 53

Mt. XII.	Mr. II.	L. VI.	J. V. 47. s.	En Judée.	En Galilée.	
				pains de proposition, en mangea, & en donna à ceux qui étoient avec lui, quoiqu'il ne fût permis d'en manger ni à lui, ni à ceux qui étoient avec lui, mais aux Prêtres seuls.		Ch. 31.
5				5. Ou n'avez-vous point lu dans la loi, que les Prêtres au jour du Sabbat violent le Sabbat dans le Temple, & ne sont pas neanmoins coupables ?		Exod. XXV. 30. XXIX. 33. Levitic. VIII. 31. XXIV. 6. 9. Osée VI. 6.
6				6. Et cependant je vous dis que celui qui est ici est plus grand que le Temple.		
7				7. Que si vous sçaviez ce que veut dire : „J'aime mieux la misericorde que le sacrifi- „ce", vous n'auriez jamais condamné des innocens.		
	27	5		27. 5. Il leur dit aussi : Le Sabbat a été fait pour l'homme, & non pas l'homme pour le Sabbat.		
8	28. s.			8. 28. C'est pourquoi le Fils de l'homme est maître du Sabbat même.		
	III.			2. *Main seche guerie.*		
9	1	6		9. 1. 6. JESUS étant parti de là, entra encore dans leur Synagogue un jour de Sabbat *a*, pour enseigner.		X. MIRA-CLE.
10	2	7		10. 2. 7. Il y avoit là un homme dont la main droite étoit seche ; & les Docteurs de la loi & les Pharisiens l'observoient pour voir s'il le gueriroit un jour de Sabbat. Ils lui demanderent : Est-il permis de guerir aux jours de Sabbat ? pour avoir sujet de l'accuser.		*a* le 7. d'Avril.
		8		8. Mais comme il connoissoit leurs pensées,		
	3			3. il dit à cet homme qui avoit la main seche : Levez-vous, tenez-vous là au milieu. Et s'étant levé, il se tint debout.		
	4	9		4. 9. JESUS leur dit : J'ai une demande à vous faire : Est-il permis au jour du Sabbat de faire du bien, ou du mal ; de sauver la vie, ou de l'ôter ? Tous demeurerent dans le silence.		
11				11. Puis il leur dit : Qui est celui d'entre vous, qui ayant une brebi qui vienne à tomber dans un fossé le jour du Sabbat, ne la prenne & ne l'en retire ?		
12				12. Or combien un homme est-il plus excellent		

G iij

54 Année 34. de J.C. 2. de son Min. 1. de sa Pred.   En Avril.

	Mt. XII.	Mr. III.	L. IV.	F. V. 47. f.	En Galilée.	Vers la mer de Galilée.

Ch. 31.

qu'une brebi. Il est donc permis de faire du bien le jour du Sabbat.

13. 5. 10. Mais lui les regardant tous avec colere, étant affligé de l'aveuglement de leur cœur, il dit à cet homme : Etendez votre main. Il l'étendit, & elle devint saine comme l'autre.

11. Ce qui les remplit de fureur.

14. 6. Aussitôt les Pharisiens étant sortis, tinrent conseil contre lui avec les Herodiens, & ils s'entretenoient ensemble de ce qu'ils pourroient faire contre Jesus pour le perdre.

CHAPITRE XXXII.

Concours de peuple après Jesus-Christ. Guerison de malades. Confession de demons.

a de Galilée

15. 7. JEsus sçachant leur dessein, se retira de ce lieu-là avec ses disciples vers la mer *a*, où une grande foule de peuple le suivit, de la Galilée & de la Judée,

8. de Jerusalem, de l'Idumée, de delà le Jourdain : & ceux des environs de Tyr & de Sidon ayant ouï parler des choses qu'il avoit faites, vinrent en grand nombre le trouver, & il les guerit tous.

16. Il leur commanda de ne le point découvrir,

17. afin que cette parole du Prophete Isaïe fut accomplie :

Isa. XLII. 1. - 4.

18. " Voici mon serviteur que j'ai élu, mon " bien-aimé dans lequel j'ai mis toute mon affec- " tion. Je ferai reposer mon esprit sur lui, & il " annoncera la justice aux nations.

" 19. Il ne disputera point, il ne criera point, " & personne n'entendra sa voix dans les ruës.

" 20. Il ne brisera point le roseau cassé, & il " n'éteindra point la meche qui fume encore, " jusqu'à ce qu'il rende victorieuse la justice.

" 21. Et les nations espereront en son nom ".

9. Puis il dit à ses disciples, qu'ils lui tinssent là une barque, afin qu'elle lui servît pour n'être pas trop pressé par la foule du peuple.

10. Car comme il en guerissoit plusieurs, tous ceux qui étoient affligés de quelque mal, se jet-

Année 34. de J.C. 2. de son Min. 1. de sa Préd. Au Print. 55

Mt.XII.	Mr.III.	LVI.	V. 47. f.	Vers la mer de Galilée.	Sur une montagne.	
				toient sur lui avec violence pour le pouvoir toucher.		
	11			11. Et quand les esprits impurs le voyoient, ils se prosternoient devant lui en criant : Vous êtes le Fils de Dieu.		Ch. 32.
	12			12. Mais il leur parloit avec menaces, & leur défendoit de le découvrir.		

CHAPITRE XXXIII.

Election des Apôtres.

13.	12.			13. 12. EN ce tems-là Jesus s'en alla sur une montagne pour prier, il y passa toute la nuit à prier Dieu.		
	13			13. Et quand il fut jour, il appella à lui ses disciples, ceux que lui-même voulut, & ils vinrent à lui.		
14				14. Il en choisit douze d'entre eux, qu'il nomma Apôtres, pour être avec lui, & pour les envoyer prêcher ;		
15				15. & pour leur donner le pouvoir de guerir les maladies, & de chasser les démons : *sçavoir*,		
16	14			16. Il donna le nom de Pierre à Simon.	14. Simon auquel il donna le nom de Pierre.	
				→	& André,	
17				17. Jâque fils de Zebedée	Jâque	
				& Jean frere de Jâque, qu'il nomma Boanerges *a*, c'est à dire, enfans du tonnere,	← & Jean, ←	*a Voyez en S. Luc IX. 54. ch. 71. I.*
18				18. André, Philippe, Barthelemi,	Philippe, Barthelemi,	
	15			Matthieu, Thomas, Jâque fils d'Alphée, Thadée *b*, Simon le Chananéen,	15. Matthieu, Thomas, Jâque fils d'Alphée, — Simon appellé le Zelé,	*b Thadée est le même que Jude fils de Jâque qui est dans S. Luc v. 16.*
	16			→	16. Jude fils de Jâque,	
19				19. & Judas Iscariote, qui fut celui qui le trahit.	& Judas Iscariote, qui fut le traître.	

				Dans une plaine.	Sur une montagne.
Ch. 33.	Mt. XII.	Mr. III.	L. VI. 17	F. V. 47. f.	17. Il descendit avec eux, & s'arrêta dans la plaine, étant accompagné de la troupe de ses disciples, & d'une grande multitude de peuple de toute la Judée, de Jerusalem, & du païs maritime de Tyr & de Sidon,
			18		18. qui étoient venus pour l'entendre, & pour être gueris de leurs maladies, parmi lesquels il y en avoit qui étoient possedés des esprits impurs, & qui furent aussi gueris.
			19		19. Tout le peuple tâchoit de le toucher, parce qu'il sortoit de lui une vertu qui les guerissoit tous.

CHAPITRE XXXIV.

1. *Sermon sur la montagne.*

A. 1					1. JEsus voyant tout ce peuple, monta sur une montagne, où s'étant assis, ses disciples s'approcherent de lui.
2			20		20. Alors levant les yeux vers ses disciples, 2. il commença à les enseigner, en disant à haute voix:

2. *Les huit Beatitudes.*

3					I. 3. Bienheureux les pauvres d'esprit; parce que le royaume des cieux est à eux.
4					II. 4. Bienheureux ceux qui sont doux; parce qu'ils possederont la terre.
5					III. 5. Bienheureux ceux qui pleurent maintenant; parce qu'ils seront consolés.
6			21		IV. 6. 21. Bienheureux ceux qui sont affamés maintenant, & alterés de la justice; parce qu'ils seront rassasiés.
7					V. 7. Bienheureux ceux qui sont misericordieux; parce qu'ils seront traités avec misericorde.
8					VI. 8. Bienheureux ceux qui ont le cœur pur; parce qu'ils verront Dieu.
9					VII. 9. Bienheureux sont les pacifiques; parce qu'ils seront appellés enfans de Dieu.
10					VIII. 10. Bienheureux ceux qui souffrent persecution pour la justice; parce que le royaume des cieux est à eux.
11			22		11. 22. Vous êtes bienheureux lorsque les hommes

Année 34. de J.C. 2. de son Minist. 1. de sa Pred. Au Print. 57

Sur une montagne proche Capharnaüm.

mes vous haïront, vous chargeront d'injures & de reproches, qu'ils vous persecuteront, & rejetteront votre nom comme mauvais, & qu'ils diront faussement toute sorte de mal contre vous à cause de moi.

12. 23. Réjouissez-vous en ce jour-là, & soyez ravis de joie, parce qu'une grande recompense vous est reservée dans les cieux ; car c'est ainsi qu'ils ont traité les Prophetes qui ont été avant vous.

3. *Quatre imprecations.*

I. 24. Mais malheur à vous riches ; parce que vous avez votre consolation.

II. 25. Malheur à vous qui êtes rassasiés ; parce que vous aurez faim.

III. Malheur à vous qui riez maintenant ; parce que vous serez reduits aux pleurs & aux larmes.

IV. 26. Malheur à vous lorsque les hommes diront du bien de vous ; car c'est ce que leurs peres faisoient à l'égard de leurs faux Prophetes.

CHAPITRE XXXV.

1. *Apôtres, sel & lumiere de la terre.*

13. VOus êtes le sel de la terre. Que si le sel perd sa force, avec quoi le salera-t-on ? il n'est plus bon à rien qu'à être jetté dehors, & à être foulé aux pieds par les hommes.

14. Vous êtes la lumiere du monde. Une ville située sur une montagne, ne peut être cachée.

15. Et on n'allume point une lampe sous un boisseau ; mais on la met sur un chandelier, afin qu'elle éclaire tous ceux qui sont dans la maison.

16. Ainsi que votre lumiere luise devant les hommes, afin que voyant vos bonnes œuvres, ils glorifient votre Pere qui est dans les cieux.

2. *Qu'il faut accomplir la loi.*

17. Ne pensez pas que je sois venu pour détruire la loi où les Prophetes : je ne suis pas venu pour les détruire, mais pour les accomplir.

18. Car je vous dis en verité, que le ciel & la terre passeront plutôt, que tout ce qui est dans

Sur une montagne proche Capharnaüm.

	Mt. V.	Mr. III.	L. VI.	J. V. 47. f.
Ch. 35.	19			

la loi ne soit accompli parfaitement, jusqu'à un seul iota & un seul point.

19. Celui donc qui violera l'un des plus petits commandemens, & qui enseignera aux hommes à les violer, sera le moindre dans le royaume des cieux; mais celui qui les pratiquera & les enseignera, sera grand dans le royaume des cieux.

3 *Justice abondante. Parole injurieuse. Reconciliation.*

	20			

20. Car je vous dis, que si votre justice n'est plus abondante que celle des Docteurs de la loi & des Pharisiens, vous n'entrerez point dans le royaume des cieux.

	21			

21. Vous avez appris qu'il a été dit aux anciens: Vous ne tuerez point; & quiconque tuera, meritera d'être puni par le jugement.

	22			

22. Mais moi je vous dis, que quiconque se mettra en colere contre son frere, meritera d'être puni par le jugement: que celui qui dira à son frere, Raca *a*, meritera d'être condamné par le conseil; & que celui qui l'appellera Fou, meritera d'être condamné à la gêne du feu.

a parole de mepris.

	23			

23. Si donc lorsque vous presentez votre don à l'autel, vous vous souvenez que votre frere a quelque chose contre vous,

	24			

24. laissez là votre don devant l'autel, & allez vous reconcilier auparavant avec votre frere, & puis vous reviendrez offrir votre don.

	25			

25. Accordez-vous au plutôt avec votre adversaire pendant que vous êtes en chemin avec lui, de peur qu'il ne vous livre au juge, & le juge au ministre de la justice, & que vous ne soyez mis en prison.

	26			

26. Je vous dis en verité, que vous ne sortirez point de là, que vous n'ayez payé jusqu'à la derniere obole.

Sur une montagne proche Capharnaüm.

CHAPITRE XXXVI.

1. *De la continence & du scandale.*

27. Vous avez appris qu'il a été dit aux anciens : Vous ne commettrez point d'adultere.

28. Mais moi je vous dis, que quiconque regarde une femme avec un desir pour elle, a déja commis adultere dans son cœur.

29. Si votre œil droit vous scandalize, arrachez-le, & jettez-le loin de vous ; car il vaut mieux pour vous qu'un de vos membres perisse, que tout votre corps soit jetté dans l'enfer.

30. Et si votre main droite vous scandalize, coupez-la, & jettez-la loin de vous ; car il vaut mieux pour vous qu'un de vos membres perisse, que tout votre corps soit jetté dans l'enfer.

2. *Mariage indissoluble. Jurement.*

31. Il a été dit encore : Quiconque veut quitter sa femme, qu'il lui donne un écrit par lequel il declare qu'il la repudie.

32. Mais moi je vous dis, que quiconque quitte sa femme, si ce n'est en cas d'adultere, la fait devenir adultere : & quiconque épouse celle que son mari aura quittée, commet adultere.

33. Vous avez encore appris qu'il a été dit aux anciens : Vous ne vous parjurerez point, mais vous vous acquitterez envers le Seigneur des sermens que vous aurez faits.

34. Mais moi je vous dis, que vous ne juriez en aucune sorte, ni par le ciel, parce que c'est le trône de Dieu ;

35. ni par la terre, parce que c'est son marchepied ; ni par Jerusalem, parce que c'est la ville du grand Roi.

36. Ne jurez pas même par votre tête, parce que vous n'en pouvez rendre un seul cheveu blanc ou noir ;

37. mais contentez-vous de dire : Cela est, ou,

	Mt. V.	Mr. II.	L. VI.	J. V. 47. f.	sur une montagne proche Capharnaüm.
Ch. 36.					Cela n'est pas : car ce qui est du plus, vient du mal.

CHAPITRE XXXVII.

Etre prêt à tout souffrir. Etre charitable. Aimer ses ennemis. Prêter sans rien esperer.

38				38. Vous avez appris qu'il a été dit : Oeil pour œil, & dent pour dent.
39	27			39. 27. Et moi je vous dis à vous qui m'écoutez, de ne point resister à celui qui vous traite mal; mais aimez vos ennemis ; faites du bien à ceux qui vous haïssent.
	28			28. Benissez ceux qui vous maudissent ; & priez pour ceux qui vous calomnient.
	29			29. Si quelqu'un vous donne un soufflet sur la joüe droite, presentez-lui encore l'autre.
40				40. Et si quelqu'un veut plaider contre vous pour vous prendre votre robe, laissez-lui encore emporter votre manteau.
41				41. Et si quelqu'un vous veut contraindre de faire mille pas avec lui, faites-en encore deux mille.
42	30			42. 30. Donnez à celui qui vous demande, & ne rejettez point celui qui veut emprunter de vous ; & ne redemandez point votre bien à celui qui vous l'emporte.
	31			31. Traitez les hommes de la même maniere que vous voudriez vous-mêmes qu'ils vous traitassent.
43				43. Vous avez appris qu'il a été dit : Vous aimerez votre prochain ; & vous haïrez votre ennemi.
44				44. Et moi je vous dis : Aimez vos ennemis ; faites du bien à ceux qui vous haïssent ; & priez pour ceux qui vous persecutent & qui vous calomnient,
45				45. afin que vous soyez enfans de votre Pere qui est dans les cieux, qui fait lever le Soleil sur les bons & sur les mechans ; & fait pleuvoir sur les justes & sur les injustes.
46	32			46. 32. Car si vous n'aimez que ceux qui vous aiment, quel gré vous en sçaura-t-on, puisque

Année 34. de J.C. 2. de son Min. 1. de sa Pred. Au Print. 61

Mt. X.	Mr. III.	L. VI.	J. V. 47. f.	Sur une montagne proche Capharnaüm.	Ch. 37.
				les gens de mauvaise vie & les Publicains aiment aussi ceux qui les aiment?	
		33.		33. Et si vous faites du bien à ceux qui vous en font, quel gré vous en sçaura-t-on, puisque les gens de mauvaise vie & les Publicains font la même chose?	
47.				47. Et si vous ne saluez & n'embrassez que vos freres, que faites-vous en cela de plus? les payens ne le font-ils pas aussi?	
		34.		34. Et si vous ne prêtez qu'à ceux de qui vous esperez recevoir le même secours, quel gré vous en sçaura-t-on, puisque les gens de mauvaise vie s'entreprêtent de la sorte pour recevoir le même avantage?	
		35.		35. Vous donc, aimez vos ennemis, faites-leur du bien; prêtez sans en rien esperer: & alors votre recompense sera tres-grande, & vous serez enfans du Tres-haut, parce qu'il est bon aux ingrats même & aux mechans.	
48. f.		36. ch. 40. 1.		48. 36. Soyez donc vous autres parfaits & pleins de misericorde, comme votre Pere celeste est parfait & plein de misericorde.	

Chapitre XXXVIII.

1. Faire l'aumône.

VI. 1				1. PRenez bien garde de ne pas faire vos bonnes œuvres devant les hommes pour en être regardés; autrement vous n'en recevrez point la recompense de votre Pere qui est dans les cieux.	
2.				2. Lors donc que vous donnerez l'aumône, ne faites point sonner la trompette devant vous, comme font les hypocrites dans les Synagogues & dans les rues, pour être honorés des hommes. Je vous dis en verité qu'ils ont déja reçu leur recompense.	
3.				3. Mais lorsque vous ferez l'aumône, que votre main gauche ne sçache point ce que fait votre main droite,	
4.				4. afin que votre aumône se fasse en secret, & votre Pere qui voit *ce qui se passe* dans le secret, vous en rendra la recompense.	

2. Prier.

| 5. | | | | 5. Ainsi lorsque vous priez, ne faites point | |

62 Année 34. de J.C. 2. de son Min. 1. de sa Pred. Au Print.

	Mt. VI.	Mr. III.	L. VI.	F. V. 47. f.	Sur une montagne proche Capharnaüm.
Ch. 38.					comme les hypocrites, qui affectent de prier en se tenant debout dans les synagogues, & dans les coins des rues, afin qu'ils soient vus des hommes. Je vous dis en verité, qu'ils ont déja reçu leur recompense.
	6				6. Mais vous, lorsque vous voudrez prier, entrez dans votre cabinet, & en ayant fermé la porte, priez votre Pere en secret ; & votre Pere qui voit *ce qui se passe* dans le secret, vous le rendra.
	7				7. Ne soyez pas grands parleurs dans vos prieres comme les payens, qui s'imaginent qu'à force de paroles ils seront exaucés.
	8				8. Ne vous rendez donc pas semblables à eux ; car votre Pere sçait dequoi vous avez besoin avant que vous lui demandiez.
a Oraison Dominicale.	9				9. Mais priez ainsi: Notre Pere qui êtes dans les cieux, que votre nom soit santifié :
	10				10. que votre regne arrive : que votre volonté soit faite en la terre comme au ciel.
Voyez dans S. Luc XI.	11				11. Donnez-nous aujourd'hui le pain necessaire à notre subsistance.
2. 3. 4. *ch.* 74. *l.*	12				12. Et remettez-nous nos dettes comme nous les remettons à ceux qui nous doivent.
	13				13. Et ne nous laissez point succomber à la tentation ; mais delivrez-nous du mal. [Gr. Car à vous est le regne, la puissance & la gloire à jamais.] Ainsi soit-il.
	14				14. Car si vous pardonnez aux hommes leurs fautes, votre Pere qui est dans les cieux vous pardonnera aussi.
	15				15. Mais si vous ne pardonnez point aux hommes, votre Pere ne vous pardonnera point aussi vos fautes.
					3. Jeûner.
	16				16. Lorsque vous jeûnez, ne soyez point tristes comme les hypocrites, qui affectent d'avoir un visage pâle, afin que les hommes connoissent qu'ils jeûnent. Je vous dis en verité qu'ils ont déja reçu leur recompense.
	17				17. Mais vous, lorsque vous jeûnez, parfumez votre tête, & lavez votre visage,
	18				18. afin qu'il ne paroisse pas aux hommes que

Sur une montagne proche Capharnaüm.

vous jeûnez, mais à votre Pere qui est dans le secret, & votre Pere qui voit *ce qui se passe* dans le secret, vous le rendra.

CHAPITRE XXXIX.

1. Tresor dans le ciel. Oeil simple.

19. NE vous faites point de tresors dans la terre, où les vers & la roüille les mangent, & où les voleurs les déterrent & les dérobent.

20. Mais faites-vous des tresors dans le ciel, où les vers & la roüille ne les mangent point, & où les voleurs ne les déterrent & ne les dérobent point.

21. Car où est votre tresor, là aussi sera votre cœur.

22. Votre œil est la lampe de votre corps. Si votre œil est simple, tout votre corps sera éclairé.

23. Mais si votre œil est mauvais, tout votre corps sera tenebreux. Si donc ce qui doit être lumiere en vous, est tenebres, combien grandes seront les tenebres?

2. Servir Dieu, & non l'argent. Ne point s'inquieter des besoins de la vie, ni de l'avenir.

24. Nul ne peut servir deux maîtres; car ou il haïra l'un, & aimera l'autre; ou il s'attachera à l'un, & méprisera l'autre. Vous ne pouvez servir Dieu & l'argent.

25. C'est pourquoi je vous dis: Ne vous embarassez point l'esprit où vous trouverez dequoi manger, [Gr. & dequoi boire,] ni d'où vous aurez des vêtemens pour votre corps. L'ame n'est-elle pas plus que la nourriture, & le corps plus que le vêtement?

26. Considerez les oiseaux du ciel, ils ne sement point, ils ne moissonnent point, & ils n'amassent point dans des greniers, mais votre Pere celeste les nourrit. N'êtes-vous pas plus excellens qu'eux?

27. Et qui est celui d'entre vous, qui puisse

	Mt. VI.	Mr. III.	L. VI.	F.v.47.f.
Ch. 39.	28			
	29			
	30			
	31			
	32			
	33			
	34 f.			
	VII. 1		37	
	2			
			38	

Sur une montagne proche Capharnaüm.

avec tous ses soins ajoûter à sa taille la hauteur d'une coudée ?

28. Pourquoi aussi vous mettez-vous en peine pour le vêtement ? Considerez comment croissent les lis des champs ; ils ne travaillent point, ils ne filent point.

29. Cependant je vous declare que Salomon même dans toute sa gloire n'a jamais été vêtu comme l'un d'eux.

30. Si donc Dieu a soin de vêtir de cette sorte une herbe des champs, qui est aujourd'hui, & qui sera demain dans le four ; combien aura-t-il plus de soin de vous vêtir, ô hommes de peu de foi ?

31. Ne vous mettez donc point en peine en disant : Où trouverons-nous dequoi manger, ou dequoi boire, ou dequoi nous vêtir ?

32. comme font les payens qui recherchent toutes ces choses : car votre Pere sçait que vous en avez besoin.

33. Cherchez donc premierement le royaume de Dieu & sa justice, & toutes ces choses vous seront données par surcroît.

34. C'est pourquoi ne vous mettez point en peine pour le lendemain : car le lendemain sera en peine pour lui-même. A chaque jour suffit son mal.

CHAPITRE XL.

1. Ne point juger.

1. 37. NE jugez point, afin que vous ne soyez point jugés :

2. car vous serez jugés selon que vous aurez jugé les autres. Ne condamnez point, & vous ne serez point condamnés. Remettez, & il vous sera remis.

38. Donnez, & il vous sera donné, on vous versera dans le sein une bonne mesure pressée, entassée, & qui se répandra pardessus : car on se servira envers vous de la même mesure dont vous vous serez servis envers les autres.

Mt. VII.	Mr. III.	L. VI.	f. V. 47. f.	Sur une montagne proche Capharnaüm.	
				2. *Aveugles conducteurs d'aveugles. Paille & poutre dans l'œil.*	Ch. 40.
		39		39. Il leur propofoit aufli cette parabole. Un aveugle peut-il conduire un autre aveugle ? ne tomberont-ils pas tous deux dans le precipice ?	III. Parabole.
		40		40. Le difciple n'eft pas plus que le maître; mais tout difciple eft parfait lorfqu'il eft femblable à fon maître.	
3		41		3. 41. Comment voyez-vous une paille dans l'œil de votre frere, lorfque vous ne vous appercevez pas d'une poutre qui eft dans votre œil.	IV. Parabole.
4		42		4. 42. Ou comment pouvez-vous dire à votre frere: Mon frere, laiffez-moi ôter la paille qui eft dans votre œil, vous qui ne voyez pas une poutre qui eft dans le vôtre ?	
5				5. Hypocrite, ôtez premierement la poutre de votre œil, & après cela vous verrez comment vous pourrez tirer la paille qui eft dans l'œil de votre frere.	
				3. *Ne donner point le faint aux chiens. Demander, thercher, frapper. Abregé de la Loi.*	
6				6. Ne donnez point ce qui eft faint aux chiens; & ne jettez point vos perles devant les pourceaux, de peur qu'ils ne les foulent aux pieds, & que fe tournant contre vous, ils ne vous déchirent.	
7				7. Demandez, & l'on vous donnera: cherchez, & vous trouverez: frappez à la porte, & on vous ouvrira.	
8				8. Car quiconque demande, reçoit: & qui cherche, trouve: & on ouvrira à celui qui frappe à la porte.	
9				9. Auffi qui eft l'homme d'entre vous, qui donne une pierre à fon fils, lorfqu'il lui demande du pain ?	
10				10. ou s'il lui demande un poiffon, lui donnera-t-il un ferpent ?	
11				11. Si donc étant méchans comme vous êtes, vous fçavez bien neanmoins donner de bonnes chofes à vos enfans; à combien plus forte raifon votre Pere qui eft dans les cieux, donnera-t-il les	

I

Ch. 40.	Mt. VII.	Mr III.	L. VI.	J.V.47.f.	Sur une montagne proche Capharnaüm.
	11				vrais biens à ceux qui les lui demandent?
					12. Agissez donc vous-mêmes envers les hommes, comme vous voudriez qu'ils agissent envers vous: car c'est là toute la loi & les Prophetes.

CHAPITRE XLI.

1. *La voie étroite.*

	13				13. ENtrez par la porte étroite; parce que la porte de perdition est large, & le chemin qui y mene est spacieux, & il y en a beaucoup qui y passent.
	14				14. Que la porte de la vie est petite! que le chemin qui y mene est étroit! & qu'il y en a peu qui le trouvent!

2. *Faux Prophetes. Fruit semblable à l'arbre.*

	15				15. Gardez-vous donc des faux Prophetes, qui viennent à vous vêtus comme des brebis, & qui au dedans sont des loups ravissans.
	16				16. Vous les reconnoîtrez par leurs fruits.
				43	43. L'arbre qui produit de mauvais fruits, n'est pas bon: & l'arbre qui produit de bons fruits, n'est pas mauvais.
				44	44. Car chaque arbre se connoît par son propre fruit. On ne cueille point de figues sur des épines; & on ne coupe point des grappes de raisin sur des ronces.
	17				17. Ainsi tout arbre qui est bon, produit de bons fruits.
	18				18. Un bon arbre ne peut produire de mauvais fruits, & un mauvais arbre n'en peut produire de bons.
	19				19. Tout arbre qui ne produit point de bons fruits, sera coupé & jetté au feu.
				45	45. L'homme de bien tire le bien du bon tresor de son cœur; & l'homme méchant tire le mal du mauvais tresor de son cœur: car c'est de l'abondance du cœur que la bouche parle.
	20				20. Vous les reconnoîtrez donc par leurs fruits.

Année 34. de J.C. 2. de son Min. 1. de sa Pre¹. Au Print. 67

Mt. VII.	Mr. III.	L. VI.	F. V. 47. f.	Sur une montagne proche Capharnaüm.	
		46		3. *Dieu juge par les œuvres, & non par les paroles.*	Ch. 41.
				46. Mais pourquoi m'appellez vous, Seigneur, Seigneur, & que vous ne faites pas ce que je vous dis ?	
21				21. Tous ceux qui me disent, Seigneur, Seigneur, n'entreront pas dans le royaume des cieux ; mais celui-là y entrera, qui fait la volonté de mon Pere qui est dans les cieux.	
22				22. Plusieurs me diront en ce jour-là : Seigneur, Seigneur, n'avons-nous pas prophetizé en votre nom ? n'avons nous pas chassé les démons en votre nom ? & n'avons-nous pas fait plusieurs miracles en votre nom ?	
23				23. Et alors je leur dirai hautement : Je ne vous ai jamais connus ; retirez-vous de moi, vous qui vivez dans l'iniquité.	
				4. *Bâtir sur la pierre, & non sur le sable.*	
24		47		47. Je veux vous montrer à qui ressemble 24. celui qui vient à moi, qui écoute mes paroles, & qui les pratique.	V Parabole.
25		48		48. Il est semblable à un homme sage qui bâtit une maison, & qui ayant creusé bien avant, en a posé les fondemens sur la pierre. La pluie est tombée, les fleuves se sont débordés, les vents ont souflé, & sont venus fondre sur cette maison, & elle n'est point tombée, parce qu'elle étoit fondée sur la pierre.	
26		49 f.		26. 49. Mais celui qui écoute mes paroles, & qui ne les pratique point, est semblable à un homme imprudent, qui a bâti sa maison sur le sable sans y faire de fondement.	VI. Parabole.
27				27. La pluie est tombée, les fleuves se sont débordés, les vents ont souflé, & sont venus fondre sur cette maison, elle est tombée aussitôt, & la ruine en a été grande.	
28			VII. 1	28. 1. Jesus ayant achevé tous ses discours devant le peuple qui l'écoutoit, tout le monde étoit ravi en admiration de sa doctrine.	
29 f.				29. Car il enseignoit comme ayant autorité, & non pas comme leurs Docteurs [v. & les Pharisiens.]	

68 Année 34. de J.C. 2. de son Min. 1. de sa Pred. Au Print.

	Mt. VIII.	Mr. III.	L. VII.	F. V. 47 f.	Au bas de la montagne. A Capharnaüm.
Ch. 42					## CHAPITRE XLII.
					1. Second Lepreux gueri.
XI. MI-RACLE.	1		1		1. JEsus étant descendu de la montagne, une grande foule de peuple le suivit.
	2				2. Aussitôt un lepreux venant à lui, l'adoroit en lui disant : Seigneur, si vous voulez, vous pouvez me guerir.
	3				3. Jesus étendant la main, le toucha, & lui dit : Je le veux, soyez gueri. Et sa lepre fut guerie au même instant.
Levitic. XIV. 2.	4				4. Alors Jesus lui dit : Gardez-vous bien de parler de ceci à personne ; mais allez au Prêtre, & offrez le don prescrit par Moyse, afin que cela leur serve de témoignage.
					Cette seconde guerison d'un Lepreux ne paroît pas être la même que celle qui est rapportée ci-devant dans S. Marc I. 40. & S. Luc V. 12. quoiqu'elle soit presque semblable dans les termes, par la difference des lieux, la premiere ayant été faite dans une certaine ville, & celle-ci au bas d'une montagne proche Capharnaüm.
					2. Foi du Centenier. Troisieme & dernier Paralytique gueri.
XII. MI-RACLE.	5		2		1. JEsus étant entré dans Capharnaüm,
			2		2. il y avoit là un Centenier, dont le serviteur qu'il aimoit beaucoup, étoit fort malade, & prêt de mourir.
			3		3. Ayant ouï parler de Jesus, il lui envoya quelques-uns des Senateurs des Juifs pour le supplier de venir guerir son serviteur,
	6				6. & lui dire *de sa part* : Seigneur, mon serviteur est malade de paralysie dans ma maison, & il souffre extremement.
			4		4. Etant donc venus trouver Jesus, ils l'en conjuroient avec grande instance, en lui disant : C'est un homme qui merite que vous lui fassiez cette grace ; car il aime notre nation, & il nous a même fait bâtir une Synagogue.
	7				7. Jesus dit : J'irai, & je le guerirai.
			5		5. Jesus donc s'en alla avec eux.
			6		6. Et comme il n'étoit plus guere loin de la maison, le Centenier envoya ses amis au devant

Année 34. de J.C. 2. de son Min. 1. de sa Pred.   Au Print. 69

Mt. VIII.	Mr. III.	L. VII.	J.V. 47. f.	A Capharnaüm. A Naïm.	
8				de lui pour lui dire de sa part :	Ch. 42.
		7		8. Seigneur, ne vous donnez point tant de peine, car je ne merite pas que vous entriez dans mon logis ;	
				7. c'est pourquoi je ne me suis pas cru digne de vous aller trouver ; mais dites seulement une parole, & mon serviteur sera gueri.	
9		8		9. 8. Car quoique je ne sois qu'un homme soumis à d'autres, ayant neanmoins des soldats sous moi, je dis à l'un : Allez là, & il y va ; & à l'autre : Venez ici, & il y vient ; & à mon serviteur : Faites cela, & il le fait.	
10		9		10. 9. Jesus entendant ces paroles, fut dans l'admiration, & se retournant il dit au peuple qui le suivoit : En verité je vous dis, que je n'ai point trouvé une si grande foi en Israël même.	
11				11. Aussi je vous declare que plusieurs viendront d'Orient & d'Occident, & auront place dans le royaume des cieux avec Abraham, Isaac & Jacob ;	
12				12. mais que les enfans du royaume seront jettés dans les tenebres exterieures. C'est là qu'il y aura des pleurs & des grincemens de dents.	
13 ch. 25. 2.				13. Alors Jesus dit au Centenier : Allez, & qu'il vous soit fait comme vous avez cru. Et son serviteur fut gueri à la même heure.	
		10		10. Ceux que le Centenier avoit envoyés, étant revenus chez lui, trouverent ce serviteur qui avoit été malade, parfaitement gueri.	

3. *Le fils d'une veuve de la ville de Naïm resuscité.*

		11		11. Jesus alla ensuite dans une ville appellée Naïm, suivi de ses disciples & d'une grande foule de peuple.	XIII. MIR.
		12		12. Lorsqu'il fut près de la porte de la ville, il arriva qu'on portoit en terre un mort qui étoit fils unique d'une femme, & cette femme étoit veuve : elle étoit accompagnée d'une grande quantité de personnes de la ville.	
		13		13. Le Seigneur l'ayant vue, fut touché de compassion envers elle ; il lui dit : Ne pleurez point.	

I iij

Année 34. de J.C. 2. de son Min. 1. de sa Pred.   Au Print.

Ch. 42.	Mt. VIII.	Mr. III.	L. VII.	F. V. 47. f.	A Naïm, chez Simon le Pharisien.
			14		14. Et s'approchant il toucha le cercueil. Ceux qui le portoient s'arrêterent, & il dit : Jeune homme, levez-vous, je vous le commande.
			15		15. En même tems le mort se leva en son séant, & commença à parler. Et Jesus le rendit à sa mere.
			16		16. Tous ceux qui étoient presens furent saisis de frayeur, & ils glorifioient Dieu, en disant : Un grand Prophete s'est levé parmi nous, & Dieu a visité son peuple.
			17	ch. 44. i.	17. Le bruit de ce miracle qu'il avoit fait se répandit dans toute la Judée, & dans tout le païs d'alentour.

Le même jour Jesus est prié par Simon le Pharisien citoyen de Naïm, de venir souper chez lui, où il est oint par une femme pecheresse.

Chapitre XLIII.

1. *Premiere Onction de* Jesus-Christ *par une pecheresse. Parabole d'un creancier qui avoit deux debiteurs.*

			36		36. UN Pharisien ayant prié Jesus de manger chez lui, il entra dans son logis, & se mit à table.
			37		37. Or il y avoit dans la ville une femme de mauvaise vie, qui ayant sçu que Jesus étoit à table en la maison du Pharisien, apporta un vase d'albâtre plein d'un baûme odoriferant ;
			38		38. & se tenant derriere lui prosternée à ses pieds, [Gr. en pleurant,] elle les arrosoit de ses larmes, les essuyoit avec ses cheveux, les baisoit, & les parfumoit de ce baûme.
			39		39. Le Pharisien qui l'avoit invité, considerant ce qu'elle faisoit, dit en lui-même : Si cet homme étoit Prophete, il sçauroit qui est celle qui le touche, & que c'est une femme de mauvaise vie.
VII. Parabole.			40		40. Alors Jesus prenant la parole, lui dit : Simon, j'ai une chose à vous dire. Il repondit : Maitre, dites.
			41		41. Un creancier avoit deux debiteurs ; l'un

A Naïm, chez Simon le Pharisien.

Mt. XI.	Mr III	L. VII.	f. V. 47. f.		Ch. 43.
		42		lui devoit cinq cens deniers *a*, & l'autre cinquante *b* ;	*a* environ 193. liv. 13. f. de notre monnoye.
		43		42. mais comme ils n'avoient pas dequoi les lui rendre, il leur remit à tous deux leur dette. Dites-moi donc lequel des deux l'aimera le plus ?	
				43. Simon répondit : Je croi que ce sera celui auquel il a remis davantage. JESUS lui dit : Vous avez fort bien jugé.	*b* environ 19.1. 6. f.
		44		44. Et se tournant vers la femme, il dit à Simon : Voyez-vous cette femme ? je suis entré dans votre maison, vous ne m'avez point versé d'eau sur mes pieds pour me les laver ; & elle au contraire a arrosé mes pieds de ses larmes, & les a essuyés de ses cheveux.	
		45		45. Vous ne m'avez point donné de baiser ; mais elle depuis qu'elle est entrée, n'a cessé de baiser mes pieds.	
		46		46. Vous n'avez point répandu de baûme sur ma tête ; & elle a répandu ses parfums sur mes pieds.	
		47		47. C'est pourquoi je vous declare que beaucoup de pechés lui sont remis, parce qu'elle a aimé beaucoup. Mais celui à qui on remet moins, aime moins.	
		48		48. Alors il dit à cette femme : Vos pechés vous sont remis.	
		49		49. Ceux qui étoient à table avec lui commencerent à dire en eux-mêmes : Qui est celui-ci, qui remet même les pechés ?	
		50 f. ch.45.1		50. JESUS dit à cette femme : Votre foi vous a sauvée, allez en paix.	

CHAPITRE XLIV.

1. *Disciples de S. Jean-Batiste envoyés par lui à JESUS-CHRIST.*

		18		18. LEs disciples de Jean lui rapporterent toutes ces choses. 2. Jean donc ayant appris dans la prison *c* les œuvres de JESUS-CHRIST,	*c* à Macheronte palais d'Herode,
	2				
	3	19		19. il en appella deux d'entre eux, & les envoya à JESUS pour s'informer de lui-même, 3. s'il étoit celui qui doit venir, ou s'ils devoient en attendre un autre.	

	Mt. VIII.	Mr. III.	L. VII.	f. v. 47. f.	
					A Naïm.
Ch. 44.				20	20. Etant donc venus trouver JESUS, ils lui dirent : Jean-Batiste nous a envoyés à vous, pour sçavoir de vous si vous êtes celui qui doit venir, ou si nous devons en attendre un autre.
				21	(21. JESUS en cette même heure guerit plusieurs personnes de leurs maladies & de leurs plaies, en delivra des malins esprits, & rendit la vue à plusieurs aveugles.)
		4		22	4. 22. Après cela il leur répondit : Allez dire à Jean ce que vous avez vu & ce que vous avez entendu.
		5			5. Que les aveugles voyent, que les boiteux marchent, que les lepreux sont gueris, que les sourds entendent, que les morts ressuscitent, que l'Evangile est annoncé aux pauvres.
		6		23	6. 23. Et qu'heureux celui qui ne se scandalizera point à mon sujet.
					2. Eloges de S. Jean-Batiste.
		7		24	24. Ceux qui étoient venus de la part de Jean 7. s'en étant retournés, JESUS s'adressa au peuple, & leur parla de Jean en ces termes: Qu'êtes-vous allé voir dans le desert? un roseau agité du vent.
		8		25	8. 25. Qu'êtes-vous allé voir ? un homme richement vêtu ? vous sçavez que ceux qui sont richement vêtus, & qui vivent dans les delices, sont dans les palais des Rois.
		9		26	9. 26. Qu'êtes-vous donc allé voir ? un Prophete ? Oüi certes je vous le dis, & plus qu'un Prophete.
Malach. III. 1.		10		27	10. Car 27. c'est de lui qu'il a été écrit : ,, J'envoye mon Ange devant vous, qui vous preparera la voie ,,
		11		28	28. Car 11. je vous dis en verité, qu'entre tous ceux qui sont nés de femmes, il n'y a point eu de plus grand Prophete que Jean-Batiste : mais le plus petit dans le royaume de Dieu, est plus grand que lui.
		12			12. Et depuis le tems de Jean-Batiste jusqu'à present, le royaume des cieux se prend par violence, & ce sont les violens qui l'emportent.
		13			13. Car jusqu'à Jean tous les Prophetes aussi-bien que la Loi ont prophetizé.

14. Et

Année 34. de J.C. 2. de son Minist. 1. de sa Pred. Au Print. 73

Mt. XI.	Mr. III.	L. VII.	F. V. 47. f.	A Naim.	A Jerusalem.	Dans la Galilée.	
14. 15.				14. Et si vous comprenez bien ce que je vous dis, c'est lui-même qui est cet Elie qui doit venir. 15. Que celui-là entende, qui a des oreilles pour entendre.			Ch. 44.
		29		29. (Tous le peuple & les publicains l'ayant entendu, publierent la justice de Dieu, ayant été batizés du batême de Jean.			
		30		30. Mais les Pharisiens & les Docteurs de la loi n'ayant point reçu son batême, mépriserent le conseil de Dieu sur eux.)			

3. JESUS-CHRIST & S. Jean-Batiste rejettés des Juifs.

16.		31.		16. 31. C'est pourquoi le Seigneur ajoûta : A qui comparerai-je les hommes de cette generation, & à qui sont-ils semblables ?			VIII. Parabole.
		32		32. Ils sont semblables à ces enfans qui sont assis dans la place, & qui crient à leurs compagnons,			
17.				17. & leur disent : Nous avons joué de la flûte devant vous, & vous n'avez point dansé ; nous avons chanté des airs lugubres, & vous n'avez point pleuré.			
18.		33.		18. 33. Car Jean-Batiste est venu ne mangeant point de pain, & ne buvant point de vin ; & ils disent : Il est possedé du demon.			
19. ch. 55. 1. p.		34.		19. 34. Le Fils de l'homme est venu mangeant & buvant ; & ils disent : C'est un homme de bonne chere, & qui aime à boire : c'est l'ami des publicains & des gens de mauvaise vie.			
		35 ch. 43.	VIII. 1.	35. Mais la sagesse a été justifiée par tous ses enfans.			

Jesus après cela va à Jerusalem pour y celebrer la fête de la Pentecôte, & ensuite il parcourt les villes de la Galilée, où il prêche l'Evangile.

CHAPITRE XLV.

1. JESUS-CHRIST *prêche dans les villes de Galilée.*

1. Quelque tems après JESUS alloit de ville en ville, & de village en village, prêchant l'Evangile, & annonçant le royaume de Dieu ; & les douze Apôtres étoient avec lui.

K

	Mt. XII.	Mr III.	L. VIII.	J. V. 47. s.	A Capharnaüm.	A Jerusalem.
Ch. 45.			2		2. Il y avoit aussi quelques femmes qui avoient été délivrées des malins esprits, & gueries de leurs maladies ; entre lesquelles étoit Marie Madelaine, de laquelle sept demons étoient sortis,	
			3	ch. 47. 1.	3. Jeanne femme de Chuza Intendant de la maison d'Herode, Susanne, & plusieurs autres qui l'assistoient de leurs biens.	
					Jesus va à Jerusalem pour y celebrer la fête des Tabernacles, & revient ensuite à Capharnaüm.	

2. *Troisieme Demoniaque aveugle & muet gueri.*

XIV. MIRACLE. *a* à Capharnaüm,		20			20. Jesus & ses disciples étant venus à la maison *a*, il s'y assembla encore tant de peuple, que ni lui ni ses disciples ne pouvoient pas même prendre leur repas.	
		21			21. Ce que ses parens ayant appris, ils vinrent pour se saisir de lui, en disant qu'il avoit perdu l'esprit.	
	22				22. Alors on lui presenta un possedé aveugle & muet, & il le guerit si bien, qu'il commença à parler & à voir.	
	23				23. Tout le peuple fut ravi en admiration, & ils disoient : N'est-ce pas là le fils de David ?	

3. *Blaspheme des Pharisiens. Royaume divisé.*

	24	22			24. Mais les Pharisiens 22. & les Docteurs de la loi qui étoient venus de Jerusalem, les entendans, disoient : Il est possedé de Beelzebut, & il chasse les demons par *la vertu de* Beelzebut prince des demons.	
	25				25. Mais Jesus qui connoissoit leurs pensées,	
		23			23. les ayant appellés à soi, leur dit en paraboles : Comment Satan peut il chasser Satan ?	
IX. Parabole.		24			24. Si un royaume est divisé contre lui-même, il est impossible que ce royaume subsiste.	
		25			25. Si une maison est divisée contre elle-même, il est impossible que cette maison subsiste.	
	26				26. Que si Satan chasse Satan, il est divisé contre soi-même ; comment donc son royaume subsistera-t-il ?	
		26			26. Et si Satan se souleve & se divise contre lui-même, il est impossible qu'il subsiste, sa	

Année 34.de J.C. 2.de son Min. 1.de sa Pred. En Autom. 75

Mt. XII.	Mr. III.	L. VIII.	J. V. 47. f.	A Capharnaüm.	
27				puissance ne peut plus durer. 27. Si je chasse les demons par *la vertu de* Beelzebut, par qui vos enfans les chassent-ils ? C'est pourquoi ils seront eux-mêmes vos juges.	Ch. 45.
28				28. Que si je chasse les demons par l'esprit de Dieu, vous devez donc croire que le regne de Dieu est venu jusqu'à vous.	
				4. *Parabole du Fort armé. Peché contre le Saint Esprit.*	
29	27			29. 27. Mais comment quelqu'un peut-il entrer dans la maison du Fort, & emporter son bien, s'il ne le lie auparavant pour piller ensuite sa maison ?	X. Parabole.
30				30. Celui qui n'est point avec moi, est contre moi : & celui qui n'amasse point avec moi, dissipe.	
31	28			31. C'est pourquoi 28. je vous dis en verité, que tous les pechés que les enfans des hommes auront commis, & tous les blasphêmes qu'ils auront proferés, leur seront remis : mais le blasphême contre le Saint Esprit ne leur sera point remis.	
32				32. Si quelqu'un parle contre le Fils de l'homme, il lui sera remis :	
	29			29. mais s'il parle contre le Saint Esprit, il ne lui sera remis ni en ce siecle ni en l'autre, & il sera coupable d'un peché eternel.	
	30			30. (Il leur dit ceci, sur ce qu'ils l'accusoient d'être possedé de l'esprit impur.)	
				5. *Tresor du cœur. Parole inutile.*	
33				33. *Il dit encore* : Ou montrez que l'arbre est bon, & que son fruit en est bon ; ou montrez que l'arbre est mauvais, & que son fruit en est mauvais.	
34				34. Race de viperes, comment pourriez-vous dire de bonnes choses étant mechans comme vous êtes, puisque de l'abondance du cœur la bouche parle.	
35				35. L'homme qui est bon, tire de son bon tresor ce qui est bon ; & l'homme qui est mechant, tire de son mauvais tresor ce qui est mauvais.	

K ij

Mt. XII. | *Mr.* III. | *L.* VIII. | *J.* V. 47. f.

A Capharnaüm.

Ch. 45.
36
37

36. Or je vous declare que les hommes rendront compte au jour du jugement de toutes les paroles inutiles qu'ils auront dites.

37. Car vous serez justifiés par vos paroles, & vous serez condamnés par vos paroles.

6. Prodige demandé, & refusé. Jonas. Ninivites. Reine du Midi.

38

38. Alors quelques-uns des Docteurs de la loi & des Pharisiens lui dirent : Maître, nous voudrions bien voir un prodige de vous.

39

39. Mais il leur répondit : Cette nation corrompue & adultere demande un prodige, & on ne lui en accordera point d'autre que celui du Prophete Jonas.

40

40. Car comme Jonas fut trois jours & trois nuits dans le ventre de la baleine ; ainsi le Fils de l'homme sera trois jours & trois nuits dans le cœur de la terre.

41

41. Les Ninivites se leveront au jour du jugement avec cette nation, & la condamneront, parce qu'ils ont fait penitence à la predication de Jonas : & cependant celui qui est ici est plus que Jonas.

42

42. La Reine du Midi se levera au jour du jugement avec cette nation, & le condamnera, parce qu'elle est venue des extremités de la terre pour entendre la sagesse de Salomon : & cependant celui qui est ici est plus que Salomon.

7. Parabole de l'Esprit impur rentrant.

XI. Parabole.
43

43. Lorsque l'esprit impur est sorti d'un homme, il va dans les lieux arides, cherchant du repos, & il n'en trouve point.

44

44. Alors il dit : Je retournerai dans ma maison d'où je suis sorti ; & revenant il la trouve vuide, nettoyée & parée.

45

45. En même tems il va prendre avec lui sept autres esprits plus mechans que lui ; & y rentrant ils y habitent : & le dernier état de cet homme devient pire que le premier. C'est ce qui arrivera à cette race criminelle.

Année 34. *de* J.C. 2. *de son Min.* 1. *de sa Préd.* En Autom.

A Caph. Dans une barque sur la mer de Galilée proche Caph.

Mt. XII.	Mr. III.	L. VIII.	J. V. 47. s.	
46	31	19		
47	32	20		
48	33	21		
	34			
49				
50. s.	35. s.			
XIII. 1	IV. 1			
2				
		4		
3	2			
	3	5		
4	4			

CHAPITRE XLVI.

Mere & freres de Jesus-Christ.

46. 31. 19. Cependant lorsque Jesus parloit encore au peuple, sa mere & ses freres *a* vinrent vers lui ; & ne le pouvant aborder à cause du peuple qui étoit assis autour de lui, se tenoient dehors, & demandoient à lui parler.

a ses proches

47. 32. 20. Il en fut averti par quelques-uns, qui lui dirent : Voilà votre mere & vos freres qui sont dehors, & qui desirent de vous voir.

48. 33. 21. Mais il leur répondit : Qui est ma mere, & qui sont mes freres ?

34. Puis regardant ceux qui étoient assis autour de lui,

49. & étendant sa main sur ses disciples : Voici, dit-il, ma mere & mes freres. Ma mere & mes freres sont ceux qui écoutent la parole de Dieu, & qui la pratiquent.

50. 35. Car quiconque fait la volonté de mon Pere qui est dans les cieux, celui-là est mon frere, ma sœur & ma mere.

CHAPITRE XLVII.

1. *Parabole du Semeur.*

1. Ce même jour Jesus étant sorti de la maison, s'assit auprès de la mer,

1. & se mit encore à enseigner.

2. Il s'amassa autour de lui une si grande foule de gens

4. qui s'étoient assemblés, & qui s'étoient pressés de sortir des villes pour venir à lui, qu'il monta dans une barque, & s'y assit, le peuple se tenant sur le rivage.

3. 2. Il leur enseignoit beaucoup de choses en paraboles ; & il leur disoit en sa maniere d'instruire :

3. Ecoutez. 5. Le Semeur s'en alla semer son grain ;

XII. Parabole.

4. 4. & en semant, une partie de la semence tomba sur le bord du chemin, où elle fut foulée

K iij

Ch. 46.	Mt XIII.	Mr. IV.	L. VIII.	J. V. 47. f.	Dans une barque sur la mer de Galilée proche Capharnaüm.
	5	5	6		aux pieds, & les oiseaux du ciel y étant venus, la mangerent.
					5. 5. 6. Une autre partie tomba dans des lieux pierreux, où elle n'avoit pas beaucoup de terre, & elle leva aussitôt, parce que la terre où elle étoit avoit peu de profondeur; & étant levée,
	6	6			6. 6. le Soleil ayant donné dessus, elle en fut brûlée; & comme elle n'avoit point de racine & d'humidité, elle se secha.
	7	7	7		7. 7. 7. Une autre partie tomba parmi des épines, & les épines étant crues avec la semence, elles l'étoufferent, & elle ne porta point de fruit.
	8	8	8	ch. 48. 1.	8. 8. 8. Une autre partie tomba dans de bonne terre, & étant levée, elle porta son fruit, qui poussa & crut, quelques grains rapportant cent pour un, d'autres soixante, & d'autres trente.
	9 ch. 48. 1.	9	9 ch. 48. 1.		9. Et il leur disoit à haute voix:
					9. Que celui-là entende, qui a des oreilles pour entendre.

2. Parabole de l'Ivraie.

XIII. Parabole.	24				24. Il leur proposa une autre parabole, en disant: Le royaume des cieux est semblable à un homme qui avoit semé du bon grain dans son champ:
	25				25. mais pendant que les hommes dormoient, son ennemi vint, & sema de l'ivraie parmi le bled, & s'en alla.
	26				26. L'herbe donc ayant poussé, & étant montée en épic, l'ivraie commença aussi à paroître.
	27				27. Alors les serviteurs du pere de famille lui vinrent dire: Seigneur, n'avez-vous pas semé de bon grain dans votre champ? d'où vient donc qu'il y a de l'ivraie?
	28				28. Il leur répondit: C'est mon ennemi qui l'y a semée. Ses serviteurs lui dirent: Voulez-vous que nous allions l'arracher?
	29				29. Non, leur dit-il, de peur qu'en arrachant l'ivraie, vous ne déraciniez en même tems le bon grain.
	30				30. Laissez croître l'un & l'autre jusqu'à la moisson; & au tems de la moisson je dirai aux moissonneurs: Cueillez premierement l'ivraie,

Année 34. de J.C. 2. de son Min. 1. de sa Pred. En Autom. 79

Mt. XIII.	Mr. IV.	L. VIII.	F. V. 47. f.	Dans une barque sur la mer de Galilée.	
				& liez-la en bottes pour la bruler ; mais amassez le bled dans mon grenier.	Ch. 47.

3. Parabole de la Semence jettée en terre.

	26			26. Il disoit aussi : Le royaume de Dieu est semblable à ce qui arrive lorsqu'un homme jette de la semence dans la terre.	XIV. Parabole.
	27			27. Soit qu'il dorme, ou qu'il se leve durant la nuit & durant le jour, la semence germe & croît sans qu'il sçache comment.	
	28			28. Car la terre produit d'elle-même premierement l'herbe, ensuite l'épic, puis le bled tout formé dans l'épic.	
	29			29. Et lorsque le fruit est dans sa maturité, on y met aussitôt la faucille, parce que le tems de la moisson est venu.	

4. Parabole du grain de Senevé.

31				31. Il leur proposa *encore* une autre parabole,	XV. Parabole.
	30			30. & il leur disoit : A quoi comparerons-nous le royaume de Dieu, & par quelle parabole le representerons-nous ? Le royaume de Dieu est semblable à un grain de senevé, qu'un homme prend, & seme en son champ.	
32	31			32. 31. Ce grain quand il est semé dans la terre, est la plus petite de toutes les semences qui sont sur la terre ;	
	32			32. mais après qu'il a été semé, il monte jusqu'à devenir plus grand que tous les autres legumes, & il devient un arbre, & pousse de si grandes branches, que les oiseaux du ciel peuvent se reposer sous son ombre.	

5. Parabole du Levain.

33				33. Il leur dit *encore* cette autre parabole. Le royaume des cieux est semblable au levain, qu'une femme prend, & met dans trois mesures de farine, jusqu'à ce que la pâte soit toute levée.	XVI. Parabole.
34				34. Jesus dit toutes ces choses au peuple en paraboles ;	
	33			33. & il leur parloit ainsi en diverses paraboles, selon qu'ils étoient capables de l'entendre ;	
	34*			34. & il ne leur parloit point sans paraboles,	*ch. 50.

80 *Année* 34. *de J.C.* 2. *de son Min.* 1 *de sa Pred.* **En Autom.**

Ch. 47. l'seaume LXXVII 2.	Mt. XIII.	Mr. IV.	L. VIII.	F. V. 47. f.	Dans une barque sur la mer de Galilée. A Capharnaüm.
	35				35. afin que cette parole du Prophete fût accomplie : ,, Je parlerai en paraboles ; je publie-,, rai des choses qui ont été cachées depuis la ,, creation du monde ,,. Mais en particulier il les expliquoit toutes à ses disciples.

Chapitre XLVIII.

1. Les disciples demandent à Jesus-Christ l'explication de ces paraboles.

ch. 48					
* ch. 49. 1.	36. c.	* 10.			36. c. Après cela Jesus ayant renvoyé le peuple, revint en la maison. 10. Lorsqu'il fut en particulier, 10. ses disciples vinrent à lui, & lui dirent : Pourquoi leur parlez-vous en paraboles ?
a du Semeur,				9	9. Les douze, & ceux qui l'accompagnoient lui demanderent ce que vouloit dire cette parabole *a*.
	11	11	10		11. 11. 10. Il leur répondit : Pour vous autres, vous avez reçu le don de connoître les mysteres du royaume des cieux ; mais pour ceux qui sont dehors, ils ne l'ont pas reçu.
	12				12. Car celui qui a *déja*, recevra encore, & il sera comblé de biens ; mais celui qui n'a point, on lui ôtera même ce qu'il a.
	13	12			13. C'est pourquoi je leur parle en paraboles, 12. afin qu'en voyant ils voyent & ne voyent pas, & qu'en écoutant ils écoutent & ne comprennent pas, & qu'ils ne se convertissent pas, & que leurs pechés ne leur soient point pardonnés.
Isa. VI. 9. 10.	14				14. Et la prophetie d'Isaïe s'accomplit en eux : ,, Vous écouterez, & en écoutant vous ne com-,, prendrez point. Vous verrez, & en voyant ,, vous ne verrez point.
	15				,, 15. Car le cœur de ce peuple s'est appesanti, ,, & leurs oreilles sont devenues sourdes, & ils ,, ont bouché leurs yeux de peur que leurs yeux ,, ne voyent, que leurs oreilles n'entendent, que ,, leur cœur ne comprenne, & que s'étant con-,, vertis je ne les guerisse ,,.
	16				16. Mais pour vous, vos yeux sont heureux de ce qu'ils voyent, & vos oreilles de ce qu'elles entendent.

17. Car

Année 34. de J.C. 2. de son Min. 1. de sa Pred. En Autom. 81

A Capharnaüm.

Mt.XIII.	Mr.IV.	L.VIII.	J.V.47.f.		Ch. 4ta
17				17. Car je vous dis en vérité, que beaucoup de Prophetes & de Justes ont souhaité de voir ce que vous voyez, & ils ne l'ont point vu ; & d'entendre ce que vous entendez, & ils ne l'ont point entendu.	
	13			13. Puis il leur dit : Quoi, vous n'entendez pas cette parole ? Et comment pourrez-vous donc entendre toutes les paraboles ?	
18				18. Ecoutez donc vous autres la parabole du Semeur.	

2. *Explication de la parabole du Semeur.*

		11		11. Voici donc ce que veut dire cette parabole. La semence, c'est la parole de Dieu.	
		14		14. Le semeur c'est celui qui annonce la parole.	
19	15	12		19. 15. 12. Ceux qui sont le long du chemin où la parole du royaume est semée, sont ceux qui ne l'ont pas plutôt ouïe, que Satan vient, & enleve cette parole qui avoit été semée dans leurs cœurs, de peur qu'ils ne croyent & ne soient sauvés.	
20	16	13		20. 16. 13. De même ceux qui sont marqués par ce qui est semé en des lieux pierreux, sont ceux qui écoutant la parole, la reçoivent aussitôt avec joie ;	
21	17			21. 17. & ils n'ont point en eux-mêmes de racine, mais ils ne sont que pour un tems ; & lorsqu'il survient des traverses & des persécutions à cause de la parole, ils se retirent aussitôt.	
22	18	14		22. 18. 14. Ceux qui sont marqués par ce qui est semé parmi les épines, sont ceux qui écoutent la parole :	
	19			19. mais les inquiétudes de ce siecle, l'illusion des richesses, les plaisirs de cette vie, & les autres passions s'emparant de leurs esprits, y étouffent la parole, & font qu'elle demeure sans fruit.	
23 ch.47.2.	20	15		23. 20. 15. Enfin ceux qui sont marqués par ce qui est semé dans la bonne terre, sont ceux qui écoutent la parole avec un cœur bon & sincere, qui la reçoivent, qui y font attention, & qui portent du fruit dans la patience, l'un trente, l'autre soixante, & l'autre cent.	

L

82 Année 34. de J.C. 2. de son Min. 1. de sa Pred. En Autom.

	Mt. XIII.	Mr. IV.	L. VIII.	J.V.47.f.	A Capharnaüm.
Ch. 48.					3. *Lampe sous le boisseau.*
XVII. Parabole	21	16			21. Et il leur disoit aussi : 16. Fait-on apporter une lampe pour la couvrir d'un vase, ou la mettre sous un boisseau, ou sous un lit ? n'est-ce pas pour la mettre sur un chandelier, afin que ceux qui entrent voyent la lumiere ?
	22	17			22. 17. Car il n'y a rien de caché, qui ne doive être découvert ; ni rien de secret, qui ne doive être connu & paroître en public.
	23				23. Si quelqu'un a des oreilles pour entendre, qu'il entende.
					4. *Qui a déja, aura davantage.*
	24				24. Il leur disoit encore :
		18			18. Prenez donc bien garde comment vous écoutez *la parole*. On se servira envers vous de la même mesure dont vous vous serez servis envers les autres même avec surcroît.
	25	ch. 46.			25. Car on donnera à celui qui a déja ; & pour celui qui n'a point, on lui ôtera même ce qu'il a.

Chapitre XLIX.

1. *Explication de la parabole de l'ivraie.*

36. r. **A**Lors ses disciples lui dirent: Expliquez-nous la parabole de l'ivraie semée dans le champ.

37. Il leur parla en cette sorte : Celui qui seme le bon grain, c'est le Fils de l'homme ;

38. le champ est le monde : le bon grain, ce sont les enfans du royaume : l'ivraie, ce sont les enfans du demon.

39. L'ennemi qui l'a semée, est le diable : la moisson, est la fin du monde: & les moissonneurs, sont les Anges.

40. Comme donc on cueille l'ivraie, & qu'on la jette dans le feu ; il en arrivera de même à la fin du monde.

41. Le Fils de l'homme envoyera ses Anges, & ils ramasseront & enleveront hors de son royaume tous ceux qui sont des occasions de scandale, & ceux qui commettent l'iniquité,

Année 34. de J.C. 2. de son Min. 1. de sa Pred. En Autom. 83

Mt XIII.	Mr IV.	L. VIII.	J. V. 47. f.	A Capharnaüm.	
42 43				42. & ils les precipiteront dans la fournaise du feu. C'est là qu'il y aura des pleurs & des grincemens de dents. 43. Alors les justes brilleront comme le Soleil dans le royaume de leur Pere. Que celui-là entende, qui a des oreilles pour entendre.	Ch. 49.
				2. Parabole du Tresor caché.	
44				44. Le royaume des cieux est semblable à un tresor caché dans un champ, qu'un homme trouve, & qu'il cache ; & dans la joie qu'il en ressent, il va vendre tout ce qu'il a, & achete ce champ.	XVIII. Parabole
				3. Parabole d'une Perle de grand prix.	
45 46				45. Le royaume des cieux est semblable encore à un marchand qui cherche de belles perles ; 46. & qui en ayant trouvé une de grand prix, va vendre tout ce qu'il avoit, & l'achete.	XIX. Parabole.
				4. Parabole du Filet jetté dans la mer.	
47				47. Le royaume des cieux est encore semblable à un filet jetté dans la mer, qui prend toutes sortes de poissons.	XX. Parabole.
48				48. Lorsqu'il est plein, les pêcheurs le tirent sur le bord, où s'étant assis, ils mettent ensemble tous les bons dans des vaisseaux, & ils jettent dehors les mauvais.	
49				49. C'est ce qui arrivera à la fin du monde. Les Anges viendront, & separeront les mechans du milieu des justes,	
50				50. & ils les jetteront dans la fournaise du feu, C'est là qu'il y aura des pleurs & des grincemens de dents.	
51				51. Avez-vous bien compris toutes choses, leur dit-il ? Oui, Seigneur, répondirent-ils.	
52				52. Il ajoûta encore : C'est pourquoi tout Docteur qui est bien instruit en ce qui regarde le royaume des cieux, est semblable à un pere de famille, qui tire de son tresor des choses nouvelles & anciennes.	XXI. Parabole.
53				53. Jesus ayant achevé ces paraboles, partit de là.	

L ij

	Mt. VIII.	Mr. IV.	L. VIII.	F. V. 47. f.	
					Dans une barque sur la mer de Galilée.
Ch. 50.					CHAPITRE L.
					1. *Suivre pauvre* JESUS-CHRIST *pauvre.*
	18	35	22		22. UN jour 35. sur le soir, 18. Jesus se voyant environné d'une grande foule de peuple, monta sur une barque avec ses disciples, & il leur dit: Passons à l'autre bord du lac.*a*.
a de la mer de Galilée.	19				19. En même tems un Docteur de la loi s'approchant lui dit: Maître, je vous suivrai par tout où vous irez.
	20				20. Jesus lui répondit: Les renards ont des tannieres, & les oiseaux du ciel ont leurs nids; mais le Fils de l'homme n'a pas où reposer sa tête.
					2. *Morts ensevelir les morts.*
	21				21. Un autre de ses disciples lui dit: Seigneur, permettez-moi d'aller auparavant ensevelir mon pere.
	22				22. Jesus lui dit: Suivez-moi, & laissez aux morts le soin d'ensevelir les morts.
					3. *Premiere Tempête appaisée.*
XV. MI-RACLE.	23				23 Il entra ensuite dans la barque, étant accompagné de ses disciples.
		36			36. Et après qu'ils eurent renvoyé le peuple, ils l'emmenerent avec eux dans la barque où il étoit, puis partirent. Il y avoit encore d'autres disciples avec lui.
			23		23. Pendant qu'ils passoient, il s'endormit.
	24	37			24. 37. Alors un grand tourbillon de vent vint fondre tout d'un coup sur le lac; & les vagues entroient avec tant de violence dans la barque, que s'emplissant d'eau, ils étoient en peril.
		38			38. Jesus cependant étoit sur la poupe où il dormoit sur un oreiller.
	25		24		25. 24. Alors ses disciples s'approcherent de lui, & le reveillerent, en lui disant: Seigneur, sauvez-nous; vous ne vous mettez point en peine de ce que nous perissons.
	26	39			26. 39. S'étant éveillé, il leur répondit: Pourquoi êtes-vous ainsi timides, hommes de peu

Mr.VIII.	Mr.IV.	L.VIII.	J.V.47.f.	Sur la mer de Galilée.	Au païs des Géraseniens.	
				de foi ? Et se levant, il parla avec menaces aux vents & aux flots, & dit à la mer : Tais-toi, calme-toi. Ils s'appaiserent ; & il se fit un grand calme.		Ch. 50.
	40	25		40. 25. Alors il leur dit : Pourquoi êtes-vous timides ? Comment n'avez-vous point de foi ? Où est votre foi ?		
27	41 f.			27. 41. Ceux qui étoient là furent saisis de grande crainte & d'admiration, & ils se disoient les uns aux autres : Quel est donc celui-ci qui commande ainsi aux vents & à la mer, & à qui les vents & la mer obeïssent !		
		26		1. 26. Ayant passé la mer, ils aborderent au païs des Géraseniens, qui est sur le bord opposé à la Galilée.		

CHAPITRE LI.

Quatrieme Demoniaque gueri. Legion de demons chassée. Pourceaux précipités.

28				28. JEsus étant passé à l'autre bord dans le païs des Géraseniens,	XVI. MIRA-CLE.
		2	27	2. 27. lorsqu'il fut descendu de la barque à terre, il se presenta à lui un homme [Gr. de cette ville-là,] qui depuis long-tems étoit possedé des demons, sortant des sepulcres, qui étoit si furieux, que personne n'osoit passer par ce chemin-là, & qui ne portoit point d'habit, ni ne demeuroit point dans les maisons, mais dans les sepulcres,	
		3		3. où il faisoit sa demeure ordinaire : & personne ne le pouvoit enchaîner.	
		4		4. Car ayant été souvent lié de chaînes, & ayant eu les fers aux pieds, il avoit rompu ses chaînes, & brisé ses fers, & personne ne le pouvoit dompter.	
		5		5. Il étoit jour & nuit sur les montagnes & dans les sepulcres, criant & se meurtrissant lui-même avec des pierres.	
29		6	28	29. 6. 28. Aussitôt qu'il eut apperçu JEsus de loin, il courut à lui & l'adora :	
		7		7. & jettant un grand cri, il lui dit : Qu'y a-t-il de commun entre vous & moi, JEsus Fils	

L iij

Mt. VIII.	Mr. V.	L. VIII.	F. v. 47. f.	Au païs des Geraseniens.
Ch. 51.				du Dieu tres-haut ? Etes-vous venu ici pour nous tourmenter avant le tems ? Je vous conjure au nom de Dieu de ne me point tourmenter.
	8	29		8. 29. (Car Jesus commandoit à l'esprit impur de sortir de cet homme qu'il possedoit depuis long-tems ; & quoiqu'on le gardât lié de chaînes, & les fers aux pieds, il rompoit tous ses liens, & étoit emporté par le demon dans les deserts.)
	9	30		9. 30. Jesus lui demanda : Quel est ton nom ? Il répondit : Legion, parce que nous sommes plusieurs.
	10	31		10. 31. Or il le prioit avec instance qu'il ne les envoyât point hors de ce païs-là.
30	11	32		30. 11. 32. Il y avoit là près d'eux un grand troupeau de pourceaux qui paissoient sur une montagne.
31	12			31. 12. Et tous les demons le prioient qu'il leur permît d'y entrer, en lui disant : Si vous nous chassez d'ici, envoyez-nous dans ce troupeau de pourceaux, afin que nous y entrions.
32	13			32. 13. Et Jesus leur permit aussitôt.
		33		33. Les demons donc étant sortis de cet homme, entrerent dans les pourceaux ; & en même tems tout le troupeau qui étoit environ de deux mille, courut avec violence se precipiter dans la mer, où ils furent noyés.
33	14	34		33. 14. 34. Ceux qui gardoient ces pourceaux, ayant vu ce qui étoit arrivé, s'enfuirent ; & étant venus à la ville, ils en donnerent avis à la ville, aux champs & aux villages, & de tout ce qui étoit arrivé au possedé ; d'où plusieurs sortirent pour voir ce qui étoit arrivé.
34 f.				34. En même tems toute la ville alla au devant de Jesus.
	15	35		15. 35. Etant venus à lui, ils trouverent cet homme dont les demons étoient sortis, assis aux pieds de Jesus, habillé & en son bon sens : ce qui les remplit de crainte.
	16	36		16. 36. Ceux qui avoient vu ce qui s'étoit passé, leur raconterent tout ce qui étoit arrivé au possedé & aux pourceaux.
	17	37		17. 37. Alors tout le peuple de la contrée des

Mt. VIII. 34.f.	Mr. V.	L. VIII.	F. V. 47. f.	Sur le chemin en revenant à Capharnaüm.	
				Geraseniens le prierent de se retirer de leur païs, parce qu'ils étoient saisis d'une grande frayeur. Il monta donc dans la barque pour s'en retourner.	Ch. 51.
	18	38		18. Lorsqu'il entroit dans la barque, 38. cet homme dont les demons étoient sortis, le supplia qu'il lui permît de demeurer avec lui:	
	19	39		19. 39. mais JESUS le renvoya, en lui disant : Allez-vous-en dans votre maison trouver vos proches, & annoncez-leur les grandes graces que vous avez reçues du Seigneur, & la misericorde qu'il vous a faite.	
	20			20. Il s'en alla par toute la ville, & commença à publier dans Decapolis les grandes graces qu'il avoit reçues de JESUS ; & tout le monde étoit ravi en admiration.	

CHAPITRE LII.

1. *Arrivée de Jaïre vers* JESUS-CHRIST.

	21	40		21.40 JEsus étant repassé dans la barque à l'autre bord ^a, une grande foule de peuple le reçut *avec joie*, parce qu'il étoit attendu de tous.	*a* d'où il étoit venu le jour de devant au soir.
	22	41		22. 41. Alors un homme appellé Jaïre, qui étoit chef de la Synagogue, le vint trouver, & le voyant, il se jetta à ses pieds,	
	23			23. & le supplia avec grande instance de venir en sa maison,	
		42		42. parce qu'il avoit une fille unique âgée d'environ douze ans, qui se mouroit ; & il lui disoit : Ma fille est à l'extremité, venez lui imposer les mains pour la guerir, & lui sauver la vie.	
	24			24. JESUS s'en alla avec lui, & il étoit suivi d'une grande foule de peuple qui le pressoit.	

2. *Hemorroïsse guerie.*

IX. 20	25	43		20. 25. 43. Alors une femme qui avoit une perte de sang depuis douze ans,	XVII. MIRACLE.
	26			26. qui avoit beaucoup souffert de plusieurs medecins ; & qui ayant dépensé tout son bien à se faire traiter par eux, n'en avoit reçu aucun soulagement, & n'avoit pû être guerie, mais s'en	

	Mt: IX	Mr; V.	L. VIII.	F. V. 47. f.	Sur le chemin en revenant à Capharnaüm.
Ch. 52.		27			étoit toujours trouvée plus mal. 27. ayant ouï parler de JESUS, vint au travers du peuple,
				44	44. s'approcha de lui par derriere, & toucha le bord de son vêtement.
	21	28			21. 28. Car elle disoit en elle-même : Si je puis seulement toucher son vêtement, je serai guerie.
		29			29. Au même instant sa perte de sang s'arrêta, & elle sentit en son corps qu'elle étoit guerie de sa maladie.
	22. c.	30		45	22. 30. 45. Aussitôt JESUS connoissant en soi-même la vertu qui étoit sortie de lui, se retourna au milieu de la foule, & dit : Qui est-ce qui a touché mes vêtemens ? Mais tous assurant que ce n'étoit pas eux.
		31			31. Pierre & ses disciples qui étoient avec lui lui dirent : Maître, vous voyez que la foule du peuple vous presse & vous accable, & vous demandez : Qui est-ce qui vous a touché ?
				46	46. JESUS repliqua : Quelqu'un m'a touché, car j'ai reconnu qu'une vertu est sortie de moi.
		32			32. Et il regardoit autour de lui pour voir celle qui l'avoit touché.
		33		47	33. 47. Cette femme donc qui sçavoit ce qui s'étoit passé en elle, voyant qu'elle avoit été découverte, vint toute craintive & tremblante se jetter à ses pieds, & lui dit toute la verité, en declarant devant tout le peuple pour quelle raison elle l'avoit touché, & comment elle avoit été guerie à l'instant.
		34		48	34. 48. Alors JESUS se retourna, & la voyant lui dit : Ma fille, ayez confiance, votre foi vous a guerie ; allez en paix, & soyez guerie de votre plaie.
	22. r.				22. r. Et cette femme fut guerie à la même heure.

3. Fille de Jaïre ressuscitée.

	Mt: IX	ch. 52. 3.	L. VIII.	F.	
XVIII. MIRA-CLE.	18		35	49	18. 35. 49. Comme il leur parloit encore, il vint des gens du chef de la Synagogue, qui lui dirent : Votre fille est morte, ne donnez point davantage de peine au Maître. En même tems le chef de la Synagogue s'approcha de lui, & l'adoroit,

Année 34. de J.C. 2. de son Min. 1. de sa Pred. En Autom. 89

Mt. IX	Mr. V.	L. VIII.	F.V. 47. f.	A Capharnaüm.	
				doroit, lui disant : Seigneur, ma fille est morte presentement ; mais venez lui imposer les mains, & elle vivra.	Ch. 52.
	36	50		36. 50. JESUS ayant entendu cette parole, dit au chef de la Synagogue : Ne craignez point, croyez seulement, & elle sera guerie.	
19. ch 5. v. 2.			19.	19. Alors JESUS se levant, le suivit & ses disciples aussi.	
	37			37. Mais il ne permit à personne de le suivre, sinon à Pierre, à Jâque & à Jean frere de Jâque.	
23	38	51		23. 38. 51. Etant arrivé dans la maison de ce chef de la Synagogue, & voyant une troupe confuse de personnes qui pleuroient & jettoient de grands cris, des joueurs de flûte, & une multitude de gens qui faisoient grand bruit, il n'y laissa entrer personne que Pierre, Jâque & Jean, avec le pere & la mere de la fille.	
		52		52. Tous ceux de la maison la pleuroient & jettoient de grands cris.	
24	39			24. 39. Il leur dit : Pourquoi faites-vous tant de bruit ? & pourquoi pleurez-vous ? Ne pleurez point, elle n'est pas morte, elle n'est qu'endormie.	
		53		53. Et ils se moquoient de lui, sçachant bien qu'elle étoit morte.	
25	40	54		25. 40. 54. Alors JESUS ayant fait sortir tout le monde, il prit le pere & la mere de l'enfant, & ceux qu'il avoit menés avec lui, & entra au lieu où la fille étoit couchée.	
	41			41. Il la prit par la main, & lui dit : Talitha cumi, c'est à dire, Fille, levez-vous, je vous le commande.	
		55		55. Et son ame revint aussitôt.	
	42			42. Au même instant la fille se leva, & commença à marcher ; car elle avoit déja douze ans : & ils en furent merveilleusement surpris.	
	43 f.			43. Mais il leur commanda tres-expressément que personne ne le sçût ; & il dit qu'on lui donnât à manger.	
		56 f.		56. Alors ses parens furent remplis d'étonnement. Et il leur recommanda de ne dire à personne ce qui étoit arrivé :	
26				26. mais le bruit s'en répandit dans tout le païs.	

M

Mt. IX.	Mr. VI.	L. VIII. 56. f.	J. V. 47. f.	Sur le chemin de Nazareth.	A Nazareth.

Ch. 53.
XIX.
MIRA-
CLE.

a Naza-
reth

CHAPITRE LIII.

1. *Deux Aveugles gueris.*

	1			
27				
28				
29				
30				
31				

1. JEsus étant sorti de ce lieu, vint en son païs *a*, où ses disciples l'accompagnerent.

27. Lorsqu'il passoit par là, deux aveugles le suivirent, qui crioient en disant: Fils de David, ayez pitié de nous.

28. Et quand il fut entré dans la maison, ces aveugles s'approcherent de lui; & JEsus leur dit: Croyez-vous que je puisse faire ce que vous me demandez? Ils lui répondirent: Oui, Seigneur.

29. Alors il leur toucha les yeux, en disant: Qu'il vous soit fait selon votre foi.

30. Aussitôt leurs yeux furent ouverts. Et JEsus leur defendit fortement d'en parler, en leur disant: Gardez-vous bien que qui que ce soit ne le sçache.

31. Mais eux s'en étant allés, répandirent sa reputation dans tout ce païs-là.

2. *Cinquieme Demoniaque muet gueri.*

XX. MI-
RACLE.

32			
33			
34	*ch* 54. 1. XII. 1.		

32. Après que ces deux aveugles furent sortis, on lui presenta un homme muet possedé du demon.

33. Le demon ayant été chassé, le muet parla, & le peuple en fut dans l'admiration, & disoit: On n'a jamais rien vu de semblable en Israël.

34. Mais les Pharisiens disoient: Il chasse les demons par le prince des demons.

3. JESUS-CHRIST *meprisé. Nul prophete en son païs.*

b Naza-
reth,

	2		
54			
55	3		

54. JEsus étant arrivé en son païs *b*, 2. il commença le jour du Sabbat à les enseigner; & plusieurs qui l'écoutoient, étoient dans l'admiration, & disoient: D'où sont venues à celui-ci toutes ces choses? quelle est cette sagesse qui lui a été donnée, & ces miracles qui se font par ses mains?

55. 3. N'est ce pas là le fils de ce Charpentier?

Année 34. de J.C. 2. de son Min. 1. de sa Pred. En Hiver. 91

Mt. IX	Mr. VI	L. VIII.55.f.	F. V. 47.f.	A Nazareth.	Ch. 53.
56				sa mere ne s'appelle-t-elle pas Marie, & ses freres Jâque, Simon & Jude ? 56. & ses sœurs ne sont-elles pas toutes ici parmi nous ? D'où lui viennent donc toutes ces choses ?	
57	4			57. Et ils se scandalizoient sur son sujet. 4. Mais Jesus leur dit : Un Prophete n'est jamais méprisé que dans son païs & dans sa maison, & parmi ses parens.	
58 f ch.58.1.	5			58 5. Et il ne fit pas là beaucoup de miracles à cause de leur incredulité, sinon qu'il y guerit un petit nombre de malades en leur imposant les mains : & il admiroit leur incredulité.	

Jesus sort de Nazareth pour la derniere fois, & n'y retourne plus ; il va prêcher dans les villes de la Galilée.

Fin de ce qui s'est passé en l'année
4744. de la Periode Julienne,
76. de l'Année Julienne,
34. de l'Age de Jesus-Christ,
2. de son Ministere,
1. de sa Predication,
31. de l'Ere vulgaire.

M ij

En Janvier.

	Mt. IX.	Mr. VI.	L. IX.	F V 47 f.	De la Periode Julienne 4745.	De l'Année Julienne 77.	De l'âge de J.Ch. 35.	De son Minist. 3.	De sa Pred. 2.	De l'Ere vulgaire 32.
Ch. 54.										

En Galilée.

CHAPITRE LIV.

1. JESUS-CHRIST prêche en Galilée.

a de la Galilée	35	6		35.6.

JEsus alloit dans les villes & dans les villages d'alentour *a*, enseignant dans leurs Synagogues, prêchant l'Evangile du royaume, & guerissant toutes sortes de maladies & de langueurs.

2. Brebis sans Pasteur. Moisson. Ouvriers.

	36			36.

Et voyant la multitude du peuple, il en eut compassion, parce qu'ils étoient accablés de fatigue, & couchés comme des brebis qui n'ont point de pasteur.

	37			37.

Alors il dit à ses disciples : La moisson est grande, mais il y a peu d'ouvriers.

	38 *f*			38.

Priez donc le Seigneur de la moisson qu'il envoye des ouvriers en sa moisson.

CHAPITRE LV.

1. Mission & puissance des Apôtres.

	X. 1	7	1	1.7.1.

APrès cela JESUS ayant appellé ses douze Apôtres, il commença à les envoyer deux à deux, & il leur donna puissance & autorité sur tous les demons, pour les chasser, & pour guerir toutes sortes de maladies & de langueurs.

	2			2.

Or voici les noms des douze Apôtres. Le premier,
Simon, qui est appellé Pierre,
& André son frere,

	3			3.

Jaque fils de Zebedée,
& Jean son frere,
Philippe
& Barthelemi,
Thomas
& Matthieu le Publicain,

Année 35. *de J.C.* 3. *de son Minist.* 2. *de sa Pred.* En Janv.

Mt. X.	Mr. VI.	L. IX.	J. V. 47. f.	En Galilée.	
				Jâque fils d'Alphée, & Thaddée,	Ch. 55.
4				4. Simon Chananéen, & Judas Iscariote, qui fut celui qui trahit Jesus.	
5		2		5. 2. Jesus envoya ces douze prêcher le royaume de Dieu, & rendre la santé aux malades, après leur avoir donné les instructions, en leur disant : N'allez point dans la voie des Gentils, & n'entrez point dans les villes des Samaritains :	
6				6. mais allez plutôt aux brebis perdues de la maison d'Israël.	
7				7. Et quand vous y serez, prêchez, en disant : Le royaume de Dieu est proche.	
8				8. Rendez la santé aux malades, ressuscitez les morts, guerissez les lepreux, chassez les demons, donnez gratuitement, comme vous avez reçu gratuitement.	

2. *Instructions pour la pauvreté.*

9	8	3		9. 8. 3. Il leur dit aussi : Ne vous mettez point en peine d'avoir de l'or & de l'argent, ou d'autre monnoie dans votre bourse.	
10				10. Ne portez rien sur le chemin, ni bâton [a], ni sac, ni pain, ni deux habits,	a S. Marc dit, Ne portez qu'un bâton seulement.
	9			9. ni souliés : car celui qui travaille merite qu'on le nourrisse.	
	10			10. Et il leur dit :	
11				11. En quelque ville ou en quelque village que vous entriez, informez-vous qui est celui qui est digne en ce lieu-là :	
		4		4. & en quelque maison que vous entriez, demeurez-y, & n'en sortez point.	
12				12. Entrant dans la maison, saluez-la, en disant : Que la paix soit dans cette maison.	
13				13. Si cette maison en est digne, votre paix viendra sur elle ; & si elle n'en est pas digne, votre paix retournera à vous.	
14	11	5	ch.5.9.	14. 11. 5. Lorsque quelqu'un ne voudra point vous recevoir, ni écouter vos paroles, en sortant de cette maison ou de cette ville, secouez même la poussiere de vos pieds, afin que ce soit un témoignage contre eux.	
15				15. Je vous dis en verité, qu'au jour du juge-	

M iij

	Mt. X.	Mr. VI.	L. IX.	F. V.47.f.	En Galilée.
Ch. 55.					ment Sodome & Gomorre seront traitées moins rigoureusement que cette ville-là.
					### 3. Souffrir les persecutions.
	16				16. Je vous envoye comme des brebis au milieu des loups : soyez donc prudens comme des serpens, & simples comme des colombes.
	17				17. Mais donnez-vous de garde des hommes; car ils vous feront comparoître dans leurs assemblées, & ils vous feront fouetter dans leurs Synagogues.
	18				18. Et vous serez presentés à cause de moi aux Gouverneurs & aux Rois, en témoignage à eux & aux nations.
	19				19. Lors donc qu'on vous livrera entre leurs mains, ne vous mettez point en peine comment vous leur parlerez, ni de ce que vous leur direz: ce que vous leur devez dire vous sera donné à cette heure même.
	20				20. Car ce n'est pas vous qui parlez, mais c'est l'esprit de votre Pere qui parle en vous.
	21				21. Le frere livrera le frere à la mort, & le pere le fils : les enfans se revolteront contre leurs peres & meres, & les feront mourir.
	22				22. Et vous serez haïs de tous les hommes à cause de mon nom : mais celui qui perseverera jusqu'à la fin, sera sauvé.
					### 4. Le Disciple n'est pas plus que le Maître.
	23				23. Lors donc qu'ils vous persecuteront dans une ville, fuyez dans une autre. Je vous dis en verité, que vous n'aurez pas été dans toutes les villes d'Israël, que le Fils de l'homme ne soit venu.
	24				24. Le disciple n'est pas plus que le maître, ni l'esclave plus que son seigneur.
	25				25. C'est assez à un disciple d'être comme son maître, & à un esclave d'être comme son seigneur. S'ils ont appellé le pere de famille Beelzebut, combien plutôt traiteront-ils de même ses domestiques ?
	26				26. Ne les craignez donc point; car il n'y a rien de caché qui ne doive être découvert; ni

Année 35. de J.C. 3. de son Min. 2. de sa Pred. En Janv. 95

Mt. X.	Mr VI.	L. IX.	f V. 47. s.	En Galilée.	
27				rien de secret, qui ne doive être connu. 27. Ce que je vous dis dans l'obscurité, dites-le dans la lumiere : & ce que vous aurez entendu à l'oreille, prêcher-le sur le haut de la maison.	ch. 55.
				5. Ne craindre que Dieu.	
28				28. Ne craignez point ceux qui tuent le corps, & qui ne peuvent tuer l'ame : mais craignez plutôt celui qui peut jetter dans l'enfer & le corps & l'ame.	
29				29. N'est-il pas vrai qu'on a deux passereaux pour une obole ? & neanmoins il n'en tombe aucun sur la terre sans *la volonté de* votre Pere.	
30				30. Les cheveux même de votre tête sont comptés.	
31				31. Ainsi ne craignez point, vous valez beaucoup mieux qu'un grand nombre de passereaux.	
				6. Confesser Jesus-Christ devant les hommes.	
32				32. Quiconque donc me confessera devant les hommes, je le confesserai aussi devant mon Pere qui est dans les cieux.	
33				33. Mais quiconque me renoncera devant les hommes, je le renoncerai aussi devant mon Pere qui est dans les cieux.	
				7. Epée pour separer. Domestiques ennemis.	
34				34. Ne pensez pas que je sois venu apporter la paix sur la terre ; je ne suis pas venu y apporter la paix, mais l'épée.	
35				35. Car je suis venu separer le fils d'avec le pere, la fille d'avec la mere, & la belle-fille d'avec la belle-mere.	
36				36. Et les ennemis de l'homme seront ses domestiques.	
				8. Recompense de la charité.	
37				37. Celui qui aime son pere ou sa mere plus que moi, n'est pas digne de moi : & celui qui aime son fils ou sa fille plus que moi, n'est pas digne de moi.	
38				38. Celui qui ne prend pas sa croix, & ne me suit pas, n'est pas digne de moi.	

96 Année 35. de J.C. 3. de son Min. 2. de sa Pred. En J. & F.

	Mt X.	Mr. VI.	L. IX.	F. V. 47. f.	En Galilée.
Ch. 55.	39				39. Celui qui conserve sa vie, la perdra ; & celui qui perd sa vie pour l'amour de moi, la conservera.
	40				40. Celui qui vous reçoit, me reçoit ; & celui qui me reçoit, reçoit celui qui m'a envoyé.
	41				41. Celui qui reçoit un Prophete en qualité de Prophete, recevra la recompense du Prophete : & celui qui reçoit un juste en qualité de juste, recevra la recompense du juste.
	42 f.				42. Et quiconque donnera seulement à boire un verre d'eau fraîche à l'un de ces plus petits en qualité de disciple, je vous dis en verité, qu'il ne sera point privé de sa recompense.
					9. Predication & miracles des Apôtres.
	XI. 1 c.				1. Jesus ayant achevé ces instructions à ses douze disciples,
		12	6		12. 6. & eux étant partis, ils alloient par les villages, annonçant l'Evangile. Ils prêchoient aux peuples qu'ils fissent penitence.
		13	ch. 58. 1.		13. Ils chassoient beaucoup de demons, ils oignoient d'huile plusieurs malades, & les guerissoient par tout.
					10. Reproches de Jesus-Christ aux villes impenitentes.
a de la Galilée.	1 r. ch. 44. 1.				1. Jesus partit aussi delà pour aller enseigner & prêcher dans leurs villes a.
	20				20. Alors il commença à faire des reproches aux villes dans lesquelles il avoit fait plusieurs miracles, de ce qu'elles n'avoient pas fait penitence.
	21				21. Malheur à vous Corozaïn, malheur à vous Bethsaïde ; parce que si les miracles qui ont été faits au milieu de vous, avoient été faits dans Tyr & dans Sidon, il y a long-tems qu'elles eussent fait penitence dans le sac & dans la cendre.
	22				22. C'est pourquoi je vous declare, qu'au jour du jugement Tyr & Sidon seront traitées moins rigoureusement que vous.
	23				23. Et vous Capharnaüm, vous éleverez-vous toujours jusqu'au ciel ? vous serez abaissée jusqu'au fond des enfers ; parce que si les miracles qui ont été faits au milieu de vous, avoient été faits

Année 35. *de J.C.* 3. *de son Min.* 2. *de sa Pred.* En Fevrier. 97

A Macheronte palais d'Herode.

Mt. XI.	Mr. VI.	L. IX.	F.V. 47.f.	
24 ch.57.2				Ch. 55.

faits dans Sodome, peut-être qu'elle subsisteroit encore aujourd'hui.

24. C'est pourquoi je vous declare, qu'au jour du jugement Sodome sera traitée moins rigoureusement que vous.

CHAPITRE LVI.

Mort de S. Jean Batiste.

Pendant le tems que les Apôtres étoient en mission, & que JESUS-CHRIST de son côté prêchoit dans les villes de la Galilée, & leur reprochoit leur impenitence, Herode animé par Herodiade femme de Philippe son frere, qu'il avoit épousée, fit mourir S. Jean dans la prison, où il le détenoit depuis un an.

XIV.			
3	17		

3.17. OR Herode avoit fait prendre Jean, & l'avoit fait lier & mettre en prison à cause d'Herodiade femme de son frere Philippe, qu'il avoit épousée ;

| 4 | 18 | | |

4.18. parce que Jean lui disoit : Il ne vous est pas permis d'avoir pour femme la femme de votre frere.

| | 19 | | |

19. Herodiade *aussi* cherchoit l'occasion de le perdre ; & voulant le faire mourir, elle ne pouvoit,

| | 20 | | |

20. parce qu'Herode craignoit Jean, sçachant que c'étoit un homme juste & saint ; il le respectoit, & faisoit beaucoup de choses selon ses avis, & il étoit bien-aise de l'entendre.

| 5 | | | |

5. Cependant il vouloit le faire mourir ; mais il apprehendoit le peuple, parce que Jean étoit regardé comme un Prophete.

| 6 | 21 | | |

6.21. Enfin un jour favorable *au dessein* d'Herodiade étant venu, qui étoit le jour de la naissance d'Herode ; auquel il fit un festin aux Grands de sa Cour, aux Officiers de ses troupes, & aux Principaux de la Galilée,

| | 22 | | |

22. la fille d'Herodiade entra *dans la* sale du festin ; & ayant dansé publiquement, elle plut si fort à Herode, & à tous ceux qui étoient à table avec lui,

| 7 | | | |

7. que le Roi dit à la jeune fille : Demandez-moi ce que voudrez, & je vous le donnerai.

N

Ch. 56.

Mt. XIV.	Mr. VI.	L. IX.	F. V. 47. f.	A Macheronte.	A Capharnaüm.
	23			23. Et il ajoûta avec serment : Je vous donnerai tout ce que vous me demanderez, quand ce seroit la moitié de mon royaume.	
	24			24. Elle étant sortie dit à sa mere : Que demanderai-je ? Sa mere lui répondit : La tête de Jean Batiste.	
8				8. Cette fille ayant été instruite par sa mere,	
	25			25. étant rentrée aussitôt vers le Roi, elle fit sa demande, en lui disant : Je veux que vous me donniez presentement dans un plat la tête de Jean Batiste.	
9	26			9.26. Le Roi fut fâché *de cette demande* ; neanmoins à cause du serment *qu'il avoit fait*, & de ceux qui étoient à table avec lui, il ne voulut pas la refuser.	
10	27			10.27. Ainsi le Roi ayant envoyé aussitôt un garde, il lui commanda d'apporter la tête *de Jean*. Le garde sortit, & lui ayant coupé la tête dans la prison,	
11	28			11.28. il l'apporta dans un plat, & la donna à cette fille, & la fille la donna à sa mere.	
12 *ch.58.2.*	29			12.29. Ses disciples ayant appris sa mort, vinrent prendre son corps ; l'ensevelirent, & le mirent dans un tombeau, puis l'allerent dire à Jesus.	

Chapitre LVII.

1. *Retour des Apôtres.*

a de leur mission,

b qui étoit à Capharnaüm,

| | 30 *ch.58.2.* | 10 *c ch.58.2.* | | 30.10. LEs Apôtres étant revenus *a*, se rassemblerent près de Jesus *b* ; & lui raconterent tout ce qu'ils avoient fait, & ce qu'ils avoient enseigné. | |

2. *Mysteres cachés aux Sages.*

XI. 25				25. Alors Jesus dit ces paroles : Je vous rends gloire, mon Pere, Seigneur du ciel & de la terre, de ce que vous avez caché ces choses aux sages & aux prudens ; & que vous les avez revelées aux petits.	
26				26. Oui, mon Pere, parce que vous l'avez voulu ainsi.	
27				27. Mon Pere m'a mis toutes ces choses entre	

Année 35. de J.C. 3. de son Min. 2. de sa Pred. En Mars.

A Capharnaüm.   A Macheronte.

les mains, & personne ne connoît le Fils que le Pere, comme personne ne connoît le Pere que le Fils, & celui à qui le Fils l'aura voulu reveler.

3. Joug leger.

28. Venez à moi vous tous qui êtes fatigués & qui êtes chargés, & je vous soulagerai.

29. Prenez mon joug, & apprenez de moi que je suis doux & humble de cœur; & vous trouverez le repos de vos ames.

30. Car mon joug est doux, & mon fardeau est leger.

CHAPITRE LVIII.

1. Doute d'Herode sur la reputation de JESUS-CHRIST.

1. 14. 7. EN ce tems-là Herode le Tetrarque Roi *a* entendit parler de tout ce que faisoit Jesus; (car sa reputation étoit connue,) & son esprit étoit agité de doute: parce que les uns disoient que Jean Batiste étoit ressuscité d'entre les morts, c'est pour cela qu'il se fait par lui tant de miracles.

a de la Galilée,

15. 8. Les autres disoient: C'est qu'Elie est apparu; & d'autres disoient: C'est qu'un des anciens Prophetes est ressuscité.

2. 16. 9. Mais Herode entendant ces bruits differents, disoit à ceux de sa Cour: J'ai fait couper la tête à Jean; mais qui est celui-ci dont j'entens dire de si grandes choses? Cet homme est Jean Batiste à qui j'ai fait trancher la tête, il est ressuscité d'entre les morts, & c'est pour cela qu'il se fait par lui tant de miracles. Et il cherchoit à le voir *b*.

b Jesus.

2. Retraite de JESUS-CHRIST.

13. Jesus ayant ouï dire *ce qu'Herode croyoit de lui*,

31. il leur dit: Venez vous retirer en particulier dans quelque lieu solitaire, & vous reposez un peu. Car comme il y avoit un grand nombre de personnes qui venoient successivement

N ij

Année 35. de J.C. 3. de son Min. 2. de sa Préd. En Mars.

				Au delà de la mer de Galilée. Sur une montagne.
Ch. 58.	Mt. XIV.	Mr. VI.	L. IX.	J. VI.
			10. r.	1.

vers lui, ils n'avoient pas seulement le loisir de prendre leur repas.

10. Jesus les ayant donc emmenés avec lui, 1. il se retira de ce lieu.

| | | 32. | | |

32. Ils monterent ensuite sur une barque en particulier, & s'en allerent dans un lieu desert, près la ville de Bethsaïde, au delà de la mer de Galilée, *qui est le lac* de Tiberiade.

| | | 33. | | 11. c. |

33. Mais le peuple les ayant apperçus lorsqu'ils s'en alloient, 11. & plusieurs l'ayant reconnu, ils y accoururent à pied de toutes les villes voisines, & ils arriverent avant eux.

| | | 34. c. | | 2. |

34. 2. Jesus donc sortant *de la barque*, vit une grande multitude de peuple qui le suivoit, parce qu'ils voyoient les miracles qu'il faisoit sur ceux qui étoient malades.

Chapitre LIX.

1. Premiere Multiplication des pains.

| | | | | 3. |

3. Jesus donc monta sur une montagne, où il s'assit avec ses disciples.

| | | | | 4. |

4. La Pâque qui est la fête des Juifs, étoit proche.

XXI.
MIRA-
CLE.

Le Jeudi
3. d'Avril
entre
midi &
le coucher du
Soleil.

| | 14. c. | | | 5. |

14. 5. Alors Jesus levant les yeux, & voyant qu'une grande foule de peuple venoit à lui, il en fut ému de compassion, parce qu'ils étoient comme des brebis qui n'ont point de pasteur; & il dit à Philippe : D'où pourrons-nous acheter assez de pain pour donner à manger à ces gens-là?

| | | | | 6. |

6. (Mais il disoit ceci pour l'éprouver, car il sçavoit bien ce qu'il devoit faire.)

a c'est
environ
77. livres
de notre
mon-
noie.

| | | | | 7. |

7. Philippe lui répondit : Quand on auroit pour deux cens deniers *a* de pain, cela ne suffiroit pas pour en donner tant soit peu à chacun.

| | 14. r. | 34. r. | | 11. r. |

11. Jesus donc ayant bien reçu ce peuple, 34. il se mit à leur enseigner beaucoup de choses. Il leur parloit du royaume de Dieu, 14. & guerissoit leurs malades.

| | 15. | 35. | | 12. |

15. 35. 12. Mais le jour étant déja fort avancé, ses disciples vinrent à lui, & lui dirent : Ce lieu-ci est desert, & il est déja tard,

Année 35. de J.C. 3. de son Min. 2. de sa Pred. En Avril. 101

Mt. XIV.	Mr. VI.	L. IX.	J. VI.	Sur une montagne.
	36			36. renvoyez-les, afin qu'ils aillent dans les villages & dans les lieux d'alentour pour se loger, & pour y trouver dequoi manger, parce que nous sommes ici dans un lieu desert, & ils n'ont rien à manger.	Ch. 59.
16	37	13		16. 37. 13. Jesus leur dit : Il n'est pas necessaire qu'ils y aillent, donnez-leur vous-mêmes à manger. Ils lui repartirent : Irons-nous donc acheter pour deux cens deniers de pain, afin de leur donner à manger ?
	38			38. Il leur dit : Combien de pain avez-vous ? allez-vous-en voir. Eux donc s'en étant enquis,
			8	8. un de ses disciples, qui étoit André frere de Simon Pierre, lui dit :
17			9	17. 9. Il y a ici un petit garçon qui a cinq pains d'orge, & deux poissons, mais qu'est-ce que cela pour tant de gens ? si ce n'est qu'il faille que nous allassions acheter des vivres pour tout ce peuple : car ils étoient environ cinq mille hommes.
18				18. Apportez-les-moi ici, leur dit-il.
19	39	14	10	19. 39. 14. 10. Alors il dit à ses disciples : Faites-les asseoir par diverses troupes, cinquante à cinquante sur l'herbe verte : car il y avoit beaucoup d'herbe en ce lieu-là.
		15		15. Ce qu'ils executerent, en les faisant tous asseoir.
	40			40. Et environ cinq mille s'y assirent en divers rangs, cent ou cinquante ensemble.
	41	16	11	41. 16. 11. Jesus donc ayant pris les cinq pains & les deux poissons, & levant les yeux au ciel en rendant graces à Dieu, il les benit & les rompit, puis les donna à ses disciples, afin qu'ils les presentassent au peuple ; & on leur donna de même des deux poissons autant qu'ils en vouloient.
20	42	17		20. 42. 17. Ils en mangerent tous, & furent rassasiés.
			12	12. Après qu'ils furent remplis, il dit à ses disciples : Amassez les morceaux qui son restés, afin que rien ne se perde.
	43		13	43. 13. Et les ayant ramassés, ils remporterent douze paniers pleins des morceaux des cinq pains d'orge & des poissons qui étoient restés

N iij

	Mr. XIV.	Mr. VI.	LUC IX.	JEAN VI.	Sur une montagne. Sur la mer de Galilée.
Ch. 59.					après que tous en eurent mangé.
	21	44			21. 44. Or ceux qui avoient mangé de ces pains, étoient au nombre d'environ cinq mille hommes, sans compter les femmes & les petits enfans.
					2. JESUS-CHRIST fuit pour n'être pas Roi.
				14	14. Ces personnes ayant donc vu le miracle que JESUS avoit fait, disoient : C'est là vraiment le Prophete qui doit venir dans le monde.
				15	15. Mais JESUS sçachant qu'ils devoient venir le prendre pour le faire Roi,
	22	45			22. 45. il obligea aussitôt ses disciples de monter dans la barque, & de passer devant lui à l'autre bord vers Bethsaïde, jusqu'à ce qu'il eût renvoyé le peuple.
	23	46			23. 46. Après qu'il l'eut renvoyé, il se retira encore seul sur la montagne pour prier ;
		47		16	47. 16. & le soir étant venu, ses disciples descendirent au bord de la mer.

CHAPITRE LX.

1. JESUS-CHRIST marche sur la mer.

	Mr. XIV.	Mr. VI.		JEAN VI.	
XXII. MIRA-CLE. *a* la nuit du 3. au 4. d'Avril.				17	17. LEs disciples étant montés sur la barque, ils passoient au delà de la mer vers Capharnaüm. Il étoit déja nuit *a*, & la barque étoit au milieu de la mer, sans que JESUS fût encore à eux, & il étoit seul sur la terre.
				18	18. Cependant la mer élevoit ses vagues, étant agitée par un grand vent ;
	24				24. & la barque étoit fort battue des flots au milieu de la mer.
		48			48. JESUS voyant que ses disciples avoient grande peine à ramer, parce que le vent leur étoit contraire ;
b à trois heures du matin,	25				25. vers la quatrieme veille de la nuit *b*, il vint à eux, marchant sur la mer ;
				19	19. & s'étant avancés environ vingt-cinq ou trente stades, ils virent JESUS qui marchoit sur la mer, & qui étoit proche de leur barque ; & il vouloit les devancer.
	26	49			26. 49. Mais eux le voyant marcher ainsi sur la mer, crurent que c'étoit un phantôme ; ils en

Année 35. de J.C. 3. de son Min. 2. de sa Pred. Le 4. d'Av.

Mt.XIV.	Mr.VI.	L.IX.	J.VI.	Sur la mer de Galilée.	
	50			furent épouventés, & ils disoient : C'est un phantôme ; & ils s'écrioient de frayeur.	Ch. 60.
				50. Car ils l'apperçurent tous, & en furent troublés.	
27			20	27. Aussitôt il leur parla, 20. & leur dit : Rassurez-vous, c'est moi, ne craignez point.	
				2. *Seconde Tempête appaisée. S. Pierre marche sur la mer.*	
28				28. Pierre lui répondit : Seigneur, si c'est vous, commandez que je vous aille trouver *en marchant* sur les eaux.	XXIII. MIRACLE.
29				29. JESUS lui dit : Venez. Et Pierre étant descendu de la barque, marchoit sur les eaux pour aller trouver JESUS.	Seconde & derniere tempête appaisée.
30				30. Mais voyant un grand vent, il eut peur ; & commençant à enfoncer, il s'écria en disant : Seigneur, sauvez-moi.	*Voyez la premiere en saint Matth. VIII. 23.*
31				31. Aussitôt JESUS étendant la main, le prit & lui dit : Homme de peu de foi, pourquoi avez-vous douté ?	
			21	21. Ils voulurent donc le prendre dans leur barque.	24. & *suiv.*
	51			51. Il y monta ensuite auprès d'eux ;	
32				32. & lorsqu'ils furent montés dans la barque, le vent cessa, & la barque se trouva aussitôt au lieu où ils alloient.	XXIV. MIRACLE.
33				33. Alors ceux qui y étoient s'approchant de lui, l'adorerent, en lui disant : Vous êtes veritablement le Fils de Dieu ; ce qui augmenta encore de beaucoup l'étonnement & l'admiration où ils étoient.	XXV. MIRACLE.
	52			52. Car ils n'avoient pas fait assez d'attention sur *le miracle* des pains, parce que leur cœur étoit aveuglé.	

CHAPITRE LXI.

1. *Malades gueris.*

Mt.XIV.	Mr.VI.				
34	53			34.53. JEsus & ses disciples ayant passé l'eau, vinrent en la terre de Genesareth, & y aborderent ;	
35	54			35.54. & étant sortis de la barque, ceux de ce lieu-là le reconurent aussitôt. Ils envoyerent	

				Dans la terre de Genesareth. A Capharnaüm.
Ch. 61.	Mt. XIV.	Mr. VI. 55	L. IX.	VI.

dans tout le païs d'alentour;
55. & parcourant tout le païs circonvoisin, ils lui apporterent de tous côtés les malades dans des lits, où ils entendoient dire qu'il étoit.

JESUS vient à Capharnaüm le 4. d'Avril.

2. *Le peuple cherche* JESUS-CHRIST.

a le 5. d'Avril,

22. 22. Le lendemain *a* le peuple qui étoit demeuré de l'autre côté de la mer, ayant vu qu'il n'y avoit point là d'autre barque [Gr. que celle-là seule où les disciples étoient entrés,] & que JESUS n'y étoit point entré avec ses disciples, mais que les disciples seuls s'en étoient allés;

23. 23. & trouvant d'autres barques qui étoient venues depuis de Tiberiade, près du lieu où ils avoient mangé des cinq pains après que le Seigneur eut rendu graces:

24. 24. comme ils eurent connu que JESUS n'étoit point là, non plus que ses disciples, ils se mirent aussi dans ces barques, & vinrent à Capharnaüm cherchant JESUS;

25. 25. & l'ayant trouvé au delà de la mer, ils lui dirent: Maître, quand êtes-vous venu ici?

3. *Nourriture qui ne perit point.*

26. 26. JESUS leur répondit: En verité en verité je vous dis, vous me cherchez, non parce que vous avez vu des miracles, mais parce que vous avez mangé des pains, & que vous avez été rassasiés.

27. 27. Travaillez, non pour la nourriture qui perit, mais pour la nourriture qui demeure éternellement, & que le Fils de l'homme vous donnera, parce que c'est en lui que Dieu a imprimé son sceau.

28. 28. Ils lui dirent donc: Que ferons-nous pour faire des œuvres de Dieu?

29. 29. JESUS leur répondit: L'œuvre de Dieu est que vous croyiez en celui qu'il a envoyé.

4. JESUS *pain de vie.*

30. 30. Alors ils lui dirent: Quel miracle donc faites-vous, afin qu'en le voyant nous croyions en

Année 35. de J.C. 3. de son Min. 2. de sa Préd. Le 5. d'Av. 105

| | | | A Capharnaüm. | |
|Jn. XIV.|Mr. VI.|L. IX.|FVI.| |Ch. 61.|

en vous ? Que faites-vous ?

31. Nos peres ont mangé la manne dans le desert, selon ce qui est écrit : Il leur a donné à manger le pain du ciel.

32. Jesus leur répondit : En verité en verité je vous dis, Moyse ne vous a point donné le pain du ciel, mais c'est mon Pere qui vous donne le veritable pain du ciel.

33. Car le pain de Dieu est celui qui est descendu du ciel, & qui donne la vie au monde.

34. Ils lui dirent enfin ; Seigneur, donnez-nous toujours ce pain.

35. Jesus leur répondit : Je suis le pain de vie ; celui qui vient à moi n'aura point de faim ; & celui qui croit en moi n'aura point de soif.

36. Mais je vous l'ai déja dit, vous m'avez vu, & vous ne croyez point.

37. Tout ce que mon Pere me donne viendra à moi ; & je ne chasserai point dehors celui qui vient à moi.

38. parce que je suis descendu du ciel, non pour faire ma volonté, mais pour faire la volonté de celui qui m'a envoyé.

39. Or la volonté de mon Pere qui m'a envoyé, est que je ne perde aucun de ceux qu'il m'a donné, mais que je le ressuscite au dernier jour.

40. Et la volonté de mon Pere qui m'a envoyé, est que quiconque voit le Fils, & croit en lui, ait la vie éternelle ; & je le ressusciterai au dernier jour.

5. *Murmure des Juifs touchant le pain celeste.*

41. Les Juifs donc murmuroient contre lui de ce qu'il avoit dit : Je suis le pain vivant qui suis descendu du ciel.

42. Et ils disoient : N'est-ce pas là Jesus fils de Joseph, dont nous connoissons le pere & la mere ? Comment dit-il qu'il est descendu du ciel ?

43. Jesus leur répondit : Ne murmurez point entre vous.

44. Personne ne peut venir à moi, si mon Pere qui m'a envoyé ne le tire à lui ; & je le ressus-

O

				À Capharnaüm.
Ch. 61. Isa. LIV. 13.	Mt. XIV.	Mr. VI.	L. IX.	J. VI.

citerai au dernier jour.

45. Il est écrit dans les Prophetes : » Ils seront » tous enseignés de Dieu «. Quiconque a entendu mon Pere, & a été enseigné de lui, vient à moi.

46. Ce n'est pas qu'aucun homme ait vu le Pere, si ce n'est celui qui vient de Dieu ; c'est celui-là qui a vu le Pere.

47. En verité en verité je vous dis, que celui qui croit en moi a la vie éternelle.

6. Pain vivant, chair de JESUS.

48. Je suis le pain de vie.

49. Vos peres ont mangé la manne dans le desert, & ils sont morts.

50. Voici le pain qui est descendu du ciel, afin que celui qui en mange ne meure point.

51. Je suis le pain vivant descendu du ciel.

52. Si quelqu'un mange de ce pain, il vivra eternellement ; & le pain que je donnerai, est ma chair pour la vie du monde.

53. Les Juifs donc disputoient les uns contre les autres, en disant : Comment celui-ci nous peut-il donner sa chair à manger ?

54. Mais JESUS leur dit : En verité en verité je vous dis, Si vous ne mangez la chair du Fils de l'homme, & si vous ne buvez son sang, vous n'aurez point la vie en vous.

55. Celui qui mange ma chair, & boit mon sang, a la vie eternelle, & je le ressusciterai au dernier jour.

56. Car ma chair est vraiment viande, & mon sang est vraiment bruvage.

57. Celui qui mange ma chair, & boit mon sang, demeure en moi, & moi en lui.

58. Comme mon Pere qui est vivant m'a envoyé, & que je vis pour mon Pere ; de même celui qui me mange, vivra aussi pour moi.

59. C'est ici le pain qui est descendu du ciel ; non comme vos peres ont mangé la manne, & sont morts. Celui qui mangera de ce pain, vivra éternellement.

60. Il dit ces choses dans la Synagogue, enseignant à Capharnaüm.

				A Capharnaüm. En Galilée. A Jerusalem.	

7. *Murmure des disciples sur les paroles de* Jesus-Christ. Ch. 61.

61. Plusieurs donc de ses disciples qui l'avoient ouï, dirent : Ces paroles sont bien dures ; qui peut les écouter ?

62. Mais Jesus connoissant en lui-même que ses disciples murmuroient sur ce sujet, leur dit : Cela vous scandalize-t-il ?

63. Si donc vous voyiez le Fils de l'homme monter où il étoit auparavant ?

64. C'est l'esprit qui vivifie ; la chair ne sert de rien. Les paroles que je vous ai dites sont esprit & vie.

65. Mais il y en a quelques-uns d'entre vous qui ne croyent pas. Car Jesus sçavoit dès le commencement qui étoient ceux qui ne croyoient point, & qui seroit celui qui le trahiroit.

66. Et il leur disoit : C'est pour cela que je vous ai dit, que personne ne peut venir à moi, s'il ne lui est donné par mon Pere.

67. Depuis ce tems-là plusieurs de ses disciples se retirerent de sa suite, & n'alloient plus avec lui.

8. *Fermeté des Apôtres.*

68. Jesus donc dit aux Apôtres : Ne voulez-vous point aussi vous autres me quitter ?

69. Mais Simon Pierre lui répondit : Seigneur, à qui irons-nous ? vous avez les paroles de la vie éternelle :

70. & nous croyons, & nous sçavons que vous êtes le Christ Fils de Dieu [Gr. vivant.]

71. Jesus leur dit : Ne vous ai-je pas choisi vous douze ? & neanmoins un de vous est un demon.

72. Il disoit cela de Judas Iscariote fils de Simon ; car c'étoit lui qui le devoit trahir, quoiqu'il fût l'un des douze.

Le 6. 7. & 8. d'Avril Jesus étant revenu en Galilée, guerit à Capharnaüm & aux lieux circonvoisins tous les malades qu'on lui amenoit. *Voyez ci-dessus en S. Matth. XIV. 35. & en S. Marc VI. 54. 55. page 100. qui rapportent cela par anticipation.*

| | | | | A Jerusalem. | En Galilée. |

Ch. 62.

TROISIEME PASQUE DE JESUS-CHRIST
depuis son Batême.

Le 9. d'Avril JESUS part de la Galilée pour aller à Jerusalem afin d'y celebrer la Pâque.
Le 14. & le 15. il la celebre en cachette à cause de la crainte des Juifs, & n'y fait aucun miracle ni aucune predication.
Et le 16. du même mois il retourne en Galilée.

CHAPITRE LXII.

1. *Malades gueris par le bord du vêtement de* JESUS-CHRIST.

1. JEsus après cela parcouroit la Galilée, ne voulant pas demeurer dans la Judée, parce que les Juifs cherchoient à le faire mourir.
56. Et en quelque lieu qu'il entrât, soit dans les bourgs, ou dans les villes, ou dans les villages, ils mettoient les malades dans les places,
36. 57. & ils le prioient qu'il leur permît de toucher seulement le bord de son vêtement, & tous ceux qui le touchoient étoient gueris.

2. *Mains non lavées. Traditions.*

1. 1. Alors des Pharisiens & quelques Docteurs de la loi qui étoient venus de Jerusalem, s'assemblerent auprès de JESUS.
2. Ils virent quelques-uns de ses disciples prendre leur repas avec des mains sales, c'est à dire, qui n'étoient point lavées, ils les en blâmerent.
3. Car les Pharisiens & les Juifs ne mangent point sans avoir bien lavé leurs mains, gardant la tradition des anciens:
4. & lorsqu'ils viennent de dehors, ils ne mangent point sans s'être lavés. Ils ont encore beaucoup d'autres choses qu'ils observent par tradition, comme de laver les coupes, les pots, les vaisseaux, & les bois de lit.
5. Les Pharisiens & les Docteurs de la loi lui dirent:
2. Pourquoi vos disciples n'observent-ils point la tradition des anciens? car ils ne lavent point leurs mains lorsqu'ils prennent leur repas. 3. 6. Il leur répondit:

Année 35. de J.C. 3. de son Min. 2. de sa Pred. En Avril. 109

Mt. XV.	Mc. VII.	L. IX.	L. VII.	En Galilée.	
7. 8. 9.				7. C'est avec raison qu'Isaïe a fait de vous autres hypocrites cette prophetie : 8. » Ce peuple m'honore des levres, mais leur » cœur est bien éloigné de moi : » 9. 7. & c'est en vain qu'ils m'honorent, pu- » bliant des maximes & des ordonnances humai- » nes «.	Ch. 62. Isaï. XXIX. 13.
3.	8.			3. 8. Car vous laissez le commandement de Dieu pour retenir la tradition des hommes, lavant les pots & les coupes ; & vous faites encore beaucoup d'autres choses semblables.	
	9.			9. Et il disoit encore : Et vous, pourquoi détruisez-vous le commandement de Dieu, pour garder votre tradition ?	
4.	10.			4. 10. Car Dieu a dit : » Honorez votre pere » & votre mere ; & , Que celui qui outragera » son pere ou sa mere, soit puni de mort «.	Exod. XX. 12. Deut. V. 16.
5.	11.			5. 11. Cependant vous dites : Quiconque dit à son pere ou à sa mere : Tout ce que je donnerai à Dieu vous servira, satisfait à la loi,	Exod. XXI 17. Levitic. XX. 9.
6.	12. 13.			6. 12. quoiqu'il n'honore point son pere ou sa mere : 13. vous avez détruit le commandement de Dieu pour garder votre tradition que vous-mêmes avez établi ; & vous faites encore beaucoup d'autres choses semblables.	
				3. C'est le cœur qui souille l'homme.	
10.	14.			10. 14. Puis ayant encore appellé le peuple, il leur dit : Ecoutez-moi tous, & comprenez bien ceci.	XXII. Parabole
11.	15.			11. 15. Rien de ce qui est hors de l'homme, & qui entre en lui, ne peut le souiller : mais ce qui sort de l'homme, est ce qui le souille.	
	16.			16. Si quelqu'un a des oreilles pour entendre, qu'il entende.	
	17.			17. Après qu'il eut quitté le peuple, & qu'il fut entré dans la maison,	
12.				12. alors ses disciples s'approchant lui dirent : Sçavez-vous bien que les Pharisiens ayant entendu ce que vous venez de dire, s'en sont scandalizés ?	
13.				13. Il leur répondit : Toute plante qui n'aura	

O iij

	Mt. XV.	Mr. VII.	L. IX.	J. VII.	En Galilée. Sur les confins de Tyr & de Sidon.
Ch. 62.					point été plantée par mon Pere celeste, sera arrachée.
	14				14. Laissez-les ; ce sont des aveugles qui conduisent des aveugles. Que si un aveugle en conduit un autre, ils tomberont tous deux dans la fosse.
	15				15. Pierre lui dit : Expliquez-nous cette parabole.
	16	18			16. 18. Il lui répondit : Quoi, avez-vous encore vous-mêmes si peu d'intelligence ?
	17	19			17. 19. Ne comprenez-vous pas que tout ce qui entre du dehors dans l'homme ne peut le souiller, parce qu'il ne va pas dans son cœur, mais qu'il descend dans le ventre, & va ensuite au lieu secret, purgeant toutes les viandes ?
	18	20			18. 20. Mais, leur disoit-il, ce qui sort de la bouche de l'homme, part du cœur, & c'est ce qui souille l'homme.
	19	21			19. 21. Car c'est du fond du cœur des hommes que partent les mauvaises pensées, les meurtres, les adulteres, les fornications, les homicides,
		22			22. les larcins, les faux témoignages, l'avarice, les méchancetés, la fourberie, la dissolution, l'œil malin, la médisance, l'orgueil, la folie.
		23			23. Tous ces maux sortent du dedans, &
	20				20. ce sont là les choses qui souillent l'homme ; mais l'homme n'est point souillé pour manger sans avoir lavé ses mains.

CHAPITRE LXIII.

1. *La fille de la Cananée guerie.*

XXVI. MIRACLE. En Mai.	21	24			21. 24. JEsus étant parti de là, s'en alla sur les confins de Tyr & de Sidon : & étant entré dans une maison, il vouloit que personne ne le sçût ; mais il ne put être caché.
	22	25			22. 25. Car une femme Cananéenne, dont la fille étoit possedée de l'esprit impur, ayant ouï dire qu'il étoit là, sortit de ce païs, & s'écria en lui disant : Seigneur, fils de David, ayez pitié de moi, ma fille est cruellement tourmentée par le demon.

Année 35.de J.C. 3.de son Min. 2.de sa Pred. En Mai. 111

Mt. XV.	Mr. VII.	L. IX.	F. VII.	Sur les confins de Tyr & de Sidon. Vers la mer de Galilée.	
23				23. Mais il ne lui répondit pas un mot : & ses disciples s'approchant de lui, le prioient en lui disant : Renvoyez-la, car elle crie après nous.	Ch. 63.
24				24. Il leur répondit : Je n'ai été envoyé qu'aux brebis perdues de la maison d'Israël.	
25				25. Mais elle s'étant approchée de lui, vint se jetter à ses pieds.	
	26			26. Elle étoit payenne, & Syrophenissienne de nation : & elle le supplioit de chasser le demon du corps de sa fille, en lui disant : Seigneur, assistez-moi.	
26	27			26. 27. Alors il lui répondit : Laissez premierement rassasier les enfans ; car il n'est pas juste de prendre le pain des enfans pour le jetter aux petits chiens.	
27	28			27. 28. Elle lui repliqua : Il est vrai, Seigneur; mais aussi les petits chiens mangent sous la table des miettes du pain des enfans, qui tombent de la table de leurs maîtres.	
28	29			28. 29. Alors il lui dit : Femme, votre foi est grande ; qu'il vous soit fait comme vous le desirez : à cause de cette parole, allez, le demon est sorti de votre fille.	
	30			30. Etant revenue en sa maison, elle trouva sa fille couchée sur son lit, & delivrée du demon.	

2. Sourd & muet gueri.

29 c.	31			29. 31. Jesus quitta encore les confins de Tyr, & vint par Sidon près la mer de Galilée, passant au milieu du païs de Decapolis.	XXVII. MIRACLE.
	32			32. On lui presenta un homme qui étoit sourd & muet, & on le supplioit de le toucher.	
	33			33. Jesus donc le tira à l'écart hors de la foule du peuple, mit ses doigts dans ses oreilles, & tirant de sa salive, en mit sur sa langue ;	
	34			34. & levant les yeux au ciel, il jetta un soupir, & lui dit : Ephphata, c'est à dire, ouvrez-vous.	
	35			35. Aussitôt ses oreilles furent ouvertes, sa langue fut déliée, & il parloit fort distinctement.	
	36			36. Il leur défendit de le dire à personne ; mais plus il leur defendoit, plus ils le publioient.	
	37 f.			37. Ils étoient dans l'admiration, & disoient :	

	Mt. XV.	Mr. VIII.	L. XI.	f. VII.	Vers la mer de Galilée.
Ch. 63.					Il a bien fait toutes choses ; il a fait entendre les sourds, & parler les muets.
					3. Foule de malades gueris.
	29.				29. Jesus monta sur une montagne, & s'y assit.
	30				30. Alors une grande multitude de peuple s'approcha de lui, ayant avec eux des boiteux, des aveugles, des muets, des estropiés, & beaucoup d'autres malades, qu'ils mirent à ses pieds, & il les guerit.
	31				31. De sorte que le peuple étoit dans l'admiration, voyant que les muets parloient, que les boiteux marchoient, que les aveugles voyoient; & ils rendoient gloire au Dieu d'Israël.

Chapitre LXIV.

Seconde & derniere Multiplication des pains.

	Mt. XV.	Mr. VIII.	L. XI.	f. VII.	
XXVIII. MIRA- CLE.		1			1. EN ce tems-là le peuple s'étant trouvé encore une fois en fort grand nombre, & n'ayant pas dequoi manger,
	32				32. Jesus appella à soi ses disciples, & leur dit :
		2			2. J'ai compassion de ce peuple, parce qu'il y a déja trois jours qu'ils sont continuellement avec moi, & ils n'ont rien à manger;
		3			3. & si je les renvoye en leurs maisons sans avoir mangé, les forces leur manqueront en chemin, parce que quelques-uns d'eux sont venus de loin.
	33	4			33. 4. Ses disciples lui répondirent : Comment pourroit-on trouver dans ce desert assez de pain pour rassasier une si grande multitude ?
	34	5			34. 5. Jesus leur dit : Combien avez-vous de pains ? Sept, lui dirent-ils, & quelques petits poissons.
	35	6			35. 6. Alors il commanda au peuple de s'asseoir sur la terre :
	36				36. & prenant les sept pains, après avoir rendu graces, il les rompit pour les presenter au peuple, & les disciples les leur presenterent.
		7			7. Ils avoient aussi quelques petits poissons qu'il

Année 35. de J.C. 3. de son Min. 2. de sa Pred.   En Mai.   113

Mt.XV.	Mr. VIII.	LXV.	LVII.		
			Sur les confins de Magedan ou de Dalmanutha.	
			qu'il benit, & qu'il commanda qu'on leur presentât.	Ch. 64.
37	8		37. 8. Ils en mangerent tous, & furent rassasiés; & on en remporta sept corbeilles pleines des morceaux qui étoient restés.	
38	9		38. 9. Or ceux qui en mangerent, étoient environ quatre mille hommes, sans les petits enfans & les femmes. Et il les renvoya.	
39 f.	10		39. Ayant donc renvoyé ce peuple, 10. il monta aussitôt sur une barque avec ses disciples, & vint au païs de Dalmanutha sur les confins de Magedan.	

CHAPITRE LXV.

1. Prodige demandé & refusé.

LXV					
1	11		1.11. ALors les Pharisiens & les Sadducéens vinrent trouver JESUS, & commencerent à disputer avec lui, lui demandant pour l'éprouver, qu'il leur fît voir quelque prodige dans le ciel.	ch. 48 6.
2			2. Mais il leur répondit: Le soir vous dites, Il fera beau, car le ciel est rouge: & le matin, Nous aurons aujourd'hui de l'orage, car le ciel est sombre & rougeâtre.	
3			3. Vous sçavez bien reconnoître ce que presagent les diverses apparences du ciel, & vous ne sçavez point reconnoître les signes des tems.	
	12		12. Alors JESUS gemissant en son esprit, leur dit: Pourquoi	
4			4. cette generation mechante & adultere demande-t-elle un prodige? je vous dis en verité qu'il ne lui sera point donné de prodige que celui du Prophete Jonas.	
	13		13. Et les ayant quittés, il monta dans la barque, & se retira à l'autre bord.	

2. Levain des Pharisiens. Apôtres repris de leur peu d'intelligence.

5	14		5. 14. Or ses disciples étant passés au delà de l'eau, avoient oublié de prendre des pains, & ils n'en avoient qu'un dans leur barque avec eux.	
6	15		6. 15. JESUS donc leur donna cet avertissement:	

P

Ch. 85.	Mt. XVI.	Mr. VIII.	L. IX.	F. VII.	Dans les confins de Magedan. A Bethsaïde.
					Ayez soin de vous garder du levain des Pharisiens & des Sadducéens, & du levain d'Herode.
	7	16			7. 16. Mais ils pensoient & disoient entre eux: C'est parce que nous n'avons point de pains.
	8	17			8. 17. Ce que Jesus connoissant, il leur dit: Hommes de peu foi, pourquoi vous entretenez-vous ensemble de ce que vous n'avez point de pains?
	9	18			9. 18. N'entendez-vous point, & ne comprenez-vous point encore? aurez-vous toujours un cœur aveuglé? ayant des yeux, ne voyez-vous point, & ayant des oreilles, n'entendez-vous point?
		19			19. Ne vous souvient-il pas, lorsque je rompis les cinq pains pour cinq mille hommes? Combien remportates-vous de paniers pleins des morceaux qui étoient restés? Douze, lui dirent-ils.
	10	20			10. 20. Et lorsque je rompis les sept pains pour quatre mille hommes, combien remportates-vous de corbeilles pleines des morceaux qui étoient restés? Sept, lui dirent-ils.
	11	21			21. Puis il ajouta: 11. Comment ne comprenez-vous point que je ne vous parlois pas du pain, lorsque je vous ai dit: Gardez-vous du levain des Pharisiens & des Sadducéens?
	12				12. Alors ils comprirent qu'il ne leur avoit pas dit de se garder du levain qu'on met dans le pain, mais de la doctrine des Pharisiens & des Sadducéens.

3. Aveugle gueri.

XXIX. MIRACLE.		22			22. Etant arrivés à Bethsaïde, on lui presenta un aveugle, & on le pria de le toucher.
		23			23. Ayant pris l'aveugle par la main, il le mena hors du village; il lui mit de sa salive sur les yeux, & lui ayant imposé les mains, il lui demanda s'il voyoit quelque chose.
		24			24. Cet homme regardant lui dit: Je voi marcher des hommes qui me paroissent comme des arbres.
		25			25. Il lui mit encore une fois les mains sur les yeux, & il vit, & fut tellement gueri, qu'il

Année 35. de J.C. 3. de son Min. 2. de sa Pred. En Mai.

Mt. XVI	Mr. VIII	L. IX	† VII	A Bethsaïde. Dans les villages de Cesarée.
	26			voyoit distinctement toutes choses. 26. Il le renvoya ensuite en sa maison, & lui dit : Allez-vous-en chez vous ; & si vous entrez dans le village, n'en dites rien à personne. Ch. 65.

CHAPITRE LXVI.

1. *Confession & Primauté de S. Pierre.*

13	27			13. 27. JEsus s'en allant avec ses disciples dans les villages de Cesarée de Philippe,
		18		18. un jour comme il prioit seul, ayant ses disciples avec lui, il les interrogea sur le chemin en ces termes : Qui dit-on qu'est le Fils de l'homme ? qui dit-on que je suis ?
14	28	19		14. 28. 19. Ils lui répondirent : Les uns *disent* que vous êtes Jean Batiste†, & les autres Jeremie, ou que c'est quelqu'un des anciens Prophetes qui est ressuscité. † *les autres Elie.*
15	29	20		15. 29. 20. Mais vous, leur dit-il, qui dites-vous que je suis ?
16				16. Simon Pierre prenant la parole, lui dit : Vous êtes le CHRIST Fils de Dieu vivant.
17				17. JEsus lui répondit : Vous êtes bienheureux, Simon fils de Jona, parce que ce n'est point la chair & le sang qui vous ont revelé ceci, mais mon Pere qui est dans les cieux.
18				18. Et moi je vous dis que vous êtes Pierre, & sur cette pierre je bâtirai mon Eglise, & les portes de l'enfer ne prévaudront point contre elle.
19				19. Je vous donnerai les clefs du royaume des cieux ; & tout ce que vous aurez lié sur la terre, sera lié dans les cieux ; & tout ce que vous aurez delié sur la terre, sera delié dans les cieux.
20	30	21		20. 30. 21. Alors il defendit tres-expressément à ses disciples de dire à personne qu'il étoit le CHRIST.

2. *Premiere prediction de la Passion de* JESUS-CHRIST.

21	31	22		21. 31. 22. Dèslors JESUS commença à leur découvrir qu'il falloit qu'il allât à Jerusalem ; qu'il souffrît beaucoup ; qu'il fût rejetté par les An-

P ij

116 Année 35. de J.C. 3. de son Min. 2. de sa Pred. En Mai.

Ch. 66.	Mt. XVI.	Mr. VIII.	L. IX.	J. VII.	Dans les villages de Cesarée.
					ciens, par les Princes des Prêtres & par les Docteurs de la loi, qu'il fût mis à mort, & qu'il ressuscitât le troisième jour. Et il en parloit tout ouvertement.
	22.	32.			22. 32. Alors Pierre le prenant à part, commença à le reprendre, en lui disant : Seigneur, à Dieu ne plaise, cela ne vous arrivera point.
	23.	33.			23. 33. Mais Jesus se tournant, & jettant la vue sur ses disciples, reprit rudement Pierre, & lui dit : Retirez-vous de moi, Satan, vous m'êtes à scandale, parce que vous ne goûtez pas ce qui est de Dieu, mais seulement ce qui est des hommes.

3. *Porter sa croix. Perdre tout pour se sauver.*

	Mt. XVI.	Mr. VIII.	L. IX.	J. VII.	
	24.	34.			24. 34. Alors Jesus appellant à soi le peuple avec ses disciples,
			23.		23. il leur dit : Si quelqu'un veut venir après moi, qu'il renonce à soi-même, & qu'il se charge de sa croix tous les jours, & me suive.
	25.	35.	24.		25. 35. 24. Car celui qui voudra se sauver, se perdra ; & celui qui se perdra pour l'amour de moi & de l'Evangile, celui-là se sauvera.
	26.	36.	25.		26. 36. 25. Et que sert à un homme de gagner tout le monde aux dépens de lui-même, & se perdre ?
		37.			37. ou par quel échange se pourra-t-il racheter ?
		38.	26.		38. 26. Car si quelqu'un rougit de moi & de mes paroles parmi cette race adultere & pecheresse, le Fils de l'homme rougira lorsqu'il viendra dans sa gloire & dans celle de son Pere avec les saints Anges.
	27.				27. Car le Fils de l'homme doit venir dans la gloire de son Pere avec ses Anges : & alors il rendra à chacun selon ses œuvres. 39. Puis il ajoûta :
		39. f.			
	28. f.		27.		28. 27. Je vous dis en verité qu'il y a quelques-uns de ceux qui sont ici presens, qui ne mourront point, qu'ils n'ayent vu venir le Fils de l'homme en sa puissance.

Sur une haute montagne.

CHAPITRE LXVII.

1. Transfiguration de JESUS-CHRIST.

1.1.28. Six jours après que JESUS leur eut dit ces paroles, il prit avec lui Pierre, Jâque & Jean son frere, & les mena seuls sur une haute montagne pour prier.

29. Durant qu'il faisoit sa priere, son visage parut tout autre,

2. & il fut transfiguré devant eux; son visage devint brillant comme le Soleil,

2. & ses vêtemens devinrent brillans de lumiere, blancs comme la neige, & d'une telle blancheur, que nul foulon n'en peut faire de pareille sur la terre.

30. Dans le même instant il parut deux hommes qui s'entretenoient avec lui, qui étoient Moyse & Elie.

31. Ils parurent pleins de majesté, & ils lui parloient de sa mort qu'il devoit souffrir dans Jerusalem.

32. Cependant Pierre & ceux qui étoient avec lui, étoient accablés de sommeil; & s'étant reveillés, ils le virent dans sa gloire, & les deux hommes qui étoient avec lui,

3. 3. En même tems ils virent paroître Moyse & Elie, qui s'entretenoient avec JESUS.

33. Et comme ils se separoient de lui,

4. 4. Pierre dit à JESUS : Seigneur, nous sommes bien ici, voulez-vous que nous fassions ici trois tabernacles, un pour vous, un pour Moyse, & un pour Elie,

5. Mais il ne sçavoit ce qu'il disoit, car ils étoient tout effrayés.

5. 6. 34. Lorsqu'il parloit encore, il parut une nuée lumineuse qui les couvrit; & ils furent saisis de frayeur en les voyant entrer dans cette nuée.

35. Et il en sortit une voix qui fit entendre ces mots : Celui-ci est mon Fils bien-aimé, dans qui j'ai mis toute mon affection, écoutez-le.

36. Pendant que cette voix retentissoit, 6. les

118 *Année* 35. *de* J.C. 3. *de son Min.* 2. *de sa Pred.* En Mai.

	Mt. XVIII.	Mr. IX.	L. IX.	J. VII.	Sur la mont. & en descendant. Dans les villages de Cesarée.
Ch. 67.					disciples qui entendirent ces paroles, tomberent le visage contre terre, & furent saisis d'une grande crainte.
	7				7. Mais JESUS s'étant approché, les toucha, & leur dit : Levez-vous, & ne craignez point.
	8	7			7. Alors levant les yeux, 8. & regardant aussitôt de tous côtés, ils ne virent plus que JESUS seul avec eux.
	9	8			9. 8. Lorsqu'ils descendoient de la montagne, il leur commanda, en leur disant : Ne parlez à personne de cette vision, jusqu'à ce que le Fils de l'homme soit ressuscité d'entre les morts. Les disciples tinrent ceci secret, & ne dirent rien pour lors à personne de ce qu'ils avoient vu.
		9			9. Mais ils en discouroient ensemble, s'entre-demandant ce qu'il vouloit dire par ces paroles ; Jusqu'à ce qu'il fût ressuscité.

2. *De l'avenement d'Elie.*

	Mt.	Mr.			
	10	10			10. 10. Alors ses disciples lui demanderent : Pourquoi donc les Pharisiens & les Docteurs de la loi disent-ils qu'il faut qu'Elie vienne auparavant ?
	11	11			11. 11. Il leur répondit : Il est vrai qu'Elie doit venir auparavant, & qu'il rétablira toutes choses, & qu'il souffrira beaucoup, & sera méprisé, ainsi qu'il est écrit du Fils de l'homme.
	12	12			12. 12. Mais je vous declare qu'Elie est déja venu, & ils ne l'ont point connu ; mais ils l'ont traité comme il leur a plu, selon ce qui a été écrit de lui : Ils feront souffrir de même le Fils de l'homme.
	13				13. Alors les disciples reconnurent qu'il avoit parlé de Jean Batiste.

CHAPITRE LXVIII.

1. *Demoniaque lunatique & muet gueri.*

		Mr.			
XXXI. MIRACLE.		37			37. LE lendemain, lorsqu'ils furent descendus de la montagne,
		13			13. JESUS étant venu vers ses disciples, il vit une grande multitude de personnes à l'entour d'eux, & des Docteurs de la loi qui disputoient avec eux.

Année 35. de J.C. 3. de son Min. 2. de sa Pred. En Mai. 119

Mt. XVII.	Mr. IX.	L. IX.	F. VII.	Dans les villages de Cesarée.	
14	14			14. Tout le peuple aussitôt l'ayant apperçu, fut saisi d'étonnement ; & il accourut au devant de lui pour le saluer.	Ch. 68.
	15			14. Lorsqu'il fut venu vers le peuple, 15. il leur demanda : Dequoi disputez-vous ensemble ?	
15	16	38		16. 38. Alors un homme de la troupe s'approcha de lui, & s'étant jetté à ses genoux,	
				15. il lui dit : Seigneur, je vous ai amené mon fils qui est possedé d'un esprit muet ; je vous supplie, regardez mon fils en pitié, car je n'ai que ce seul enfant ; il est lunatique, & est tourmenté cruellement ; il tombe souvent dans le feu, & souvent dans l'eau.	
	* 17	39		39. L'esprit *malin* se saisit de lui ; 17. & en quelque lieu qu'il le saisisse, il le jette contre terre, & lui fait jetter de grands cris ; il l'agite par de violentes convulsions qui le font écumer, il grince les dents, & devient tout sec ; & il le quitte à peine après l'avoir tout brisé.	
16		40		16. Je l'ai presenté à vos disciples, 40. & je les ai prié de le chasser, mais ils n'ont pu le guerir.	
17	18	41		17. 18. 41. Alors Jesus leur dit : Race incredule & depravée, jusqu'à quand serai-je avec vous ? jusqu'à quand vous souffrirai-je ? amenez-le moi ici.	
		1		19. Ils le lui amenerent.	
		42		42. Or comme il s'approchoit, & quand il eut vu Jesus, l'esprit malin le jetta aussitôt contre terre, & l'agita par des convulsions ; & étant tombé par terre, il se rouloit en écumant.	
		20		20. Jesus demanda au pere de l'enfant : Combien de tems y a-t-il que cela lui arrive ? Dès son enfance, répondit-il ;	
		21		21. & il l'a souvent jetté dans le feu & dans l'eau pour le perdre : mais si vous y pouvez quelque chose, ayez compassion de nous, & secourez-nous.	
		22		22. Jesus lui dit : Si vous pouvez croire, tout est possible à celui qui croit.	
		23		23. Aussitôt le pere de l'enfant s'écriant, lui dit avec larmes : Seigneur, je croi, suppléez à mon incredulité.	

	Mt. XVII.	Mr. IX	L. IX.	L. VIII.
Ch. 68.	18	24		
		25		
		26		
			43 c.	
			43 m.	
	19	27		
	20	28		
	21			
	22	29		
		30	43 r.	
			44	
	23			

Dans les villages de Cesarée.   En Galilée.

18. 24. JESUS voyant le peuple qui s'amassoit, menaça l'esprit impur, en lui disant : Esprit sourd & muet, sors de cet enfant, & n'y rentre plus.

25. Alors cet esprit jettant de grands cris, & l'agitant avec violence, le quitta, & l'enfant devint comme mort, de sorte que plusieurs disoient qu'il étoit mort.

26. Mais JESUS le prenant par la main, le fit lever ; & il se leva, & l'enfant fut gueri au même instant ; & il le rendit à son pere.

43. r. Tous furent étonnés de la grande puissance de Dieu.

2. *Force de la foi, de la prière, & du jeûne.*

43. Étant donc tous dans l'admiration de ce que faisoit JESUS,

19. 27. lorsqu'il fut entré dans la maison, ses disciples vinrent le trouver en particulier, & lui dirent : Pourquoi nous autres n'avons-nous pu chasser ce demon ?

20. 28. JESUS leur répondit : A cause de votre incredulité. Car je vous dis en verité, que si vous aviez de la foi comme un grain de senevé, vous diriez à cette montagne : Transporte-toi d'ici là, & elle s'y transporteroit ; & rien ne vous seroit impossible.

21. Mais ces sortes de demons ne peuvent être chassés que par la priere & par le jeûne.

CHAPITRE LXIX.

1. *Seconde prediction de la Passion de* JESUS-CHRIST.

29. ETant partis de ce lieu, ils passerent par la Galilée ; & 22. JESUS vouloit que personne ne le sçût lorsqu'ils y étoient,

30. il instruisoit ses disciples, 43. & il leur disoit :

44. Gravez bien ces paroles dans votre cœur : Le Fils de l'homme doit être livré entre les mains des hommes :

23. ils le feront mourir, & il ressuscitera le troisième

Année 35. *de* J.C. 3. *de son Min.* 2. *de sa Pred.* En Mai. 121

Mt. XVIII.	Mr. IX.	L. IX.	J. VII.	En Galilée.	A Capharnaüm.	
	31	45		troisième jour. 31. 45. Mais ils n'entendoient point ce discours ; il étoit tellement obscur pour eux, qu'ils n'y comprenoient rien ; & ils craignoient de l'interroger sur ce sujet : ce qui les affligeoit extrêmement.		Ch. 62.
		46		46. Il leur vint aussi une dispute parmi eux *a*, sçavoir lequel d'entre eux étoit le plus grand.		*a* sur le chemin.
	32 *c*.			32 Ils vinrent ensuite à Capharnaüm.		

2. JESUS-CHRIST *paye le tribut.*

24				24. JESUS & ses disciples étant arrivés à Capharnaüm, ceux qui recevoient le tribut vinrent à Pierre, & lui dirent : Votre maître ne paye-t-il pas le tribut ? Il leur répondit : Oui.		
25				25. Et lorsqu'il fut entré dans le logis, JESUS le prévint, & lui dit : Simon, quel est votre sentiment ? De qui est-ce que les Rois de la terre reçoivent les tributs & les impôts ? est-ce de leurs propres enfans, ou des étrangers ?		
26				26. Des étrangers, répondit Pierre. JESUS lui dit : Les enfans en sont donc exempts ?		
27 *f.*				27. Mais afin que nous ne les scandalizions point, allez-vous-en à la mer, jettez votre ligne, prenez le premier poisson qui s'y prendra, tirez-le, & lui ouvrez la bouche, & vous y trouverez une piece d'argent *b*, que vous prendrez, & que vous leur donnerez pour moi & pour vous.		*b* Statere, valant environ 30. sols de notre monnoie.

CHAPITRE LXX.

1. *Premiere dispute des Apôtres sur la primauté. S'humilier comme un enfant.*

	32 *r.*			32. Lorsqu'ils furent dans la maison, JESUS leur demanda : Dequoi disputiez-vous ensemble sur le chemin ?		
	33			33. Mais ils n'oserent le lui dire, parce qu'ils avoient disputé ensemble sur le chemin, qui d'entre eux étoit le plus grand.		
XVIII. 1	34	47		47. JESUS connoissant les pensées de leur cœur, 34 & s'étant assis, il appella les douze *Apôtres.* 1. Aussitôt les disciples s'étant approchés de JESUS, lui demanderent : Qui est le plus grand dans le royaume des cieux ? Il leur dit : Si		

Q

Ch. 7º.	Mt. XVIII.	Mr. IX.	L. IX.	J. VII.	A Capharnaüm.
					quelqu'un veut être le premier, il sera le dernier de tous, & le serviteur de tous.
	2	35			2. 35. Puis Jesus ayant appellé un petit enfant, il le prit, & le mit au milieu d'eux auprès de lui;
	3		48		3. 48. & après l'avoir embrassé, il leur dit : Je vous dis en verité, que si vous ne vous convertissez, & si vous ne devenez semblables à de petits enfans, vous n'entrerez point dans le royaume des cieux.
	4				4. C'est pourquoi quiconque s'humilira comme ce petit enfant, sera le plus grand dans le royaume des cieux :
	5	36			5. & 36. quiconque reçoit en mon nom un petit enfant comme celui-ci, me reçoit; & quiconque me reçoit, ne me reçoit pas, mais il reçoit celui qui m'a envoyé. Car celui qui est le plus petit entre vous tous, est le plus grand.

2. Qui n'est point contre nous, est pour nous.

		37	49		37. 49. Alors Jean prenant la parole, lui dit : Maître, nous avons vu un homme qui chasse les démons, quoiqu'il ne nous suive pas, & nous l'en avons empêché.
		38	50		38. 50. Jesus lui répondit : Ne l'empêchez point : car il n'y a personne qui ayant fait un miracle en mon nom, puisse aussitôt mal parler de moi.
		39			39. Car celui qui n'est pas contre vous, est pour vous.
		40			40. Et quiconque vous donnera à boire un verre d'eau en mon nom, parce que vous êtes au Christ, je vous dis en verité qu'il ne perdra point sa recompense.

3. Eviter le scandale.

	6	41			6. 41. Si quelqu'un scandalize l'un de ces petits qui croyent en moi, il vaudroit mieux pour lui, qu'il attachât à son col une de ces meules qu'un âne tourne, & qu'on le jettât au fond de la mer.
	7				7. Malheur au monde à cause des scandales; car il est necessaire qu'il arrive des scandales : mais malheur à l'homme par qui le scandale arrive.

Année 35. de J.C. 3. de son Min. 2. de sa Préd. En Mai. 123

Mt. XVIII.	Mr. IX.	L. IX.	F. VII.	A Capharnaüm.	
8	42			8. 42. Si votre main vous scandalize, coupez-la, & jettez-la loin de vous. Il vaut bien mieux pour vous que vous entriez dans la vie n'ayant qu'une main, que d'avoir deux mains, & d'être precipité dans l'enfer, dans un feu qui brule eternellement,	Ch. 70.
	43			43. où le ver qui les ronge ne meurt point, & où le feu ne s'éteint jamais.	
	44			44. Et si votre pied vous scandalize, coupez-le. Il vaut bien mieux pour vous que vous entriez dans la vie n'ayant qu'un pied, que d'avoir deux pieds, & d'être precipité dans l'enfer, dans un feu qui brule eternellement,	
	45			45. où le ver qui les ronge ne meurt point, & où le feu ne s'éteint jamais.	
9	46			9. 46. Et si votre œil vous scandalize, arrachez-le, & jettez-le loin de vous. Il vaut bien mieux pour vous que vous entriez dans la vie *a*, n'ayant qu'un œil, que d'en avoir deux, & d'être precipité dans le feu de l'enfer,	*a S. Marc dans le royaume de Dieu,*
	47			47. où le ver qui les ronge ne meurt point, & où le feu ne s'éteint jamais.	
	48			48. Car ils seront tous salés par le feu, comme toute victime sera salée avec le sel.	
	49 f.			49. Le sel est bon, mais s'il devient insipide, dans quoi l'assaisonnerez-vous ? Ayez du sel en vous, & ayez la paix entre vous.	

4. Ne pas mépriser les petits. Parabole de la Brebis égarée.

10				10. Prenez bien garde de ne point mépriser aucun de ces petits : car je vous declare que leurs Anges voyent sans cesse dans les cieux la face de mon Pere qui est dans les cieux.	
11				11. Car le Fils de l'homme est venu sauver ce qui étoit perdu.	
12				12. Si un homme avoit cent brebis, & qu'une vînt à s'égarer, que pensez-vous qu'il fasse ? ne laisse t-il pas les quatre-vingt-dix-neuf sur les montagnes pour aller chercher celle qui étoit égarée ?	XXIII. Parabole *La même ch. 32. 2.*
13				13 & s'il arrive qu'il la trouve, je vous dis en verité qu'elle seule lui cause plus de joie que	

Q ij

124 Année 35. de J.C. 3. de son Min. 2. de sa Préd. En Mai.

	Mt. XVIII.	Mr. IX.	L. IX.	J. VII.	A Capharnaüm.
Ch. 70.					les quatre vingt-dix-neuf qui ne sont point égarées.
	14				14. Ainsi votre Pere qui est dans les cieux ne veut pas qu'aucun de ces petits perisse.
					5. Correction fraternelle.
	15				15. Si votre frere vous a offensé, allez lui representer sa faute en particulier entre vous & lui. S'il vous écoute, vous aurez gagné votre frere :
	16				16. mais s'il ne vous écoute point, prenez encore avec vous une ou deux personnes, afin que tout soit confirmé par l'autorité de deux ou trois témoins.
	17				17. S'il ne les écoute pas non plus, dites-le à l'assemblée : & s'il n'écoute pas l'assemblée, qu'il soit à votre égard comme un payen & un publicain.
					6. Pouvoir de lier & délier donné aux Apôtres.
	18				18. Je vous dis en verité, que tout ce que vous lirez sur la terre, sera lié dans le ciel : & que tout ce que vous délirez sur la terre, sera aussi délié dans le ciel.
					7. Dieu dans l'union.
	19				19. Je vous dis encore, que si deux d'entre vous s'unissent ensemble sur la terre pour demander quelque chose que ce soit, elle leur sera accordée par mon Pere qui est dans les cieux.
	20				20. Car en quelque lieu que se trouvent deux ou trois personnes assemblées en mon nom, je m'y trouve au milieu d'eux.
					8. Combien de fois il faut pardonner.
	21				21. Alors Pierre s'approchant de lui, dit : Seigneur, combien de fois pardonnerai-je à mon frere, quand il m'aura offensé ? sera-ce jusqu'à sept fois ?
	22				22. Jesus lui répondit : Je ne dis pas jusqu'à sept fois, mais jusqu'à septante fois sept fois.
					9. Parabole des dix mille talens.
XXIV. Parabole	23				23. C'est pourquoi le royaume des cieux est

Année 33. de J.C. 3. de son Min. 2. de sa Pred. En Mai.

A Capharnaüm.

Mt. XVIII.	Mc. XI.	L. XI.	XVII.		
				comparé à un homme puissant, qui voulut faire rendre compte à ses serviteurs.	Ch. 70.
24				24. Et ayant commencé à se faire rendre compte, on lui en presenta un qui lui devoit dix mille talens *a*.	
25				25. Mais comme il n'avoit pas dequoi les lui payer, son maître commanda qu'on le vendît, lui, sa femme & ses enfans, & tout ce qu'il avoit pour satisfaire à cette dette.	*a* plus de 46. millions de notre monnoie.
26				26. Ce serviteur se jettant à ses pieds, le conjuroit en lui disant: Seigneur, ayez un peu de patience, & je vous rendrai tout.	
27				27. Alors le maître de ce serviteur étant touché de compassion, le laissa aller, & lui remit sa dette.	
28				28. Mais ce serviteur ne fut pas plutôt sorti, que trouvant un de ses compagnons qui lui devoit cent deniers *b*, il le prit à la gorge & l'étouffoit, en lui disant: Rens-moi ce que tu me dois.	*b* un peu plus de trente livres.
29				29. Son compagnon se jettant à ses pieds, le conjuroit en lui disant: Ayez un peu de patience, & je vous rendrai tout.	
30				30 Mais il ne voulut point l'écouter, & alla le faire mettre en prison, jusqu'à ce qu'il lui eût rendu ce qu'il lui devoit.	
31				31. Ses autres compagnons voyant ce qui se passoit, en furent extrêmement fâchés, & vinrent avertir leur maître de tout ce qui s'étoit passé.	
32				32. Alors son maître l'ayant fait venir, lui dit: Mechant serviteur, je vous avois remis tout ce que vous me deviez, parce que vous m'en aviez prié;	
33				33. ne falloit-il donc pas que vous eussiez aussi pitié de votre compagnon, comme j'avois eu pitié de vous?	
34				34. Le maître ému de colere, le livra entre les mains des executeurs de la justice jusqu'à ce qu'il eût payé tout ce qu'il devoit.	
35 f.				35. C'est ainsi que mon Pere celeste vous traitera, si vous ne pardonnez de bon cœur à votre frere.	

Q iij

Dans la Judée en allant à Jerusalem.

CHAPITRE LXXI.

1. JESUS-CHRIST *n'est pas venu pour perdre les hommes, mais pour les sauver.*

51. Lorsque le tems s'approchoit auquel JESUS devoit être enlevé de ce monde, il se mit en chemin avec un visage assuré pour aller à Jerusalem *a*.

52. Il envoya au devant de lui quelques personnes, qui en chemin faisant entrerent dans un bourg des Samaritains pour lui preparer son logement.

53. Mais on ne le reçut pas, parce qu'il paroissoit qu'il alloit à Jerusalem.

54. Ce que Jâque & Jean ayant vu, ils lui dirent: Seigneur, voulez-vous que nous commandions que le feu du ciel descende, & qu'il les devore *b*?

55. Mais s'étant retourné il les reprit, en leur disant: Vous ne sçavez pas quel est l'esprit qui vous fait agir.

56. Car le Fils de l'homme n'est pas venu pour perdre les ames, mais pour les sauver. Ils s'en allerent ensuite en un autre bourg.

2. *Les renards ont leurs tannieres, & les oiseaux leurs nids. Laisser les morts ensevelir les morts. Ne point regarder en arriere.*

57. Lorsqu'ils étoient en chemin, un homme lui dit: Seigneur, je vous suivrai par tout où vous irez.

58. JESUS lui répondit: Les renards ont des tannieres, & les oiseaux du ciel ont leurs nids; mais le Fils de l'homme n'a pas où reposer sa tête.

59. Il dit à un autre: Suivez-moi. Et il lui répondit: Seigneur, permettez-moi d'aller auparavant ensevelir mon pere.

60. JESUS lui repartit: Laissez aux morts le

Ch. 71.

a afin d'y celebrer la Fête de la Pentecôte.

Mt. 30. 1.

b C'est en cette occasion que Jâque & Jean ont été appellés *Boanerges*, c'est à dire, enfans du tonnerre. En saint Marc III. 17. par anticipation. ch. 33.

Année 35. de J.C. 3. de son Min. 2. de sa Pred. En Mai. 127

Mt. XVIII	Mr. IX	L. IX	F. VII	Dans la Judée en allant à Jerusalem.	
		61		soin d'ensevelir leurs morts ; mais vous, allez annoncer le royaume de Dieu.	Ch. 71.
		62 f.		61. Un autre aussi lui dit : Seigneur, je vous suivrai ; mais permettez-moi de disposer auparavant de ce que j'ai dans ma maison.	
				62. Jesus lui répondit : Quiconque ayant mis la main à la charrue regarde derriere soi, n'est point propre au royaume de Dieu.	

Chapitre LXXII.

1. Mission & instruction des soixante & douze disciples.

X.

1. Quelque tems après le Seigneur choisit encore soixante & douze autres disciples, qu'il envoya deux à deux devant lui dans toutes les villes & dans tous les lieux où lui-même devoit aller.

2. Et il leur disoit : La moisson est grande, mais il y a peu d'ouvriers. Priez donc le maître de la moisson, qu'il envoye ses ouvriers dans sa moisson.

3. Allez, je vous envoye comme des agneaux au milieu des loups.

4. Ne portez ni bourse, ni sac, ni souliés ; & ne saluez personne dans le chemin.

5. En quelque maison que vous entriez, dites d'abord : La paix soit dans cette maison.

6. Et s'il s'y trouve quelque enfant de paix, votre paix reposera sur lui ; sinon, elle retournera sur vous.

7. Demeurez en la même maison, mangeant & buvant de ce qu'il y aura ; car celui qui travaille, merite sa recompense. Ne passez point de maison en maison ;

8. & en quelque ville que vous entriez où l'on vous aura reçus, mangez ce qu'on vous presentera.

9. Guerissez les malades qui s'y trouveront, & dites-leur : Le royaume de Dieu est proche de vous.

10. Mais si étant entrés dans quelque ville, on ne vous y reçoit point, sortez dans les rues, & dites :

	Mt. XVIII.	Mr. IX.	L. X.		
Ch. 72.			11	VII.	Dans la Judée en allant à Jerusalem.

11. Nous secouons contre vous la poussiere même de votre ville, qui s'est attachée à nos habits ; sçachez neanmoins que le royaume de Dieu est proche.

12. Je vous assure qu'au dernier jour Sodome sera traitée moins rigoureusement que cette ville-là.

2. *Villes impenitentes.*

13. Malheur à vous Corozaïn, malheur à vous Bethsaide ; parce que si les miracles qui ont été faits en vous, avoient été faits dans Tyr & dans Sidon, il y a long-tems qu'elles eussent fait penitence dans le sac & dans la cendre.

14. C'est pourquoi au jour du jugement Tyr & Sidon seront traitées moins rigoureusement que vous.

15. Et vous Capharnaüm, qui êtes élevée jusqu'au ciel, vous serez precipitée jusques dans l'enfer.

16. Celui qui vous écoute m'écoute ; & celui qui vous méprise me méprise : mais celui qui me méprise, méprise celui qui m'a envoyé.

Les soixante & douze disciples, après avoir été ainsi instruits par Jesus-Christ, partent, & vont par tout où il devoit aller ; ils y prêchent, ils y guerissent les malades, & chassent les demons de ceux qui en étoient possedés.

Chapitre LXXIII.

1. *Retour des soixante & douze disciples.*

17. OR les soixante & douze disciples s'en revinrent avec joie, & lui dirent: Seigneur, les demons mêmes nous sont assujettis par votre nom.

18. Il leur répondit : Je voyois tomber Satan comme un éclair qui sort du ciel.

19. Et maintenant je vous donne pouvoir de fouler aux pieds les serpens & les scorpions, & toute la puissance de l'ennemi ; & rien ne vous pourra nuire.

20. Neanmoins ne vous réjouissez point parce que les esprits malins vous sont assujettis, mais réjouissez-

Année 35. de J.C. 3. de son Min. 2. de sa Pred.   En Mai.

Dans la Judée en allant à Jerusalem.

réjouissez-vous de ce que vos noms sont écrits dans les cieux.

2. Mysteres cachés aux sages.

21. En cette même heure Jesus tressaillit de joie *dans le mouvement* du Saint Esprit, & dit ces paroles : Je vous rends gloire, mon Pere, Seigneur du ciel & de la terre, de ce que vous avez caché ces choses aux sages & aux prudens, & que vous les avez revelées aux petits. Oui mon Pere, parce que vous l'avez voulu ainsi.

22. Mon Pere m'a mis entre les mains toutes choses, & personne ne connoît qui est le Fils, que le Pere ; ni qui est le Pere, que le Fils, & celui à qui le Fils l'aura voulu reveler.

23. Et se tournant vers ses disciples, il leur dit : Heureux sont les yeux qui voyent ce que vous voyez.

24. Car je vous dis que beaucoup de Prophetes & de Rois ont souhaité de voir ce que vous voyez, & ne l'ont point vu ; & d'entendre ce que vous entendez, & ne l'ont point entendu.

3. Parabole du Samaritain.

25. Alors un Docteur de la loi se levant, lui dit pour le sonder : Maître, que faut-il que je fasse pour posseder la vie eternelle ?

26. Jesus lui répondit : Que porte la loi ? qu'y lisez-vous ?

27. Il lui dit : Vous aimerez le Seigneur votre Dieu de tout votre cœur, de toute votre ame, de toutes vos forces, & de tout votre esprit ; & votre prochain comme vous-même.

28. Jesus lui dit : Vous avez bien répondu ; faites cela, & vous vivrez.

29. Mais cet homme voulant faire paroître qu'il étoit juste, dit à Jesus : Qui est mon prochain ?

30. Jesus prenant la parole, lui dit : Un homme venant de Jerusalem à Jerico, tomba entre les mains des voleurs, qui le dépouillerent, le maltraiterent de coups, & s'en allerent, le laissant à demi mort.

				En allant à Jerusalem. A Bethanie.
Ch. 73.	Mt. XVIII.	Mr. IX.	L. X. 31	31. Il arriva ensuite qu'un Prêtre descendoit par le même chemin, & l'ayant apperçu, il passa outre.
			32	32. un Levite étant aussi venu près de là, le vit, & passa outre.
			33	33. Mais un Samaritain passant son chemin, vint où étoit cet homme, & l'ayant vu, il en fut touché de compassion ;
			34	34. & s'étant approché de lui, il versa de l'huile & du vin dans ses plaies, & les banda ; puis l'ayant mis sur son cheval, il l'amena à l'hôtellerie, & eut soin de lui.
a c'est un peu plus de 15. sols de notre mon- noie.			35	35. Le lendemain en s'en allant, il donna deux deniers *a* à l'hôte, & lui dit : Ayez soin de cet homme, & tout ce que vous dépenserez par- dessus, je vous le rendrai à mon retour.
			36	36. Lequel de ces trois vous semble-t-il avoir été le prochain de celui qui est tombé entre les mains des voleurs ?
			37	37. Le Docteur lui répondit : C'est celui qui a exercé la misericorde envers lui. Allez donc, lui dit Jesus, & faites de même.
				4. *Marthe & Marie. Un necessaire.*
b Betha- nie.			38	38. Comme ils continuoient leur chemin, Jesus entra dans un certain bourg *b* ; & une fem- me nommée Marthe le reçut en sa maison.
			39	39. Elle avoit une sœur nommée Marie, qui s'étant assise aux pieds du Seigneur, écoutoit sa parole.
			40	40. Mais Marthe étoit fort occupée à préparer tout ce qu'il falloit ; elle se presenta devant Jesus, & lui dit : Seigneur, ne considerez-vous point que ma sœur me laisse servir toute seule ? dites-lui donc qu'elle m'aide.
			41	41. Mais le Seigneur lui répondit : Marthe, Marthe, vous vous empressez, & vous vous troublez dans le soin de beaucoup de choses.
			42 f.	42. Cependant il n'y a qu'une seule chose ne- cessaire : Marie a choisi la meilleure part, qui ne lui sera point ôtée.

Sur la montagne des Oliviers.

CHAPITRE LXXIV.

1. *Comment il faut prier.*

1. UN jour comme Jesus étoit en priere en un certain lieu *a*, après qu'il eut achevé, un de ses disciples lui dit : Apprenez-nous à prier, ainsi que Jean l'a appris à ses disciples.

2. Et il leur dit : Lorsque vous prîrez, dites : Mon Pere, que votre nom soit santifié : que votre regne arrive.

3. Donnez-nous aujourd'hui notre pain de chaque jour.

4. Et remettez-nous nos offenses, comme nous les remettons à tous ceux qui nous sont redevables. Et ne nous laissez point succomber à la tentation.

2. *Parabole des trois pains prêtés, sur la perseverance dans la priere.*

5. Jesus leur dit encore : Si quelqu'un d'entre vous avoit un ami, & qu'il l'allât trouver au milieu de la nuit pour lui dire : Mon ami, prêtez-moi trois pains ;

6. parce qu'un de mes amis qui est en voyage, m'est venu voir, & je n'ai rien à lui donner :

7. & que cet homme lui répondit de dedans sa maison : Ne m'importunez point, ma porte est déja fermée, & mes enfans sont couchés avec moi ; je ne puis me lever pour vous en donner.

8. N'est-il pas vrai, que quand il ne se leveroit pas pour lui en donner à cause qu'il est son ami, si neanmoins il perseveroit à frapper, il se leveroit à cause de son importunité, & lui en donneroit autant qu'il en auroit besoin ?

9. Je vous dis de même : Demandez, & il vous sera donné ; cherchez, & vous trouverez ; frappez à la porte, & l'on vous ouvrira.

10. Car quiconque demande, reçoit ; & qui cherche, trouve ; & l'on ouvre à celui qui frappe à la porte.

11. Qui est le pere d'entre vous qui donne à son enfant une pierre, lorsqu'il lui demande du

Mt. XVIII.	Mr. IX.	L. XI.	F. VII.	Aux environs de Jerusalem.
Ch. 74.				pain ; ou qui lui donne un serpent, lorsqu'il lui demande un poisson ;
		12		12. ou qui lui donne un scorpion, lorsqu'il lui demande un œuf ?
		13		13. Si donc vous autres étant méchans comme vous êtes, vous sçavez neanmoins donner de bonnes choses à vos enfans, à combien plus forte raison votre Pere qui est au ciel donnera-t-il le bon esprit à ceux qui le lui demandent.

CHAPITRE LXXV.

1. Huitieme & dernier Demoniaque muet gueri.

XXXII. MIRACLE.		14		14. Il arriva que Jesus chassa un demon qui étoit muet ; & lorsque le demon sortit, le muet parla, & tout le peuple en fut ravi d'admiration.
		15		15. Mais quelques-uns d'entre eux dirent : C'est par Beelzebut prince des demons qu'il chasse les demons.
		16		16. Et d'autres le voulant tenter, lui demandoient qu'il fît un prodige dans l'air.
ch. 45. 3.		17		17. Mais lui connoissant leurs pensées, leur dit : Tout royaume divisé contre lui-même, sera détruit ; & toute maison divisée tombera en ruine.
		18		18. Si donc Satan est divisé contre soi-même, comment son royaume subsistera-t-il ? Car vous dites que c'est par Beelzebut que je chasse les demons.
		19		19. Que si je chasse les demons par Beelzebut, par qui vos enfans les chassent-ils ? C'est pourquoi ils seront eux-mêmes vos juges.
		20		20. Que si je chasse les demons par le doigt de Dieu, vous devez croire que le royaume de Dieu est venu jusqu'à vous.

2. Seconde Parabole du Fort armé.

ch. 45. 4.		21		21. Lorsque le Fort armé garde sa maison, tout ce qu'il possede est en paix.
		22		22. Que s'il en survient un plus fort que lui, qui le surmonte, il emportera toutes ses armes dans lesquelles il mettoit sa confiance, & distribûra ses dépouilles.

Année 33. de J.C. 3. de son Min. 2. de sa Pred. En Mai. 133

Mt. XII.	Mr. IX.	L. XI.	L. VII.		
		23		Aux environs de Jerusalem.	
				23. Celui qui n'est point avec moi, est contre moi ; & celui qui n'amasse point avec moi, dissipe.	Ch. 75.
				3. Seconde Parabole de l'esprit impur rentrant.	
		24		24. Lorsque l'esprit impur est sorti d'un homme, il s'en va dans les lieux arides, cherchant du repos ; & comme il n'en trouve point, il dit : Je retournerai dans ma maison d'où je suis sorti.	ch. 45. 7.
		25		25. Et y venant, il la trouve nettoyée & parée.	
		26		26. Alors il s'en va prendre sept autres esprits avec lui plus méchans que lui ; & y étant entrés, ils y habitent. Et le dernier état de cet homme devient pire que le premier.	
				4. Bonheur de ceux qui entendent la parole de Jesus-Christ.	
		27		27. Pendant qu'il disoit ces choses, il arriva qu'une femme élevant sa voix du milieu du peuple ; lui dit : Heureuses sont les entrailles qui vous ont porté, & les mammelles qui vous ont nourri !	
		28		28. Jesus lui répondit : Mais plutôt heureux sont ceux qui entendent la parole de Dieu, & qui la pratiquent.	
				5. Troisième Prodige demandé. Jonas. Reine du Midi. Ninivites.	
		29		29. Comme le peuple s'amassoit en foule, Jesus commença à dire : Cette race d'homme est méchante ; elle demande un prodige, & il ne lui en sera point fait d'autre que celui du Prophete Jonas.	ch. 45. 6. & 65. 1.
		30		30. Car comme Jonas fut un prodige pour ceux de Ninive ; ainsi le Fils de l'homme en sera un pour cette nation.	
		31		31. La Reine du Midi se levera au jour du jugement avec les hommes de cette nation, & les condamnera, parce qu'elle est venue des extremités de la terre pour entendre la sagesse de Salomon ; & cependant celui qui est ici, est plus que Salomon.	
		32		32. Les Ninivites se leveront au jour du juge-	

R iij

Année 35. de J.C. 3. de son Min. 2. de sa Pred. En Mai.

Aux environs de Jerusalem.

	Mt. XVIII.	Mr. IX.	L. XI.	Mt. VII.	

Ch. 75.

ment avec cette nation, & la condamneront, parce qu'ils ont fait penitence à la predication de Jonas ; & cependant celui qui est ici est plus que Jonas.

6. *Lampe sur le chandelier. Oeil simple.*

ch. 48. 3. — 33 — 33. Personne n'allume une lampe pour la mettre en un lieu caché, ou sous un boisseau ; mais sur un chandelier, pour éclairer à ceux qui entrent.

34 — 34. Votre œil est la lampe de votre corps. Si votre œil est net, tout votre corps sera éclairé : que s'il est mauvais, votre corps sera aussi tenebreux.

35 — 35. Prenez donc garde que la lumiere qui est en vous, ne soit elle-même que tenebres.

36 — 36. Or si votre corps est tout éclairé, n'ayant aucune partie tenebreuse, il sera tout lumineux, & il vous éclairera comme une lampe brillante.

CHAPITRE LXXVI.

1. *Nettoyer ce qui est au dedans.*

37 — 37. PEndant que Jesus parloit, un Pharisien le pria de dîner chez lui, & étant entré dans son logis, il se mit à table.

38 — 38. Mais le Pharisien voyant qu'il ne s'étoit point lavé avant le dîner, s'en étonna.

39 — 39. Et le Seigneur lui dit : Vous autres Pharisiens, vous avez soin de tenir net le dehors de la coupe & du plat ; mais le dedans de vos cœurs est plein de rapine & de mechanceté.

40 — 40. Insensés que vous êtes, celui qui a fait le dehors, n'a-t-il pas fait aussi le dedans ?

41 — 41. Au reste, faites l'aumône, & toutes choses vous seront pures.

2. *Trois imprecations contre les Pharisiens.*

42 — 42. I. Mais malheur à vous Pharisiens, qui payez la dîme de la menthe, de la rhue, & de toutes les herbes ; & qui negligez la justice, & l'amour de Dieu : c'est là neanmoins ce qu'il falloit faire, sans omettre ces autres choses.

Année 35.de J.C. 3.de son Min. 2.de sa Pred. En Mai. 135

Mt. XVIII.	Mr. IX.	L. XI.	f. VII.	Aux environs de Jerusalem.	
		43		43. II. Malheur à vous Pharisiens, qui aimez les premieres places dans les Synagogues, & les salutations dans les places publiques.	Ch. 76.
		44		44. III. Malheur à vous qui êtes semblables à des sepulcres qui ne paroissent point, & que les hommes qui marchent dessus ne connoissent point.	
				3. Trois imprecations contre les Docteurs de la loi.	
		45		45. Alors un des Docteurs de la loi prenant la parole, lui dit: Maître, lorsque vous parlez ainsi, c'est à nous que vous faites injure.	
		46		46. Jesus lui répondit: I. Malheur aussi à vous Docteurs de la loi, qui chargez les hommes de fardeaux insupportables, & qui ne voudriez pas les avoir touchés du bout du doigt.	
		47		47. II. Malheur à vous qui bâtissez des sepulcres aux Prophetes; & ce sont vos peres qui les ont fait mourir.	
		48		48. Ainsi vous témoignez par là que vous consentez à ce qu'ont fait vos peres, puisqu'ils ont tué les Prophetes, & que vous leur bâtissez des sepulcres.	
		49		49. C'est pourquoi la sagesse de Dieu a dit: Je leur envoyerai des Prophetes & des Apôtres, & ils en tûront les uns, & persecuteront les autres;	
		50		50. afin qu'on recherche le sang de tous les Prophetes, qui a été répandu dès le commencement du monde par cette nation,	
		51		51. depuis le sang d'Abel jusqu'au sang de Zacharie, qui fut tué entre l'autel & le temple. Je vous dis en verité, qu'on en demandera le compte à cette nation.	
		52		52. III. Malheur à vous Docteurs de la loi, qui avez emporté la clef de la science, vous n'y êtes point entrés, & vous en avez empêché ceux qui étoient prêts d'y entrer *a*.	
		53		53. Lorsqu'il parloit de la sorte, les Phari-	

a Ces imprecations contre les Pharisiens & les Docteurs de la loi sont rapportées par recapitulation dans S. Matthieu ci-après ch. 108. 3.

Aux environs de Jerusalem.

siens & les Docteurs de la loi commencerent à le presser fort, & à lui faire plusieurs questions, 54. lui dressant des pieges, & tâchant de tirer de sa bouche quelque chose, pour avoir un sujet de l'accuser.

CHAPITRE LXXVII.

1. Levain des Pharisiens.

1. UNe multitude innombrable de peuple s'étant assemblée autour de Jésus, en sorte qu'ils marchoient les uns sur les autres, il commença à dire à ses disciples : Donnez-vous de garde du levain des Pharisiens, qui est l'hypocrisie.

2. Car il n'y a rien de si caché, qui ne doive être découvert ; & rien de si secret, qui ne doive être sçu.

3. Ce que vous avez dit dans l'obscurité, se publira dans la lumiere ; & ce que vous avez dit à l'oreille dans vos chambres, sera prêché sur les toits.

2. Ne craindre que Dieu.

4. Mais je vous dis à vous mes amis : Ne craignez point ceux qui font mourir le corps, & qui après cela n'ont rien à vous faire davantage.

5. Je veux vous apprendre qui vous devez craindre. Craignez celui qui après avoir ôté la vie, a le pouvoir de précipiter dans les tourmens. Oui, je vous le repete, craignez celui-là.

6. N'est-il pas vrai que cinq passereaux ne valent que deux doubles ? & cependant il n'y a aucun d'eux qui soit en oubli devant Dieu.

7. Les cheveux même de vôtre tête sont tous comptés. Ne craignez donc point, vous valez beaucoup mieux qu'une infinité de passereaux.

8. Aussi je vous declare, que quiconque me reconnoîtra devant les hommes, le Fils de l'homme le reconnoîtra aussi devant les Anges de Dieu :

9. mais si quelqu'un me renonce devant les hommes, il sera aussi renoncé devant les Anges de Dieu.

10. Et

Aux environs de Jerusalem.

10. Et si quelqu'un parle contre le Fils de l'homme, il lui sera pardonné ; mais si quelqu'un blasphême contre le Saint Esprit, il ne lui sera point pardonné.

11. Lorsqu'on vous amenera dans les Synagogues, ou devant les Magistrats & les Puissances, ne vous mettez point en peine de ce que vous leur répondrez, ni de ce que vous leur direz.

12. Car le Saint Esprit vous enseignera dans ce moment ce qu'il faut que vous disiez.

3. Se garder de l'avarice.

13. Alors un homme d'entre le peuple dit à Jesus : Maitre, ordonnez à mon frere qu'il partage avec moi notre succession.

14. Il lui répondit : Mon ami, qui m'a établi votre juge ou votre arbitre ?

15. Et il ajoûta : Ayez soin de vous bien garder de toute avarice : car en quelque abondance qu'un homme soit, sa vie ne dépend point des biens qu'il possede.

4. Parabole du Riche qui bâtit des greniers.

16. Il leur dit ensuite cette parabole. Il y avoit un homme riche, dont les terres avoient beaucoup rapporté ;

17. & il s'entretenoit en lui-même de ces pensées : Que ferai-je ? car je n'ai point de lieu où je puisse serrer tout ce que j'ai recueilli.

18. Voici ce que je ferai, dit-il. J'abbatrai mes greniers, & j'en bâtirai de plus grands, & j'y amasserai toute ma recolte & tous mes biens ;

19. je dirai à mon ame : Mon ame, tu as beaucoup de biens en reserve pour bien des années ; repose-toi, mange, boi, fais bonne chere.

20. Mais Dieu lui dit : Insensé, on va te redemander ton ame cette nuit, & pour qui sera ce que tu as amassé ?

21. C'est l'état de celui qui amasse des tresors pour lui-même, & qui n'est point riche en Dieu.

Mt. XVIII	Mr. IX	L. XII	J. VII	Aux environs de Jérusalem.
Ch. 77.				5. *Ne point s'inquieter des besoins de la vie.*
		22.		22. C'est pourquoi, dit-il à ses disciples, ne vous inquietez point pour votre vie, où vous trouverez dequoi manger ; ni pour votre corps, où vous trouverez dequoi vous vêtir.
		23.		23. La vie est plus que la nourriture, & le corps plus que le vêtement.
		24.		24. Considerez les corbeaux ; ils ne sement point, ils ne moissonnent point, ils n'ont ni cellier ni grenier ; cependant Dieu ne laisse pas de les nourrir. Et combien êtes-vous plus excellens que ces oiseaux.
		25.		25. Mais qui est celui de vous qui par tous ses soins puisse ajoûter à sa taille la hauteur d'une coudée ?
		26.		26. Si donc les moindres choses sont au dessus de votre pouvoir ; pourquoi vous mettez-vous en peine de toutes les autres ?
		27.		27. Considerez les lis, & de quelle maniere ils croissent : ils ne travaillent point, ils ne filent point ; & cependant je vous declare que Salomon même dans toute sa gloire n'a jamais été vêtu comme l'un d'eux.
		28.		28. Que si Dieu a soin de vêtir de la sorte une herbe qui est aujourd'hui dans les champs, & qui demain sera jettée dans le four ; combien aura-t-il plus de soin de votre vêtement, ô hommes de peu de foi ?
		29.		29. Ne vous mettez donc point en peine vous autres de ce que vous aurez à manger & à boire ; & que votre esprit ne s'éleve point.
		30.		30. Car ce sont les sages du monde qui cherchent toutes ces choses ; mais votre Pere sçait que vous en avez besoin.
		31.		31. Cherchez donc premierement le royaume de Dieu & sa justice, & toutes ces choses vous seront données comme par surcroît.
		32.		32. Ne craignez point, petit troupeau ; car il a plu à votre Pere de vous donner son royaume.
		33.		33. Vendez ce que vous avez, & le donnez en aumône. Faites-vous des bourses qui ne s'usent point par le tems ; amassez dans le ciel un tresor

Année 35. de J.C. 3. de son Min. 2. de sa Préd. En Mai.

Aux environs de Jerusalem.

qui ne perisse jamais, d'où les voleurs ne puissent approcher, & que la rouille ne puisse corrompre.

Ch. 77.

34. Car où est votre tresor, là est aussi votre cœur.

6. Parabole du serviteur vigilant & du mauvais.

35. Que vos reins soient ceints; & ayez toujours dans vos mains des lampes ardentes.

36. Soyez semblables à ceux qui attendent que leur maître retourne des noces, afin que lorsqu'il sera venu, & qu'il aura frappé à la porte, ils lui ouvrent aussitôt.

XXVIII. Parabole

37. Heureux les serviteurs que le maître à son arrivée aura trouvé veillans; je vous dis en verité, que s'étant ceint, il les fera mettre à table, & viendra les servir.

38. Que s'il vient à la seconde ou à la troisieme veille, & qu'il les trouve en cet état, heureux sont ces serviteurs-là.

39. Sçachez que si le pere de famille étoit averti de l'heure que le voleur doit venir, il veilleroit sans doute, & ne laisseroit pas percer sa maison.

40. Vous donc aussi soyez toujours prêts, parce que le Fils de l'homme viendra à l'heure que vous ne pensez pas.

41. Alors Pierre lui dit: Seigneur, est-ce à nous que vous adressez cette parabole, ou à tous les autres aussi?

42. Le Seigneur répondit: Qui est le dispensateur fidele & prudent, que le maître établira sur sa famille, pour donner dans le tems à chacun la mesure de bled?

XXIX. Parabole

43. Heureux ce serviteur, que son maître à son arrivée trouvera agissant de la sorte.

44. Je vous dis en verité, qu'il l'établira sur tous ses biens.

45. Mais si ce serviteur dit en lui-même: Mon maître n'est pas prêt de venir, & qu'il se mette à battre les serviteurs & les servantes, à manger, à boire & à s'enyvrer;

46. le maître de ce serviteur viendra au jour qu'il ne l'attend pas, & à l'heure qu'il ne sçait

S ij

140 Année 35. de J.C. 3. de son Min. 2. de sa Pred. En Mai.

Aux environs de Jerusalem.

Ch. 77.	Mt. XVIII.	Mr. IX	L. XII.	J. VII.	
			47		pas ; & il le separera, & mettra son partage avec les infideles.
					47. Le serviteur qui aura sçu la volonté de son maître, & qui ne se sera pas tenu prêt, & n'aura pas fait ce qu'il desiroit de lui, sera châtié rudement :
			48		48. mais celui qui n'aura pas sçu sa volonté, & qui aura fait des choses qui meritent châtiment, sera moins battu. On redemandera beaucoup à celui à qui on aura donné beaucoup ; & on fera rendre un plus grand compte à celui à qui on aura confié davantage.

7. Division sur la terre.

49. Je suis venu mettre le feu sur la terre ; & que desirai-je, sinon qu'il s'allume ?

50. Je dois être batizé d'un batême ; & combien me sens-je pressé jusqu'à ce qu'il soit accompli ?

51. Croyez-vous que je sois venu pour donner la paix sur la terre ? je vous dis que non, mais pour y mettre la division.

52. Car desormais s'il se trouve cinq personnes dans une maison, elles seront divisées les unes des autres, trois contre deux, & deux contre trois.

53. Le pere sera en division avec le fils, & le fils avec le pere ; la mere avec la fille, & la fille avec la mere ; la belle-mere avec la belle-fille, & la belle-fille avec la belle-mere.

8. Tems du Messie inconnu.

54. Il disoit au peuple : Lorsque vous voyez qu'un nuage se leve du côté du Couchant, vous dites aussitôt : Il va pleuvoir ; & il pleut.

55. Et lorsque vous voyez souffler le vent du Midi, vous dites : Il fera chaud ; & il fait chaud.

56. Hypocrites, vous sçavez bien reconnoître ce que présagent les diverses apparences du ciel & de la terre ; comment donc ne reconnoissez-vous point ce tems *a* où nous sommes ?

57. Pourquoi ne reconnoissez-vous point aussi vous-mêmes ce qui est juste ?

a de l'avenement du Messie.

Année 35. de J.C. 3. de son Min. 2. de sa Pred. En Mar. 141

Aux environs de Jerusalem.

9. S'accorder avec son adversaire.

Ch. 77.

58. Lorsque vous allez avec votre adversaire devant le Magistrat, tâchez de vous dégager de lui pendant le chemin ; de peur qu'il ne vous entraîne devant le Juge, & que le Juge ne vous livre au Sergent, & que le Sergent ne vous mene en prison.

59. Car je vous assure que vous ne sortirez point de là, que vous n'ayiez payé jusqu'à la derniere obole.

10. Faire penitence.

1. En ce même tems quelques-uns vinrent dire à Jesus ce qui s'étoit passé touchant les Galiléens, dont Pilate avoit mêlé le sang avec celui de leurs sacrifices.

2. Et il leur dit : Pensez vous que ces Galiléens fussent les plus grands pecheurs de tous ceux de la Galilée, parce qu'ils ont été ainsi traités ?

3. Non, je vous assure ; mais si vous ne faites penitence, vous perirez tous de la même sorte.

4. Croyez-vous aussi que ces dix-huit hommes sur lesquels la tour de Siloé est tombée, & qu'elle a tués, fussent plus redevables à la justice de Dieu, que tous les habitans de Jerusalem ?

5. Non, je vous assure ; mais si vous ne faites penitence, vous perirez tous de la même sorte.

11. Parabole du figuier sterile.

6. Il leur disoit aussi cette parabole. Un homme avoit un figuier planté dans sa vigne, & étant venu pour y chercher du fruit, il n'en trouva point.

XXX. Parabole

7. Alors il dit à son vigneron : Il y a déja trois ans que je viens chercher du fruit à ce figuier, & je n'y en trouve point, coupez-le donc ; pourquoi occupe-t-il de la terre ?

8. Il lui répondit : Seigneur, laissez-le encore cette année, afin que je le laboure au pied, & que j'y mette du fumier,

9. pour voir s'il portera du fruit ; sinon, vous le ferez couper.

S iij

Année 35. de J.C. 3. de son Min. 2. de sa Pred. En Mai.

Aux environs de Jerusalem.

CHAPITRE LXXVIII.

1. Femme courbée guerie le jour du Sabbat.

Ch. 78.

XXXIII. MIRACLE. *a* le 31. de Mai.

Mt. XVIII. | Mr. IX. | L. XIII. | IV II.

10. Jesus enseignant dans une de leurs Synagogues un jour de Sabbat *a*,

11. Il y vint une femme possedée d'un esprit qui la rendoit malade depuis dix-huit ans, & elle étoit tellement courbée, qu'elle ne pouvoit regarder en haut.

12. Jesus la voyant, l'appella & lui dit : Femme, vous êtes delivrée de votre infirmité ;

13. & l'ayant touchée des mains, elle fut redressée au même instant, & elle en rendoit gloire à Dieu.

14. Mais le Chef de la Synagogue indigné de ce que Jesus l'avoit guerie au jour du Sabbat, dit au peuple : Il y a six jours destinés pour travailler, venez en ces jours-là pour être gueris, & non pas au jour du Sabbat.

15. Le Seigneur lui répondit : Hypocrites, y a-t il quelqu'un de vous qui ne délie son bœuf ou son âne le jour du Sabbat, & ne le tire de l'étable pour les mener abruver ?

16. Pourquoi donc ne falloit-il pas delivrer de ce lien en un jour de Sabbat cette fille d'Abraham, que Satan avoit tenue ainsi liée durant dix-huit ans ?

17. A ces paroles tous ses adversaires demeurerent confus ; & tout le peuple étoit en joie de lui voir faire tant d'actions glorieuses.

b la même c. 47. 4.

2. Parabole du grain de Seneve b.

18. Il disoit aussi : A quoi est semblable le royaume de Dieu, & à quoi le comparerai-je ?

19. Il est semblable à un grain de seneve, qu'un homme prend & jette dans son jardin, & qui croît jusqu'à devenir un grand arbre, de sorte que les oiseaux du ciel se reposent sur ses branches.

c la même c. 47. 5.

3. Parabole du Levain c.

20. Il dit encore : A quoi comparerai-je le royaume de Dieu ?

Année 35. de J.C. 3. de son Min. 2. de sa Pred. En M. & J. 143

Mt. XVIII.	Mr. IX.	L. XIII.	F. VII.		
		21		Dans le Temple de Jerusalem.	Ch. 78.
				21. Il est semblable au levain qu'une femme cache dans trois mesures de farine, jusqu'à ce que toute la pâte soit levée.	
		22		22. Jesus alloit par les villes & les villages, enseignant, & s'avançant vers Jerusalem.	

Le 4. de Juin Jesus va à Jerusalem, & y celebre la fête de la Pentecôte.

CHAPITRE LXXIX.

1. Porte étroite.

23. Quelqu'un *lui ayant fait cette demande: Seigneur, y en aura-t-il peu de sauvés? il leur répondit: *dans le Temple.

24. Efforcez-vous d'entrer par la porte étroite; car je vous assure que plusieurs chercheront les moyens d'y entrer, & ne le pourront.

25. Et quand le pere de famille sera entré, & aura fermé la porte, & que vous étant dehors vous vous mettrez à heurter, en disant: Seigneur, Seigneur, ouvrez-nous; il vous répondra: Je ne sçai d'où vous êtes.

26. Alors vous direz: Nous avons bu & mangé en votre presence, & vous avez enseigné dans nos places publiques.

27. Et il vous répondra: Je ne sçai d'où vous êtes; retirez-vous de moi vous tous ouvriers d'iniquité.

28. Il y aura alors des pleurs & des grincemens de dents, quand vous verrez qu'Abraham, Isaac, Jacob, & tous les Prophetes seront dans le royaume de Dieu; & que vous serez chassés dehors.

29. Et il en viendra d'Orient, d'Occident, du Septentrion & du Midi, qui seront à table dans le royaume de Dieu.

30. Et ceux qui étoient les derniers, seront les premiers; & ceux qui étoient les premiers, seront les derniers.

2. Jesus-Christ *doit mourir à Jerusalem. Jerusalem homicide, deserte.*

31. Le même jour, quelques-uns des Pharisiens lui vinrent dire: Allez-vous-en, sortez

144 *Année* 35. *de J.C.* 3. *de son Min.* 2. *de sa Pred.* En Juin.

Mt. XXIII.	Mr. XI.	L. XIII.	J. VII.	Dans le Temple de Jerusalem. — A Capharnaüm.
Ch. 79.				d'ici, car Herode veut vous faire mourir.
		32		32. Il leur répondit : Allez dire à ce renard, que je chasse les demons, & que je rends la santé aux malades aujourd'hui & demain, & que le troisieme jour je serai consommé.
		33		33. Cependant il faut que je marche aujourd'hui & demain, & le jour d'après, parce qu'il ne faut pas qu'un Prophete souffre la mort ailleurs qu'à Jerusalem.
		34		34. Jerusalem, Jerusalem, qui tues les Prophetes, & qui lapides ceux qui sont envoyés vers toi, combien de fois ai-je voulu rassembler tes enfans, comme un oiseau rassemble ses petits sous ses ailes, & tu ne l'as pas voulu ?
		35 f.		35. Le tems s'approche que vos maisons seront desertes ; car je vous declare que vous ne me verrez plus jusqu'à ce qu'il arrive que vous disiez : Beni soit celui qui vient au nom du Seigneur.

Le Jeudi 5. de Juin Jesus retourne en Galilée, & va à Capharnaüm.

CHAPITRE LXXX.

1. *Hydropique gueri.*

		L. XIV.		
à le 14. de Juin, à Capharnaüm,		1		1. UN jour de Sabbat Jesus entra dans la maison d'un des principaux Pharisiens pour y prendre son repas ; & ceux qui étoient là l'observoient.
		2		2. Or il y avoit devant lui un hydropique.
		3		3. Jesus s'adressant aux Docteurs de la loi & aux Pharisiens, leur dit : Est-il permis de guerir les malades le jour du Sabbat ?
XXXIV. MIRACLE.		4		4. Mais ils demeurerent dans le silence. Alors ayant pris cet homme par la main, il le guerit, & le renvoya.
		5		5. Il leur dit ensuite : Qui est celui d'entre vous, qui voyant que son âne & son bœuf est tombé dans un puits, ne l'en retire pas aussitôt le jour même du Sabbat ?
		6		6. Et ils ne pouvoient rien répondre à cela.

2. *Parabole*

Année 35. de J.C. 3. de son Min. 2. de sa Pred.   En Juin.   145

A Capharnaüm.

2. Parabole de la derniere place.

7. Alors Jesus considérant comme les conviés choisissoient les premieres places, il leur raconta cette parabole.

8. Quand vous serez conviés à des noces, ne prenez point la premiere place, de peur qu'il ne se trouve parmi les conviés une personne plus considerable que vous;

9. & que celui qui l'aura convié aussibien que vous, ne dise : Faites place à celui-ci ; & qu'alors vous ne soyez reduit à vous tenir avec honte à la derniere place.

10. Mais quand vous aurez été convié, allez vous mettre à la derniere place, afin que celui qui vous a convié venant à vous, vous dise : Mon ami, montez plus haut. Alors ce sera un sujet de gloire devant ceux qui seront à table avec vous.

11. Car quiconque s'éleve, sera abaissé ; & quiconque s'abaisse, sera élevé.

3. Inviter les pauvres, & non les riches.

12. Il dit aussi à celui qui l'avoit invité : Lorsque vous donnerez à dîner ou à souper, n'y conviez ni vos amis, ni vos freres, ni vos parens, ni vos voisins qui sont riches, de peur qu'ils ne vous invitent aussi à leur tour, & qu'ainsi ils ne vous rendent ce qu'ils avoient reçu de vous.

13. Mais lorsque vous faites un festin, conviez-y les pauvres, les estropiés, les boiteux & les aveugles;

14. & vous serez heureux de ce qu'ils n'ont pas le moyen de vous le rendre ; mais il vous sera rendu à la resurrection des justes.

4. Parabole des conviés qui s'excusent.

15. Un de ceux qui étoient à table ayant entendu ces paroles, lui dit : Heureux celui qui mangera du pain dans le royaume de Dieu !

16. Jesus lui dit : Un homme fit un jour un grand souper, auquel il invita plusieurs personnes.

17. Et à l'heure du souper il envoya son servi-

Ch: 80.

XXXI.
Parabole

✝ vous

XXXII.
Parabole

| | | | | À Capharnaüm. | En Galilée. |

Ch. 80.

Mt. XVIII. | Mr. IX. | L. XIV. | f. VII.

18. teur dire aux conviés qu'ils vinssent, parce que tout étoit prêt.

18. Mais tous generalement commencerent à s'excuser. Le premier lui dit : J'ai acheté une maison de campagne, & il faut necessairement que je l'aille voir ; je vous supplie de m'excuser.

19. Le second lui dit : J'ai acheté cinq couples de bœufs, & je m'en vais les éprouver ; je vous supplie de m'excuser.

20. Et le troisieme lui dit : J'ai épousé une femme, & ainsi je ne puis y aller.

21. Le serviteur étant revenu, rapporta tout ceci à son maître. Alors le pere de famille se mit en colere, & dit à son serviteur : Allez-vous-en vîtement dans les places & dans les rues de la ville, & amenez ici les pauvres, les estropiés, les aveugles & les boiteux.

22. Le serviteur lui dit : Seigneur, ce que vous avez commandé est fait, & il y a encore de la place.

23. Le maître dit au serviteur : Allez dans les chemins & le long des hayes, & forcez-les d'entrer, afin que ma maison se remplisse.

24. Car je vous assure que nul de ceux que j'avois convié ne goûtera de mon souper.

JESUS-CHRIST quitte Capharnaüm, & parcourt la Galilée, enseignant dans les Synagogues.

CHAPITRE LXXXI.

1. Haïr ses parens. Porter sa croix.

25. UNe grande troupe de peuple marchant avec JESUS *a*, il se retourna vers eux, & leur dit :

a dans la Galilée.

26. Si quelqu'un vient à moi, & ne hait pas son pere & sa mere, sa femme, ses enfans, ses freres & ses sœurs, & même sa vie, il ne peut être mon disciple.

27. Et quiconque ne porte pas sa croix, & ne me suit pas, ne peut être mon disciple.

2. Parabole d'un homme qui bâtit une tour.

XXXIII. Parabole

28. Car qui est celui d'entre vous, qui vou-

Année 35. de J.C. 3. de son Min. 2. de sa Pred. En Juill. 147

En Galilée.

lant bâtir une tour, ne suppute auparavant en lui-même la dépense qui y sera nécessaire, pour voir s'il aura dequoi l'achever?

29. de peur qu'en ayant jetté les fondemens, & ne pouvant l'achever, tous ceux qui verront cela, ne commencent à se mocquer de lui,

30. en disant : Cet homme a commencé à bâtir, mais il n'a pu achever.

3. Parabole d'un Roi qui va pour combattre contre un autre Roi.

31. Ou qui est le Roi, qui se mettant en campagne contre un autre Roi, ne consulte auparavant en lui-même s'il pourra marcher avec dix mille hommes contre son ennemi qui s'avance vers lui avec vingt mille hommes?

32. Que s'il ne le peut pas, il lui envoye des ambassadeurs lorsqu'il est encore bien loin, & lui fait des propositions de paix.

33. Ainsi quiconque d'entre vous ne renonce pas à tout ce qu'il a, ne peut être mon disciple.

4. Sel affadi.

34. Le sel est bon. Que si le sel devient insipide, avec quoi l'assaisonnera-t-on?

35. Il n'est plus propre ni pour la terre, ni pour le fumier, mais on le jette dehors. Que celui-là entende, qui a des oreilles pour entendre.

CHAPITRE LXXXII.

1. Murmure des Juifs contre JESUS-CHRIST.

1. LEs publicains & les gens de mauvaise vie venoient à lui pour l'entendre,

2. les Pharisiens & les Docteurs de la loi en murmuroient, disant : Voici un homme qui reçoit les gens de mauvaise vie, & qui mange avec eux.

3. Alors il leur dit cette parabole.

2. Parabole de la brebi retrouvée. Joie dans le ciel pour un penitent.

4. Qui est celui d'entre vous, qui ayant cent

T ij

				En Galilée.
Ch. 82.	M. XVIII.	IX.	L. XV. 7.	brebis, & en ayant perdu une, ne laisse les quatre-vingt dix-neuf dans le desert pour aller après celle qui est perdue, jusqu'à ce qu'il l'ait retrouvée?
			5	5. & lorsqu'il l'a retrouvée, il la met sur ses épaules avec joie;
			6	6. & étant retourné à sa maison, il appelle ses amis & ses voisins, & leur dit : Réjouissez-vous avec moi, parce que j'ai retrouvé ma brebi qui étoit perdue.
			7	7. Je vous dis de même, qu'il y aura dans le ciel une plus grande joie pour un seul pecheur qui fait penitence, que pour quatre-vingt dix-neuf justes qui n'ont pas besoin de penitence.
				3. *Parabole de la Drachme retrouvée.*
XXXV. Parabole			8	8. Ou qui est la femme qui ayant dix drachmes, & en ayant perdu une, n'allume une lampe, & balayant la maison, ne cherche avec grand soin, jusqu'à ce qu'elle l'ait retrouvée?
			9	9. & lorsqu'elle l'a retrouvée, elle appelle ses amies & ses voisines, & leur dit : Réjouissez-vous avec moi, parce que j'ai retrouvé la drachme que j'avois perdue.
			10	10. Je vous dis de même que ce sera une joie parmi les Anges de Dieu, lorsqu'un seul pecheur fait penitence.
				4. *Parabole de l'enfant prodigue.*
XXXVI. Parabole			11	11. Il dit encore : Un homme avoit deux enfans,
			12	12. dont le plus jeune dit à son pere : Donnez-moi ma part du bien qui m'appartient. Et il lui donna cette part.
			13	13. Peu de jours après ce plus jeune ayant amassé tout ce qu'il avoit, s'en alla voyager dans un païs éloigné, où il dissipa tout son bien en débauches.
			14	14. Après avoir tout dépensé, une grande famine arriva en ce païs-là, & il commença à tomber en necessité.
			15	15. Il se mit donc au service d'un des habitans de ce païs, qui l'envoya en sa maison des champs

Année 35. de J.C. 3. de son Min. 2. de sa Pred. En Juill. 149

Mt. XVIII.	Mr. IX.	L. XV.	f. VII.	En Galilée.	Ch. 82
		16		pour y garder les pourceaux. 16. Or il avoit grande envie de remplir son ventre des écosses que les pourceaux mangeoient, mais personne ne lui en donnoit.	
		17		17. Enfin étant revenu à soi, il dit en lui-même : Combien y a-t-il de serviteurs à gages dans la maison de mon pere, qui regorgent de pain, pendant que je meurs ici de faim !	
		18		18. Il faut que j'aille trouver mon pere, & que je lui dise : Mon pere, j'ai peché contre le ciel & devant vous,	
		19		19. & je ne suis pas digne d'être appellé votre fils ; traitez-moi comme un de vos serviteurs à gages.	
		20		20. Il s'en vint donc trouver son pere. Lorsqu'il étoit encore bien loin, son pere l'apperçut, & il en fut touché de pitié ; & courant à lui, il se jetta à son cou, & le baisa.	
		21		21. Et son fils lui dit : Mon pere, j'ai peché contre le ciel & devant vous, & je ne suis pas digne d'être appellé votre fils.	
		22		22. Alors le pere dit à ses serviteurs : Apportez promptement la plus belle robe, & l'en revêtez, mettez-lui un anneau au doigt, & des souliers à ses pieds ;	
		23		23. amenez le veau gras, & le tuez ; mangeons & faisons bonne chere,	
		24		24. parce que mon fils étoit mort, & il est ressuscité ; il étoit perdu, & il est retrouvé. Alors ils commencerent à faire festin.	
		25		25. Cependant son fils aîné qui étoit aux champs, revint ; & lorsqu'il fut proche de la maison, il entendit les instrumens de musique & la danse.	
		26		26. Il appella un des serviteurs, & lui demanda ce que c'étoit.	
		27		27. Le serviteur lui répondit : C'est que votre frere est revenu ; & votre pere a fait tuer le veau gras, parce qu'il l'a recouvré en bonne santé.	
		28		28. Ce qui l'ayant mis en colere, il ne vouloit point entrer. Mais son pere étant sorti, & l'en ayant prié,	
		29		29. il fit cette réponse à son pere : Voilà déja	

T iij

Mt.	Mr.	L.XV.	L.VII.	En Galilée. Dans les confins de la Judée au delà du Jourd.
Ch. 82. XIX.	X.			tant d'années que je vous sers, & je ne vous ai jamais desobei en rien de ce que vous m'avez commandé, & cependant vous ne m'avez jamais donné un chevreau pour traiter mes amis.
		30		30. Mais aussitôt que votre autre fils qui a mangé son bien avec des femmes débauchées est revenu, vous avez fait tuer le veau gras.
		31		31. Le pere lui dit : Mon fils, vous êtes toujours avec moi, & vous disposez de tout ce que j'ai ;
		32		32. il falloit faire festin & nous réjouir, parce que votre frere étoit mort, & il est ressuscité ; il étoit perdu, & il a été retrouvé.

CHAPITRE LXXXIII.

1. Malades gueris.

	1	1		1. JEsus ayant achevé ce discours, 1. & sortant de là, partit de la Galilée, & vint aux confins de la Judée au delà du Jourdain.
	2	2		2. 2. Une grande troupe de peuple le suivit, & s'étant encore assemblés auprès de lui, il les enseignoit aussi suivant sa coutume, & les guerissoit.

2. Parabole de l'œconome injuste.
Se faire des amis dans le ciel.

		XVI.		
XXXVII Parabole		1		1. Il disoit à ses disciples : Un homme riche avoit un œconome, qui fut accusé devant lui de dissiper son bien.
		2		2. Et l'ayant fait venir, il lui dit : Qu'est-ce que j'entends dire de vous ? rendez-moi compte de votre administration ; car je ne veux plus desormais que vous gouverniez mon bien.
		3		3. Alors cet œconome dit en lui-même : Que ferai-je, puisque mon maître m'ôte l'administration de son bien ? je ne sçaurois bêcher la terre, & j'ai honte de mandier.
		4		4. Je sçai bien ce que je ferai, afin que lorsqu'on m'aura ôté la charge que j'ai, je trouve des personnes qui me reçoivent dans leurs maisons.
		5		5. Ayant donc fait venir l'un après l'autre tous

Année 35. de J.C. 3. de son Min. 2. de sa Pred. En Août. 151

Mt. XIX.	Mr. X.	L. XVI.	f. VII.		Ch. 83.
				Dans les confins de la Judée au delà du Jourdain.	
		6		ceux qui devoient à son maître, il dit au premier : Combien devez-vous à mon maître ?	
				6. Il répondit : Cent barils d'huile. L'œconome lui dit : Reprenez votre obligation, asseyez-vous là, & faites-en promptement une autre de cinquante.	
		7		7. Il dit encore à un autre : Et vous, combien devez-vous ? Il répondit : Cent mesures de froment. Reprenez, dit-il, votre obligation, faites-en une autre de quatre-vingt.	
		8		8. Et le maître loua cet œconome infidele, de ce qu'il avoit agi prudemment ; car les enfans de ce siecle sont plus sages dans la conduite de leurs affaires, que les enfans de la lumiere.	
		9		9. C'est pourquoi je vous dis : Employez les richesses injustes à vous faire des amis, afin que quand vous viendrez à manquer, ils vous reçoivent dans les tabernacles eternels.	

3. Qui est fidele en peu, l'est en beaucoup.
On ne peut servir Dieu & l'argent.

		10		10. Celui qui est fidele dans les petites choses, sera fidele aussi dans les grandes.	
		11		11. Si donc vous n'avez pas été fideles dans les richesses injustes, qui voudra vous confier les veritables ?	
		12		12. Et si vous n'avez pas été fideles dans le bien d'autrui, qui vous donnera le vôtre propre ?	
		13		13. Nul ne peut servir deux maîtres : car ou il haïra l'un, & aimera l'autre ; ou s'attachera à l'un, & méprisera l'autre. Vous ne pouvez servir tout ensemble Dieu & l'argent.	

4. Ce qui est grand aux yeux des hommes,
est abomination devant Dieu.

| | | 14 | | 14. Les Pharisiens qui étoient avares, entendoient toutes ces choses, & se mocquoient de JESUS. | |
| | | 15 | | 15. Mais il leur dit : Vous autres, vous avez soin de paroître justes devant les hommes ; mais Dieu connoît vos cœurs : car ce qui est grand aux yeux des hommes, est abomination devant Dieu. | |

	Mt.XIX.	Mr.X.	L.XVI.	f.VII.	Dans les confins de la Judée au delà du Jourdain.

Ch. 83.

5. *Le ciel se prend par violence.*

16. La loi & les Prophetes ont duré jusqu'à Jean; depuis ce tems-là le royaume de Dieu est annoncé, & chacun fait effort pour y entrer.

17. Il est plus facile que le ciel & la terre passent, qu'une seule lettre de la loi tombe.

Chapitre LXXXIV.

1. *Mariage indissoluble.*

3. 3. Alors les Pharisiens vinrent à lui, & lui firent cette question pour le tenter : Est-il permis à un homme de quitter sa femme pour quelque cause que ce soit ?

4. 4. Il leur répondit : Que vous a ordonné Moyse ?

5. Ils lui repartirent : Moyse a permis de quitter sa femme, en lui donnant un acte de repudiation.

6. Jesus leur dit : Il a fait cette ordonnance à cause de la dureté de votre cœur.

7. Mais n'avez-vous point lu, que Dieu qui a creé l'homme, crea au commencement du monde un homme & une femme ?

5. & qu'il est dit : 8. Pour cette raison l'homme abandonnera son pere & sa mere, & demeurera attaché à sa femme, & ils ne seront qu'une seule chair.

6. 9. Ainsi ils ne seront plus deux, mais une seule chair. Que l'homme donc ne separe pas ce que Dieu a joint.

7. Mais pourquoi, lui dirent-ils, Moyse a-t-il permis de la quitter, en lui donnant un acte de repudiation ?

8. Il leur répondit : Moyse vous a permis de quitter vos femmes à cause de la dureté de votre cœur : mais cela n'a pas été ainsi dès le commencement.

9. Aussi je vous declare que 18. quiconque quitte sa femme, si ce n'est en cas d'adultere, & en épouse une autre, commet un adultere : & que quiconque épouse celle que son mari a quittée,
commet

Année 35. de J.C. 3. de son Min. 2. de sa Pred. En Août. 153

Mt. XIX	Mr. X.	L. XVI.	f. VII.		
	10			Dans les confins de la Judée au delà du Jourdain. commet aussi un adultere. 10. Lorsqu'il fut dans la maison, ses disciples l'interrogerent sur la même chose ;	Ch. 84.
	11			11. & il leur dit : Quiconque quitte sa femme, & en épouse une autre, commet un adultere avec elle :	
	12			12. & si une femme quitte son mari, & en épouse un autre, elle commet un adultere.	

2. Eunuques volontaires.

10				10. Ses disciples lui dirent : Si la condition d'un homme est telle à l'égard de sa femme, il n'est pas avantageux de se marier.	
11				11. Il leur répondit : Tous ne comprennent pas cette parole ; mais ceux-là seulement qui en ont reçu la grace.	
12				12. Car il y en a qui sont eunuques dès le ventre de leur mere ; il y en a que les hommes ont fait eunuques ; & il y en a qui se font eunuques eux-mêmes pour le royaume des cieux. Qui peut comprendre ceci, le comprenne.	

3. Parabole du mauvais Riche.

		19		19. Il y avoit un homme riche, qui étoit vêtu de pourpre & de lin, & qui faisoit grande chere tous les jours.	XXXVIII. Parabole.
		20		20. Il y avoit aussi un pauvre appellé Lazare, couché à sa porte, tout couvert d'ulceres,	
		21		21. qui eût bien voulu se rassasier des miettes qui tomboient de la table du riche ; mais personne ne lui en donnoit, & les chiens venoient lui lécher ses plaies.	
		22		22. Or il arriva que ce pauvre mourut, & qu'il fut emporté par les Anges dans le sein d'Abraham. Le riche mourut aussi, & fut enseveli dans l'enfer.	
		23		23. Lorsqu'il étoit dans les tourmens, il leva les yeux en haut, & vit de loin Abraham, & Lazare dans son sein ;	
		24		24. & s'écriant, il dit ces paroles : Pere Abraham, ayez pitié de moi, & envoyez-moi Lazare, afin qu'il trempe dans l'eau le bout de son doigt, & qu'il me rafraichisse la langue ; parce	

V

				Dans les confins de la Judée au delà du Jourdain.
Ch. 84.	Mt. XIX.	Mr. X.	L. XVI.	
			25	que je souffre d'extrêmes tourmens dans cette flâme.
				25. Mais Abraham lui répondit : Mon fils, souvenez-vous que vous avez reçu des biens dans votre vie, & que Lazare n'y a eu que des maux : c'est pourquoi il est maintenant dans la consolation, & vous dans les tourmens.
			26	26. De plus, il y a un si grand abîme entre vous & nous, que ceux qui voudroient passer d'ici vers vous, ne le peuvent; & que ceux qui sont de votre côté ne peuvent aussi passer ici.
			27	27. Le riche lui dit : Je vous supplie donc, Pere *Abraham*, de l'envoyer dans la maison de mon pere,
			28	28. où j'ai cinq freres, afin qu'il les avertisse, de peur qu'ils ne viennent aussi eux-mêmes dans ce lieu de tourmens.
			29	29. Abraham lui répondit : Ils ont Moyse & les Prophetes, qu'ils les écoutent.
			30	30. Non, dit-il, Pere Abraham; mais si quelqu'un des morts va les trouver, ils feront penitence.
			31 f.	31. Et Abraham lui répondit : S'ils n'écoutent point Moyse & les Prophetes, ils ne croiront pas non plus quand quelqu'un des morts ressusciteroit.

CHAPITRE LXXXV.

1. *Eviter le scandale. Pardonner.*

			XVII. 1	1. JEsus dit *encore* à ses disciples : Il est impossible qu'il n'arrive des scandales; mais malheur à celui par qui ils arrivent.
			2	2. Il vaudroit mieux pour lui, qu'on lui mît au col une de ces meules qu'un âne tourne, & qu'on le jettât dans la mer, qu'il scandalizât l'un de ces petits.
			3	3. Prenez garde à vous. Si votre frere peche contre vous, reprenez-le; & s'il s'en repent, pardonnez-lui.
			4	4. Et s'il peche contre vous sept fois le jour, & que sept fois le jour il revienne vous trouver, en disant : Je m'en repens; pardonnez-lui.

Année 35. de J.C. 3. de son Min. 2. de sa Pred. En Octob. 155

Mt. XIX	Mr. X.	L. XVII	J. VII
		5	
		6	
		7	
		8	
		9	
		10	
			2
			3
			4
			5
			6
			7

Dans les confins de la Judée au delà du Jourdain.

5. Les Apôtres dirent au Seigneur : Augmentez-nous la foi.   Ch. 85.

6. Le Seigneur leur dit : Si vous aviez une foi semblable au grain de senevé, vous diriez à ce meurier : Deracine-toi, & vas te planter dans la mer, & il vous obeïroit.

2. Serviteur inutile.

7. Qui est celui de vous, qui ayant un serviteur occupé à labourer, ou à paître les troupeaux, lui dise aussitôt qu'il est revenu des champs : Venez vous mettre à table ?   XXXIX Parabole.

8. Ne lui dira-t-il pas plutôt : Preparez-moi à souper, ceignez-vous, & servez-moi jusqu'à ce que j'aye bû & mangé, & après cela vous mangerez & vous boirez ?

9. Aura-t-il obligation à ce serviteur, parce qu'il a fait ce qu'il lui avoit commandé ? Je ne le pense pas.

10. Ainsi lorsque vous aurez fait tout ce qui vous a été commandé, dites : Nous sommes des serviteurs inutiles, nous avons fait ce que nous sommes obligés de faire.

CHAPITRE LXXXVI.

1. JESUS-CHRIST *sollicité par ses parens de se faire connoître.*

2. OR la fête des Juifs, appellée des Tabernacles, étant proche,

3. ses freres lui dirent *a* : Quittez ce lieu, & allez-vous-en dans la Judée, afin que vos disciples voyent aussi les œuvres que vous faites.   *a* le 5. d'Octobre,

4. Car nul homme ne fait rien en secret, lorsqu'il veut être connu dans le public. Si vous faites ces choses, faites-vous connoître au monde.

5. Car ses freres mêmes ne croyoient pas en lui.

6. JESUS donc leur dit : Mon tems n'est pas encore venu, mais votre tems est toujours prêt.

7. Le monde ne vous peut haïr ; mais pour moi il me hait, parce que je rends témoignage contre lui que ses œuvres sont mauvaises.

V ij

156. Année 35. de J.C. 3. de son Min. 2. de sa Préd. En Octob.

Ch. 85.	Mt. XIX.	Mc. X.	L. XVII.	J. VII.	En Galilée. Dans le Temple de Jerusalem.
				8	8. Pour vous, allez à cette fête; pour moi, je n'y vais pas encore, parce que mon tems n'est pas encore accompli.
				9	9. Leur ayant dit ces choses, il resta dans la Galilée.
					2. JESUS-CHRIST *va à la fête des Tabernacles. Il prêche dans le Temple.*
a le Mardi 7. d'Octobre				10	10. Mais après que ses freres furent partis, il alla aussi *a* à la fête, non pas publiquement, mais comme en cachette.
b le Jeudi 9. & le Samedi 11. d'Octobre				11	11. Les Juifs donc le cherchoient pendant cette fête *b*, & ils disoient: Où est-il?
				12	12. Et on faisoit plusieurs discours de lui en secret parmi le peuple; car les uns disoient: C'est un homme de bien; & les autres disoient: Non, mais il seduit le peuple.
				13	13. Personne neanmoins ne parloit ouvertement de lui, parce qu'ils craignoient les Juifs.
c le Lundi 13. d'Octobre				14	14. Vers le milieu de la fête *c* JESUS monta au Temple, & il enseignoit.
				15	15. Les Juifs étoient dans l'admiration, & disoient: Comment celui-ci sçait-il les Ecritures, ne les ayant point étudiées?
				16	16. JESUS leur dit: Ma doctrine n'est pas la mienne, mais c'est la doctrine de celui qui m'a envoyé.
				17	17. Si quelqu'un veut faire sa volonté, il reconnoîtra si ma doctrine est de Dieu, ou si je parle par moi-même.
				18	18. Celui qui parle de soi-même, cherche sa propre gloire; mais celui qui cherche la gloire de celui qui l'a envoyé, est veritable, & il n'y a point en lui d'injustice.
				19	19. Moyse ne vous a-t-il pas donné la loi? & neanmoins aucun de vous n'accomplit la loi.
				20	20. Pourquoi cherchez-vous à me faire mourir? Le peuple lui répondit: Vous êtes possedé du demon; qui est-ce qui cherche à vous faire mourir?
d à la piscine de Bethsaïde, le jour du Sabbat.				21	21. JESUS leur repartit: J'ai fait un miracle *d*, & vous en êtes tous offensés.
				22	22. Et neanmoins Moyse vous ayant donné la

Année 35. de J.C. 3. de son Min. 2. de sa Pred. En Octob. 157

Mt. XIX.	Mr. X.	L. XVII.	J. VII.	Dans le Temple de Jerusalem.	
				circoncision, (quoiqu'elle vienne des Patriarches, & non de Moyse,) vous ne laissez pas de circoncire au jour du Sabbat.	Ch. 16.
			23	23. Si un homme reçoit la circoncision le jour du Sabbat, sans qu'on viole la loi de Moyse; pourquoi vous fâchez-vous contre moi de ce que j'ai gueri entierement un homme au jour du Sabbat?	
			24	24. Ne jugez pas selon l'apparence, mais jugez selon la justice.	

3. Differens sentimens des Juifs touchant JESUS-CHRIST.

			25	25. Quelques-uns de Jerusalem commencerent à dire: N'est-ce pas là celui qu'ils cherchent à faire mourir?	
			26	26. Et neanmoins le voilà qui parle devant tout le monde, sans qu'ils lui disent rien. Les Senateurs n'ont-ils point reconnu qu'il est veritablement le CHRIST?	
			27	27. Nous sçavons bien d'où est celui-ci; mais quand le CHRIST viendra, nul ne sçaura d'où il est.	
			28	28. Or Jesus crioit dans le Temple en les enseignant, & leur disoit: Vous me connoissez bien, & vous sçavez d'où je suis; je ne suis pas venu de moi-même, mais celui qui m'a envoyé est veritable, & vous ne le connoissez point.	
			29	29. Pour moi je le connois; parce que je viens de lui, & qu'il m'a envoyé.	
			30	30. Ils avoient donc envie de le prendre; & neanmoins personne ne mit la main sur lui, parce que son heure n'étoit pas encore venue.	
			31	31. Or plusieurs du peuple crurent en lui, & ils disoient: Quand le CHRIST viendra, fera-t-il plus de miracles que n'en a fait celui-ci?	

Dans le Temple de Jérusalem.

CHAPITRE LXXXVII.

1. *Premier complot des Juifs pour se saisir de* JESUS-CHRIST.

32. LEs Pharisiens ayant entendu les discours que le peuple faisoit de lui, se joignirent aux Princes des Prêtres, & envoyerent des archers pour le prendre.

33. Mais JESUS leur dit : Je suis encore avec vous un peu de tems, & je m'en vais ensuite vers celui qui m'a envoyé.

34. Vous me chercherez, & vous ne me trouverez point ; & vous ne pouvez venir où je dois aller.

35. Les Juifs donc disoient entre eux : Où celui-ci ira-t-il, que nous ne pourrons le trouver ? ira-t-il vers les Gentils qui sont dispersés par tout, pour les enseigner ?

36. Que signifient ces paroles qu'il vient de dire : Vous me chercherez, & vous ne me trouverez point ; & vous ne pouvez venir où je dois aller ?

2. *Promesse du Saint Esprit à ceux qui croiront en* JESUS-CHRIST.

37. Le dernier grand jour de la fête *a*, JESUS se tenant debout, disoit à haute voix : Si quelqu'un a soif, qu'il vienne à moi, & qu'il boive.

38. Si quelqu'un croit en moi, des fleuves d'eau vive sortiront de son cœur, selon les paroles de l'Ecriture.

39. (Or il dit ceci de l'Esprit, que doivent recevoir ceux qui croiront en lui ; car le Saint Esprit n'avoit pas encore été donné, parce que JESUS n'étoit pas encore glorifié.)

3. *Dissension entre les Juifs touchant* JESUS-CHRIST.

40. Ceux d'entre le peuple qui entendoient ces paroles, disoient : Cet homme est véritablement Prophete.

41. Les uns disoient : C'est le CHRIST ; mais d'autres disoient : Le CHRIST viendra-t-il de la Galilée ?

Ch. 87.

Mr. XIX. Mr. X. L. XVII. J. VII.

a le Jeudi 16. d'Octobre

Deuter. XVIII. 15.

Année 35. de J.C. 3. de son Min. 2. de sa Pred. En Octob. 159

				Dans le Temple de Jerusalem.	
Mt. XIX.	Mr. X.	L. XVII.	VII. 42	42. L'Ecriture ne dit-elle pas, que le CHRIST viendra de la race de David, & de la petite ville de Bethléem, d'où étoit David?	Ch. 87.
			43	43. Le peuple étoit ainsi divisé sur son sujet.	
			44	44. Or quelques-uns d'entre eux le vouloient prendre; mais personne ne mit la main sur lui.	
			45	45. Les archers donc retournerent vers les Princes des Prêtres & les Pharisiens, qui leur dirent: Pourquoi ne l'avez-vous point amené?	
			46	46. Les archers leur répondirent: Jamais homme n'a parlé comme cet homme.	
			47	47. Les Pharisiens leur repliquerent: Etes-vous aussi seduits?	
			48	48. Y a-t-il quelqu'un des Senateurs ou des Pharisiens qui ait cru en lui?	
			49	49. Car pour cette populace qui ignore la loi, ces gens-là sont maudits.	

4. Discours de Nicodême aux Pharisiens.

			50	50. Nicodême qui étoit celui qui vint *autrefois* trouver JESUS la nuit *a*, & qui étoit l'un d'entre eux, leur dit:	*a ch. 18.*
			51	51. Notre loi condamne-t-elle un homme sans l'avoir oui auparavant, & sans s'être informé de ce qu'il fait?	
			52	52. Ils lui répondirent: Est-ce que vous êtes aussi Galiléen? Lisez les Ecritures, & apprenez que nul Prophete n'est jamais sorti de Galilée.	
			53 f.	53. Alors chacun s'en retourna en sa maison; & JESUS s'en alla sur la montagne des Oliviers.	

CHAPITRE LXXXVIII.

Femme adultere.

			VIII. 1	1. DEs la pointe du jour *b* JESUS retourna encore dans le Temple, où tout le peuple vint à lui; & étant assis il les enseignoit.	*b* le Vendredi 17. d'Octobre
			2	2. Alors les Docteurs de la loi & les Pharisiens lui amenerent une femme qui avoit été surprise en adultere; & l'ayant mise au milieu du peuple	
			3	3. ils lui dirent: Maître, cette femme vient d'être surprise en adultere.	

				Dans le Temple de Jerusalem.
Ch. 18.	Mt. XIX.	Mr. X.	L. XVII.	F. VIII.

4	4. Or Moyſe nous a ordonné dans la loi, que les adulteres ſoient lapidées ; vous donc que dites-vous ?
5	5. Ils diſoient ceci en le tentant, afin d'avoir dequoi l'accuſer.
6	6. Mais JESUS regardant en bas, écrivoit avec ſon doigt ſur la terre.
7	7. Et comme ils continuoient à l'interroger, il ſe leva, & leur dit : Que celui d'entre vous qui eſt ſans peché lui jette la premiere pierre.
8	8. Puis ſe baiſſant encore, il continua d'écrire ſur la terre.
9	9. L'ayant donc entendu parler de la ſorte, [Gr. & ſe ſentant repris par leur conſcience,] ils ſe retirerent l'un après l'autre, les vieillards ayant commencé les premiers ; & ainſi Jeſus demeura ſeul avec la femme qui étoit debout au milieu de la place.
10	10. Alors JESUS ſe relevant, [Gr. & ne voyant plus qu'elle,] lui dit : Femme, où ſont vos accuſateurs ? perſonne ne vous a-t-il condamné ?
11	11. Elle lui répondit : Non Seigneur. Jesus lui dit : Je ne vous condamnerai pas non plus. Allez-vous-en, & ne pechez plus dorénavant.

CHAPITRE LXXXIX.

1. *Témoignage de* JESUS-CHRIST *par lui même.*

12	12. JEsus parlant encore au peuple, leur dit : Je ſuis la lumiere du monde ; celui qui me ſuit, ne marche point dans les tenebres, mais il aura la lumiere de la vie.
13	13. Les Phariſiens donc lui dirent : Vous rendez témoignage de vous-même ; *& ainſi* votre témoignage n'eſt pas veritable.
14	14. JESUS leur répondit : Quoique je rende témoignage de moi-même, mon témoignage *neanmoins* eſt veritable, parce que je ſçai d'où je ſuis venu, & où je vais ; mais pour vous, vous ne ſçavez d'où je viens, ni où je vais.
15	15. Vous autres vous jugez ſelon la chair ; mais pour moi je ne juge perſonne :
16	16. & quand je juge, mon jugement eſt veritable,

Année 35. de J.C. 3. de son Min. 2. de la Pred. En Octob. 161

Mt. XIX	Mr. X	L. XVII	J. VIII	Dans le Temple de Jerusalem.	
				table, parce que je ne suis pas seul, mais moi, & mon Pere qui m'a envoyé.	Ch. 89.
			17	17. Il est écrit dans votre loi : Le témoignage de deux personnes est veritable.	Deut. XVII. 6.
			18	18. C'est moi qui rends témoignage de moi-même, & mon Pere qui m'a envoyé rend aussi témoignage de moi.	XIX. 15.
			19	19. Ils lui disoient donc : Où est votre Pere ? Jesus leur répondit : Vous ne me connoissez ni moi ni mon Pere ; si vous me connoissiez, vous connoîtriez aussi mon Pere.	
			20	20. Jesus dit ces choses, enseignant dans le Temple où étoit le Tresor ; & personne ne se saisit de lui, parce que son heure n'étoit pas encore venuë.	

2. Impenitence des Juifs.

			21	21. Jesus leur dit encore : Je m'en vais, & vous me chercherez, & vous mourrez dans votre peché. Vous ne pouvez venir où je vais.	
			22	22. Les Juifs donc disoient : N'est-ce point qu'il se tûra lui-même, parce qu'il a dit : Vous ne pouvez venir où je vais ?	
			23	23. Vous autres vous êtes d'ici-bas, & moi je suis d'enhaut ; vous êtes de ce monde, & moi je ne suis pas de ce monde.	
			24	24. C'est pourquoi je vous ai dit que vous mourrez dans vos pechés : car si vous ne croyez ce que je suis, vous mourrez dans votre peché.	

3. Jesus-Christ Fils de Dieu.

			25	25. Ils lui dirent : Qui êtes-vous ? Jesus leur répondit : Je suis le principe de toutes choses, moi-même qui vous parle.	
			26	26. J'ai beaucoup de choses à dire de vous, & à condamner ; mais celui qui m'a envoyé est veritable, & je dis dans le monde ce que j'ai appris de lui.	
			27	27. Et ils ne comprirent point qu'il leur disoit que Dieu étoit son Pere.	
			28	28. Jesus donc leur dit : Lorsque vous aurez élevé en haut le Fils de l'homme, vous connoîtrez que c'est moi, & que je ne fais rien de moi-	

X

Dans le Temple de Jerusalem.

Mr. XIX.	Mr. X.	L. XVII.	F. VIII.	
				même, mais que je dis ce que mon Pere m'a enseigné :
			29	29. & celui qui m'a envoyé est avec moi, & il ne m'a point laissé seul, parce que je fais toujours ce qui lui est agreable.
			30	30. Lorsqu'il disoit ces choses, plusieurs crurent en lui.

4. La verité rend libre, & le peché esclave.

			31	31. Jesus disoit donc aux Juifs qui crurent en lui : Si vous demeurez fermes dans ma parole, vous serez veritablement mes disciples ;
			32	32. & vous connoîtrez la verité, & la verité vous rendra libres.
			33	33. Ils lui répondirent : Nous sommes de la race d'Abraham, & nous n'avons jamais été esclaves de personne, comment donc dites-vous : Vous serez libres ?
			34	34. Jesus leur répondit : En verité en verité je vous dis, que quiconque commet le peché, est esclave du peché.
			35	35. Or l'esclave ne demeure pas toujours en la maison, mais le fils y demeure toujours.
			36	36. Si donc le Fils vous met en liberté, vous serez veritablement libres.
			37	37. Je sçai que vous êtes enfans d'Abraham ; mais vous cherchez à me faire mourir, parce que ma parole n'a point d'effet sur vous.
			38	38. Pour moi je dis ce que j'ai vu dans mon Pere ; & vous, vous faites ce que vous avez vu dans votre pere.

5. Juifs, enfans du diable.

			39	39. Ils lui dirent : C'est Abraham qui est notre pere. Jesus leur répartit : Si vous êtes enfans d'Abraham, faites ce qu'a fait Abraham.
			40	40. Mais maintenant vous cherchez à me faire mourir, moi qui vous ai dit la verité que j'ai apprise de Dieu ; c'est ce qu'Abraham n'a point fait.
			41	41. Vous faites les œuvres de votre pere. Ils dirent : Nous ne sommes point bâtards ; nous n'avons qu'un pere, qui est Dieu.
			42	42. Jesus leur dit : Si Dieu étoit votre pere,

Année 35. de J.C. 3. de son Min. 2. de sa Pred. En Octob. 163

| Me. XIX. | Mrs X. | L. XVII. | F. VIII. | Dans le Temple de Jerusalem. | Ch. 89. |

vous m'aimeriez aussi, parce que je suis sorti & que je viens de Dieu ; car je ne suis pas venu de moi-même, mais c'est lui qui m'a envoyé.

43. 43. Pourquoi ne connoissez-vous point mon langage ? parce que vous ne pouvez point entendre ma parole.

44. 44. Vous êtes les enfans du diable, & vous voulez accomplir les desirs de votre pere. Il étoit homicide dès le commencement, & il n'est point demeuré dans la verité, parce que la verité n'est point en lui. Lorsqu'il dit un mensonge, il ne dit que ce qu'il trouve en lui-même, car il est menteur & pere du mensonge.

45. 45. Mais pour moi, parce que je dis la verité, vous ne me croyez pas.

46. 46. Qui d'entre vous me convaincra de peché ? Si je dis la verité, pourquoi ne me croyez-vous pas ?

47. 47. Celui qui est de Dieu, entend les paroles de Dieu ; c'est pour cela que vous ne m'entendez pas, parce que vous n'êtes point de Dieu.

6. Juifs blasphemans, & voulans lapider JESUS-CHRIST.

48. 48. Les Juifs lui dirent : N'avons-nous pas raison de dire que vous êtes un Samaritain, & que vous êtes possedé du demon ?

49. 49. Il leur repartit : Je ne suis pas possedé du demon ; mais j'honore mon Pere, & vous me deshonorez.

50. 50. Pour moi je ne cherche point ma gloire ; un autre la cherchera, & en jugera.

51. 51. En verité en verité je vous dis : Si quelqu'un a gardé ma parole, il ne mourra jamais.

52. 52. Les Juifs lui dirent : Nous connoissons bien maintenant que vous êtes possedé du demon. Abraham est mort, & les Prophetes aussi ; & vous dites : Si quelqu'un a gardé ma parole, il ne mourra jamais.

53. 53. Etes-vous plus grand que notre pere Abraham qui est mort, & que les Prophetes qui sont morts aussi ? Qui prétendez-vous être ?

54. 54. JESUS leur répondit : Si je me glorifie moi-

X ij

Ch. 89.

| | Mr.XIX. | Mr. X. | L.XVII. | F.VIII. | |

A Jerusalem.

même, ma gloire n'est rien ; c'est mon Pere qui me glorifie, que vous dites qu'il est votre Dieu.

55. cependant vous ne l'avez point connu, mais pour moi je le connois ; & si je disois que je ne le connois pas, je serois un menteur comme vous ; mais je le connois, & je garde sa parole.

56. Abraham votre pere a souhaité avec ardeur de voir mon jour ; il l'a vu, & il en a été comblé de joie.

57. Les Juifs lui dirent : Vous n'avez pas encore cinquante ans, & vous avez vu Abraham ?

58. Jesus leur répondit : En verité en verité je vous dis : Je suis avant qu'Abraham fût au monde.

59. Là-dessus ils prirent des pierres pour les lui jetter, mais Jesus se cacha, & sortit du Temple.

Jesus se retire sur la montagne des Oliviers, où il passe la nuit, & revient le lendemain 13. d'Octobre jour du Sabbat à Jerusalem.

Chapitre XC.

1. *Aveugle-né gueri le jour du Sabbat.*

XXXV. MIRACLE a le 16. d'Octobre, jour du Sabbat;

1. Lorsque Jesus passoit ^a, il vit un homme qui étoit aveugle dès sa naissance ;

2. & ses disciples lui demanderent : Maître, est-ce le peché de cet homme, ou celui de ceux qui l'ont mis au monde, qui est cause qu'il est né aveuglé ?

3. Jesus leur répondit : Ce n'est point qu'il ait peché, ni ceux qui l'ont mis au monde ; mais c'est afin que les œuvres de Dieu éclatent en lui.

4. Il faut que je fasse les œuvres de celui qui m'a envoyé pendant qu'il est jour : la nuit vient, dans laquelle personne ne peut agir.

5. Tant que je suis dans le monde, je suis la lumiere du monde.

6. Après avoir dit ces paroles, il cracha à terre, & ayant fait de la bouë avec sa salive, il oignit de cette bouë les yeux de l'aveugle,

7. & lui dit : Allez vous laver dans la piscine de Siloé, qui veut dire, Envoyé. Il y alla,

Année 35. de J.C. 3. de son Min. 2. de sa Pred. En Octob. 165

Mr. XIX.	Mr. X.	L. XVII.	F. IX.	Dans Jérusalem.	
			8	& s'y lava, & il en revint voyant clair.	Ch. 9o.
			8	8. Ses voisins donc, & ceux qui l'avoient vu auparavant demander l'aumône, disoient : N'est-ce pas celui qui étoit assis, & qui demandoit l'aumône ?	
			9	9. Les uns disoient : C'est lui. D'autres : C'en est un autre qui lui ressemble. Mais lui il disoit : C'est moi-même.	
			10	10. Ils lui demanderent donc : Comment vos yeux se sont-ils ouverts ?	
			11	11. Il répondit : Cet homme qu'on appelle Jesus, a fait de la boüe, & en a oint mes yeux, & m'a dit : Allez à la piscine de Siloé, & vous y lavez. J'y ai été, je m'y suis lavé, & je voi.	
			12	12. Ils lui dirent : Où est-il ? Il répondit : Je ne sçai.	

2. L'aveugle-né conduit aux Pharisiens.

			13	13. Alors ils amenerent aux Pharisiens *a* cet homme qui avoit été aveugle.	*a* le Dimanche 19. d'Octobre.
			14	14. Or c'étoit le jour du Sabbat que Jesus fit cette boüe, & lui ouvrit les yeux.	
			15	15. Les Pharisiens donc l'interrogerent aussi, comment il avoit recouvré la vuë. Et il leur dit : Il m'a mis de la boüe sur les yeux, je me suis lavé, & je voi.	
			16	16. Sur quoi quelques-uns des Pharisiens dirent : Cet homme n'est point de Dieu, parce qu'il ne garde point le Sabbat. Mais d'autres disoient : Comment un homme pecheur peut-il faire de tels prodiges ? Et il y avoit entre eux de la dissension.	
			17	17. Ils dirent encore à l'aveugle : Et toi, que dis-tu de cet homme qui t'a ouvert les yeux ? Il répondit : C'est un Prophete.	
			18	18. Mais les Juifs ne crurent point qu'il avoit été aveugle, & qu'il eût recouvré la vuë, jusqu'à ce qu'ils eussent fait venir les parens de celui qui avoit recouvré la vuë ;	
			19	19. & ils leur demanderent : Est-ce là votre fils que vous dites être né aveugle ? Comment donc voit-il maintenant ?	
			20	20. Les parens lui répondirent : Nous sçavons	

X iij

Mt XIX	Mr X.	L. XVII.	J. IX.	Dans Jerusalem.
				que c'est là notre fils, & qu'il est né aveugle;
			21	21. mais nous ne sçavons pas comment il voit maintenant, & nous ne sçavons pas aussi qui lui a ouvert les yeux; interrogez-le, il a de l'âge, qu'il réponde lui-même pour lui.
			22	22. Ses parens leur parlerent ainsi, parce qu'ils craignoient les Juifs; car les Juifs avoient déja conspiré, que quiconque reconnoîtroit Jesus pour être le Christ, seroit chassé de la Synagogue.
			23	23. Ce fut ce qui obligea ses parens de dire: Il a de l'âge, interrogez-le lui-même.

Ch. 90.

3. L'aveugle-né chassé pour avoir defendu Jesus-Christ.

			24	24. Ils appellerent donc une seconde fois cet homme qui avoit été aveugle, & lui dirent: Rends gloire; nous sçavons que cet homme est un pecheur.
			25	25. Il leur répondit: Je ne sçai pas s'il est pecheur, je sçai seulement qu'étant aveugle, je voi presentement.
			26	26. Ils lui repliquerent: Que t'a-t-il fait? comment a-t-il ouvert tes yeux?
			27	27. Il leur répondit: Je vous l'ai déja dit, & vous l'avez entendu; est-ce que vous voulez l'entendre encore une fois? est-ce que vous voulez aussi devenir ses disciples?
			28	28. Ils s'emporterent alors contre lui, & dirent: Sois toi-même son disciple; mais pour nous, nous sommes les disciples de Moyse.
			29	29. Nous sçavons que Dieu a parlé à Moyse; mais pour celui-ci, nous ne sçavons d'où il est.
			30	30. Cet homme leur répliqua: Il est surprenant que vous ne sçachiez pas d'où il est, & qu'il m'ait ouvert les yeux.
			31	31. Nous sçavons que Dieu n'exauce point les pecheurs; mais si quelqu'un l'honore, & qu'il fasse sa volonté, il l'exauce.
			32	32. Depuis que le monde est, on n'a jamais ouï dire que personne ait ouvert les yeux à un aveugle-né,
			33	33. Si cet homme n'étoit point de Dieu, il ne pourroit rien faire.

Année 35. de J.C. 3. de son Min. 2. de sa Pred. En Octob. 167

Mt. XIX	Mr. X	L. XVII	IX.	Dans Jerusalem.	
			34	34. Ils lui répondirent : Tu n'es que peché dès ta naissance, & tu veux nous enseigner. Et ils le chasserent dehors.	Ch. 90.

4. L'aveugle-né croit en JESUS-CHRIST.

35. JESUS ayant appris qu'ils l'avoient chassé dehors, & l'ayant rencontré, lui dit : Croyez-vous au Fils de Dieu ?

36. Il répondit : Qui est-il, Seigneur, afin que je croye en lui ?

37. JESUS lui dit : Vous l'avez vu, c'est celui-là même qui parle à vous.

38. Il répondit : Je croi, Seigneur ; & se prosternant il l'adora.

39. Il lui répondit : Je suis venu dans ce monde pour rendre justice, afin que ceux qui ne voyent point, voyent ; & que ceux qui voyent, deviennent aveugles.

40. Quelques Pharisiens entendirent ce discours, & ils lui dirent : Ne sommes-nous pas aussi aveugles ?

41. JESUS leur répondit : Si vous étiez aveugles, vous n'auriez point de peché ; mais puisque vous dites que vous voyez, c'est pour cela que votre peché demeure en vous.

CHAPITRE XCI.

1. Parabole du Pasteur & du Voleur.

1. EN verité en verité je vous dis : Celui qui n'entre pas par la porte dans la bergerie des brebis, mais qui y monte par un autre endroit, est un voleur & un larron : XL. Parabole.

2. mais celui qui entre par la porte, est le pasteur des brebis.

3. C'est à lui que le portier ouvre, & les brebis entendent sa voix ; il appelle ses brebis par leur nom, & les fait sortir.

4. Et quand il a fait sortir ses brebis, il va devant elles, & les brebis le suivent, parce qu'elles connoissent sa voix.

5. Elles ne suivent point un étranger, mais elles fuient de lui, parce qu'elles ne connois-

168 Année 35. de J.C. 3. de son Min. 2. de sa Pred. En Octob.

Ch. 91.	Mt. XIX.	Mr. X.	L. XVII.	J. X.	Dans Jérusalem.
					sent point la voix des étrangers.
				6	6. Jesus leur dit cette parabole ; mais ils n'entendoient point dequoi il leur parloit.
					2. Jesus-Christ *est la porte.*
				7	7. Jesus donc leur dit encore : En verité en verité je vous dis, Je suis la porte des brebis.
				8	8. Tous ceux qui sont venus [Gr avant moi] sont des voleurs & des larrons, & les brebis ne les ont point écoutés.
				9	9. Je suis la porte. Si quelqu'un entre par moi, il sera sauvé, il entrera & sortira, & il trouvera des pâturages.
				10	10. Le voleur ne vient que pour voler, pour égorger & pour perdre. Pour moi je suis venu afin qu'elles ayent la vie, & qu'elles l'ayent avec plus d'abondance.
					3. Jesus-Christ *le bon Pasteur.*
				11	11. Je suis le bon Pasteur. Le bon pasteur donne sa vie pour ses brebis ;
				12	12. mais le mercenaire, & qui n'est point pasteur, à qui les brebis n'appartiennent pas, sitôt qu'il voit venir le loup, il abandonne les brebis, & s'enfuit ; & le loup les ravit, & disperse les brebis.
				13	13. Or le mercenaire s'enfuit, parce qu'il est mercenaire, & qu'il n'est point responsable des brebis.
				14	14. Je suis le bon Pasteur, & je connois les miennes, & les miennes me connoissent.
				15	15. Comme mon Pere me connoît, je connois aussi mon Pere ; & je donne ma vie pour mes brebis.
				16	16. J'ai encore d'autres brebis qui ne sont pas de cette bergerie ; il faut aussi que je les amene ; elles écouteront ma voix, & il n'y aura qu'un troupeau & qu'un pasteur.
				17	17. C'est pour cela que mon Pere m'aime, parce que je donne ma vie pour la reprendre.
				18	18. Personne ne me la ravit, mais c'est de moi-même que je la donne. J'ai le pouvoir de la donner, & j'ai le pouvoir de la reprendre. C'est le

			En Galilée.	Sur le chemin de Jerusalem	Dans le Temple.	
Mt. XIX.	Mc. X.	L. XVII.				Ch. 91.

le commandement que j'ai reçu de mon Pere.

4. JESUS-CHRIST traité de possedé.

19. 19. Ces discours exciterent une nouvelle dissension parmi les Juifs.

20. 20. Plusieurs d'entre eux disoient: Il est possedé du demon, & il a perdu le sens, pourquoi l'écoutez-vous?

21. 21. Les autres disoient : Ce ne sont pas là des paroles d'un homme possedé du demon; le demon peut-il ouvrir les yeux d'un aveugle?

Le Lundi 20. d'Octobre JESUS sort de Jerusalem, & va en Galilée pour la derniere fois, & le Lundi 15. de Decembre il retourne à Jerusalem pour y celebrer la fête de la Dedicace. En chemin faisant il entre dans un village, où il guerit dix lepreux.

CHAPITRE XCII.

1. Dix lepreux gueris.

11. 11. IL arriva comme JESUS alloit à Jerusalem, & passoit par le milieu de la Samarie & de la Galilée;   XXXVI. MIRA-CLE.

12. 12. qu'il entra dans un village, où il rencontra dix lepreux, qui s'arreterent loin de lui.

13. 13. Et élevant leur voix, lui dirent : JESUS notre maître, ayez pitié de nous.

14. 14. Lorsqu'il les eut apperçus, il leur dit : Allez vous montrer aux Prêtres. Mais étant en chemin, ils furent gueris.

15. 15. L'un d'eux voyant qu'il avoit été gueri, s'en revint, glorifiant Dieu à haute voix;

16. 16. & se jettant à terre, il se prosterna aux pieds de JESUS, lui rendant graces : & celui-là étoit Samaritain.

17. 17. Alors JESUS dit : Tous les dix n'ont-ils pas été gueris? où sont donc les neuf autres?

18. 18. Il ne s'en est point trouvé qui soit revenu rendre graces à Dieu, sinon cet étranger.

19. 19. Et il lui dit : Levez-vous, allez, votre foi vous a sauvé.

JESUS arrive à Jerusalem, & y celebre la fête de la Dedicace.

Y

Dans le Temple de Jerusalem.

2. *Le royaume de Dieu au dedans de nous.*

22. Or on faisoit à Jerusalem la fête de la Dedicace *a*, & c'étoit l'hyver.

a le Jeudi 18. de Decembre.

20. Jesus ayant été interrogé par les Phariſiens, quand viendroit le royaume de Dieu, il leur répondit : Il n'y aura point de ſigne qui faſſe connoître quand le royaume de Dieu viendra.

21. On ne dira point : Il eſt ici, ou, il eſt là ; car le royaume de Dieu eſt au dedans de vous.

22. Après cela il dit à ſes diſciples : Il viendra un tems que vous deſirerez voir un des jours du Fils de l'homme, & vous ne le verrez point.

23. Et ils vous diront : Il eſt ici, il eſt là, mais n'y allez point, & ne les ſuivez point.

24. Car comme un éclair brille & ſe fait voir depuis un côté du ciel juſqu'à l'autre ; de même le Fils de l'homme paroîtra en ſon jour.

25. Mais il faut auparavant qu'il ſouffre beaucoup, & qu'il ſoit reprouvé par ce peuple.

3. *Le tems de Noé & de Loth.*

26. Ce qui eſt arrivé au tems de Noé, arrivera encore au tems du Fils de l'homme.

27. Ils mangeoient, ils buvoient, ils épouſoient des femmes, les femmes épouſoient des hommes, juſqu'au jour que Noé entra dans l'arche ; alors le deluge ſurvint, & les fit tous perir.

28. Comme il arriva pareillement au tems de Loth ; ils mangeoient, ils buvoient, ils achetoient, ils vendoient, ils plantoient, ils bâtiſſoient.

29. Mais le jour que Loth ſortit de Sodome, il tomba du ciel une pluie de feu & de ſouphre qui les fit tous perir.

30. Il ſera tout de même au jour que le Fils de l'homme paroîtra.

31. En ce jour-là ſi quelqu'un ſe trouve ſur le toit, & que ſes meubles ſoient dans la maiſon, qu'il ne deſcende point pour les enlever ; & que celui qui ſe trouvera dans un champ, ne retourne point non plus derriere lui.

32. Souvenez-vous de la femme de Loth.

Année 35. de J.C. 3. de son Min. 2. de sa Pred. En Decemb. 171

Dans le Temple de Jerusalem.

Mt. XIX	Mr. X	XXVII	IX		
		33		33. Quiconque cherchera à se sauver soi-même, se perdra ; & quiconque se perdra soi-même, se sauvera.	Ch. 92.
		34		34. Je vous dis que cette nuit-là, de deux qui seront dans un même lit, l'un sera pris, & l'autre laissé.	
		35		35. que de deux femmes qui moudront ensemble, l'une sera prise, & l'autre laissée :	
		36		36. que de deux qui seront dans un champ, l'un sera pris, & l'autre laissé.	
		37		37. Ils lui dirent : Où sera-ce, Seigneur ? Il leur répondit : En quelque lieu que soit le corps, les aigles s'y assembleront.	

4. Parabole du juge d'iniquité, sur la perseverance dans la prière.

				1. Il leur dit aussi cette parabole, pour montrer qu'il faut toujours prier, & ne point cesser,	XLI. Parabole
			2	2. en disant : Il y avoit un juge dans une certaine ville, qui ne craignoit point Dieu, & ne se soucioit point des hommes.	
			3	3. Il y avoit aussi dans cette même ville une veuve qui venoit le trouver, lui disant : Faites-moi justice de ma partie ;	
			4	4. & il n'en vouloit rien faire pendant un long tems. Mais enfin il dit en lui-même : Quoique je ne craigne point Dieu, & que je ne me soucie de personne,	
			5	5. néanmoins parce que cette veuve m'importune, je lui ferai justice, afin qu'elle ne vienne plus me fatiguer.	
			6	6. Ecoutez, dit le Seigneur, ce que dit ce juge d'iniquité.	
			7	7. Dieu ne fera-t-il pas justice à ses élus qui crient à lui jour & nuit, quoiqu'il soit patient à cause d'eux ?	
			8	8. Je vous dis qu'il leur fera justice dans peu de tems. Mais quand le Fils de l'homme viendra, trouvera-t-il de la foi sur la terre ?	

5. Parabole du Pharisien & du Publicain.

			9	9. Il dit aussi cette parabole à quelques-uns qui avoient confiance en eux-mêmes comme	XLII. Parabole

Y ij

Dans le Temple de Jerusalem

étant justes, & qui méprisoient les autres.

10. Deux hommes monterent dans le Temple pour y faire leur priere; l'un étoit Pharisien, & l'autre Publicain.

11. Le Pharisien se tenant debout, prioit ainsi en lui-même : Mon Dieu, je vous rends graces de ce que je ne suis point comme le reste des hommes qui sont voleurs, injustes, adulteres, ni même comme ce Publicain.

12. Je jeûne deux fois la semaine ; je donne la dîme de tout ce que je possede.

13. Le Publicain au contraire, se tenant loin, debout, n'osoit seulement lever les yeux au ciel, mais il frappoit sa poitrine, en disant : Mon Dieu, ayez pitié de moi qui suis un pecheur.

14. Je vous dis que celui-ci s'en retourna chez lui justifié, & non pas l'autre ; parce que quiconque s'éleve sera abaissé, & quiconque s'abaisse sera élevé.

CHAPITRE XCIII.

1. Les brebis de Jesus-Christ entendent sa voix, & ne peuvent perir.

23. JEsus se promenant dans le Temple sous le portique de Salomon,

24. Les Juifs se mirent autour de lui, & lui dirent : Jusques à quand tiendrez-vous notre esprit en suspens ? Si vous êtes le Christ, dites-le nous clairement.

25. Jesus leur répondit : Je vous l'ai dit, & vous ne me croyez pas : les œuvres que je fais au nom de mon Pere, rendent témoignage de moi.

26. Mais pour vous, vous ne me croyez pas, parce que vous n'êtes pas de mes brebis, comme je vous ai déja dit.

27. Mes brebis entendent ma voix ; je les connois, & elles me suivent.

28. Je leur donne la vie éternelle, & elles ne periront jamais, & personne ne les ravira d'entre mes mains.

29. Mon Pere qui me les a données, est plus

Année 35. de J.C. 3. de son Min. 2. de sa Pred. En Decemb. 173

Mt. XIX.	Mc. XX.	L. XVIII.	Jo. X.	Dans le Temple.	A Bethanie au delà du Jourdain.	
				grand que toutes choses, & personne ne les peut ravir de la main de mon Pere.		Ch. 910
			30	30. Mon Pere & moi sommes une même chose.		
				2. *Fureur des Juifs contre* JESUS-CHRIST.		
			31	31. Alors les Juifs prirent des pierres pour le lapider.		
			32	32. JESUS leur dit: J'ai fait devant vous plusieurs bonnes œuvres par *la puissance de* mon Pere, pour laquelle de ces œuvres me lapidez-vous?		
			33	33. Les Juifs lui répondirent: Nous ne vous lapidons point pour une bonne œuvre, mais à cause de votre blasphême; & parce qu'étant homme, vous vous faites Dieu.		
			34	34. JESUS leur repartit: N'est-il point écrit dans votre loi: J'ai dit que vous êtes des Dieux?		Psalm. LXXXI 6.
			35	35. Si donc elle appelle Dieux ceux à qui la parole de Dieu étoit adressée, & si l'Ecriture ne peut être détruite;		
			36	36. comment dites-vous que je blasphême, moi que mon Pere a santifié, & envoyé au monde; parce que j'ai dit que je suis le Fils de Dieu?		
			37	37. Si je ne fais pas les œuvres de mon Pere, ne me croyez pas.		
			38	38. Mais si je les fais, quand vous ne me voudriez pas croire, croyez à mes œuvres, afin que vous connoissiez, & que vous croyiez que le Pere est en moi, & moi dans le Pere.		
			39	39. Ils voulurent encore le prendre, mais il sortit d'entre leurs mains.		
			40		40. Et il s'en alla encore au delà du Jourdain, au lieu où Jean avoit été d'abord lorsqu'il batizoit; & il demeura là.	
			41		41. Plusieurs venoient à lui, & ils disoient: Jean n'a fait aucun miracle; & tout ce que Jean a dit de celui-ci, est veritable.	
			42 f.		42. Et il y en eut là beaucoup qui crurent en lui.	

JESUS s'étant retiré à Bethanie au delà du Jourdain le Vendredi 19. de Décembre, il y arriva le Mardi 23. & y demeura jusqu'au Dimanche 18. de Janvier de l'an-

Y iij

174 Année 35. de J.C. 3. de son Min. 2. de sa Pred. En Decemb.

Ch. 93.	Mt XIX.	Mr X.	L XVIII.	J. X.	
					née suivante, qu'il vint au bourg de Bethanie à cause de la maladie de Lazare frere de Marie & de Marthe.

   Fin de ce qui s'est passé en l'Année
    4745. de la Periode Julienne,
    77. de l'Année Julienne,
    35. de l'âge de Jesus-Christ,
    3. de son Ministere,
    2. de la Predication,
    31. de l'Ere vulgaire.

En Janvier. 175

Mt. XIX	Mr. X	L. XVIII	F. XI	De la Periode Julienne 4746.	De l'Année Julienne 78.	De l'âge de J. CH. 36.	De son Minist. 4.	De sa Pred. 3.	De l'Ere vulgaire 33.

Ch. 94.

Au bourg de Bethanie. A Bethanie au delà du Jourdain.

CHAPITRE XCIV.

1. *Maladie de Lazare.*

1. 1. IL y avoit un homme malade, nommé Lazare, qui étoit du bourg de Bethanie, où demeuroient Marie & Marthe sa sœur.

2. 2. Cette Marie étoit celle qui répandit sur le Seigneur une huile de parfum, & qui essuya ses pieds avec ses cheveux; & Lazare qui étoit alors malade, étoit son frere.

3. 3. Ses sœurs donc envoyerent dire à JESUS *a* : Seigneur, celui que vous aimez est malade.

a le Mardi 13. de Janvier.

4. 4. Ce que JESUS ayant appris, il leur dit : Cette maladie ne va point à la mort, mais elle est pour la gloire de Dieu, afin que le Fils de Dieu en soit glorifié.

5. 5. Or JESUS aimoit Marthe & Marie sa sœur, & Lazare.

6. 6. Ayant donc appris qu'il étoit malade, il demeura cependant deux jours *b* au lieu où il étoit *c*.

b le Vendredi 16. & le Samedi 17. de Janvier,

c à Bethanie au delà du Jourdain.

2. *Petits enfans presentés à* JESUS-CHRIST.

| 13 | 13 | 15 | | 13. 13. 15. Alors on lui presenta de petits enfans, afin qu'il les touchât, & qu'il priât *pour eux* : mais ses disciples voyant cela, reprenoient avec des paroles rudes ceux qui les presentoient. |

| 14 | 14 | 16 | | 14. 14. 16. Ce que voyant JESUS, il s'en fâcha; & appellant ces enfans à lui, il leur dit : Laissez venir ces petits enfans à moi, & ne les en empêchez point; car le royaume des cieux est pour ceux qui leur ressemblent. |

| | 15 | 17 | | 15. 17. Je vous dis en verité, que quiconque ne recevra point le royaume de Dieu comme un enfant, n'y entrera point. |

| 15 *c*. | 16 | | | 15. 16. Et les ayant embrassés, il les benit en leur imposant les mains. |

Lazare meurt, & est enseveli le Dimanche 18. de Janvier.

Mt. XIX.	Mc. X.	L. XVIII.	F. XI.	En allant de Bethanie au delà du Jourdain au bourg de Beth.
Ch. 94.				3. *Marcher pendant le jour.*
			7	7. Il dit ensuite à ses disciples: Retournons en Judée.
			8	8. Les disciples lui dirent: Maître, il n'y a qu'un moment que les Juifs vouloient vous lapider, & vous voulez encore aller là.
			9	9. Jésus leur répondit: N'y a-t-il pas douze heures au jour? Si quelqu'un marche durant le jour, il ne se heurte point, parce qu'il voit la lumiere de ce monde:
			10	10. mais s'il marche durant la nuit, il se heurte, parce qu'il n'a point de lumiere.
				4. *Mort de Lazare.*
			11	11. Après leur avoir dit ces paroles, il ajouta: Notre ami Lazare dort; mais je m'en vais pour le reveiller.
			12	12. Ses disciples lui répondirent: Seigneur, s'il dort, il sera gueri.
			13	13. Mais Jésus entendoit parler de sa mort; & eux croyoient qu'il leur parloit du sommeil de ceux qui dormoient.
			14	14. Jésus donc leur dit clairement: Lazare est mort.
			15	15. Et je me réjouis pour l'amour de vous de ce que je n'étois pas là, afin que vous croyiez: mais allons à lui.
			16	16. Thomas donc, appellé Didyme, dit aux autres disciples: Allons aussi nous autres afin de mourir avec lui.
15.				15. Il partit de là.
				5. *Garder les Commandemens.*
	17			17. Lorsqu'il fut sorti pour se mettre en chemin,
16		18		16. 18. un certain homme de qualité s'approcha de lui, & s'étant mis à genoux devant lui, lui dit: Bon Maître, quel bien faut-il que je fasse pour acquerir la vie éternelle?
17	18	19		17. 18. 19. Jésus lui répondit: Pourquoi m'appellez-vous bon? pourquoi me demandez-vous quel bien vous ferez? Il n'y a que Dieu seul qui soit

Année 36. de J.C. 4. de son Min. 3. de sa Préd. En Janv. 179

M. XIX	L. XVIII		En allant de Béthanie au bourg de Béthanie.	
			doit bon. Que si vous voulez entrer en la vie, gardez les commandemens.	Ch. 84.
18			18. Quels commandemens, lui dit-il? Jésus lui répliqua	
19	20		19. 20. Vous sçavez les commandemens: Vous ne tûrez point: vous ne commettrez point d'adultère: vous ne déroberez point: vous ne porterez point de faux témoignage: vous ne ferez tort à personne.	
19			19. Honorez votre père & votre mere, & aimez votre prochain comme vous même.	
20	20	21	20. 20. 21. Ce jeune homme lui répondit: Maître, j'ai observé tout cela dès ma jeunesse, que me reste-t-il encore à faire? 22. Ce que Jésus ayant entendu,	
	21		21. & jettant la vuë sur lui, il l'aima, &	
21			21. lui dit: Il vous manque encore une chose: si vous voulez être parfait, allez, vendez tout ce que vous avez, & le donnez aux pauvres, & vous aurez un tresor dans le ciel; puis venez, & suivez-moi.	
22	23		22. 23. Ce jeune homme ayant entendu ces paroles,	
			23. & affligé de ce discours, s'en alla tout triste, parce qu'il avoit de grands biens.	

6. Peril des richesses.

			24. Alors Jésus, voyant qu'il étoit devenu triste,	
	23		23. & regardant autour de lui,	
23			23. dit à ses disciples: Je vous dis en vérité, qu'il est bien difficile qu'un riche entre dans le royaume des cieux.	
24	24		24. Et comme les disciples étoient tout étonnés de ce discours, Jésus ajouta: Mes enfans, qu'il est difficile que ceux qui se fient en leurs richesses, entrent dans le royaume de Dieu!	
24			24. Je vous le dis encore une fois:	
25	25		25. 25. Il est plus aisé à un chameau de passer par le trou d'une aiguille, qu'à un riche d'entrer dans le royaume des cieux.	
25	26		25. 26. Les disciples ayant oui ces paroles, furent remplis d'un étonnement encore plus	

	Mt. XIX.	Mr. X.	L. XVIII.	F. XI.	En allant de Bethanie au bourg de Bethanie.
Ch. 94.					grand, & difoient entre eux : Qui pourra donc être fauvé ?
	26	27	27		26. 27. Mais Jesus les regardant, 27. leur dit : Cela eft impoffible aux hommes, mais non pas à Dieu ; car tout eft poffible à Dieu.

7. *Centuple promis à ceux qui quittent tout.*

	Mt. XIX.	Mr. X.	L. XVIII.		
	27	28	28		27. 28. 28. Alors Pierre prenant la parole, lui dit : Pour nous autres, vous voyez que nous avons tout quitté, & que nous vous avons fuivi, quelle recompenfe en recevrons-nous ?
	28	29	29		28. 29. 29. Jesus leur répondit : Je vous dis en verité, que pour vous qui m'avez fuivi, lorf-qu'au tems de la regeneration le Fils de l'homme fera affis fur le trône de fa gloire, vous ferez auffi affis fur douze trônes, & vous jugerez les douze tribus d'Ifraël.
	29				29. Et quiconque abandonnera fa maifon, ou fes freres, ou fes fœurs, ou fon pere, ou fa mere, ou fa femme, ou fes enfans, ou fes terres, pour mon nom, pour-moi & pour l'Evangile, pour le royaume de Dieu,
		30	30		30. 30. recevra dès ce monde même le centuple, des maifons, des freres, des fœurs, des meres, des enfans, des terres, avec des perfecutions, & aura pour heritage dans le fiecle à venir la vie éternelle.
	30 f.	31			30. 31. Mais plufieurs qui avoient été les premiers, feront les derniers ; & plufieurs qui avoient été les derniers, feront les premiers.

8. *Parabole des ouvriers de la vigne.*

			XX.		
XLIII. Parabole			1		1. Le royaume des cieux eft femblable à un pere de famille, qui alla dès la pointe du jour louer des ouvriers pour travailler à fa vigne :
			2		2. & étant demeuré d'accord avec les ouvriers, qu'ils auroient un denier pour leur journée, il les envoya à fa vigne.
a à neuf heures du matin.			3		3. Il fortit fur la troifieme heure *a*, & en ayant vu d'autres qui fe tenoient dans la place fans rien faire,
			4		4. il leur dit : Allez-vous-en auffi vous autres dans ma vigne, & je vous donnerai ce qui fera raifonnable : & ils y allerent.

Année 36. de J.C. 4. de son Min. 3. de sa Pred. En Janv. 179

Mt. XX	M. X.	L. XVIII.	J. XI.	En allant de Bethanie à Bethanie.	
5				5. Il sortit encore sur la sixieme *a* & sur la neuvieme heure, & fit la même chose.	Ch. 94. *a* à midi & à trois heures,
6				6. Et étant sorti sur la onzieme *b*, il en trouva d'autres qui se tenoient encore sans rien faire, auxquels il dit : Pourquoi demeurez-vous là tout le long du jour sans travailler ?	*b* à cinq heures du soir,
7				7. Parce, lui dirent-ils, que personne ne nous a loués. Et il leur dit : Allez-vous-en aussi en ma vigne.	
8				8. Le soir étant venu, le maître de la vigne dit à celui qui avoit le soin de ses affaires : Appellez les ouvriers, & payez-les de leur journée, en commençant depuis les derniers jusqu'aux premiers.	
9				9. Ceux qui n'avoient travaillé que depuis la onzieme heure *c* s'étant approchés, reçurent chacun un denier.	*c* à cinq heures du soir,
10				10. Ceux qui avoient été loués les premiers venant à leur tour, s'attendoient qu'on leur en donneroit davantage ; mais ils ne reçurent pareillement que chacun un denier :	
11				11. & après l'avoir reçu, ils murmuroient contre le pere de famille,	
12				12. en disant : Ces derniers n'ont travaillé qu'une heure, & vous leur avez donné autant qu'à nous qui avons porté le poids du jour, & la chaleur.	
13				13. Mais il répondit à l'un d'eux : Mon ami, je ne vous fais point de tort : ne vous êtes-vous pas accordé avec moi à un denier ?	
14				14. Emportez ce qui est à vous, & allez-vous-en : je veux donner à ce dernier autant qu'à vous.	
15				15. Ne m'est-il pas permis de faire ce que je veux de ce qui est à moi ? & votre œil est-il mauvais, parce que je suis bon ?	
16				16. Ainsi les derniers seront les premiers, & les premiers seront les derniers, parce qu'il y en a beaucoup d'appellés, & peu d'élus.	
				9. *Entretien de Marthe avec* JESUS-CHRIST.	*d* à Bethanie le Mercredi 21. de Janvier,
			17	17. JESUS étant arrivé *d*, trouva qu'il y avoit déja quatre jours que Lazare étoit dans le tombeau.	

Z ij

180 Année 38. de J.C. 4. de son Min. 3. de sa Pred. En Janv.

Mt.	Mr.	L.	J.	Proche du bourg de Bethanie.
Ch. 94. à un peu plus de demi-lieue.	XX.	XVIII.	XI. 18	18. Et comme Bethanie n'étoit éloignée de Jerusalem que d'environ quinze stades *a*.
			19	19. plusieurs des Juifs étoient venus voir Marthe & Marie pour les consoler de la mort de leur frere.
			20	20. Marthe ayant donc appris que Jesus étoit venu, alla au devant de lui, & Marie demeura dans la maison.
			21	21. Marthe dit à Jesus : Seigneur, si vous eussiez été ici, mon frere ne seroit pas mort :
			22	22. mais je sçai que Dieu vous accordera encore à cette heure tout ce que vous lui demanderez.
			23	23. Jesus lui répondit : Votre frere ressuscitera.
			24	24 Marthe lui dit : Je sçai qu'il ressuscitera en la resurrection au dernier jour.
			25	25. Jesus lui repartit : Je suis la resurrection & la vie : celui qui croit en moi, quand même il seroit mort, vivra :
			26	26. & quiconque vit, & croit en moi, ne mourra jamais. Croyez-vous cela ?
			27	27. Elle lui répondit : Oui, Seigneur, je croi que vous êtes le Christ, le Fils du Dieu vivant, qui êtes venu en ce monde.

10. Marie va au devant de Jesus-Christ; se jette à ses pieds, & pleure.

			28	28. Après ces paroles Marthe s'en alla, & appella secretement sa sœur, lui disant : Le Maitre est venu, & il vous demande.
			29	29. Ce qu'ayant entendu, elle se leva aussitôt, & le vint trouver.
			30	30. Jesus n'étoit pas encore entré dans le bourg, mais il étoit au même lieu où Marthe l'avoit rencontré.
			31	31. Les Juifs donc qui étoient avec Marie dans la maison, & qui la consoloient, ayant vu qu'elle s'étoit levée si promptement, & étoit sortie, la suivirent, en disant : Elle s'en va au sepulcre pour y pleurer.
			32	32. Mais Marie étant venue au lieu où étoit Jesus, & l'ayant vû, se jetta à ses pieds, & lui dit : Seigneur, si vous eussiez été ici, mon frere ne seroit pas mort.

Année 36. de J.C. 4. de son Min. 3. de sa Pred. En Janv. 181

Proche du bourg de Bethanie.

33. Jesus voyant qu'elle pleuroit, & que les Juifs qui étoient avec elle, pleuroient aussi, fremit en son esprit, & se troubla lui-même. Ch. 94.

34. & il leur dit: Où l'avez-vous mis? Ils lui répondirent: Seigneur, venez & voyez.

35. Et Jesus pleura.

36. Alors les Juifs dirent: Voyez comme il l'aimoit.

37. Mais quelques-uns d'entre eux dirent: Celui-ci qui a ouvert les yeux d'un aveugle-né, ne pouvoit-il pas faire aussi que cet homme ne mourût point?

II. Resurrection de Lazare.

38. Jesus donc fremissant de nouveau en lui-même, vint au sepulcre. C'étoit une grotte, & on avoit mis une pierre pardessus. XXXVII MIRACLE.

39. Jesus leur dit: Otez la pierre. Marthe qui étoit la sœur du mort, lui dit: Seigneur, il sent déja mauvais, car il est là depuis quatre jours.

40. Jesus lui répondit: Ne vous ai-je pas dit que si vous croyez, vous verrez la gloire de Dieu?

41. Ils ôterent donc la pierre: & Jesus levant les yeux en haut, dit ces paroles: Mon Pere, je vous rends graces de ce que vous m'avez exaucé.

42. Pour moi je sçai bien que vous m'exaucez toujours, mais je dis ceci pour ce peuple qui m'environne, afin qu'ils croyent que c'est vous qui m'avez envoyé.

43. Ayant dit ces mots, il cria à haute voix: Lazare, sortez dehors.

44. A l'instant le mort sortit, ayant les pieds & les mains liés de bandes, & le visage enveloppé d'un suaire. Jesus leur dit: Déliez-le, & le laissez aller.

45. Plusieurs donc d'entre les Juifs qui étoient venus voir Marie, & qui avoient vu ce que Jesus avoit fait, crurent en lui.

46. Mais quelques-uns d'entre eux s'en allerent trouver les Pharisiens, & leur rapporterent ce miracle.

Z iij

	Mt. XX.	Mr. X.	L. XVIII.	J. XI.	Dans Jérusalem. Sur le chemin d'Ephrem à Jericho.
Ch. 95.					**CHAPITRE XCV.**

1. *Les Juifs tiennent conseil pour perdre* **JESUS-CHRIST.** |
				47	47. LEs Princes des Prêtres & les Pharisiens tinrent donc conseil ensemble, & dirent: Que faisons-nous? Cet homme fait plusieurs miracles.
				48	48. Si nous le laissons agir de la sorte, tous croiront en lui; & les Romains viendront, & ruineront notre ville & notre nation.
				49	49. Mais Caïphe qui étoit l'un d'entre eux, & le Grand-Prêtre de cette année-là, leur dit:
				50	50. Vous n'y entendez rien, & vous ne considerez pas qu'il vous est avantageux qu'un homme seul meure pour le peuple, & que toute la nation ne perisse point.
				51	51. Or il ne disoit pas ceci de lui-même; mais étant Grand-Prêtre de cette année-là, il prophetiza que Jesus devoit mourir pour la nation;
				52	52. & non seulement pour cette nation, mais aussi pour rassembler les enfans de Dieu qui étoient dispersés.
				53	53. Ainsi depuis ce jour-là ils delibererent ensemble comment ils le feroient mourir.
				54	54. C'est pourquoi Jesus n'alloit plus librement parmi les Juifs; mais il s'en alla de ce lieu au païs qui est auprès du desert, en une ville nommée Ephrem, où il demeuroit avec ses disciples *a*.
a jusqu'au Mercredi 24. de Mars.					**2.** *Troisieme prediction de la Passion de* **JESUS-CHRIST.**
				55	55. Or la Pâque des Juifs étant proche, plusieurs de ce quartier-là allerent à Jerusalem avant la Pâque pour se purifier.
		32			32. Lorsqu'ils étoient en chemin pour aller à Jerusalem, Jesus marchoit devant eux, & ils étoient tout effrayés, & le suivoient avec crainte.
	17	31			17. En allant à Jerusalem, 31. il prit encore en particulier les douze *disciples* dans le chemin, &

Année 26. de J.C. 4. de son Min. 3. de sa Pred. En Mars.

M. XX.	Mr. X.	L. XVIII.	Jn. XI.	
18	33			Sur le chemin d'Ephrem à Jerico.
				leur dit ce qui lui devoit arriver.
				18. 33. Nous allons maintenant à Jerusalem, & tout ce qui a été écrit par les Prophetes touchant le Fils de l'homme, sera accompli.
		32		32. Il sera livré aux Princes des Prêtres, aux Docteurs de la loi & aux Senateurs; ils le condamneront à la mort,
19	34			19. & le livreront aux Gentils.
				34. Ils se mocqueront de lui, ils l'outrageront;
		33		33. & après l'avoir fouetté, ils le feront mourir; & il ressuscitera le troisieme jour.
		34		34. Mais ils ne comprirent rien à tout ceci; ce discours leur étoit caché, & ils n'entendoient point ce qu'il leur disoit.

3. Demande des enfans de Zebedée.

20	35			20. 35. Alors Jâque & Jean *a* fils de Zebedée s'approcherent de Jesus, & lui dirent: Maître, nous voudrions bien que vous nous accordassiez ce que nous vous demanderons.
21	36			21. 36. Il leur répondit: Que voulez-vous que je fasse pour vous?
	37			37. Ordonnez, lui dirent-ils, que nous soyons assis dans votre gloire, l'un à votre droite, & l'autre à votre gauche.
22	38			22. 38. Jesus leur répondit: Vous ne sçavez ce que vous demandez. Pouvez-vous boire le calice que je dois boire, & être batizés du batême dont je suis batizé?
	39			39. Nous le pourrons, dirent-ils.
23				23. Il leur repartit: Il est vrai que vous boirez le calice que je bois, & que vous serez batizés du batême dont je suis batizé;
	40			40. mais pour ce qui est d'être assis à ma droite & à ma gauche, ce n'est point à moi à le donner, mais ce sera pour ceux à qui il a été preparé par mon Pere.
24	41			24. 41. Les dix autres *Apôtres* ayant entendu ceci, en conçurent de l'indignation contre Jean & Jâque.

a Dans S. Matthieu c'est la mere des enfans de Zebedée qui fait cette demande, & dans S. Marc, ce sont les enfans.

Ch. 95.

184 Année 36. de J.C. 4. de son Min. 3. de sa Pred. En Mars.

	Mt. XX.	Mr. X.	L. XVIII.	J. XI.	Sur le chemin d'Ephrem à Jerico. A Jerico.
Ch. 95.	25	42			25. 42. Mais Jesus les appellant à soi, leur dit: Vous sçavez que ceux qui ont autorité de commander aux nations, les maîtrisent, & que les grands les traitent avec empire.
	26	43			26. 43. Il n'en sera pas de même entre vous; mais que celui qui voudra être le plus grand parmi vous, soit votre serviteur;
	27	44			27. 44. & que celui qui voudra être le premier entre vous, soit le serviteur de vous tous.
	28	45			28. 45. Car le Fils de l'homme n'est pas venu pour être servi, mais pour servir, & pour donner sa vie pour la redemption de plusieurs.

4. Aveugle guéri.

XXXVIII MIRA-CLE.			35		35. Lorsqu'il étoit près de Jerico, un aveugle se trouva assis le long du chemin, qui demandoit l'aumône;
			36		36. & entendant le bruit du peuple qui passoit, il s'enquit de ce que c'étoit.
			37		37. On l'avertit que c'étoit Jesus de Nazareth qui passoit.
			38		38. Aussitôt il se mit à crier, en disant: Jesus Fils de David, ayez pitié de moi.
			39		39. Ceux qui alloient devant, lui disoient aigrement de se taire; mais il crioit encore plus fort: Fils de David, ayez pitié de moi.
			40		40. Alors Jesus s'arrêta, & commanda qu'on le lui amenât.
			41		41. Et comme il se fut approché, il lui demanda: Que voulez-vous que je fasse? Il lui répondit: Seigneur, faites que je voye.
			42		42. Jesus lui dit: Voyez, votre foi vous a sauvé.
			43 f.		43. Il vit au même instant; & il le suivoit, glorifiant Dieu. Ce que tout le peuple ayant vu, il en loüa Dieu.
			46 c.		46. Après cela ils arriverent à Jerico.

CHAP. XCVI.

Année 36. de J.C. 4. de son Min. 3. de sa Préd. En Mars.

Dans Jerico.

CHAPITRE XCVI.

1. Zachée.

1. JEsus étant entré dans Jerico *a*, passoit par la ville.

2. Il y avoit un homme nommé Zachée, chef des publicains, & fort riche,

3. qui avoit envie de voir JEsus, & de le connoître; mais il en étoit empêché par la foule, parce qu'il étoit fort petit.

4. Il courut devant, & monta sur un sycomore pour le voir, parce qu'il devoit passer par là.

5. JEsus étant venu en cet endroit, leva les yeux en haut, & l'ayant vu, il lui dit: Zachée, hâtez-vous de descendre, car c'est chez vous qu'il faut que je loge aujourd'hui.

6. Zachée descendit aussitôt, & le reçut avec joie.

7. Tous ceux qui le virent descendre en murmuroient, disant: Il est allé loger chez un homme de mauvaise vie.

8. Mais Zachée se presentant devant le Seigneur, lui dit: Seigneur, je donne presentement la moitié de mon bien aux pauvres; & si j'ai fait tort à quelqu'un en quoi que ce soit, je lui en rendrai quatre fois autant.

9. Sur quoi JEsus dit de lui: Cette maison a reçu aujourd'hui le salut, parce que celui-ci est aussi enfant d'Abraham.

10. Car le Fils de l'homme est venu pour chercher, & pour sauver ce qui étoit perdu.

11. Comme tous l'écoutoient ainsi parler, il ajouta cette parabole sur ce qu'il étoit proche de Jerusalem, & qu'ils s'imaginoient que le regne de Dieu devoit bientôt paroître.

2. Parabole des dix marcs.

12. Il dit donc: Il y avoit un homme de grande qualité, qui s'en alla dans un païs fort éloigné pour y prendre possession d'un royaume; & puis s'en revenir.

13. Il appella dix de ses serviteurs, ausquels il

a le Mardi 28. de Mars.

X L. v. 3 Parabole

Ch. 96.	Mr. XX.	Mr. X.	7. XIX.	7. XI.	Dans Jerico.
					donna dix marcs d'argent, & leur dit: Faites profiter cet argent jusqu'à ce que je revienne.
				14	14. Mais ses citoyens qui le haïssoient, envoyerent après lui une ambassade pour lui dire: Nous ne voulons point que celui-ci regne sur nous.
				15	15. Etant donc revenu, après avoir pris possession de son royaume, il commanda qu'on lui fit venir ses serviteurs, ausquels il avoit donné son argent, pour sçavoir combien chacun l'avoit fait profiter.
				16	16. Le premier étant venu, lui dit: Seigneur, votre marc d'argent en a acquis dix autres.
				17	17. Il lui répondit: Voilà qui va bien, bon serviteur; parce que vous avez été fidèle en peu de choses, je veux que vous commandiez à dix villes.
				18	18. Le second lui dit: Seigneur, votre marc d'argent en a acquis cinq autres.
				19	19. Il lui répondit: Je veux que vous commandiez à cinq villes.
				20	20. Le troisieme étant venu, lui dit: Seigneur, voici votre marc que j'ai tenu enveloppé dans un mouchoir;
				21	21. parce que je vous ai craint, sçachant que vous êtes un homme severe, qui redemandez ce que vous n'avez point donné, & qui recueillez ce que vous n'avez point semé.
				22	22. Il lui répondit: Méchant serviteur, je vous condamne pour votre propre bouche; vous sçaviez que je suis un homme severe, qui redemande ce que je n'ai point donné, & qui recueille ce que je n'ai point semé;
				23	23. pourquoi n'avez-vous pas mis mon argent à la banque, afin qu'à mon retour je le retirasse avec interêt?
				24	24. Alors il dit à ceux qui étoient presens: Otez-lui le marc, & le donnez à celui qui en a dix.
				25	25. Mais, Seigneur, répondirent-ils, il en a dix.
				26	26. Je vous declare, leur dit-il, qu'on donnera à celui qui a, & qu'il sera comblé de biens;

Année 36. de J.C. 4. de son Min. 3. de sa Pred. En Mars. 187

Mt. XX	Mr. X.	L. XIX.	[F]		
			A Jerico. En sortant de Jerico pour aller à Jerusalem.		

& qu'à celui qui n'a point, on ôtera même ce qu'il a.

27. Quant à mes ennemis qui n'ont pas voulu m'avoir pour Roi, amenez-les ici, & tuez-les devant moi.

28. JESUS après avoir dit cela, marcha devant pour aller à Jerusalem *a*.

Ch. 96.

a le Vendredi 27. de Mars.

CHAPITRE XCVII.

1. *Deux aveugles gueris.*

S. Matthieu fait ici mention de deux aveugles, & saint Marc d'un nommé Bartimée; & comme il est difficile de les concilier ensemble, on ne rapporte que ce qu'en a dit S. Marc. × *seulement.*

29. 46. Lorsque JESUS sortoit de Jerico avec ses disciples & une grande multitude de peuple,

30. un aveugle nommé Bartimée, fils de Timée, qui étoit assis sur le chemin, & demandoit l'aumône,

XXXIX. MIRACLE.

47. ayant appris que c'étoit JESUS de Nazareth qui passoit, se mit à crier & à dire : JESUS fils de David, ayez pitié de moi.

31. 48. Plusieurs le reprenoient, & vouloient le faire taire ; mais il crioit encore plus haut : Seigneur fils de David, ayez pitié de moi.

32. 49. Alors JESUS s'étant arrêté, le fit appeller. Ils firent venir l'aveugle *b*, & lui dirent : Prenez courage, levez-vous, il vous appelle.

b Bartimée,

50. Il jetta aussitôt son manteau, & s'étant levé, il vint à JESUS.

51. Alors JESUS lui dit : Que voulez-vous que je vous fasse ?

33. L'aveugle lui répondit : Maître, faites que je voye.

34. JESUS ému de compassion, lui toucha les yeux.

52. Allez, dit JESUS, votre foi vous a sauvé. Il vit au même instant, & le suivit dans le chemin.

Le 28. de Mars JESUS observe le grand ou premier Sabbat, qui est celui qui précede immediatement la Pâque, en secret dans un lieu entre Jerico & Bethanie.

A a ij

				Dans le Temple de Jerusalem. A Bethanie.
Ch. 27.	Mt. XXVI.	Mr. XIV.	L. XIX.	J. XI.

2. Second ordre des Juifs pour prendre JESUS-CHRIST.

56. 56. Les Juifs donc cherchoient JESUS, & se disoient les uns aux autres étant dans le Temple : Que pensez vous de ce qu'il n'est point venu à la fête ?

57. f. 57. Or les Princes des Prêtres & les Pharisiens avoient donné ordre, que si quelqu'un sçavoit où il étoit, il le declarât, afin qu'ils le fissent arrêter.

Fin de ce qui s'est passé depuis le commencement de cette année jusqu'au 28. de Mars jour du grand-Sabbat inclusivement, la veille de la Semaine-sainte.

CHAPITRE XCVIII.

1. Seconde Onction des pieds de JESUS-CHRIST.

On a été obligé de transposer ici S. Matthieu XXVI. 6-16. & S. Marc XIV. 3-11. qui ne rapportent que par recapitulation cette Onction, & le Pact de Judas fait par indignation de la perte d'un parfum de grand prix, pour les joindre avec S. Jean dans leur lieu historique, & dans le tems qu'ils sont arrivés.

XII.

1. 1. Six jours avant la Pâque JESUS vint à Bethanie *a*, où étoit Lazare qu'il avoit ressuscité d'entre les morts.

a le Dimanche 29. de Mars.

6. 3. 6. 3. Or comme il étoit à Bethanie dans la maison de Simon le Lepreux,

2. 2. on lui apprêta à souper. Marthe servoit, & Lazare étoit un de ceux qui étoient à table avec lui.

7. 3. 7. 3. Marie donc ayant pris un vase d'albâtre d'une livre de parfum de nard d'épi précieux, vint à lui lorsqu'il étoit à table, & en oignit les pieds de JESUS, qu'elle essuya de ses cheveux ; & ayant rompu le vase d'albâtre, elle le lui répandit sur sa tête. Toute la maison fut remplie de l'odeur de ce parfum.

8. 4. 8. 4. Quelques-uns voyant cela, en conçurent de l'indignation en eux-mêmes, & dirent : A

Année 36.de J.C. 4.de son Min. 3.de sa Pred. Le 29.Mars. 189

Ma. XXVI.	Mr. XIV.	L. XIX.	J. XII.	A Bethanie. A Jerusalem chez les Princes des Prêtres	
9	5			quoi bon faire cette perte de parfum?	Ch. 98.
				9. 5. on auroit pu le vendre trois cens deniers *a*, & les donner aux pauvres ; & ils murmuroient contre elle.	*a* environ 115. livres de notre monnoie.
			4	4. Alors Judas Iscariote l'un de ses disciples, celui qui le devoit trahir, commença à dire :	
			5	5. Pourquoi n'a-t-on pas vendu ce parfum trois cens deniers pour être donnés aux pauvres?	
			6	6. Il disoit ceci, non qu'il se souciât des pauvres, mais parce qu'il étoit larron, & qu'il gardoit la bourse, & portoit l'argent qu'on y mettoit.	
10	6		7	10. 6. 7. Mais Jesus connoissant cela, dit : Laissez-la faire ; pourquoi la tourmentez-vous ? ce qu'elle vient de faire envers moi, est une bonne œuvre, elle l'a gardée pour le jour de ma sepulture.	
11	7		8	11. 7. 8. Car vous avez toujours des pauvres parmi vous, & vous pouvez leur faire du bien quand vous voulez ; mais pour moi, vous ne m'aurez pas toujours.	
	8			8. Elle a fait ce qui étoit en son pouvoir.	
12				12. Et quand elle a répandu ce parfum sur mon corps, elle l'a embaumé par avance, pour prévenir ma sepulture.	
13	9			13. 9. Je vous dis en verité, que par tout où sera prêché cet Evangile dans tout le monde, on racontera à sa louange ce qu'elle vient de faire.	

2. *Les Juifs veulent aussi faire mourir Lazare.*

			9	9. Une grande multitude de Juifs ayant sçu que Jesus étoit là, y vinrent, non seulement pour lui, mais aussi pour voir Lazare qu'il avoit ressuscité d'entre les morts.	
			10	10. Mais les Princes des Prêtres delibererent de faire mourir aussi Lazare,	
			11	11. parce que plusieurs Juifs se retiroient à cause de lui, & croyoient en Jesus.	ch.99.

Les Grands-Prêtres s'assemblent une seconde fois pour trouver le moyen de faire mourir Jesus.

Judas indigné de n'avoir pas profité du prix du parfum qui avoit été répandu à l'onction des pieds de Jesus, va trouver les Grands-Prêtres pour le leur livrer.

A a iij

190 *Année 36. de J.C. 4. de son Min. 3. de sa Pred. Le 30. Mars.*

| | | | | A Jerusalem. | Sur le chemin de Jerusalem. |

Ch. 98.

3. *Pacte de Judas avec les Juifs.*

Mt. XXVI.	Mr. XIV.	L XXII.	
14	10	3	14. 10. 3. Or Satan entra dans Judas surnommé Iscariote, qui étoit l'un des douze Apôtres.
			4. Celui-ci étant allé trouver les Princes des Prêtres & les Capitaines, leur proposa la maniere en laquelle il le leur livreroit;
15		4	15. & leur dit: Que voulez-vous me donner, & je vous le livrerai?
	11		11. Après qu'ils l'eurent écouté,
	ch.112.1.	5	5. ils en furent bien joyeux, & convinrent avec lui de lui donner trente pieces d'argent *a*.
		6	6. Il leur promit donc.
16 *ch.112.1.*	*ch.112.1.*		16. Et depuis ce tems-là il cherchoit une occasion de le leur livrer sans tumulte.

a qui valent environ 46. livres de notre monnoie.

CHAPITRE XCIX.

Anon délié & amené à JÉSUS-CHRIST.

	XXI.	XIX.	XII.	
	1	29	12. *ch.10.1.*	12. LE lendemain *b*, 1. 1. 29. lorsqu'ils approchoient de Jerusalem, étant près de Bethphagé & de Bethanie, vers la montagne qu'on appelle des Oliviers, Jésus envoya deux de ses disciples,
2	2	30		2. 2. 30. & leur dit: Allez à ce village qui est devant vous, & aussitôt que vous y serez entrés, vous trouverez une ânesse liée, & un ânon auprès d'elle, sur lequel personne n'a jamais monté; déliez le, & me l'amenez;
3 *infra.*	3	31		3. 3. 31. & si quelqu'un vous dit: Pourquoi faites-vous cela? répondez-lui: C'est que le Seigneur en a besoin; & aussitôt il le laissera emmener ici.
6	4	32		6. 4. 32. Les disciples qu'il avoit envoyés, étant donc partis, trouverent comme il leur avoit dit, l'ânon qui étoit lié dehors auprès d'une porte, entre deux chemins; & ils le délierent.
	5	33		5. 33. Et comme ils le délioient, ceux à qui il appartenoit, leur dirent: Pourquoi déliez-vous cet ânon?
	6	34		6. 34. Et ils leur répondirent: Parce que le Seigneur en a besoin. Et ils le laisserent aller.
7	7	35		7. 7. 35. Ayant donc amené l'ânesse & l'ânon,

b le Lundi 30. de Mars.

Année 36.de J.C. 4.de son Min. 3.de sa Pred. Le 30.Mars. 191

Mt. XXI.	Mr. XI.	L. XIX.	F. XII.	Sur le chemin de Jerusalem.	
4			14	ils le couvrirent de leurs vêtemens;	Ch. 99.
5			15	14. & JESUS ayant trouvé l'ânon, monta dessus. 4. Or tout ceci s'est fait, afin que cette parole du Prophete fût accompli, selon qu'il est écrit: 5. ″ Dites à la fille de Sion: 15. Ne craignez ″ point, fille de Sion, voici votre Roi qui vient ″ à vous, plein de douceur, monté sur le pou- ″ lain d'une ânesse qui est sous le joug ″.	Zach. IX. 9.
			16 ch. 10.	16. Les disciples ne firent point d'abord atten- tion à cela; mais quand JESUS fut entré dans sa gloire, ils se souvinrent alors, que ces choses avoient été écrites de lui, & qu'ils les avoient faites à son égard.	

CHAPITRE C.

1. *Marche triomphante de* JESUS-CHRIST *sur le chemin de Jerusalem.*

8	8	36		36. Pendant que JESUS marchoit, 8. 8. une gran- de multitude de peuple étendoit ses vête- mens le long du chemin; les autres coupoient des branches d'arbres, & les jettoient le long du chemin.	
		37		37. Mais lorsqu'il approcha de la descente de la montagne des Oliviers, tous les disciples étant transportés de joie, commencerent à louer Dieu à haute voix pour toutes les merveilles qu'ils avoient vues;	
9	9	38		9. 9. 38. & toute la multitude du peuple, tant ceux qui alloient devant, que ceux qui suivoient, crioient en disant: Hosanna ″ au Fils de David, beni soit celui qui vient au nom du Seigneur; 10. beni soit le regne de notre pere David, que nous voyons arriver; paix soit dans le ciel, Hosanna au plus haut des cieux.	″ salut & gloi- re.
		39		39. Alors quelques-uns des Pharisiens qui é- toient parmi le peuple, lui dirent: Maître, fai- tes taire vos disciples.	
		40		40. Il leur répondit: Je vous declare que si ceux-ci se taisent, les pierres criront.	

2. *Premiere prediction de la ruine de Jerusalem.*

		41		41. Enfin étant arrivé proche de *Jerusalem*, jet-	

Mt. XXI	Mr. XI	L. XIX	J. XII	Sur le chemin de Jerusalem. Dans Jerusalem

tant les yeux sur la ville, il pleura sur elle,

42. en disant : Ah, si tu avois reconnu au moins en ce jour qui t'est donné, ce qui te pouvoit apporter la paix ! mais maintenant tout ceci est caché à tes yeux.

43. Car il viendra un tems malheureux pour toi, que tes ennemis t'environneront de tranchées, qu'ils t'enfermeront & te serreront de toutes parts ;

44. qu'ils raseront tes maisons, & te détruiront entierement toi & tes enfans qui sont dans tes murs ; & qu'ils ne te laisseront pierre sur pierre, parce que tu n'a pas connu le tems auquel Dieu t'a visité.

CHAPITRE CI.

1. *Acclamation du peuple lorsque Jesus-Christ entre dans Jerusalem.*

12. LE peuple qui étoit venu à la fête, ayant appris que Jesus venoit à Jerusalem,

13. prirent des branches de palmiers, & s'en allerent au devant de lui, en criant : Hosanna, beni soit le Roi d'Israel, qui vient au nom du Seigneur.

17. Le grand nombre de ceux qui s'étoient trouvés avec lui lorsqu'il avoit appellé Lazare du tombeau, & l'avoit resuscité d'entre les morts, lui rendoit témoignage.

18. Ce fut aussi ce qui fit sortir tant de peuple pour aller au devant de lui, parce qu'ils avoient ouï dire qu'il avoit fait ce miracle.

19. De sorte que les Pharisiens dirent entre eux : Vous voyez que nous ne gagnons rien, voilà tout le monde qui court après lui.

11. Jesus donc entra dans Jerusalem ;

10. & lorsqu'il y fut entré, toute la ville en fut émue, & chacun demandoit : Qui est donc celui-ci ?

11. Mais le peuple disoit : C'est Jesus le Prophete, qui est de Nazareth en Galilée.

1. *Aveugles*

Année 36. de J.C. 4. de son Min. 3. de la Pred. Le 30 Mars. 193

Mt. XXI.	Mr. XI.	L. XIX.	J. XII.	Dans le Temple.	
				2. *Aveugles & boiteux gueris.* *Indignation des Juifs.*	Ch. 101.
12. 13. 14. 15.	11. c. m.			12. 13. JEsus entra dans le Temple de Dieu. 14. Alors des aveugles & des boiteux vinrent à lui dans le Temple, & il les guerit. 15. Mais les Princes des Prêtres & les Docteurs de la loi voyant les merveilles qu'il avoit faites, & les enfans qui crioient dans le Temple Hosanna au Fils de David, en conçurent de l'indignation,	* ch. 104. 2.
16				16. & lui dirent : Entendez-vous ce qu'ils disent ? Oui, leur répondit-il. Mais n'avez-vous jamais lu : " Vous avez tiré la loüange la plus " parfaite de la bouche des petits enfans, & de " ceux qui sont à la mammelle " ?	Ps. viii. 3.

CHAPITRE CII.

1. Gentils veulent voir JESUS-CHRIST.

			20.	20. OR il y avoit quelques Gentils, de ceux qui étoient venus pour adorer à la fête,	
			21.	21. qui s'adresserent à Philippe qui étoit de Bethsaïde en Galilée, & lui dirent : Seigneur, nous voudrions bien voir JEsus.	
			22.	22. Philippe le vint dire à André, & André & Philippe le dirent ensemble à JEsus.	

2. JESUS-CHRIST prédit qu'il sera glorifié.

			23.	23. JEsus leur répondit : L'heure est venue que le Fils de l'homme doit être glorifié.	
			24.	24. En verité en verité je vous dis, si le grain de froment ne meurt après qu'on l'a jetté en terre, il demeure seul ; mais après qu'il est mort, il porte beaucoup de fruit.	
			25.	25. Celui qui aime sa vie, la perdra ; mais celui qui hait sa vie en ce monde, la conservera pour la vie éternelle.	
			26.	26. Si quelqu'un me sert, qu'il me suive ; & là où je serai, là aussi sera mon serviteur. Si quelqu'un me sert, mon Pere l'honorera.	
			27.	27. Maintenant mon ame est troublée ; & que dirai-je ? Mon Pere, délivrez-moi de cette heu-	

B b

Dans le Temple.

Mt. XXI. Mr. XI. L. XIX. J. XII.

re; mais c'est pour cela que je suis venu en cette heure.

28. Mon Pere, glorifiez votre nom. Au même tems on entendit une voix du ciel qui dit: Je l'ai déja glorifié, & je le glorifîrai encore.

29. Le peuple qui étoit là, & qui l'écoutoit, disoit que c'étoit un coup de tonnere; d'autres disoient: C'est un Ange qui lui a parlé.

30. Jesus répondit: Cette voix n'est pas pour moi, mais pour vous.

3. JESUS-CHRIST *doit être élevé par la croix.*

31. C'est maintenant que le monde va être jugé; c'est maintenant que le prince du monde va être chassé dehors.

32. Et quand on m'aura élevé de la terre, je tirerai tout à moi.

(33. Il disoit cela, pour marquer de quelle mort il devoit mourir.)

34. Le peuple lui répondit: Nous avons appris de la loi, que le CHRIST doit demeurer éternellement; comment donc dites-vous qu'il faut que le Fils de l'homme soit élevé en haut? Qui est ce Fils de l'homme?

35. JESUS lui repartit: La lumiere est encore avec vous pour un peu de tems; marchez pendant que vous avez la lumiere, de peur que les tenebres ne vous surprennent. Celui qui marche dans les tenebres, ne sçait où il va.

36. Pendant que vous avez la lumiere, croyez en la lumiere, afin que vous soyez enfans de lumiere. JESUS ayant dit ces choses, il se retira, & se cacha d'eux.

Dans le Temple.

CHAPITRE CIII.

1. Aveuglement & endurcissement des Juifs.

37. MAis quoiqu'il eût fait tant de miracles devant eux, ils ne croyoient point en lui ;

38. afin que cette parole du Prophete Isaïe fût accomplie : " Seigneur, qui a cru à ce qu'il a " entendu de nous ? & à qui le bras du Seigneur " a-t-il été revelé " ? *Isa. LIII 1.*

39. C'est pour cela qu'ils ne pouvoient croire, parce qu'Isaïe dit encore :

40. " Il a aveuglé leurs yeux, & il a endurci " leur cœur, de peur qu'ils ne voyent des yeux, " & ne comprennent du cœur, & que venant à " se convertir, je ne les guerisse ". *Isa. VI. 9.*

41. Isaïe a dit ces choses lorsqu'il a vu sa gloire, & qu'il a parlé de lui.

42. Plusieurs neanmoins des principaux crurent en lui, mais à cause des Pharisiens ils ne le reconnurent point publiquement, de crainte d'être chassés de la Synagogue.

43. Car ils ont plus aimé la gloire des hommes que la gloire de Dieu.

JESUS-CHRIST reparoit de nouveau en public dans le Temple.

2. Exhortation à la foi.

44. Or JESUS s'écria & dit : Celui qui croit en moi, ne croit pas en moi, mais en celui qui m'a envoyé :

45. & celui qui me voit, voit celui qui m'a envoyé.

46. Moi qui suis la lumiere, je suis venu dans le monde, afin que tout homme qui croit en moi, ne demeure pas dans les tenebres.

47. Que si quelqu'un entend mes paroles, & n'y croit pas, je ne le juge point ; car je ne suis pas venu pour juger le monde.

48. Celui qui me rejette, & qui ne reçoit point mes paroles, a un juge qui le doit juger ; ce sera la parole que j'ai annoncée, qui le jugera au dernier jour.

Ch. 103	Mt. XXI.	Mr. XI.	L. XIX.	J. XII.	A Bethanie. Sur le chemin de Jerusalem. Dans le Temple.
				49	49. Car je n'ai point parlé de moi-même, mais mon Pere qui m'a envoyé, est celui qui m'a donné ordre de ce que je dois dire, & de ce que je dois parler,
				50 f.	50. Et je sçai que son ordre est la vie éternelle; & ainsi ce que je dis, je le dis selon que mon Pere me l'a ordonné.

3. *Les Juifs cherchent le moyen de perdre* JESUS-CHRIST.

			47		47. JESUS enseignoit chaque jour dans le Temple. Cependant les Princes des Prêtres, les Docteurs de la loi, & les principaux du peuple cherchoient à le perdre;
			48 f. ch.104.r.		48. mais ils ne trouvoient aucun moyen de rien faire contre lui, parce que tout le peuple étoit suspendu en admiration en l'écoutant.
	17	11 r.			11. JESUS, après avoir tout regardé, 17. les laissant là, comme il étoit déja tard, sortit de la ville, & s'en alla à Bethanie avec les douze Apôtres, où il passa la nuit.

Le lendemain JESUS *retourne à Jerusalem.*

CHAPITRE CIV.

1. *Figuier maudit.*

XI. MIRACLE a le Mardi 31. de Mars,	18	12		18.12	18.12. LE lendemain matin *a*, lorsqu'ils sortirent de Bethanie, revenant à la ville, JESUS eut faim;
	19 ch. 103. f.	13			19. 13. & voyant de loin un figuier sur le chemin, qui avoit des feuilles, il s'en approcha pour voir s'il y trouveroit quelque chose; mais y ayant été, il n'y trouva que des feuilles, car ce n'étoit pas le tems des figues.
b nul ne mange, en saint Marc.		14			14. Alors il dit à ce figuier: Qu'à jamais *b* il ne naisse de toi aucun fruit. Ce que ses disciples entendirent. Et au même instant le figuier secha.

2. *Vendeurs chassés du Temple.*

| | 12 r. | 15 | 45 | | 15. Ils arriverent à Jerusalem. 12. 45. Et JESUS étant entré dans le Temple, il commença à en chasser tous ceux qui vendoient & achetoient; il renversa les tables des changeurs, & les chai- |

Année 36. de J.C. 4. de son Min. 3. de sa Pred. Le 1. d'Avr. 197

Mt. XXI.	Mr. XI.	L. XIX.	L. XIX.	Dans le Temple. A Bethanie. Sur le chemin de Jerusalem.	
	16.			ses de ceux qui y vendoient des colombes ;	Ch. 104.
				16. & il ne permit pas que personne transportât aucun vaisseau dans le Temple.	
	17.			17. Il enseignoit aussi,	
13 ch. 101. 2.			46 ch 103. 3.	13. 46. en leur disant : » N'est-il pas écrit : Ma » maison sera appellée par toutes les nations la » maison d'oraison, & vous en avez fait une » caverne de voleurs «.	Isa. LVI. 9. Jerem. VII. 11.
	18.			18. Ce que les Docteurs de la loi & les Princes des Prêtres ayant entendu, ils cherchoient un moyen de le perdre ; car ils le craignoient, parce que tout le peuple étoit ravi en admiration de sa doctrine.	
	19.			19. Lorsqu'il étoit tard, il sortoit de la ville.	

Jesus se retire à Bethanie, où il passe la nuit avec ses disciples, & le lendemain il retourne à Jerusalem.

CHAPITRE CV.

1. Figuier seché.

	20.			20. LE lendemain matin *a* en passant, les disciples virent le figuier qui étoit sec jusqu'à la racine.	*a* le Mercredi 1. d'Avril.
20				20. Ce qu'ayant vu, ils en furent saisis d'étonnement.	
	21.			21. Et Pierre s'en ressouvenant, lui dit : Maître, voyez comme le figuier que vous avez maudit, est devenu sec en un instant.	

2. Force de la foi & de la priere.

21	22.			21. 22. Alors Jesus leur répondit ; Ayez une foi parfaite en Dieu ;	
	23.			23. car je vous dis en verité, que si vous avez de la foi, & si vous n'hesitez point, non seulement vous ferez cela au ce figuier ; mais aussi que quiconque dira à cette montagne : Ote-toi de là, & te jette dans la mer, & qu'il n'hesitera point dans son cœur, mais qui croira que ce qu'il dit arrivera, ce qu'il aura dit lui sera fait.	
	24.			24. C'est pourquoi je vous dis :	
22				22. Quoi que ce soit que vous demandiez dans la priere, croyez que vous l'obtiendrez, & qu'il vous sera accordé.	

B b iij

Année 36. de J.C. 4. de son Min. 3. de sa Pred. Le 1. d'Avr.

Mt. XXI.	Mr. XI.	L. XX.	J. XII.	sur le chemin de Jerusalem.	Dans le Temple.
Ch. 105.					
	25			25. Mais lorsque vous vous presenterez pour prier, si vous avez quelque chose contre quelqu'un, pardonnez-lui, afin que votre Pere qui est dans les cieux vous pardonne aussi vos offenses.	
	26			26. Que si vous ne pardonnez point, votre Pere qui est dans les cieux ne vous pardonnera point non plus vos pechés.	

CHAPITRE CVI.

1. Par quelle autorité. D'où étoit le batême de saint Jean.

a le même jour 1. d'Avril.		27	1	1. UN de ces jours-là *a* 27. ils retournerent encore à Jerusalem.	
	23			23. Jesus étant arrivé dans le Temple, & s'y promenant, comme il enseignoit le peuple, & lui annonçoit l'Evangile, les Princes des Prêtres, les Docteurs de la loi & les Senateurs du peuple vinrent le trouver,	
		28	2	28. 2. & lui dirent: Dites-nous par quelle autorité vous faites ceci, ou qui est celui qui vous a donné cette autorité pour faire ceci?	
	24	29	3	24. 29. 3. Il leur répondit: J'ai aussi une demande à vous faire, & lorsque vous m'y aurez répondu, je vous dirai par quelle autorité je fais ceci. Dites-moi donc:	
	25	30	4	25. 30. 4. Le batême de Jean, d'où étoit-il? du ciel, ou des hommes? Répondez-moi.	
		31	5	31. 5. Mais ils raisonnoient entre eux, & disoient: Si nous répondons, Du ciel, il nous dira: Pourquoi n'y avez-vous pas cru?	
	26	32	6	26. 32. 6. Si nous disons, Des hommes, nous avons à craindre la populace, tout le peuple nous lapidera, parce qu'il est persuadé que Jean étoit veritablement un Prophete.	
	27	33 *f.* XII.	7	27. 33. 7. Ils répondirent donc à Jesus, qu'ils ne sçavoient d'où il étoit.	
			8	8. Et il leur repliqua: Je ne vous dirai pas non plus par quelle autorité je fais ceci.	
	28 *c.*	1 *c.*		28. Que vous semble-t-il? 1. Il se mit ensuite à leur parler en paraboles.	

Année 36. de J.C. 4. de son Min. 3. de sa Pred. Le 1. d'Avr. 199

Mt. XXI.	Mr. XI.	L. XX.	f. XII.	Dans le Temple de Jerusalem.	
				2. Parabole de deux fils, l'un revenant à soi, & l'autre désobéissant.	Ch. 106.
		9.c.		9. JESUS commença donc à dire au peuple cette parabole.	XLV. Parabole
28.r.				28. Il y avoit un homme qui avoit deux fils; & s'adressant au premier, il lui dit: Allez-vous-en aujourd'hui travailler à ma vigne.	
29				29. Je n'y veux pas aller, dit-il. Mais après étant touché de repentir, il s'y en alla.	
30				30. Il s'adressa ensuite au second, auquel il dit la même chose. Je m'y en vais, Seigneur, répondit-il; & il n'y alla pas.	
31				31. Lequel des deux a fait la volonté de son pere? Le premier, dirent-ils. JESUS leur repliqua: Je vous dis en verité, que les publicains & les femmes prostituées vous devanceront dans le royaume de Dieu.	
32				32. Car Jean est venu à vous dans la voie de justice, & vous ne l'avez point cru: les publicains au contraire & les femmes prostituées l'ont cru; & vous qui avez vu cela, vous n'avez point été touchés ensuite de repentir, ni portés à le croire.	
33.c.				33. Ecoutez une autre parabole.	
				3. Parabole des Vignerons homicides.	
33.r.	1.r.	9.c.		33. 1. 9. Un pere de famille planta une vigne, & l'enferma d'une haie; & creusant dans la terre, y fit un pressoir, & y bâtit une tour; puis l'ayant louée à des vignerons, il s'en alla pour un long-tems hors de son païs.	XLVI. Parabole
34	2	10		34. 2. 10. La saison des vendanges étant venue, il envoya son serviteur vers les vignerons, pour recevoir d'eux le revenu de sa vigne.	
35	3			35. 3. Mais ces vignerons l'ayant pris, le battirent, & le renvoyerent sans lui rien donner.	
	4	11		4. 11. Il leur envoya encore un autre serviteur; mais ils le battirent, & le blesserent à la tête; & l'ayant traité outrageusement, le renvoyerent aussi sans lui rien donner.	
	5	12		5. 12. Il en envoya encore un troisieme qu'ils blesserent, & l'ayant chassé, ils le tuerent.	

	Mt. XXI.	Mr. XI.	L. XX.	J. XII.	Dans le Temple de Jerusalem.
Ch. 106.	36.				36. Il envoya encore d'autres serviteurs en plus grand nombre que les premiers, & ils les traiterent de même, battant les uns, & tuant les autres.
	37.	6.	13.		37. 6. 13. Enfin le maître de cette vigne, ayant un fils unique qu'il aimoit, dit: Que ferai-je? je leur envoyerai mon fils bien-aimé. Il le leur envoya après tous les autres, disant: Peut-être que le voyant ils auront du respect pour lui.
	38.	7.	14.		38. 7. 14. Mais ces vignerons voyant le fils, dirent entre eux: Voici l'heritier, allons, tuons-le, & nous serons maîtres de l'heritage.
	39.	8.	15.		39. 8. 15. Ainsi s'étant saisis de lui, ils le chasserent hors de la vigne, & le tuerent.
	40.				40. Quand donc le maître de la vigne sera venu,
		9.			9. comment traitera-t-il ces vignerons?
			16.		16. Il viendra, il exterminera ces vignerons, & il donnera sa vigne à d'autres.
	41.				41. Quelques-uns du peuple lui répondirent: Il perdra ces méchans, & il loüra sa vigne à d'autres vignerons, qui lui rendront les fruits en leur saison. Les Princes des Prêtres ayant entendu ces choses, dirent: A Dieu ne plaise.

4. Application de cette parabole aux Juifs.

	Mt.	Mr.	L.	J.	
	42.		17.		42. 17. Mais Jesus les regardant, leur dit:
Psalm. CXVII. 22. 23.		10.			10. N'avez-vous point lû dans l'Ecriture: ,, La ,, pierre qui a été rejettée par ceux qui bâtis- ,, soient, est devenue la principale pierre de ,, l'angle:
		11.			,, C'est le Seigneur qui l'a fait, & nos yeux le ,, voyent avec admiration"?
	43.				43. C'est pourquoi je vous declare que le royaume de Dieu vous sera ôté, & qu'il sera donné à un peuple qui en prendra les fruits.
	44.		18.		44. 18. Celui qui se laissera tomber sur cette pierre, s'y brisera, & elle écrasera celui sur qui elle tombera.
	45.				45. Les Princes des Prêtres & les Pharisiens ayant entendu ces paraboles de Jesus, connurent bien que c'étoit d'eux qu'il parloit.
	46. f	12. c.	19.		46. 12. 19. Ils cherchoient le moyen de le prendre

Année 36.de J.C. 4.de son Min. 3.de sa Pred. Le 1.d'Av. 201

Dans le Temple de Jerusalem

prendre à l'heure même; mais ils appréhendoient le peuple, parce qu'il considéroit Jesus comme un Prophete; & ils avoient bien reconnu qu'il avoit dit cette parabole contre eux.

5. Parabole des conviés aux noces a.

1. Jesus parlant encore en paraboles, leur dit:
2. Le royaume des cieux est semblable à un Roi, qui voulant faire les noces de son fils,
3. envoya ses serviteurs pour appeller aux noces ceux qui y étoient conviés; mais ils refuserent d'y venir.
4. Il envoya encore d'autres serviteurs, avec ordre de dire aux conviés: J'ai preparé mon dîner, j'ai fait tuer mes bœufs & tout ce que j'avois fait engraisser; tout est prêt, venez-vous-en aux noces.
5. Mais eux ne s'en mettant point en peine, s'en allerent, l'un à sa maison des champs, l'autre à son commerce;
6. les autres se saisirent des serviteurs, & les tuerent après leur avoir fait plusieurs outrages.
7. Le Roi l'ayant appris, en fut ému de colere; & ayant envoyé ses armées, il extermina ces meurtriers, & brula leur ville.
8. Alors il dit à ses serviteurs: Le festin des noces est tout prêt; mais ceux qui y avoient été appellés n'en sont pas dignes.
9. Allez-vous-en donc dans les carrefours, & appellez aux noces tous ceux que vous trouverez.
10. Ses serviteurs alors s'en allant par les rues, assemblerent tous ceux qu'ils trouverent, bons & mauvais; & la salle des noces fut remplie de personnes qui se mirent à table.
11. Le Roi ensuite entra pour voir ceux qui étoient à table; & ayant apperçu un homme qui n'avoit point de robe nuptiale,
12. il lui dit: Comment êtes-vous entré ici sans avoir la robe nuptiale? Et cet homme demeura muet.
13. Alors le Roi dit à ses gens: Liez-lui les pieds & les mains, & jettez-le dans les tenebres

Ch. 106.

a la même Parabole ch. 30. 4.

C c

Mt. XXII.	Mr. XII.	L. XX.	J. XII.	Dans le Temple de Jerusalem.
				exterieures. C'est là qu'il y aura des pleurs & des grincemens de dents.
14.				14. Car il y en aura beaucoup d'appellés, mais peu d'élus.
	12.			12. Ils laisserent là Jesus, & se retirerent.

Ch. 106.

CHAPITRE CVII.

1. Rendre à Cesar ce qui est à Cesar, & à Dieu ce qui est à Dieu.

15.				15. Après cela les Pharisiens s'en étant allés, resolurent entre eux de le surprendre dans ses paroles.
		20.		20. Comme donc ils l'observoient,
16.	13.			16. 13. ils lui envoyerent quelques-uns des Pharisiens & des Herodiens, des espions qui contrefaisoient les gens de bien, pour le surprendre dans ses paroles, afin de le livrer à la Justice & au pouvoir du Gouverneur.
	14.	21.		14. Ceux-ci étant venus, 21. ils lui proposerent cette question: Maître, nous sçavons que vous êtes veritable, que vous ne dites & n'enseignez rien que de juste, & que vous n'avez égard à qui que ce soit; car vous ne considerez point la qualité des personnes, mais vous enseignez la voie de Dieu dans la verité.
17.				17. Dites-nous donc votre avis sur ceci.
		22.		22. Nous est-il permis, ou non, de payer le tribut à Cesar? le payerons-nous, ou ne le payerons-nous point?
18.	15.	23.		18. 15. 23. Mais Jesus connoissant leur hypocrisie, leur dit: Hypocrites, pourquoi me tentez-vous?
19.		24.		19. 24. Apportez-moi un denier que je le voye.
20.	16.			16. ils lui en presenterent un; 20. & il leur demanda: De qui est cette image & cette inscription?
21.				21. De Cesar, lui repondirent-ils. Alors
	17.	25.		17. 25. Jesus leur dit: Rendez donc à Cesar ce qui est à Cesar, & à Dieu ce qui est à Dieu.
22.				22. L'ayant entendu parler de la sorte,
		26.		26. ils ne trouverent rien dans ses paroles qu'ils pussent reprendre devant le peuple; ils

Année 36 de J.C. 4 de son Min. 3 de sa Préd. Le 1. d'Av.

Mt. XXII.	Mc. XII.	Lc. XX.	J. XII.	Dans le Temple de Jerusalem.	
				admirerent sa réponse, & se turent ; & l'ayant quitté, ils se retirerent.	Ch. 107.
				2. Sadducéens confondus.	
23	18	27		23. Ce jour-là, 18. 27. quelques-uns des Sadducéens qui nient la resurrection, le vinrent trouver, & lui proposerent cette question :	
24	19	28		24. 19. 28. Maître, Moyse nous a laissé par écrit, que si le frere de quelqu'un étant marié, meurt & laisse sa femme sans avoir d'enfans, son frere est obligé d'épouser sa femme pour susciter des enfans à son frere *mort*.	
25	20	29		25. 20. 29. Or il y avoit sept freres parmi nous, dont le premier est mort ; & n'ayant point d'enfans, il l'a laissée à son frere.	
26	21	30		26. De même 21. 30. le second l'ayant épousée, est mort sans laisser d'enfans ;	
		31		31. & le troisieme de même l'a épousée. De même,	
	22			22. sept l'épouserent, & sont morts sans qu'ils ayent laissé d'enfans.	
27		32		27. 32. Enfin la femme est morte après tous.	
28	23	33		28. 23. 33. Dans le tems donc de la resurrection, lorsqu'ils resusciteront, duquel d'eux sera-t-elle femme ? car elle l'a été des sept.	
29	24	34		29. 24. 34. Jesus leur répondit : Ne voyez-vous pas que vous êtes dans l'erreur, parce que vous ne comprenez ni les Ecritures, ni la puissance de Dieu ? Les enfans de ce siecle-ci épousent des femmes, & les femmes des maris.	
30	25	35		30. 25. 35. Mais lors de la resurrection des morts, ceux qui seront jugés dignes d'avoir part à ce siecle-là, & à la resurrection des morts, n'épouseront point de femmes, ni les femmes n'épouseront point de maris.	
		36		36. Car alors ils ne pourront plus mourir, ils seront semblables aux Anges de Dieu dans le ciel, & seront enfans de Dieu, étant enfans de la resurrection.	
31	26	37		31. 26. 37. Mais quant aux morts, qu'ils doivent resusciter, n'avez-vous point lu dans le livre de Moyse, ce que Dieu lui dit auprès du buisson ; Je suis le Dieu d'Abraham, le Dieu	*Exod. III. 7.*

C c ij

Mt	Mr	L		
Ch. 197.	XXII.	XII.	XX.	*Dans le Temple de Jérusalem.*
				« d'Isaac, & le Dieu de Jacob »
32.	27.	38.		32. 27. 38. Or il n'est point le Dieu des morts, mais des vivans devant lui. Vous êtes donc vous autres dans une grande erreur.
		39.		39. Alors quelques uns des Docteurs de la loi prenant la parole, lui dirent: Maître, vous avez bien répondu.
		40.		40. Depuis ce tems-là personne n'osoit plus lui faire de questions.
33.				33. & le peuple qui entendoit cela, étoit dans l'admiration de sa doctrine.
				§. Quel est le grand Commandement.
34.				34. Mais les Pharisiens ayant appris qu'il avoit fermé la bouche aux Sadducéens, tinrent conseil ensemble.
35.	28.			35. 28. & l'un d'eux qui étoit Docteur de la loi, qui avoit ouï cette dispute, voyant qu'il avoit si bien répondu aux Sadducéens, s'approcha, & lui fit cette question pour le tenter.
36.				36. Quel est le premier de tous les Commandemens de la loi?
37.	29.			37. 29. Jesus lui répondit: Le premier de tous les Commandemens est: Ecoutez, Israël, le Seigneur votre Dieu est le seul Dieu.
Deut. VI. 4. XXX. 2. 6. & 10.		30.		30. Vous aimerez le Seigneur votre Dieu de tout votre cœur, de toute votre ame, de tout votre esprit, & de toutes vos forces.
38.				38. C'est là le plus grand & le premier Commandement.
39.	31.			39. 31. Et voici le second qui est semblable à celui-là: Vous aimerez votre prochain comme vous même. Il n'y a point d'autre Commandement plus grand que ceux-ci.
Levit. XIX. 18.				
40.				40. Toute la Loi & les Prophetes sont renfermés dans ces deux Commandemens.
	32.			32. Le Docteur de la loi lui répondit: Maître, ce que vous avez dit, est tres-veritable, qu'il n'y a qu'un seul Dieu, & qu'il n'y en a point d'autre que lui.
	33.			33. & que de l'aimer de tout son cœur, de tout son esprit, de toute son ame & de toutes ses forces, & son prochain comme soi-même

Année 36. de J.C. 4. de son Min. 3. de sa Pred. Le 1. d'Av. 205

Dans le Temple de Jerusalem.

est plus que tous les holocaustes & que tous les sacrifices.

34. Jesus voyant qu'il avoit répondu sagement, lui dit : Vous n'êtes pas loin du royaume de Dieu. Et depuis ce tems là personne n'osoit plus lui faire de questions.

CHAPITRE CVIII.

1. Jesus-Christ Fils & Seigneur de David.

41. Les Pharisiens étant assemblés, Jesus leur demanda : Que vous semble du Christ ? de qui doit-il être fils ? Ils lui répondirent : De David.

42. 35. 41. Mais Jesus enseignant dans le Temple, leur dit : Comment les Docteurs de la loi disent-ils que le Christ est fils de David ? Et comment donc David l'appelle-t-il en esprit son Seigneur,

36. 42. puisqu'il dit lui-même par le Saint Esprit dans le livre des Pseaumes :

43. » Le Seigneur a dit à mon Seigneur, Asseyez-vous à ma droite,

43. jusqu'à ce que j'aye reduit vos ennemis à vous servir de marchepied « ?

44. Si 37. 44. donc David lui-même l'appelle son Seigneur, comment est-il son fils ?

45. Nul ne lui put répondre, & personne n'osa plus lui faire de questions. Et la multitude du peuple prenoit plaisir à l'écouter.

Docteurs de la loi & Pharisiens bons à être écoutés, & non à être imités.

45. Comme tout le peuple écoutoit Jesus,
1. il parla au peuple & à ses disciples,
2. 38. & il leur disoit en les instruisant :
46. Gardez-vous des Docteurs de la loi. Les Docteurs de la loi & les Pharisiens sont assis sur la chaire de Moyse.

3. Observez donc & faites tout ce qu'ils vous ordonnent : mais ne faites pas ce qu'ils font ; car ils disent, & ne font pas.

4. Ils lient des fardeaux pesans, & qu'on ne

Ch. 107.

Ps. CIX. 1.

C c iij

	Mr. XXIII.	Mr. XII.	L. XX.	L. XII.	Dans le Temple de Jerusalem.	
Ch. 108.					sçauroit porter, & les mettent sur les epaules des hommes, & ne voudroient pas les avoir remuës du bout du doigt.	
	5				5. Ils font toutes leurs actions afin d'être vûs des hommes; car ils élargissent leurs phylacteres, & allongent leurs franges.	
	6				6. Ils aiment à marcher avec de longues robes, à être saluës dans les ruës,	
			39		39. à avoir les premieres chaires dans les Synagogues, & les premieres places dans les festins,	
	7				7. & à être appellés Maîtres parmi les hommes.	
	8				8. Mais pour vous, ne cherchez point à être appellés Maîtres; car votre seul Maître est le Christ, & vous tous, vous êtes freres.	
	9				9. N'appellez aucun sur la terre votre pere, parce que votre seul Pere est dans les cieux.	
	10				10. Et ne souffrez point d'être appellés Docteurs, parce que votre seul Docteur est le Christ.	
	11				11. Celui qui est le plus grand parmi vous, sera votre serviteur.	
	12				12. Car quiconque s'élevera, sera abaissé, & quiconque s'abaissera, sera élevé.	

§. *Huit imprecations contre les Docteurs de la loi & les Pharisiens.*

	13				13. I. Malheur à vous Docteurs de la loi & Pharisiens hypocrites, qui fermez aux hommes le royaume des cieux, car vous n'y entrez point vous-mêmes, & vous vous opposez à ceux qui desirent y entrer.	
	14				14. II. Malheur à vous Docteurs de la loi & Pharisiens hypocrites,	
			40	47 f.	40. 47. qui sous pretexte de longues prieres devorez les maisons des veuves; c'est pour cela que vous en recevrez une condamnation plus rigoureuse.	
	15				15. III. Malheur à vous Docteurs de la loi & Pharisiens hypocrites, qui courez la mer & la terre pour faire un seul proselyte, & après qu'il l'est devenu, vous le rendez digne de l'enfer deux fois plus que vous.	

Année 36. de J.C. 4. de son Min. 3. de sa Préd. Le 1. d'Av. 207

Mt.XXIII.	Mc. XI.	Lc. XXI.	Dans le Temple de Jerusalem.
16. 17.			16. IV. Malheur à vous conducteurs aveugles, qui dites : Si un homme jure par le Temple, cela n'est rien; mais s'il jure par l'or du Temple, il est obligé à son serment.
			17. Insensés & aveugles que vous êtes, lequel est plus estimé, ou l'or, ou le Temple qui sanctifie l'or?
18			18. Et si un homme jure par l'autel, cela n'est rien; mais s'il jure par le don qui est sur l'autel, il est obligé à son serment.
19			19. Aveugles que vous êtes, lequel est le plus estimé, ou le don, ou l'autel qui sanctifie le don?
20			20. Celui donc qui jure par l'autel, jure par l'autel, & par tout ce qui est dessus.
21			21. Et celui qui jure par le Temple, jure par le Temple, & par celui qui y habite.
22			22. Et celui qui jure par le ciel, jure par le trône de Dieu, & par celui qui y est assis.
23			23. V. Malheur à vous Docteurs de la loi & Pharisiens hypocrites, qui payez la dixme de la menthe, de l'aneth & du cumin, pendant que vous negligez ce qu'il y a de plus important dans la loi, sçavoir la justice, la misericorde & la foi. C'étoit là les choses qu'il falloit pratiquer, sans neanmoins omettre les autres.
24			24. Conducteurs aveugles, qui craignez d'avaller un moucheron, & qui avallez un chameau.
25			25. VI. Malheur à vous Docteurs de la loi & Pharisiens hypocrites, qui nettoyez le dehors de la coupe & du plat, pendant que le dedans est plein de rapine & d'impureté.
26			26. Pharisien aveugle, nettoyez premierement le dedans de la coupe & du plat, afin que le dehors en soit net aussi.
27			27. VII. Malheur à vous Docteurs de la loi & Pharisiens hypocrites, qui êtes semblables à des sepulcres blanchis, qui au dehors paroissent beaux, mais qui au dedans sont pleins d'ossemens de morts, & de toute sorte de pourriture.
28			28. Ainsi au dehors vous paroissez justes aux yeux des hommes, mais au dedans vous êtes plein d'hypocrisie & d'iniquité.

Ch. 108.

Ch. 108	Mt. XXIII	Mr. XII	L. XX	L. XII	Dans le Temple de Jerusalem.
	29				29. VIII. Malheur à vous Docteurs de la loi & Pharisiens hypocrites, qui bâtissez des tombeaux aux Prophetes, & ornez les monumens des justes ;
	30				30. & qui dites : Si nous eussions été du tems de nos peres, nous ne nous fussions pas joints avec eux pour répandre le sang des Prophetes.
	31				31. Ainsi vous vous rendez témoignage à vous-mêmes que vous êtes les enfans de ceux qui ont tué les Prophetes.
	32				32. Achévez donc aussi de combler la mesure de vos peres.
	33				33. Serpens, race de viperes, comment pourrez-vous éviter d'être condamnés au feu de l'enfer ?
	34				34. C'est pourquoi je m'en vais vous envoyer des Prophetes, des Sages & des Docteurs, & vous tûrez les uns, vous crucifirez les autres, vous en fouetterez d'autres dans vos Synagogues, & vous les persecuterez de ville en ville.
	35				35. afin que tout le sang innocent qui a été répandu sur la terre, retombe sur vous, depuis le sang du juste Abel jusqu'au sang de Zacharie fils de Barachie, que vous avez tué entre le temple & l'autel.
	36				36. Je vous dis en verité, que tout cela retombera sur cette race.

4. *Seconde prédiction de la ruine de Jerusalem.*

	37				37. Jerusalem, Jerusalem, qui tues les Prophetes, & qui lapides ceux qui sont envoyés vers toi, combien de fois ai-je voulu rassembler tes enfans, comme une poule rassemble ses petits sous ses ailes, & tu ne l'as pas voulu !
	38				38. Le tems s'approche que vos maisons seront desertes.
	39 *s.*				39. Car je vous declare, que vous ne me verrez plus desormais jusqu'à ce que vous disiez : Beni soit celui qui vient au nom du Seigneur.

Ces huit imprecations contre les Pharisiens & les Docteurs de la loi, qui sont ci-dessus dans S. Matthieu depuis le v. 13 jusqu'au 37. sont presque semblables à celles qui

Mt XXIII	Mc XII	Lc XXI	Dans le Temple. Hors le Temple. Sur la mont des Oliviers.	
			qui sont rapportées dans Saint Luc XI. 42. — 52. ch. 75. 2. 3. Et la seconde Prédiction de la ruine de Jerusalem qui est après ces imprecations dans S. Matthieu est aussi dans S. Luc XIII. 34. 35. ch. 79. 2. Il paroît que tout cela n'a été dit ici dans S. Matthieu que par recapitulation, comme les dernieres paroles du v. 39 le marquent, lorsqu'il dit: Vous ne me verrez plus désormais jusqu'à ce que vous disiez: Béni soit celui qui vient au nom du Seigneur, qui signifie que cela avoit été dit avant l'entrée triomphante de Jesus dans Jerusalem. Ainsi cette prédiction ne doit être prise que pour la même qui a été rapportée dans S. Luc.	Ch. 101.

CHAPITRE CIX.

1. Veuve donnant de son indigence.

	41	1	41. 1. JEsus étant assis vis à vis du tronc, regardoit comment le peuple y mettoit de l'argent; les plus riches y en mettoient beaucoup.	
	42	2	42. 2. Il vit aussi une pauvre veuve, qui s'approchant y mit deux petites pieces de la valeur d'un liard.	
	43	3	43. 3. Alors ayant appellé ses disciples, il leur dit: Je vous dis en verité, que cette veuve a donné plus que tous les autres qui ont mis dans le tronc;	
	44	4	44. 4. car tous ceux-là ont donné des presens à Dieu de leur abondance, mais celle-ci a donné de son indigence même tout ce qu'elle avoit pour vivre.	

2. Prédiction de la destruction du Temple de Jerusalem.

XIII				
1	1		1. 1. Lorsque JEsus sortit du Temple pour s'en aller, ses disciples vinrent à lui pour lui faire remarquer la structure du Temple. Un de ses disciples lui dit: Maître, regardez quelles pierres & quels bâtimens.	
		5	5. Et quelques-uns lui disant que le Temple étoit bâti de belles pierres, & orné de dons;	
2	2		2. 2. il leur répondit: Voyez-vous ces grandes structures? je vous dis en verité;	
		6	6. il viendra un tems auquel toutes ces choses que vous voyez, seront tellement détruites, qu'il n'y demeurera pas pierre sur pierre.	

D d

	Mt. XXIV	Mr. XIII	L. XXI	J. XII	Sur la montagne des Oliviers.
Ch. 109.					3. *Présages de la ruine de Jérusalem.*
	3	3		7	3. 3. Etant ensuite assis sur la montagne des Oliviers vis à vis le Temple, 7. alors Pierre, Jaque, Jean & André le vinrent trouver en particulier, & lui demanderent: Maître,
		4			4. dites-nous quand donc cela arrivera, & quel signe il y aura quand tout cela commencera à se faire, & quel signe il y aura de votre avenement & de la fin du monde ?
	4	5	8		4. 5. 8. Jesus leur répondit : Prenez garde que personne ne vous séduise.
	5	6			5. 6. Car plusieurs viendront sous mon nom, disant : Je suis le Christ ; & ils en seduiront plusieurs ; & ce tems-là est proche : mais gardez-vous bien de les suivre.
			7	9	7. 9. Et lorsque vous entendrez parler de guerres, & de bruits de guerres, & de seditions,
	6				6. gardez-vous bien de vous troubler, parce qu'il faut que cela arrive premierement ; mais ce ne sera pas encore sitôt la fin.
				10	10. Alors, leur dit-il,
	7	8			7. 8. on verra se soulever peuple contre peuple, royaume contre royaume ;
				11	11. & il y aura en divers lieux de grands tremblemens de terre, des pestes & des famines ; & il paroîtra des choses épouventables, & des signes extraordinaires dans le ciel ;
	8				8. & tout cela ne sera que le commencement des douleurs.
					4. *Justes persecutés.*
			9		9. Pour vous autres, prenez garde à vous.
				12	12. Mais avant tout cela, ils se saisiront de vous, & vous persecuteront.
	9	9			9. Car ils vous livreront aux tourmens dans les assemblées & dans les Synagogues & dans les prisons ; ils vous feront fouetter, vous amenant devant les Rois & les Magistrats à cause de mon nom.
				13	13. Et cela servira pour leur rendre témoignage.

Année 36. de J.C. 4. de son Min. 3. de sa Préd. Le 1. d'Av. 211

Mr XXIV.	Mr XIII.	L. XXI.	L. XII.	Sur la montagne des Oliviers.	
	10 11			10. Mais il faut premierement que l'Evangile soit prêché à toutes les nations.	Ch. 109.
				11. Lors donc que vous serez menés pour vous livrer à eux, ne préméditez point ce que vous leur devez dire.	
		14		14. Gravez donc cette pensée dans vos cœurs, de ne point préméditer ce que vous devez dire pour votre défense; mais dites ce qui vous sera inspiré à l'heure même;	
		15		15. car je vous donnerai une bouche & une sagesse que vos ennemis ne pourront contredire, & à laquelle ils ne pourront resister. Car ce n'est pas vous qui parlez, mais le Saint Esprit.	
	12			12. Or le frere livrera le frere à la mort, & le pere le fils; les enfans s'éleveront contre leurs peres & meres, & les feront mourir.	
		16		16. Vous serez aussi livrés par vos peres & meres, par vos freres, par vos parens & par vos amis,	
9. r.				9. & ils en feront mourir quelques-uns d'entre vous;	
	13	17		13. 17. & vous serez haïs de tout le monde à cause de mon nom.	
		18		18. Mais il ne se perdra pas un seul cheveu de votre tête.	
10				10. Alors plusieurs seront scandalisés, se trahiront & se hairont les uns les autres.	
11				11. Et il s'élevera un grand nombre de faux prophetes, qui en seduiront plusieurs.	
12				12. Et parce que l'iniquité sera accrue, la charité de plusieurs se refroidira.	
13		19		13. 19. Mais celui qui perseverera jusqu'à la fin, sera sauvé.	
14				14. Et cet Evangile du royaume sera prêché dans toute la terre, pour servir de témoignage à toutes les nations; & c'est alors que la fin doit arriver.	

§. *Troisieme Prédiction de la ruine de Jerusalem.*

15	14	20		15. 14. 20. Quand vous verrez Jerusalem environnée d'armées, l'abomination de la desolation dont parle le Prophete Daniel, établie dans le lieu saint, où elle ne doit pas être; (que celui	Dan. IX. 27.

Dd ij

Ch. 109.	Mt. XXIV	Mr. XIII	L. XXI		
			T XII		Sur la montagne des Oliviers.
			21		qui lit l'entende) vous sçaurez que sa desolation est proche.
				21.	Alors que ceux qui seront dans la Judée s'enfuient sur les montagnes, que ceux qui seront au milieu d'elle en sortent, & que ceux qui sont dans la campagne n'y rentrent point.
	16.	15.		15.	Que celui qui sera au haut du toit, ne descende point dans la maison.
	17.	16.		16.	Et que celui qui sera dans le champ, ne retourne point sur ses pas pour prendre son vêtement.
			22	22.	Car ce seront les jours de la vengeance, afin que tout ce qui est dans l'Ecriture soit accompli.
	18.	17.	23		18. 17. 23. Malheur à celles qui seront enceintes ou nourrices en ces jours-là; car la misere sera grande sur la terre, & la colere sur le peuple.
			24	24.	Ils passeront par le fil de l'épée; ils seront emmenés captifs chez toutes les nations, & Jerusalem sera foulée aux pieds par les nations, jusqu'à ce que les tems des nations soient accomplis.
	19.	18.			19. 18. Priez, afin que votre fuite n'arrive point durant l'hyver, ni au jour du Sabbat.
	20.	19.			20. 19. Car l'affliction en ce tems-là sera si grande, qu'il n'y en a point eu de pareille depuis le commencement que Dieu créa toutes choses jusqu'à present, & qu'il n'y en aura jamais.
	21.	20.			21. 20. Et si le Seigneur n'avoit abregé ces jours, nul homme n'auroit été sauvé; mais il les a abregés en faveur des élus qu'il a choisis.

6. *Signes qui doivent preceder l'avenement de* JESUS-CHRIST.

	22.	21.			22. 21. Alors si quelqu'un vous dit: Le CHRIST est ici, ou il est là, ne le croyez pas.
	23.	22.			23. 22. Car il s'élevera de faux-Christs & de faux-Prophetes, qui feront de grands prodiges & des choses étonnantes, jusqu'à seduire, s'il étoit possible, les élus mêmes.
		23.			23. Prenez donc garde à vous.
	24.				24. Vous voyez que je vous ai prédit toutes ces choses.

Année 36. de J C. 4. de son Min. 3. de sa Pred. Le 1. d'Avr. 213

Mt. XXIV.	Mr. XIII.	L. XXI.	T. XXII.	Sur la montagne des Oliviers.	
				25. Si donc on vous dit : Le voici dans le desert, ne sortez point : Le voici dans le lieu le plus retiré de la maison, ne le croyez point.	Ch. 109.
25 26				26. Car comme un éclair qui sort de l'Orient paroît jusqu'à l'Occident ; ainsi sera l'avenement du Fils de l'homme.	
27				27. Par tout où le corps mort se trouvera, les aigles s'y assembleront.	
28	24	25		28. 24. 25. Mais après ces jours d'affliction, il y aura des signes dans le Soleil, dans la Lune & dans les Etoiles. Le Soleil s'obscurcira, la Lune ne donnera plus sa lumiere,	
29	25			29. 25. & les Etoiles du ciel tomberont.	
		26		26. Et sur la terre, les nations seront dans l'abatement & dans la consternation ; la mer fera un bruit effroyable par l'agitation de ses flots ; & les hommes secheront de frayeur dans l'attente des maux dont tout le monde sera menacé ; car les vertus des cieux seront ébranlées. Alors le signe du Fils de l'homme paroîtra dans le ciel ; & tous les peuples de la terre déploreront leur misere.	
30	26	27		30. 26. 27. Et alors ils verront le Fils de l'homme qui viendra sur les nuées du ciel avec une grande puissance & une grande gloire.	
31	27			31. 27. Alors il envoyera ses Anges, qui feront entendre la voix éclatante de leurs trompettes ; & ils rassembleront ses élus des quatre coins du monde, depuis l'extremité de la terre jusqu'à l'extremité du ciel.	
		28		28. Lorsque toutes ces choses commenceront à arriver, regardez en haut, & levez vos têtes, parce que votre redemption est proche.	

Chapitre CX.

1. Parabole du Figuier.

		29		29. IL leur dit ensuite cette parabole.	
32	28			32. 28. Apprenez une parabole du figuier. Considerez le figuier & tous les arbres,	XLVII. Parabole
		30		30. quand ils commencent à pousser : lorsque ses branches sont déja tendres, & qu'il pousse ses feuilles, vous reconnoissez par cela que l'Eté est déja proche.	

D d iij

Mt. XXIV.	Mr. XIII.	L.XXI.	L.XII.	Sur la montagne des Oliviers.
33	29	31		33. 29. 31. De même quand vous verrez arriver toutes ces choses, sçachez que le royaume de Dieu est proche, & qu'il est à la porte.
34	30	32		34. 30. 32. Je vous dis en verité que cette generation ne finira point, que toutes ces choses ne soient accomplies.
35	31	33		35. 31. 33. Le ciel & la terre passeront, mais mes paroles ne passeront point.
36	32			36. 32. Quant à ce jour & à cette heure, nul ne la sçait; non pas même les Anges des cieux, ni même le Fils, mais le Pere seul.

Ch. 110.

2. Veiller & prier.

			34	34. Prenez donc garde à vous, de peur que vos cœurs ne s'appesantissent par l'excès des viandes & du vin, & par les inquietudes de cette vie, & que ce jour ne vienne tout d'un coup vous surprendre:
			35	35. Car il envelopera comme un filet tous ceux qui habitent sur la face de la terre.
37				37. Et il arrivera à l'avenement du Fils de l'homme, ce qui arriva au tems de Noé.
38				38. Car comme auparavant le Deluge les hommes mangeoient & buvoient, épousoient des femmes, & marioient leurs filles, jusqu'au jour auquel Noé entra dans l'Arche;
39				39. sans penser seulement au Deluge jusqu'à ce qu'il fût arrivé, & qu'il eût emporté tout le monde; il en sera de même à l'avenement du Fils de l'homme.
40				40. Alors de deux hommes qui seront dans un champ, l'un sera pris, & l'autre laissé.
41				41. De deux femmes qui moudront dans un moulin, l'une sera prise, & l'autre laissée.
	33			33. Prenez garde à vous, veillez & priez, parce que vous ne sçavez quand ce tems viendra.
	34			34. Car il en sera comme d'un homme, qui s'en allant faire voyage, laisse sa maison, & donne pouvoir à chacun de ses serviteurs sur ce qu'il doit faire, & qui recommande à son portier qu'il soit vigilant.
42	35			42. 35. Veillez donc, car vous ne sçavez pas quand le maître de la maison doit venir; si ce

Année 36. de J.C. 4 de son Min. 3. de sa Préd. Le 1. d'Avr.

Sur la montagne des Oliviers.

Mt. XXIV.	Mr. XIII.	L. XXI.	L. XII.		
	36			sera le soir, ou à midi, ou au chant du coq, ou au matin ;	Ch. 116.
				36. de peur que survenant tout d'un coup, il ne vous trouve endormis.	
	37 f.			37. Ce que je vous dis, je le dis à tous : Veillez.	
43				43. Sçachez que si le pere de famille étoit averti de l'heure à laquelle le voleur doit venir, il veilleroit sans doute, & ne laisseroit pas percer sa maison.	
44				44. Tenez-vous donc toujours prêts, parce que le Fils de l'homme viendra lorsque vous n'y penserez pas.	
			36	36. Veillez donc en priant toujours, afin que vous soyez rendus dignes d'éviter toutes ces choses qui arriveront, & de comparoître devant le Fils de l'homme.	

3. *Parabole du bon & du mauvais serviteur.*

45				45. Qui est le serviteur fidele & prudent, que son maître a établi sur tous ses serviteurs pour leur distribuer dans le tems la nourriture dont ils ont besoin ?	XLVIII. Parabole.
46				46. Heureux ce serviteur, que son maître trouve à son arrivée agissant ainsi.	
47				47. Je vous dis en verité, qu'il l'établira sur tous ses biens.	
48				48. Mais si ce serviteur est méchant, & que disant en son cœur ; Mon maître n'est pas prêt de venir,	
49				49. il se mette à battre ses compagnons, & à manger & boire avec des yvrognes ;	
50				50. le maître de ce serviteur viendra au jour qu'il ne s'y attend pas, & à l'heure qu'il ne sçait pas ;	
51 f. XXV. 1				51. il le separera & le mettra au rang des hypocrites. C'est là qu'il y aura des pleurs & des grincemens de dents.	

4. *Parabole des vierges folles & des prudentes.*

				1. Alors le royaume des cieux sera semblable à dix vierges, qui ayant pris leurs lampes, s'en allerent au devant de l'époux & de l'épouse.	XLIX. Parabole

216 Année 36. de J.C. 4. de son Min. 3. de sa Pr. Le r. d'Avr.

Ch. 110.	Mt. XXIV.	Mc. XIII.	L. XXI.	T. XII.	sur la montagne des Oliviers.
	2				2. Il y en avoit cinq d'entre elles qui étoient folles, & cinq prudentes.
	3				3. Celles qui étoient folles, ayant pris leurs lampes, ne prirent point d'huile avec elles.
	4				4. Les prudentes au contraire prirent de l'huile dans leurs vases avec leurs lampes.
	5				5. Et comme l'époux tardoit à venir, elles s'assoupirent toutes & s'endormirent.
	6				6. Mais sur la minuit on entendit un grand cri: Voici l'époux qui vient, allez au devant de lui.
	7				7. Toutes ces vierges se leverent aussitôt, & elles preparerent leurs lampes.
	8				8. Mais les folles dirent aux prudentes: Donnez-nous de votre huile, parce que nos lampes s'éteignent.
	9				9. Les prudentes leur répondirent: De peur que ce que nous en avons ne suffise pas pour nous & pour vous, allez plutôt à ceux qui en vendent, & achetez-en ce qu'il vous en faut.
	10				10. Mais pendant qu'elles en étoient allées acheter, l'époux vint, & celles qui étoient prêtes entrerent avec lui aux noces, & la porte fut fermée.
	11				11. Enfin les autres vierges vinrent aussi, & lui dirent: Seigneur, Seigneur, ouvrez-nous.
	12				12. Mais il leur répondit: Je vous dis en verité que je ne vous connois pas.
	13				13. Veillez donc, parce que vous ne sçavez ni le jour ni l'heure.
					15. *Parabole des cinq talens* a.
a la même c. 96. 2.	14				14. Car il agit comme un homme qui devant faire un long voyage, appella ses serviteurs, & leur mit son bien entre leurs mains.
	15				15. Et ayant donné cinq talens à l'un, deux à l'autre, & un à l'autre, selon la capacité differente de chacun d'eux, il partit aussitôt.
	16				16. Celui donc qui avoit reçu cinq talens, s'en alla, il trafiqua avec cet argent, & il en gagna cinq autres.
	17				17. Celui qui en avoit reçu deux, en gagna encore de même deux autres.
	18				18. Mais celui qui n'en avoit reçu qu'un, s'en alla

Sur la montagne des Oliviers.

alla faire un trou dans la terre, & y cacha l'argent de son maître.

19. Longtems après, le maître de ces serviteurs étant revenu, il leur fit rendre compte.

20. Celui qui avoit reçu cinq talens, vint lui en présenter cinq autres, en lui disant : Seigneur, vous m'aviez mis entre les mains cinq talens, en voici cinq autres que j'ai gagnés par dessus.

21. Son maître lui répondit : O bon & fidele serviteur, parce que vous avez été fidele en peu de choses, je vous établirai sur beaucoup ; entrez dans la joie de votre maître.

22. Celui qui avoit reçu deux talens, vint aussi se présenter à lui, en lui disant : Seigneur, vous m'aviez mis entre les mains deux talens, en voici deux autres que j'ai gagnés pardessus.

23. Le maître lui répondit : O bon & fidele serviteur, parce que vous avez été fidele en peu de choses, je vous établirai sur beaucoup ; entrez dans la joie de votre maître.

24. Celui qui n'avoit qu'un talent, vint aussi se présenter à lui, en disant : Seigneur, je sçai que vous êtes un homme severe, que vous moissonnez où vous n'avez point semé, & que vous recueillez où vous n'avez rien mis ;

25. C'est pourquoi vous appréhendant, j'ai été cacher votre talent dans la terre, le voici, je vous le rends.

26. Son maître lui répondit : Serviteur méchant & paresseux, vous sçaviez bien que je moissonne où je n'ai pas semé, & que je recueille où je n'ai rien mis ;

27. Vous deviez donc mettre mon argent entre les mains des banquiers, afin qu'à mon retour je retirasse avec usure ce qui est à moi.

28. Qu'on lui ôte le talent, & qu'on le donne à celui qui a dix talens.

29. Car on donnera à tous ceux qui ont, & ils seront comblés de biens ; mais pour celui qui n'a point, on lui ôtera même ce qu'il semble avoir.

30. Qu'on jette donc ce serviteur inutile dans les ténèbres extérieures. C'est là qu'il y aura des

Sur la montagne des Oliviers.

pleurs & des grincemens de dents.

7. Dernier Jugement.

31. Mais quand le Fils de l'homme viendra dans sa majesté, accompagné de tous les saints Anges, il s'asseyera sur le trône de sa gloire;

32. & toutes les nations de la terre étant assemblées devant lui, il séparera les uns d'avec les autres, comme un berger sépare les brebis d'avec les boucs.

33. Et il mettra les brebis à sa droite, & les boucs à sa gauche.

34. Alors le Roi dira à ceux qui seront à sa droite: Venez, benis de mon Pere, possedez le royaume qui vous a été preparé dès le commencement du monde.

35. Car j'ai eu faim, & vous m'avez donné à manger; j'ai eu soif, & vous m'avez donné à boire; j'ai eu besoin de logement, & vous m'avez logé;

36. j'ai été nu, & vous m'avez revêtu; j'ai été malade, & vous m'avez visité; & j'ai été mis en prison, & vous m'êtes venu voir.

37. Alors les justes lui diront: Seigneur, quand est-ce que nous vous avons vû avoir faim, & que nous vous avons donné à manger, ou avoir soif, & que nous vous avons donné à boire?

38. Quand est-ce que nous vous avons vû sans logement, & que nous vous avons logé, ou nu, & que nous vous avons revêtu?

39. Et quand est-ce que nous vous avons vû malade, ou en prison, & que nous vous sommes venus visiter?

40. Alors ce Roi leur répondra: Je vous dis en verité, qu'autant de fois que vous avez rendu ces devoirs de charité au moindre de mes freres, c'est à moi-même que vous les avez rendus.

41. Il dira ensuite à ceux qui seront à la gauche: Retirez-vous de moi, maudits, au feu éternel, qui a été preparé pour le diable & pour ses anges.

42. Car j'ai eu faim, & vous ne m'avez pas donné à boire;

Année 36.de J.C. 4.de son Min. 3.de sa Préd. Le 1.d'Av. 219

M.XXV	M.XIV	L.XXI		
43			Sur la montagne des Oliviers. Dans Jerusalem chez Caiphe.	
			43. J'ai eu besoin de logement, & vous ne m'avez pas logé; j'ai été nu, & vous ne m'avez pas revêtu; j'ai été malade, & en prison, & vous ne m'avez pas visité.	Ch. 110.
44			44. Et les mechans lui diront aussi: Seigneur, quand est-ce que nous vous avons vu avoir faim, ou avoir soif, ou sans logement, ou nu, ou malade, ou prisonnier, & que nous avons manqué à vous assister?	
45			45. Mais il leur répondra: Je vous dis en verité, qu'autant de fois que vous avez manqué à rendre ces devoirs de charité au moindre de ces petits, vous avez manqué à me les rendre à moi-même.	
46			46. Et ceux-ci iront dans le supplice éternel, & les justes dans la vie éternelle.	
		37	37. Or le jour Jesus enseignoit dans le Temple, & la nuit il sortoit & se retiroit sur la montagne appellée des Oliviers.	
		38	38. Et tout le peuple venoit de grand matin dans le Temple pour l'écouter.	

Chapitre CXI.

Conspiration des Juifs contre Jesus-Christ.

1. LA fête des Azymes appellée la Pâque s'approchoit, & devoit être deux jours après.

2. Jesus après avoir achevé tous ces discours, dit à ses disciples:

2. Vous sçavez que la Pâque se fait dans deux jours, & que le Fils de l'Homme sera livré pour être crucifié.

3. Dans le même tems les Princes des Prêtres, les Docteurs de la loi, & les Senateurs du peuple s'assemblerent dans la salle du Grand-Prêtre appellé Caiphe,

4. & vinrent conseil ensemble pour se saisir adroitement de Jesus, & pour le faire mourir.

5. Et ils disoient: Il ne faut pas que ce soit pendant la fête, de peur qu'il ne s'excite quelque tumulte parmi le peuple; car ils apprehendoient le peuple.

Le Mercredi, 1. d'Avril les Juifs tiennent conseil pour prendre Jesus, & le faire mourir, comme il est dit ci-dessus.

Ee ij

Le 3. d'Avril, Ferie 5. qui étoit le Jeudi selon nous, Jesus & les disciples passent la journée sur la montagne des Oliviers, & sur le soir il envoye deux de ses disciples à la ville pour y preparer ce qu'il falloit pour la Pâque.

Fin de ce qui s'est passé jusqu'au Soleil couché du 2. Avril, le Jeudi de la Semaine-sainte.

✶✶✶✶✶✶✶✶✶✶✶✶✶✶✶✶✶✶✶✶✶✶✶

REGLES
DE L'IMMOLATION, DE LA PREPARATION, ET DE LA MANDUCATION DE LA PASQUE.

I. REGLE. ON immoloit l'Agneau pascal le quatorziéme jour du premier mois, qui étoit le mois appellé *Nisan* par les Hebreux. *Exode ch. XII. 2. 6. Levitiq. XXIII. 5. Nomb. IX. 3. 5. XXVIII. 16. Deuter. XVI. 1. & 6.*

II. REGLE. On l'immoloit sur le soir. *Exod. & Levit. ibid. & Nomb. IX. 3. 5. 11.* Ce tems-là est dit en Hebreu, *entre deux soirs*, & est opposé au matin. *Exod. XXIX. 39. 41. XXX. 7. 8. Nomb. XXVIII. 4. 8.*

III. REGLE. Ce tems contient six heures du soir. Or l'un se prend depuis midi, & l'autre depuis le Soleil couché. Ce qui fait assigner à Philon Juif le tems d'immoler la Pâque après midi jusqu'au soir. *Du Septenaire page 190. Gr. Lat.* Josephe *Liv. VII. ch. 17.* dit que cela se fait depuis la neuvieme heure du jour jusqu'à la onzieme, c'est à dire, selon nous, depuis trois heures après midi jusqu'à cinq heures du soir. Mischna dit qu'il étoit permis d'immoler la Pâque à la sixieme heure & demie du jour, c'est à dire à midi & demi du quatorzieme jour du premier mois, même devant le sacrifice perpetuel du soir. *Cod. Pesachim ch. V. n. 3.*

IV. REGLE. Il étoit défendu d'immoler la Pâque lorsqu'on avoit du levain chez soi. *Exod. XXIII. 18. XXXIV. 25.* L'Hebreu dit *sur du pain-levé.* C'est pourquoi on abolissoit le pain-levé à l'heure de midi du quatorzieme jour du premier mois. *Pesachim ch. I. n. 4.*

COROLLAIRE I. Si la destruction du pain-levé (à l'heure de midi du quatorziéme jour du premier mois) étoit une condition sans laquelle il n'étoit pas permis d'immoler la Pâque, la destruction du pain-levé faite ce jour & cette heure même, est la PREPARATION DE LA PASQUE.

COROLLAIRE II. Puisque le pain-levé ne peut être détruit, s'il ne se trouve sous la main, & qu'il ne peut pas s'y trouver, si l'on n'en fait pas auparavant la perquisition: la perquisition du pain-levé est d'autant plus la preparation de la Pâque, qu'elle precede la destruction du pain-levé.

V. REGLE. La perquisition du pain-levé se faisoit au déclin du quatorzieme jour. *Pesachim.* En cet endroit, du consentement general des Juifs, & suivant même leur coutume, on entend le commencement de la nuit qui reçoit le

Le Jeudi au soir 2. d'Avril.

Mt.XXVI	Mr.XIV	L.XXII	J.XII		Ch. III.
				coucher du Soleil après le treizieme jour du premier mois de Nisan, qui est la premiere partie du quatorzieme jour civile Judaïque.	
				VI. REGLE. La Pâque se mangeoit entre le Soleil couché qui fermoit le quatorzieme jour, & entre le milieu de la nuit, qui par son arrivée commence le quinzieme jour civile. *Exode XII. 8. 10.*	
				VII. REGLE. Les Juifs universellement, à qui on donnoit les clefs des maisons qu'ils avoient retenues, étoient obligés de faire la perquisition du pain-levé. *Pesachim fol. 4.* D'où l'on doit juger que ceux qui prenoient des maisons à Jerusalem pour y manger la Pâque, avoient fait la même chose.	
				COROLLAIRE I. JESUS & ses Apôtres n'ayant point de maisons dans Jerusalem, furent obligés de s'assurer de bonne heure d'un Cenacle garni de lits, à cause de la multitude de gens qui y arrivoient pour y manger la Pâque après vingt-quatre heures. *Selon la VI. Regle.*	
				COROLLAIRE II. Pierre & Jean qui avoient été envoyés par JESUS pour preparer la Pâque, *Matth. v. 18. 19. Marc. 14. 14-16. Luc. 10. - 13.* s'étant assurés d'un Cenacle chez le pere de famille au commencement de la nuit du quatorzieme jour, il etoit de leur devoir d'y faire la perquisition du pain-levé dans tout le tems marqué ci-dessus, *selon la VII. Regle*, & par ce moyen de preparer la Pâque. *Selon le Corollaire II. de la IV. Regle.*	

LA PASSION
DE N. S. JESUSCHRIST.
CHAPITRE CXII.

1. Preparation de la Pâque.

17	12	7		17.12.7. LE premier jour des Azymes étant arrivé, dans lequel il falloit immoler la Pâque, les disciples vinrent trouver JESUS, & lui dirent : Où voulez-vous que nous vous allions preparer *ce qu'il faut* pour manger la Pâque?	Depuis six heures du soir jusqu'à sept heures & demie.
	13	8		13. 8. Il envoya deux de ses disciples Pierre & Jean, & leur dit : Allez nous preparer *ce qu'il faut* pour manger la Pâque.	
		9		9. Ils lui dirent : Où voulez-vous que nous la preparions?	
18		10		18. 10. Il leur répondit : Allez-vous-en à la ville, & lorsque vous y entrerez, vous rencon-	

E e iij

222 LA PASSION DE J. CH. *Le Jeudi au soir 2. d'Avril.*

	Mt. XXVI	Mr. XIV	L. XXII	J. XIII	*Sur la montagne des Oliviers.*
Ch. 112.					trerez un homme portant une cruche d'eau, suivez-le dans la maison où il entrera.
		14	11		14. 11. Et en quelque lieu qu'il entre, dites au maître de la maison: Le Maître vous envoye dire: Mon tems est proche, je viens faire la Pâque chez vous avec mes disciples; où est le lieu où je dois manger la Pâque avec eux?
		15	12		15. 12. Et il vous montrera un grand cenacle tout prêt, & la preparez-nous *ce qu'il faut.*
		16	13		16. Ses disciples donc 13. s'en étant allés, vinrent à la ville, & trouverent comme il leur avoit dit.
			19		19. Les disciples firent ce que Jesus leur avoit commandé, & ils preparerent *ce qu'il falloit* pour la Pâque.
					Pierre & Jean, ayant fait ce que le Seigneur leur avoit ordonné, retournent à la montagne des Oliviers, & lui disent qu'ils ont retenu à Jerusalem le cenacle qu'il leur avoit marqué, & qu'y ayant fait la recherche du pain-levé, la Pâque étoit preparée.
					2. Prediction de la trahison de Judas.
Depuis sept heures & demie jusqu'à huit & demie.	20	17	14		20. 17. 14. Le soir donc étant venu, il vint avec les douze Apôtres, & se mit à table avec eux.
	21	18			21. 18. Et lorsqu'ils étoient à table, & qu'ils mangeoient, Jesus *leur* dit: Je vous dis en verité, que l'un de vous qui mange avec moi, me doit trahir.
	22	19			22. 19. Ils commencerent à s'affliger, & chacun d'eux lui demandoit: Seigneur, est-ce moi?
	23	20			23. 20. Il leur répondit: C'est l'un de vous douze; celui qui met la main avec moi dans le plat, me doit trahir.

a Cette eau étoit pour petrir les Azymes le lendemain matin. Il falloit garder cette eau dans la maison une nuit entiere entre deux Soleils depuis qu'elle étoit tirée; c'est à dire, pendant le crepuscule qui est entre le troizieme jour finissant, & le quatorzieme commençant, à sçavoir, au tems que le disque du Soleil est sous l'horizon, & qu'il paroit seulement quelque lumiere.

b Les maisons ne se louoient point par argent à Jerusalem; & la Glosse dit en termes précis qu'on prêtoit gratuitement les maisons à ceux qui alloient à Jerusalem pour y celebrer les fêtes. *Megillah. fol. 26. Gloss.*

LA PASSION DE J. CH. *Le Jeudi au soir 2 d'Avril* 223

A Jerusalem, dans le Cenacle.

24. Pour ce qui est du Fils de l'homme, il s'en va selon ce qui a été écrit de lui, mais malheur à cet homme par qui le Fils de l'homme sera trahi : il vaudroit mieux pour cet homme qu'il n'eût point été né.

25. Judas, qui est celui qui le trahit, lui demanda : Seigneur, est-ce moi ? Il lui répondit : C'est vous-même.

CHAPITRE CXIII.

Lavement des pieds des Apôtres.

1. Avant la fête de Pâque, Jesus sçachant que son heure étoit venue pour passer de ce monde à son Pere, comme il avoit aimé les siens qui étoient dans le monde, il les aima jusqu'à la fin.

2. Après le souper, (le diable ayant déja mis dans le cœur de Judas Iscariote fils de Simon, le dessein de le trahir ;)

3. Jesus qui sçavoit que son Pere lui avoit mis toutes choses entre les mains, qu'il étoit sorti de Dieu, & qu'il s'en alloit à Dieu,

4. se leva de table, quitta ses vêtemens, & ayant pris un linge, il s'en ceignit ;

5. puis ayant mis de l'eau dans un bassin, il se mit à laver les pieds de ses disciples, & à les essuyer avec le linge dont il étoit ceint.

6. Il vint donc à Simon Pierre, qui lui dit : Quoi, Seigneur, vous me laveriez les pieds ?

7. Jesus lui répondit : Vous ne sçavez pas maintenant ce que je fais, mais vous le sçaurez après.

8. Pierre lui dit : Vous ne me laverez jamais les pieds. Jesus lui repartit : Si je ne vous lave, vous n'aurez point de part avec moi.

9. Simon Pierre lui dit : Seigneur, non seulement les pieds, mais aussi les mains & la tête.

10. Jesus lui dit : Celui qui a été déja lavé, n'a plus besoin que de se laver les pieds, & il est pur dans tout le reste ; & pour vous aussi vous êtes purs, mais non pas tous.

11. Car il connoissoit bien celui qui le trahissoit, c'est pourquoi il dit : Vous n'êtes pas tous purs.

				A Jérusalem dans le Cénacle.
Ch. 11.	Mt. XXVI.	Mr. XIV.	L. XXII.	J. XIII.
				12	12. Quand donc il leur eut lavé les pieds, il reprit ses vêtemens; & s'étant remis à table, il leur dit : Sçavez-vous ce que je viens de vous faire ?
				13	13. Vous m'appellez Maître & Seigneur, & vous avez raison, car je le suis.
				14	14. Si donc je vous ai lavé les pieds, moi qui suis Seigneur & Maître, vous devez aussi vous laver les pieds les uns aux autres.
				15	15. Car je vous ai donné exemple, afin que pensant à ce que je vous ai fait, vous fassiez aussi de même.
				16	16. En verité en verité je vous dis, le serviteur n'est pas plus grand que le maître, & l'envoyé n'est pas plus grand que celui qui l'a envoyé.
				17	17. Si vous sçavez ces choses, vous êtes heureux pourvu que vous les pratiquiez.
Pſ. XL. 10.				18	18. Je ne dis pas ceci de vous tous, je sçai qui sont ceux que j'ai choisis. Mais il faut que cette parole de l'Ecriture soit accomplie : ,, Celui qui ,, mange du pain avec moi, levera son pied con-,, tre moi ,,.
				19	19. Je vous dis ceci dès maintenant avant qu'il arrive, afin que lorsqu'il arrivera, vous croyiez ce que je suis.
				20	20. En verité je vous dis : Quiconque reçoit celui que j'aurai envoyé, me reçoit; & qui me reçoit, reçoit celui qui m'a envoyé.

Chapitre CXIV.

1. Institution de l'Eucharistie.

Depuis huit heures & demie jusqu'à neuf.			15	15. PUis il leur dit : J'ai souhaité avec ardeur de manger cette Pâque avec vous avant que je souffre.
			16	16. Car je vous declare que je n'en mangerai plus desormais jusqu'à ce qu'elle soit accomplie dans le royaume de Dieu.
			17	17. Et après avoir pris le calice, il rendit graces, & dit : Prenez-le, & le distribuez entre vous.
			18	18. Car je vous declare que je ne boirai plus du

LA PASSION DE J.C. Le Jeudi au soir, d'Avril. 225

A Jerusalem dans le Cenacle.

du fruit de la vigne, jusqu'à ce que le regne de
Dieu arrive.

19. Puis, lorsqu'ils mangeoient, il prit
du pain, & l'ayant beni *a*, il le rompit, & le
donna à ses disciples, en disant: Prenez, mangez,
ceci est mon corps qui est livré pour vous; faites
ceci en memoire de moi.

23. Il prit aussi le calice après avoir
soupé, & ayant rendu graces, il le leur donna,
en disant: Buvez-en tous. Et ils en burent tous.
24. Et il leur dit:
28. Car ceci est mon sang du nouveau testament, qui sera répandu pour plusieurs *b* en remission des pechés.
29. Or, je vous dis en verité, que je ne boirai plus deformais de ce fruit de la vigne jusqu'au jour auquel je le boirai nouveau avec vous
dans le royaume de mon Pere.

*Voici ce que rapporte S. Paul dans sa premiere Epitre aux
Corinthiens chap. XI. v. 23. 24. & 25. touchant l'institution
de l'Eucharistie; qui est semblable à ce qu'en disent les trois
Evangelistes.*

23. Car c'est du Seigneur même que j'ai appris, ce que je
vous ai aussi enseigné; qui est que le Seigneur JESUS, la
nuit même qu'il devoit être livré à la mort, prit du pain,
24. & ayant rendu graces, le rompit, & dit à ses disciples: Prenez, mangez, ceci est mon corps qui sera livré
pour vous, faites ceci en memoire de moi.
25. Il prit de même le calice après avoir soupé, en disant:
Ce calice est le nouveau testament en mon sang; faites ceci
en memoire de moi toutes les fois que vous le boirez.

a ayant rendu graces, *en S. Luc.*
b ce calice est le nouveau testament en mon sang, qui
sera repandu pour vous, *en S. Luc.*

NOTE SUR LA DERNIERE PASQUE
DE JESUS-CHRIST.

IL est question de sçavoir si JESUS-CHRIST a fait la Pâque
legale avant que de mourir, ou si l'Institution du saint
Sacrement ou Pâque mystique, que JESUS-CHRIST a temoi-
gné avoir un grand desir de manger avec ses Apôtres, est
celle qu'on doit entendre pour Pâque legale; & c'est par ce
qu'en rapportent les Evangelistes qu'on en doit decider.
Il est certain par ce qu'en dit S. Jean, que la nuit pendant laquelle JESUS-CHRIST mangea pour la derniere fois
avec ses Apôtres, & institua le saint Sacrement de son Corps

Ff

& de son Sang, ne fut pas la même que celle en laquelle les Juifs mangerent la Pâque legale, mais qu'elle la precedoit, & que c'étoit selon eux le commencement du quatorzième de Nisan, & selon nous la fin du treizième; & qu'ainsi Jesus-Christ n'a point fait la Pâque legale dans le même tems que les Juifs. Car S. Jean dit, ch. XIII. v. 1. *Avant la fête de Pâque*, Jesus *voyant*, &c. & au v. 2. *Après le souper*, &c. (où il parle de ce souper comme d'un commun repas.) au v. 27. Jesus dit à Judas: *Faites au plutôt ce que vous faites*. v. 28. *Mais nul de ceux qui étoient à table ne comprit pourquoi il lui avoit dit cela*. v. 29. *Car quelques-uns pensoient qu'à cause que Judas avoit la bourse*, Jesus *lui avoit voulu dire: Achetez-nous ce qui est necessaire pour la fête*, &c. Ch. XVIII. v. 28. *Ils menerent* Jesus *de la maison de Caïphe au Pretoire; c'étoit le matin; & ils n'entrerent point dans le Pretoire, de peur qu'étant devenus impurs, ils ne pussent manger la Pâque*. Toutes ces choses sont si claires & si précises, qu'il ne reste aucun lieu d'en douter. Ce repas donc n'a pu être reputé Pascal où l'on mangeoit l'agneau; car il n'étoit pas permis de manger l'agneau Pascal avant la fête de Pâque. Dans ce souper Jesus dit qu'il devoit être trahi par un d'eux; il l'avertit de faire promptement ce qu'il avoit destiné de faire. Judas sort. Quelques-uns des Apôtres croyent, à cause que Judas avoit la bourse, que le Seigneur lui avoit ordonné de sortir pour acheter ce qu'ils avoient besoin pour la celebration de la fête. Ils ne celebroient donc point alors la fête, & ne mangeoient point la Pâque; & si c'eût été le tems de la fête, il n'eût pas été permis d'acheter ni de vendre. Il y a encore d'autres passages dans S. Matthieu & dans S. Marc, qui confirment ce que dessus.

Ceux qui prétendent que Jesus-Christ a fait la Pâque legale, se fondent sur ce que dit S. Luc ch. XXII. v. 15. *J'ai souhaité avec ardeur de manger cette Pâque avec vous avant que je souffre*. Ce passage qui semble d'abord détruire ceux ci-dessus, sera aisément concilié avec ceux de S. Jean, si l'on fait attention que ces paroles, *J'ai souhaité avec ardeur*, &c. ont précédé immediatement l'institution de l'Eucharistie, & qu'elles en étoient comme la préface & la préparation. Cette Pâque que J. Ch. avoit un si grand desir de manger avec ses disciples avant que de mourir, qui est-ce qui ne voit pas, par ce qui suivit immediatement après, qu'il entendoit parler de la Pâque de la nouvelle Loi, qui étoit le Sacrement de son Corps & de son Sang, qu'il institua dans le même tems, & à quoi se rapporte ce qu'il dit ensuite au v. 16. *Car je vous declare que je n'en mangerai plus desormais jusqu'à ce qu'elle soit accomplie dans le royaume de Dieu*. Ce mot, *cette* Pâque n'est pas inutile en cet endroit, & montre clairement qu'il n'entendoit pas parler de la Pâque legale, telle que celles qu'il avoit faites autrefois avec eux, mais de celle qu'il alloit presentement instituer, qui devoit être une Pâque de commemoration de sa passion & de sa mort prochaine, qui mettroit fin à la figure legale de l'agneau

LA PASSION DE J. CH. Le Jeudi au soir 2. d'Avril 227

A Jerusalem dans le Cenacle.

Mt. XXVI.	Mr. XIV.	L. XXII.	J. XIII.

pascal, & seroit un témoignage assuré de la Pâque celeste, qu'ils devoient manger avec lui dans le royaume des cieux. Tous ces passages ci-dessus rapportés montrent suffisamment que JESUS-CHRIST n'a pû faire la Pâque legale, sa mort étant arrivée au même jour & à la même heure que les Juifs immoloient l'agneau pascal, qui n'en étoit que la figure & le type. Ce que toute personne de bon sens trouvera fort convenable.

Ch. 114.

2. *Dénonciation de celui qui devoit trahir*
JESUS-CHRIST.

21. 21. JESUS ayant dit ces choses, se troubla en esprit, & leur declara ce qui lui devoit arriver, en disant : En verité en verité je vous dis que l'un de vous me trahira.

Depuis neuf heures jusqu'à dix.

21. 21. Au reste la main de celui qui me trahit est avec moi à table.

22. 22. Pour ce qui est du Fils de l'homme, il s'en va selon qu'il a été déterminé. Mais malheur à cet homme par lequel il sera trahi.

Ps. XL. 10.

22. 22. Les disciples donc se regardoient les uns les autres, étant en doute de qui il parloit.

23. 23. Et ils se mirent à s'entre-demander qui étoit celui d'entre eux qui devoit faire cela.

23. 23. Mais l'un d'eux que JESUS aimoit, étant couché sur le sein de JESUS,

24. 24. Simon Pierre lui fit signe de s'enquerir de JESUS, qui étoit celui dont il parloit.

25. 25. Ce disciple donc qui se reposoit sur le sein de JESUS, lui dit : Seigneur, qui est-ce ?

26. 26. JESUS lui répondit : C'est celui à qui je donnerai un morceau que j'aurai trempé. Et ayant trempé un morceau, il le donna à Judas Iscariote fils de Simon.

27. 27. Quand il eut pris ce morceau, Satan entra dans lui. JESUS donc lui dit : Faites au plutôt ce que vous faites.

28. 28. Mais nul de ceux qui étoient à table ne comprit pourquoi il lui avoit dit cette parole.

29. 29. Car quelques-uns pensoient, qu'à cause que Judas avoit la bourse, JESUS lui avoit voulu dire : Achetez-nous ce qui est necessaire pour la fête, ou donnez quelque chose aux pauvres.

30. 30. Judas donc ayant reçu ce morceau, sortit aussitôt. Et il étoit nuit.

F f ij

228　LA PASSION DE J. CH. *Le Jeudi au soir 2. d'Avril.*

Mt. XXVI.	Mr. XIV.	L. XXII.	J. XIII.	

Ch. 114.

À Jerusalem dans le Cenacle.

| | | | 31 | 31. Après qu'il fut sorti, JESUS dit : Maintenant le Fils de l'homme est glorifié, & Dieu est glorifié en lui. |
| | | | 32 | 32. Que si Dieu est glorifié en lui, Dieu le glorifira aussi en lui-même, & il le glorifira bientôt. |

CHAPITRE CXV.

1. Seconde dispute entre les Apôtres sur la primauté.

ch. 70. 1.

		24		24. Il s'excita aussi parmi eux une contestation, lequel d'eux tous devoit être estimé le plus grand.
		25		25. JESUS leur dit : Les Rois des nations les traitent avec empire ; & ceux qui ont autorité sur elles, en sont appellés les bienfaicteurs.
		26		26. Qu'il n'en soit pas de même parmi vous ; mais que celui qui est le plus grand, devienne comme le moindre ; & celui qui gouverne, comme celui qui sert.
		27		27. Car qui est le plus grand, de celui qui est à table, ou de celui qui sert ? N'est-ce pas celui qui est à table ? Et neanmoins je suis parmi vous comme celui qui sert.
		28		28. Vous êtes ceux qui sont demeurés fermes avec moi dans mes tentations.
		29		29. C'est pourquoi je vous prepare le royaume comme mon Pere me l'a preparé ;
		30		30. afin que vous mangiez & que vous buviez à ma table dans mon royaume, & que vous soyez assis sur des trônes, pour juger les douze tribus d'Israël.

2. Priere pour la foi de S. Pierre. Nouveau Commandement de s'entr'aimer.

		31		31. Le Seigneur dit encore : Simon, Simon, Satan vous a demandé pour vous cribler comme on crible le froment.
		32		32. Mais j'ai prié pour vous, afin que votre foi ne manque point. Lors donc que vous serez converti, ayez soin d'affermir vos freres.
		33		33. Mes petits enfans, je n'ai plus que peu de tems à être avec vous. Vous me chercherez ; &

LA PASSION DE J. CH. Le Jeudi au soir 2. d'Avril. 229

A Jerusalem dans le Cenacle.

Mt.XXVI.	Mr.XIV.	L.XXII.	J.XIII.		
				comme j'ai dit aux Juifs, qu'ils ne pourroient venir où je vais, je vous le dis maintenant.	Ch. 115.
			34	34. Je vous donne un commandement nouveau, de vous aimer les uns les autres, afin que vous vous entr'aimiez comme je vous ai aimés.	
			35	35. C'est en cela que tous connoîtront que vous êtes mes disciples, si vous avez de l'amour les uns pour les autres.	

3. Premiere prédiction du renoncement de S. Pierre. ch. 116. 3.

			36	36. Simon Pierre lui dit : Seigneur, où allez-vous ? Jesus lui répondit : Vous ne pouvez pas maintenant me suivre où je vais, mais vous me suivrez après.	
		33	37	33. 37. Pierre lui dit : Seigneur, pourquoi ne puis-je pas vous suivre maintenant ? Je suis tout prêt d'aller avec vous, & en prison, & à la mort même ; je donnerai ma vie pour vous.	
		34	38 f.	34. 38. Jesus lui répondit : Vous donnerez votre vie pour moi ? En verité en verité je vous declare, Pierre, que le coq ne chantera point aujourd'hui, que vous n'ayez nié trois fois que vous me connoissez.	
		35		35. Il leur dit ensuite : Lorsque je vous ai envoyés sans sac, sans bourse, sans souliés, avez-vous manqué de quelque chose ? Non, lui dirent-ils.	
		36		36. Il leur dit encore : Mais maintenant que celui qui a un sac & une bourse, les prenne ; & que celui qui n'en a point, vende sa robe pour acheter une épée.	
		37		37. Car je vous assure qu'il faut encore qu'on voye accompli ce qui est écrit de moi : » Il a été » mis au rang des scelerats « ; parce que ce qui est prophetisé de moi, est prêt d'arriver.	Isa. LIII. 12.
		38		38. Ils lui répondirent : Seigneur, voici deux épées. Jesus leur dit : C'est assez.	

4. Les Apôtres consolés & instruits par Jesus-Christ.

			XIV. 1	1. Que votre cœur ne se trouble point. Vous croyez en Dieu, croyez aussi en moi.	
			2	2. Il y a plusieurs demeures dans la maison de	

Ff iij

Ch. 115.	Mt. XXVI.	Mr. XIV.	L. XXII.	J. XIV.	A Jerusalem dans le Cenacle.
				2	mon Pere. Si cela n'étoit pas, je vous l'aurois dit; car je m'en vais pour vous preparer le lieu;
				3	3. & après que je m'en serai allé, & que je vous aurai preparé le lieu, je reviendrai, & vous retirerai à moi, afin que vous soyez où je serai.
				4	4. Vous sçavez bien où je vais, & vous en sçavez la voie.
				5	5. Thomas lui dit: Seigneur, nous ne sçavons pas où vous allez; & comment pouvons-nous en sçavoir la voie?
				6	6. Jesus lui dit: Je suis la voie, la verité, & la vie; nul ne vient au Pere que par moi.
				7	7. Si vous me connoissiez, vous connoîtriez aussi mon Pere; & vous le connoîtrez aussi bien-tôt, & vous l'avez déja vû.
				8	8. Philippe lui dit: Seigneur, montrez-nous votre Pere, & il nous suffit.
				9	9. Jesus lui répondit: Il y a si long-tems que je suis avec vous, & vous ne me connoissez pas encore? Philippe, celui qui me voit, voit mon Pere. Comment donc me dites-vous: Montrez-nous votre Pere?
				10	10. Ne croyez-vous pas que je suis dans mon Pere, & que mon Pere est dans moi? Ce que je vous dis, je ne le dis pas de moi-même; mais mon Pere qui demeure en moi, fait lui-même les œuvres que je fais.
				11	11. Croyez que je suis dans mon Pere, & mon Pere dans moi; croyez-le au moins à cause des œuvres que je fais.
				12	12. En verité en verité je vous dis: Celui qui croit en moi, fera les œuvres que je fais, & encore de plus grandes, parce que je vais à mon Pere.
				13	13. Et ce que vous demanderez à mon Pere en mon nom, je le ferai, afin que le Pere soit glorifié dans le Fils.
				14	14. Si vous demandez quelque chose en mon nom, je le ferai.
				15	15. Si vous m'aimez, gardez mes commandemens;
				16	16. & je prirai mon Pere, & il vous donnera un autre Consolateur, afin qu'il demeure éternellement avec vous;

Mt. XXVI	Mr. XIV	L. XXII	J. XIV	A Jerusalem dans le Cenacle.	Ch. 115.
			17	17. C'est l'esprit de verité, que le monde ne peut recevoir, parce qu'il ne le voit point, & qu'il ne le connoît point.	
			18	18. Je ne vous laisserai point orfelins, je viendrai à vous.	
			19	19. Encore un peu de tems, & le monde ne me verra plus. Mais pour vous, vous me verrez, parce que je vis, & vous vivrez aussi.	
			20	20. En ce jour-là vous connoîtrez que je suis en mon Pere, & vous en moi, & moi en vous.	
			21	21. Celui qui a reçu mes commandemens, & qui les garde, est celui qui m'aime. Celui qui m'aime, sera aimé de mon Pere, & je l'aimerai aussi, & je me découvrirai à lui.	
			22	22. Judas, non pas Iscariote, lui dit: Seigneur, d'où vient que vous vous découvrirez à nous, & non pas au monde?	
			23	23. Jesus leur répondit: Si quelqu'un m'aime, il gardera ma parole, & mon Pere l'aimera, & nous viendrons à lui, & nous ferons en lui notre demeure.	
			24	24. Celui qui ne m'aime point, ne garde pas mes paroles; & la parole que vous avez entendue, n'est point ma parole, mais celle de mon Pere qui m'a envoyé.	
			25	25. Je vous ai dit ceci demeurant avec vous;	
			26	26. mais le Consolateur le Saint Esprit, que mon Pere envoyera en mon nom, vous enseignera toutes choses, & vous fera ressouvenir de tout ce que je vous ai dit.	
			27	27. Je vous laisse la paix, je vous donne ma paix; je ne vous la donne pas comme le monde la donne. Que votre cœur ne se trouble & ne s'épouvante pas.	
			28	28. Vous avez ouï ce que je vous ai dit: Je m'en vais, & je reviens à vous. Si vous m'aimiez, vous vous rejouiriez de ce que je vous ai dit que je m'en vais à mon Pere, parce que mon Pere est plus grand que moi.	
			29	29. Et je vous le dis maintenant avant que cela arrive, afin que vous le croyiez lorsqu'il sera arrivé.	
			30	30. Desormais je ne vous parlerai plus gueres;	

Ch. 115.	Mt. XXVI.	Mr. XIX.	L. XXII.	J. XIV.	Dans le Cenacle. En allant à la montagne des Oliviers.
				f.	car le prince du monde va venir, & il n'a rien en moi.
				31	31. Mais afin que le monde connoisse que j'aime mon Pere, & que je fais ce que mon Pere m'a ordonné; levez-vous, & partons d'ici.
	30.	26.			30. 26. Après avoir chanté le cantique,
			39		39. étant parti, il s'en alla selon sa coutume, sur la montagne des Oliviers, & les disciples le suivirent.

CHAPITRE CXVI.

1. *Suite des instructions de* JESUS-CHRIST *à ses Apôtres.*

				XV.	
Depuis dix heures jusqu'à onze.				1	1. JE suis la vraie vigne, & mon Pere est le vigneron.
				2	2. Il retranchera toutes les branches qui ne portent point de fruit en moi; & il taillera toutes celles qui portent du fruit, afin qu'elles en portent davantage.
				3	3. Vous êtes déja purs, à cause de la parole que je vous ai dite.
				4	4. Demeurez en moi, & moi en vous. Comme la branche de la vigne ne peut point porter de fruit par elle-même, mais qu'il faut qu'elle demeure attachée au cep; ainsi vous n'en pouvez point porter, si vous ne demeurez point en moi.
				5	5. Je suis le cep de la vigne, & vous êtes les branches. Celui qui demeure en moi, & en qui je demeure, porte beaucoup de fruit; car vous ne pouvez rien faire sans moi.
				6	6. Celui qui ne demeure pas en moi, sera jetté dehors comme un serviteur inutile; il sechera, il sera ramassé & jetté au feu, & il brulera.
				7	7. Si vous demeurez en moi, & que mes paroles demeurent en vous, vous demanderez tout ce que vous voudrez, & il vous sera accordé.
				8	8. La gloire de mon Pere est que vous rapportiez beaucoup de fruit, & que vous deveniez mes disciples.
				9	9. Comme mon Pere m'a aimé, ainsi je vous aime; demeurez dans mon amour.

10. Si

			En allant de Jerusalem à la montagne des Oliviers.	
Mt. XXVI.	Mr. XIV.	L. XXII.	J. XV.	
			10. Si vous gardez mes commandemens, vous demeurerez dans mon amour; comme j'ai gardé aussi les commandemens de mon Pere, & que je demeure dans son amour.	Ch. 116.
			10	
			11 11. Je vous ai dit ceci, afin que ma joie demeure en vous, & que votre joie soit parfaite.	
			12 12. Le commandement que je vous donne est de vous aimer les uns les autres comme je vous ai aimés.	
			13 13. Nul ne peut avoir un plus grand amour, que de donner sa vie pour ses amis.	
			14 14. Vous serez mes amis, si vous faites tout ce que je vous commande.	
			15 15. Je ne vous appellerai plus maintenant serviteurs, parce que le serviteur ne sçait ce que fait son maître; mais je vous appellerai mes amis, parce que je vous ai fait sçavoir tout ce que j'ai appris de mon Pere.	
			16 16. Ce n'est pas vous qui m'avez choisi, mais c'est moi qui vous ai choisis; & je vous ai établis, afin que vous alliez, que vous rapportiez du fruit, & que votre fruit demeure, & que mon Pere vous donne tout ce que vous lui demanderez en mon nom.	
			17 17. Ce que je vous commande est de vous aimer les uns les autres.	
			18 18. Si le monde vous hait, sçachez qu'il m'a haï avant vous.	
			19 19. Si vous étiez du monde, le monde aimeroit ce qui est à lui; mais parce que vous n'êtes point du monde, & que je vous ai choisis & separés du monde, c'est pour cela que le monde vous hait.	
			20 20 Souvenez-vous de la parole que je vous ai dite: Le serviteur n'est pas plus grand que le maître. S'ils m'ont persecuté, ils vous persecuteront aussi; s'ils ont gardé ma parole, ils garderont aussi la vôtre.	
			21 21. Mais ils vous feront toutes ces choses à cause de mon nom, parce qu'ils ne connoissent point celui qui m'a envoyé.	
			22 22. Si je n'étois point venu, & que je ne leur eusse point parlé, ils n'auroient point peché; mais maintenant ils n'ont point d'excuse de leur peché.	

G g

				En allant de Jerusalem à la montagne des Oliviers.
Ch. 115.	Mt. XXVI.	Mr. XIV.	L. XXII.	J. XV.
				23. Celui qui me hait, hait aussi mon Pere.
				23. 24. Si je n'avois point fait parmi eux des œuvres que nul autre n'a faites, ils n'auroient point de peché; mais maintenant ils les ont vues, & ils ont haï & moi & mon Pere :
Psalm. XXIV. 19.				25. 25. afin que la parole qui est écrite dans leur Loi soit accomplie : ,, Ils m'ont haï sans sujet ,,.
				26. 26. Mais lorsque le Consolateur, cet Esprit de verité qui procede du Pere, que je vous envoyerai de la part de mon Pere, sera venu, il rendra témoignage de moi.
				27. f. 27. Et vous en rendrez aussi témoignage, parce que vous êtes dès le commencement avec moi.
			XVI.	2. *Suite des Instructions de* JESUS-CHRIST *à ses Apôtres.*
				1. 1. Je vous ai dit ces choses, afin que vous ne soyez point scandalizés.
				2. 2. Ils vous chasseront des Synagogues; & le tems va venir que quiconque vous fera mourir, croira faire un sacrifice à Dieu.
				3. 3. Ils vous traiteront de la sorte, parce qu'ils ne connoissent ni mon Pere, ni moi.
				4. 4. Mais je vous ai dit ceci, afin que lorsque ce tems sera venu, vous vous souveniez que je vous ai dit ces choses.
				5. 5. Je ne vous les ai pas dites dès le commencement, parce que j'étois avec vous. Maintenant je m'en vais à celui qui m'a envoyé, & aucun de vous ne me demande où je vais.
				6. 6. Mais parce que je vous ai dit ces choses, la tristesse a rempli votre cœur.
				7. 7. Cependant je vous dis la verité. Il vous est utile que je m'en aille; car si je ne m'en vais point, le Consolateur ne viendra point à vous; mais si je m'en vais, je vous l'envoyerai :
				8. 8. & lorsqu'il sera venu, il convaincra le monde touchant le peché, touchant la justice, & touchant le jugement.
				9. 9. Touchant le peché, parce qu'ils n'ont pas cru en moi :
				10. 10. touchant la justice, parce que je m'en vais

En allant de Jerusalem à la montagne des Oliviers.

vers mon Pere, & que vous ne me verrez plus :

11. & touchant le jugement, parce que le prince du monde est déja jugé.

12. J'ai encore beaucoup de choses à vous dire, mais vous ne pouvez pas les porter maintenant.

13. Quand l'Esprit de verité sera venu, il vous enseignera toute verité ; car il ne parlera pas de lui-même, mais il dira tout ce qu'il aura entendu, & il vous annoncera les choses à venir.

14. C'est lui qui me glorifira, parce qu'il prendra de ce qui est à moi ; & il vous l'annoncera.

15. Tout ce qu'a mon Pere est à moi ; c'est pourquoi je vous ai dit, qu'il prendra de ce qui est à moi, & il vous l'annoncera.

16. Encore un peu de tems, & vous ne me verrez plus ; & encore un peu de tems, & vous me verrez, parce que je m'en vais à mon Pere.

17. Quelques-uns donc de ses disciples se dirent les uns aux autres : Que veut dire ce qu'il nous dit, Encore un peu de tems, & vous ne me verrez plus ; & encore un peu de tems, & vous me verrez, parce que je m'en vais à mon Pere ?

18. Ils disoient donc : Que veut dire, encore un peu de tems ? nous ne sçavons ce qu'il dit.

19. Jesus connoissant qu'ils vouloient l'interroger, leur dit : Vous vous demandez les uns aux autres ce que je vous ai voulu dire par ces paroles, Encore un peu de tems, & vous ne me verrez plus ; & encore un peu de tems, & vous me verrez.

20. En verité en verité je vous dis, que vous pleurerez & que vous gemirez, & que le monde sera dans la joie ; que vous serez dans la tristesse, mais que votre tristesse se changera en joie.

21. Lorsqu'une femme enfante, elle est dans la tristesse, parce que son heure est venue ; mais après qu'elle a enfanté un fils, elle ne se souvient plus de ses maux, dans la joie qu'elle a de ce qu'un homme est né dans le monde.

22. Vous êtes donc maintenant dans la tristesse ; mais je vous verrai encore, & votre cœur se ré-

Gg ij

	Mt. XXVI.	Mr. XIV.	L. XXII.	J. XVI.	En allant de Jérusalem à la montagne des Oliviers.
Ch. 116.					jouira, & personne ne vous ravira votre joie.
				23	23. En ce jour-là vous ne m'interrogerez plus de rien. En verité en verité je vous dis : Tout ce que vous demanderez à mon Pere en mon nom, il vous le donnera.
				24	24. Jusqu'ici vous n'avez rien demandé en mon nom ; demandez, & vous recevrez, afin que votre joie soit accomplie.
				25	25. Je vous ai dit ces choses en paraboles. Le tems vient que je ne vous entretiendrai plus en paraboles, mais que je vous parlerai ouvertement de mon Pere.
				26	26. En ce tems vous demanderez en mon nom, & je ne dis pas que je prierai mon Pere pour vous ;
				27	27. car mon Pere vous aime lui-même, parce que vous m'avez aimé, & que vous avez cru que je suis sorti de Dieu.
				28	28. Je suis sorti de mon Pere, & je suis venu dans le monde ; maintenant je laisse le monde, & je vais à mon Pere.
				29	29. Ses disciples lui dirent : C'est à cette heure que vous parlez ouvertement, & que vous ne dites point de paraboles.
				30	30. Nous sçavons presentement que vous sçavez tout, & qu'il n'est pas besoin que personne vous interroge ; c'est pour cela que nous croyons que vous êtes sorti de Dieu.
				31	31. Jesus leur répondit : Vous croyez maintenant.
					3. Seconde prédiction du Renoncement de S. Pierre a.
a ch. 115. 3.	31	27			31. 27. Alors Jesus leur dit : Vous serez tous scandalizés en moi cette nuit.
				32	32. L'heure vient, & elle est déja venue, que vous serez dispersés chacun de son côté, & que vous me laisserez seul ; car il est écrit : "Je " fraperai le Pasteur, & les brebis du troupeau " seront dispersées ". Mais je ne suis pas seul, parce que mon Pere est avec moi.
Zach XIII. 7.	32	28			32. 28. Mais après que je serai ressuscité, j'irai devant vous en Galilée.
				33	33. Je vous ai dit ces choses, afin que vous

En allant de Jerusalem sur la montagne des Oliviers.

Mt. XXVI.	Mr. XIV.	L. XXII.	J. XVII.
33	29		
34	30		
35	31		

Ch. 116.

trouviez la paix en moi. Vous aurez des afflictions dans le monde ; mais ayez confiance, j'ai vaincu le monde.

33. 29. Pierre lui répondit : Quand tous seroient scandalizés en vous, je ne le serai point.

34. 30. Jesus lui répartit : Je vous dis en vérité, qu'aujourd'hui en cette même nuit, avant que le coq ait chanté deux fois, vous me renoncerez trois fois.

35. 31. Mais Pierre insistoit encore davantage : Quand il me faudroit mourir avec vous, je ne vous renoncerai point. Et tous les autres disciples dirent aussi la même chose.

CHAPITRE CXVII.

1. JESUS-CHRIST prie pour sa glorification.

1. Jesus après avoir dit ces choses, leva les yeux au ciel, & dit : Mon Pere, l'heure est venue, glorifiez votre Fils, afin que votre Fils vous glorifie ;

2. comme vous lui avez donné puissance sur tous les hommes, afin qu'il donne la vie éternelle à tous ceux que vous lui avez donnés.

3. Or la vie éternelle consiste à vous connoître, vous qui êtes le seul Dieu veritable, & Jesus-Christ que vous avez envoyé.

4. Je vous ai glorifié sur la terre ; j'ai achevé l'ouvrage que vous m'aviez donné à faire.

5. Maintenant donc, mon Pere, glorifiez-moi en vous-même de cette gloire que j'ai eue en vous avant que le monde fût.

2. JESUS-CHRIST prie pour les Apôtres.

6. J'ai fait connoître votre nom aux hommes que vous m'avez donnés du monde. Ils étoient à vous, & vous me les avez donnés, & ils ont gardé votre parole.

7. Maintenant ils connoissent que tout ce que vous m'avez donné vient de vous ;

8. parce que je leur ai donné les paroles que vous m'avez données, & ils les ont reçues ; ils ont reconnu veritablement que je suis sorti de

Gg iij

238　LA PASSION DE J. CH.　*Le Jeudi au soir 2. d'Avril.*

				En allant de Jerusalem sur la montagne des Oliviers.
Ch. 117.	Ma. XXVI.	Ma. XIV.	L. XXII.	I. XVII.
				vous, & ils ont cru que vous m'avez envoyé.
			9	9. C'est pour eux que je prie. Je ne prie point pour le monde, mais pour ceux que vous m'avez donnés, parce qu'ils sont à vous.
			10	10. Tout ce qui est à moi, est à vous, & tout ce qui est à vous, est à moi, & je suis glorifié en eux.
			11	11. Je ne suis plus maintenant dans le monde, & je m'en vais à vous. Pere saint, conservez en votre nom ceux que vous m'avez donnés, afin qu'ils soient un comme nous.
			12	12. Lorsque j'étois avec eux dans le monde, je les conservois en votre nom. J'ai conservé ceux que vous m'avez donnés ; & nul d'eux ne s'est perdu, mais celui-là *seulement* qui étoit enfant de perdition, afin que l'Ecriture fût accomplie.
Psalm. CVIII. 8.			13	13. Maintenant je vais à vous, & je dis ceci *étant encore* dans le monde, afin que ma joie soit accomplie en eux.
			14	14. Je leur ai donné votre parole, & le monde les a haïs, parce qu'ils ne sont point du monde.
			15	15. Je ne vous prie pas de les ôter du monde, mais de les garder du mal.
			16	16. Ils ne sont point du monde, comme je ne suis point du monde.
			17	17. Santifiez-les dans votre verité. Votre parole est la verité.
			18	18. Comme vous m'avez envoyé dans le monde, je les ai de même envoyés dans le monde.
			19	19. Et je me santifie moi-même pour eux, afin qu'ils soient aussi santifiés en verité.
				3. *Il prie pour tous les Elus.*
Depuis onze heures jusqu'à minuit.			20	20. Je ne prie pas seulement pour eux, mais encore pour ceux qui croiront en moi par leur parole ;
			21	21. afin qu'ils soient un tous ensemble, comme vous, mon Pere, qui êtes en moi, & moi en vous, afin que le monde croye que vous m'avez envoyé.
			22	22. Et je leur ai donné la gloire que vous m'avez donnée, afin qu'ils soient un comme nous sommes un.

LA PASSION DE J. CH. *Le Jeudi au soir 2. d'Avril* 239

Mt. XXVI.	Mr. XIV.	L. XXII.	J. XVII.	Dans le jardin de Gethsemani.	Ch. 117.
			23	23. Je suis en eux, & vous en moi, afin qu'ils soient consommés en un, & que le monde connoisse que vous m'avez envoyé, & que vous les aimez comme vous m'avez aimé.	
			24	24. Mon Pere, je desire que là où je suis, ceux que vous m'avez donnés y soient aussi avec moi, afin qu'ils contemplent la gloire que vous m'avez donnée, parce que vous m'avez aimé avant la creation du monde.	
			25	25. Pere juste, le monde ne vous a point connu ; mais moi je vous ai connu, & ceux-ci ont connu que vous m'avez envoyé.	
			26.f.	26. Je leur ai fait connoître votre nom, & leur ferai encore connoître, afin que l'amour par lequel vous m'avez aimé soit en eux, & moi en eux.	

CHAPITRE CXVIII.

1. *Tristesse de* JESUS-CHRIST.

			XVIII		
			1	1. JEsus ayant dit ces choses, s'en alla avec ses disciples au delà du Torrent de Cedron.	
36	32			36. 32. Alors ils arriverent en un lieu appellé Gethsemani, où il y avoit un jardin, dans lequel il entra avec eux.	
		2		2. Judas qui le trahissoit, connoissoit aussi ce lieu-là, parce que JESUS s'y étoit souvent trouvé avec ses disciples.	
		40		40. Lorsqu'il fut arrivé en ce lieu, il leur dit: Asseyez-vous là jusqu'à ce que j'aye été ici-près, & que j'aye fait ma priere.	
37	33			37. 33. Et ayant pris avec lui Pierre, Jâque & Jean, il commença à être saisi de tristesse, & avoir le cœur pressé d'une extrême affliction.	
38	34			38. 34. Alors il leur dit : Mon ame est triste jusqu'à la mort. Demeurez ici, & veillez avec moi. Priez, afin que vous n'entriez point en tentation.	
39	35			39. 35. Et s'en allant un peu plus loin,	
		41		41. il s'éloigna d'eux environ d'un jet de pierre ; & s'étant mis à genoux, il se prosterna le visage contre terre, & pria que s'il étoit possible, cette heure passât loin de lui,	
	36	42		36. 42. en disant : Mon Pere, s'il est possible,	

Dans le jardin de Gethsemani.

Ch. 118	Mt. XXVI	Mr. XIV	L. XXII	J. XVIII	
					faites que ce calice passe loin de moi ; neanmoins que ce ne soit pas ma volonté qui se fasse, mais la vôtre.

2. Agonie de JESUS-CHRIST.

Depuis minuit jusqu'à une heure.			43		43. Alors il lui apparut un Ange du ciel pour le fortifier.
			44		44. Et étant tombé en agonie, il redoubloit ses prieres. Il lui vint une sueur comme de gouttes de sang, qui découloient jusqu'à terre.

3. Priere de JESUS-CHRIST. Apôtres dormans.

			45		45. S'étant ensuite levé de sa priere,
	40	37			40. 37. il vint à ses disciples qu'il trouva endormis de tristesse.
			46		46. Il leur dit : Pourquoi dormez-vous ? Il dit à Pierre : Simon, vous dormez ? quoi vous n'avez pu veiller seulement une heure avec moi ?
	41	38			41. 38. Veillez, levez-vous & priez, afin que vous n'entriez point en tentation ; l'esprit est prompt, mais la chair est foible.
	42	39			42. 39. Il s'en alla encore pour la seconde fois, & fit sa priere dans les mêmes termes, en disant: Mon Pere, si ce calice ne peut passer loin de moi sans que je le boive, que votre volonté soit faite.
	43	40			43. 40. Et étant retourné, il les trouva encore endormis, car leurs yeux étoient appesantis, & ils ne sçavoient que lui répondre.
	44				44. Et les ayant quittés, il s'en alla encore prier pour la troisieme fois dans les mêmes termes,
	45	41			45. 41. puis il vint pour la troisieme fois à ses disciples, & leur dit : Dormez maintenant, & reposez-vous ; c'est assez, voici l'heure qui est proche, & le Fils de l'homme va être livré entre les mains des pecheurs.
	46	42			46. 42. Levez-vous, allons, celui qui me trahit est près d'ici.

CHAP. CXIX.

LA PASSION DE J. CH. *Le Vendr. au matin 3. d'Avril.* 241

Mt. XXVI.	Mc. XIV.	L. XXII.	J. XVIII.		
				Dans le jardin de Gethsemani.	
				## CHAPITRE CXIX.	Ch. 119.
				1. Arrivée & baiser de Judas.	
47	43	47	3	47. 43. 47. 3. Comme il parloit encore, Judas Iscariote l'un des douze arriva, suivi d'une grande troupe de gens armés d'épées & de bâtons, portant des lanternes & des flambeaux, qui avoient été envoyés par les Princes des Prêtres, par les Docteurs de la loi, par les Senateurs du peuple, & par les Pharisiens.	
48	44			48. 44. Or celui qui le trahissoit, leur avoit donné ce signal: Celui que je baiserai est celui que vous cherchez; saisissez-vous de lui, & emmenez-le sûrement.	
49	45			49. 45. Aussitôt donc qu'il fut arrivé, il s'approcha de Jesus pour le baiser, & lui dit: Maître, je vous salue. Et il le baisa.	
50		48		50. 48. Jesus lui répondit: Mon ami, que venez-vous faire ici? Judas, trahissez-vous le Fils de l'homme par un baiser?	
				2. Soldats renversés.	
			4	4. Mais Jesus sçachant tout ce qui lui devoit arriver, vint au-devant d'eux, & leur dit: Qui cherchez-vous?	
			5	5. Ils lui répondirent: Jesus de Nazareth. Jesus leur dit: C'est moi. Judas qui le trahissoit, étoit aussi present avec eux.	
			6	6. Lors donc que Jesus leur eut dit: C'est moi, ils furent renversés, & tomberent par terre.	XLI. MIRA-CLE.
			7	7. Il leur demanda encore une fois: Qui cherchez-vous? Ils lui dirent: Jesus de Nazareth.	
			8	8. Jesus leur répondit: Je vous ai déja dit que c'est moi. Si donc c'est moi que vous cherchez, laissez aller ceux-ci.	
			9	9. Afin que la parole qu'il a dite fût accomplie: Je n'ai pas perdu aucun de ceux que vous m'avez donnés.	Suprà XVII. 12.
				3. Oreille coupée.	
50	46			50. 46. En même tems s'étant avancés, ils mi-	

H h

242 LA PASSION DE J. CH. *Le Vendr. au matin 3. d'Avril.*

	Mt. XXVI.	Mr. XIV.	L. XXII.	J. XVIII.	Dans le jardin de Gethsemani
Ch. 119.					rent la main sur JESUS, & se saisirent de lui.
				49	49. Ceux qui étoient avec lui, voyant bien ce qui alloit arriver, lui dirent: Seigneur, frapperons-nous de l'épée?
			50	10	50. 10. Alors Simon Pierre,
	51	47			51. 47. un de ceux qui étoient presens avec JESUS, ayant une épée, la tira, frappa un des gens du Grand-Prêtre, & lui coupa l'oreille droite; & cet homme s'appelloit Malchus.
XLII. MIRACLE.			51		51. JESUS leur dit: Laissez-moi faire. Et ayant touché l'oreille de cet homme, il le guerit.
	52			11	52. 11. Alors JESUS dit à Pierre: Remettez votre épée dans le fourreau; car tous ceux qui se serviront de l'épée, periront par l'épée.
	53				53. Croyez-vous que je ne puisse pas prier mon Pere, & qu'il ne m'envoyeroit pas plus de douze legions d'Anges? Ne boirai-je pas le calice que mon Pere m'a donné?
Isa. LIII. 7-10.	54				54. Comment donc s'accompliront les Ecritures, qui disent, que cela se doit faire ainsi?

4. *Reproches de* JESUS-CHRIST *contre les Juifs. Fuite des Apôtres.*

	Mt.	Mr.	L.	J.	
	55	48	52		55. 48. 52. Alors JESUS dit aux Princes des Prêtres, aux Capitaines des gardes du Temple, & aux Senateurs qui étoient venus vers lui: Vous êtes venus à moi comme à un voleur, avec des épées & des bâtons pour me prendre.
		49	53		49. 53. J'étois tous les jours assis au milieu de vous, enseignant dans le Temple, & vous ne m'avez point pris.
Thren. IV. 20.	56				56. Mais c'est ici votre heure, & la puissance des tenebres: tout cela s'est fait afin que les écritures des Prophetes soient accomplies.
		50			50. Alors ses disciples l'abandonnerent, & s'enfuirent tous.
		51			51. Or il y avoit un jeune homme qui le suivoit, couvert seulement d'un linceul; ils se saisirent de lui,
		52			52. mais leur ayant abandonné le linceul, il s'enfuit tout nu.

LA PASSION DE J. CH. *Le Vendr. au matin 3. d'Avril.* 243

— Chez Anne & chez Caïphe. —

CHAPITRE CXX.

1. JESUS-CHRIST *emmené chez Anne, & ensuite chez Caïphe.*

Mt. XXVI.	Mc. XIV.	L. XXII.	J. XVIII.		Ch. 120.

12. **L**ES soldats donc, le Capitaine & les archers des Juifs prirent JESUS, & le lierent,
13. puis le menerent premierement chez Anne, parce qu'il étoit beau-pere de Caïphe qui étoit Grand-Prêtre cette année-là.
14. Or Caïphe étoit celui qui avoit donné conseil aux Juifs, qu'il étoit avantageux qu'un seul homme mourût pour le peuple.
24. Anne donc l'envoya lié à Caïphe le Grand-Prêtre.

Depuis une heure jusqu'à deux.

57. 53. 54. Ces gens ayant pris JESUS, ils le menerent & l'introduisirent dans la maison de Caïphe le Grand-Prêtre, où s'assemblerent tous les Princes des Prêtres, les Anciens & les Docteurs de la loi.

2. *S. Pierre entre dans la cour du Grand-Prêtre.*

58. 54. 15. Or Simon Pierre le suivoit de loin, & un autre disciple, & cet autre disciple étant connu du Grand-Prêtre, entra avec JESUS dans la cour *de la maison* du Grand-Prêtre:
16. mais Pierre demeura dehors à la porte. Alors cet autre disciple qui étoit connu du Grand-Prêtre, sortit; & ayant parlé à la portiere, il fit entrer Pierre jusqu'au dedans de la cour *de la maison* du Grand-Prêtre.
55. *Les archers* ayant allumé du feu au milieu de la cour, & s'étant assis à l'entour, Pierre qui y étoit entré, s'assit aussi parmi eux, auprès du feu, & se chaufoit, pour voir ce qui en arriveroit.

Depuis deux heures jusqu'à trois.

Hh ij

244 LA PASSION DE J. CH. *Le Vendr. au matin 3. d'Avril.*

Chez Caïphe.

CHAPITRE CXXI.

1. *Premier Renoncement de saint Pierre.*
Premier Chant du coq.

69. 66. Pierre donc étoit assis dehors dans la cour, &

56. 17. cette servante qui gardoit la porte *de la maison* du Grand-Prêtre, y vint ;

67. & ayant vu Pierre assis devant le feu, qui se chauffoit, s'approcha de lui ; & après l'avoir envisagé, dit : Celui-ci étoit aussi avec lui : N'êtes-vous pas des disciples de cet homme ? Vous étiez avec Jesus de Galilée.

70. 68. 57. Mais il le nia devant tous, en disant : Femme, je n'en suis point, je ne le connois point, je ne sçai ce que vous dites.

18. Or les serviteurs & les archers étoient auprès du feu, parce qu'il faisoit froid, & se chauffoient ; & Pierre étoit aussi debout avec eux, & se chauffoit. Alors il sortit hors de là *pour aller* au vestibule ; & le coq chanta.

2. *Second Renoncement de S. Pierre.*

71. Pierre étant sorti du vestibule pour aller à la porte,

69. une autre servante le vit encore, & dit à ceux qui étoient là : Celui-ci étoit avec Jesus de Nazareth.

58. Peu de tems après un autre le voyant, lui dit : Vous êtes aussi de ceux-là.

25. Simon Pierre étoit auprès du feu, & se chauffoit. Quelques-uns donc lui dirent : N'êtes-vous pas aussi de ses disciples ?

72. 70. Il le nia pour la seconde fois avec serment, & dit : Homme, je n'en suis pas ; je ne connois point cet homme.

3. *Troisiéme & dernier Renoncement de S. Pierre.*
Second Chant du coq.

73. 59. Environ une heure après, un certain autre assuroit en disant : Celui-ci en verité étoit avec lui, car il est Galiléen. Ceux qui étoient là,

LA PASSION DE J. CH. *Le Vendr. au matin 3. d'Avril.* 245

Chez Caïphe.

Mt. XXVI.	Mr. XIV.	L. XXII.	J. XVIII.		
				s'avançant, dirent *encore* à Pierre : Vous êtes assurément de ces gens-là, car vous êtes Galiléen, votre manière de parler vous fait assez connoître.	Ch. 121.
			26.	26. Un des gens du Grand-Prêtre, parent de celui à qui Pierre avoit coupé l'oreille, lui dit : Ne vous ai-je pas vu dans le jardin avec cet homme?	
			27.	27. Pierre le nia encore,	
		60.		60. & répondit : Homme je ne sçai ce que vous dites.	
74.	71.			74. 71. Il commença alors à détester & à jurer : Je ne connois point cet homme dont vous me parlez.	
	72.			72. Et aussitôt, comme il parloit encore, le coq chanta pour la seconde fois.	
		61.		61. Alors le Seigneur se retournant, regarda Pierre,	
75.				75. & Pierre se ressouvint de la parole que le Seigneur lui avoit dite *a* : Avant que le coq ait chanté deux fois, vous me renoncerez trois fois.	*a* ch. 115. 3 ch. 116. 3.
		62.		62. Et étant sorti dehors, il pleura amerement.	

CHAPITRE CXXII.

1. JESUS-CHRIST *interrogé sur sa doctrine. Soufflet donné.*

Ceci se passa dans le tems que S. Pierre nia JESUS-CHRIST, c'est à dire, depuis deux heures du matin jusqu'à quatre.

19. 19. Cependant le Grand-Prêtre interrogea JEsus touchant ses disciples & sa doctrine.

20. 20. JESUS lui répondit : J'ai parlé publiquement à tout le monde ; j'ai toujours enseigné dans la Synagogue & dans le Temple, où tous les Juifs s'assemblent, & je n'ai rien dit en secret.

21. 21. Pourquoi donc m'interrogez-vous? Interrogez ceux qui m'ont entendu, pour sçavoir ce que je leur ai dit, ce sont ceux-là qui sçavent ce que je leur ai enseigné.

22. 22. Ayant dit ces paroles, un des archers qui étoit là, donna un soufflet à JESUS, en lui disant :

H h iij

246 LA PASSION DE J. CH. *Le Vendr. au matin 3 d'Avril.*

Chez Caïphe.

Ch. 122.	Mt. XXVI.	Mr. XIV.	L. XXII.	J. XVIII.
				ch. 20 1.

Est-ce ainsi que vous répondez au Grand-Prêtre?
23. Jesus lui répondit : Si j'ai mal parlé, rendez témoignage du mal ; si j'ai bien parlé, pourquoi me frappez-vous ?

2. *Faux témoins.*

Depuis quatre heures jusqu'à cinq du matin.	59	55		
	60			
		56		
		57		
		58		
	61			
		59		
	62	60		
	63 c.	61 c.		

59. 55. Or les Princes des Prêtres & tout le Conseil cherchoient un faux témoignage pour le faire mourir,
60. & ils n'en trouvoient point, quoique plusieurs faux témoins se fussent présentés.
56. Car plusieurs déposoient faussement contre lui ; mais leurs dépositions n'étoient pas suffisantes.
57. Quelques-uns aussi se leverent, & porterent un faux témoignage contre lui en ces termes :
58. Nous lui avons oui dire : Je détruirai ce temple fait de main *d'homme*, & j'en rebâtirai un autre en trois jours, qui ne sera pas fait de main *d'homme*.
61. Enfin il vint deux faux témoins, qui dirent : Celui-ci a dit : Je puis détruire le temple de Dieu, & le rebâtir en trois jours.
59. Mais leur témoignage n'étoit pas suffisant.
62. 60. Alors le Grand-Prêtre se levant au milieu *d'eux*, interrogea Jesus, & lui dit : Ne répondez-vous rien à ce que ceux-là déposent contre vous ?
63. 61. Mais Jesus demeura dans le silence, & ne répondit rien.

3. Jesus-Christ *interrogé & condamné.*

			66	
			67	
			68	
			69	

66. Dès le point du jour les Anciens du peuple, les Princes des Prêtres, & les Docteurs de la loi s'assemblerent ; & ayant fait venir Jesus dans leur Conseil, ils lui dirent : Dites-nous si vous êtes le Christ.
67. Il leur répondit : Si je vous le dis, vous ne me croirez point ;
68. & si je vous fais quelque demande, vous ne me répondrez point, & vous ne me laisserez point aller.
69. Mais desormais le Fils de l'homme sera

LA PASSION DE J. CH. *Le Vendr. au matin 3. d'Avril.*

Mt XXVI.	Mr XLV.	L XXII.	J XVIII.	Chez Caïphe.	Chez Pilate.
		70.		assis à la droite de la puissance de Dieu.	Ch. 12².
				70. Ils lui dirent tous : Vous êtes donc Fils de Dieu ? Il leur répondit : Vous le dites, je le suis.	
63. 1.	61. 1.			63. 61. Le Grand-Prêtre l'interrogea encore, & lui dit : Je vous conjure par le Dieu vivant de nous dire si vous êtes le CHRIST Fils de Dieu.	
64.	62.			64. 62. JESUS lui répondit : Vous l'avez dit, je le suis ; & je vous declare qu'un jour vous verrez le Fils de l'homme assis à la droite de la majesté de Dieu, & venant sur les nuées du ciel.	
65.	63.			65. 63. Alors le Grand-Prêtre déchirant ses vêtemens, dit : Il a blasphemé, qu'avons-nous plus besoin de témoins ?	
	64.			64. Vous venez d'entendre maintenant le blasphême.	
66.				66. Qu'en pensez-vous ?	
		71. *f. ch. 12.3.1.*		71. Ils répondirent tous : Qu'avons-nous besoin de témoignage, puisque nous l'avons ouï de sa propre bouche ? il merite la mort. Et tous le condamnerent comme étant digne de mort.	
				4 Crachats, coups de poing, dérision.	
67.	65. *ch. 12.1.1.*	63.		67. 65. 63. Alors ceux qui tenoient JESUS, se mocquant de lui, commencerent à lui cracher au visage, à lui couvrir la face, & à le frapper à coups de poing ;	
		64.		64. & lui ayant bandé les yeux, ils lui donnoient des coups sur le visage,	
68.				68. en lui disant : CHRIST, devine qui est celui qui t'a frappé. Et les archers lui donnoient des soufflets,	
		65. *ch. 122.3.*		65. & disoient contre lui beaucoup d'injures & de blasphêmes.	

Chez Pilate.

CHAPITRE CXXIII.

1. Jesus-Christ mené à Pilate.

Mt. XXVII.	Mc. XV.	L. XXIII.	J. XVIII.	
1	1			1. LE matin étant venu, tous les Princes des Prêtres avec les Anciens & les Docteurs de la loi, & tout le conseil delibererent ensemble pour faire mourir Jesus.
2		1		1. Toute l'assemblée s'étant levée,
			28	2. après avoir lié Jesus, 28. ils le menerent de la maison de Caïphe au Pretoire, & le livrerent à Ponce Pilate Gouverneur. C'étoit le matin; & ils n'entrerent point dans le Pretoire, de peur qu'étant devenus impurs, ils ne pussent manger la Pâque.

2. Mort de Judas.

3				3. Cependant Judas qui l'avoit trahi, voyant qu'il étoit condamné, se repentit de ce qu'il avoit fait, & rapportant les trente pieces d'argent aux Princes des Prêtres & aux Anciens,
4				4. il leur dit : J'ai peché, parce que j'ai trahi le sang innocent. Ils lui répondirent : Que nous importe ? c'est à vous à y penser.
5				5. Alors Judas jetta cet argent dans le Temple, & s'étant retiré, il se pendit.
6				6. Mais les Princes des Prêtres ayant pris l'argent, dirent : Il ne nous est pas permis de le mettre dans le Tresor, parce que c'est le prix du sang.
7				7. Et ayant deliberé là-dessus, ils en acheterent le champ d'un potier pour y ensevelir les étrangers.
8				8. C'est pourquoi ce même champ est appellé encore aujourd'hui le champ du sang.
9				9. Alors cette parole du Prophete Jeremie fut accompli : « Ils ont reçu les trente pieces d'argent, qui étoient le prix de celui qui a été mis à prix, & dont ils avoient fait le marché avec les enfans d'Israël ;
10				» 10. & ils les ont donnés pour en acheter le champ d'un potier, comme le Seigneur me l'a ordonné «.

Ch. 123.

Zach. XI. 12. 13.

Chap. CXXIV.

Chez Pilate.

CHAPITRE CXXIV.

1. JESUS-CHRIST *accusé devant Pilate*.

29. Pilate donc sortant dehors *a*, vint à eux, & leur dit : Quel est le crime dont vous accusez cet homme ?

30. Ils lui répondirent : Si ce n'étoit point un malfaiteur, nous ne vous l'aurions pas livré entre les mains.

31. Pilate leur dit : Prenez-le vous-mêmes, & jugez-le selon votre loi. Les Juifs lui répondirent : Il ne nous est pas permis de faire mourir personne.

32. Afin que la parole de JESUS par laquelle il avoit marqué de quelle mort il devoit mourir, fût accomplie.

2. Et ils commencerent à l'accuser, en disant : Voici un homme que nous avons trouvé, qui pervertit notre nation, & qui empêche de payer le tribut à César, se disant être le CHRIST Roi.

2. JESUS-CHRIST *interrogé par Pilate*.

33. Pilate rentra donc dans le Pretoire, & fit venir JESUS.

19. (Lorsqu'il étoit assis dans le siege, sa femme lui envoya dire : Ne vous embarassez point de l'affaire de ce juste, car j'ai été étrangement tourmentée dans un songe à cause de lui.)

11. Or JESUS fut presenté devant le Gouverneur *b*, &

2. 3. le Gouverneur l'interrogea, en lui disant : Etes-vous le Roi des Juifs ?

34. JESUS répondit : Dites-vous cela de vous-même, ou si d'autres vous l'ont dit de moi ?

35. Pilate lui repliqua : Suis-je Juif ? Ceux de votre nation & les Princes des Prêtres vous ont livré entre mes mains ; qu'avez-vous donc fait ?

36. JESUS répondit : Mon royaume n'est pas de ce monde ; si mon royaume étoit de ce monde, mes gens combattroient pour moi afin que je ne fusse point livré aux Juifs, mais mon royaume n'est pas d'ici.

a Depuis cinq heures du matin jusqu'à six a du Pretoire.

b Pilate.

250 LA PASSION DE J. CH. *Le Vendr. au matin 3. d'Avril.*

	Mt. XXVII.	Mr. XV.	L. XXIII.	J. XVIII.	Chez Pilate.	Chez Herode.
Ch. 124.					•	
			3.	37.	37. Alors Pilate lui repartit : Vous êtes donc Roi ?	
	11.	2.	r.		1. 2. 3. Vous le dites ; je suis Roi, c'est pour cela que je suis né, & que je suis venu dans le monde, afin de rendre témoignage à la verité ; quiconque est de la verité, écoute ma voix.	
		r.				
				38	38. Pilate lui repartit : Qu'est-ce que la verité ? Et ayant dit ces mots, il sortit encore vers les Juifs.	
a du Pretoire avec JEsus pour aller				4	4. Alors Pilate dit aux Princes des Prêtres & au peuple : Je ne trouve aucun crime en cet homme.	
			3		3. Les Princes des Prêtres formoient diverses accusations contre lui.	
	12				12. Et étant accusé par les Princes des Prêtres & par les Anciens, il ne répondit rien.	
	13	4			13. 4. Alors Pilate l'interrogeant encore, lui dit : Ne répondez-vous rien ? n'entendez-vous pas de combien de choses ils vous accusent ?	
	14	5			14. 5. Mais JESUS ne répondit pas un seul mot, de sorte que Pilate en fut fort étonné.	
			5.		5. Mais ils redoubloient leurs instances, en disant : Il souleve le peuple, enseignant par toute la Judée, à commencer depuis la Galilée jusques ici.	
					3. JESUS-CHRIST *envoyé à Herode par Pilate.*	
Depuis six heures du matin jusqu'à sept.			6.		6. Pilate ayant entendu parler de la Galilée, demanda s'il étoit Galiléen.	
			7.		7. Et ayant appris qu'il étoit de la juridiction d'Herode, il le renvoya à Herode qui étoit aussi alors à Jerusalem.	
			8.		8. Herode eut une grande joie de voir JESUS ; car il y avoit longtems qu'il le souhaitoit, parce qu'il avoit oui dire beaucoup de choses de lui, & qu'il esperoit de lui voir faire quelque miracle.	
			9.		9. Il lui fit donc quelques demandes ; mais JESUS ne lui répondit rien.	
			10		10. Cependant les Princes des Prêtres & les Docteurs de la loi étoient là, qui l'accusoient avec grande vehemence.	
			11		11. Ainsi Herode le méprisa & toute sa Cour ;	

LA PASSION DE J. CH. *Le Vendr. au matin 3. d'Avril.* 251

Chez Pilate.

Mt XXVII	Mc XV	L XXIII	J XVIII	
		12		& le traitant avec mocquerie, le fit revêtir d'une robe blanche, & le renvoya à Pilate.
				12. Ce qui fut cause qu'Herode & Pilate devinrent amis ce jour-là; car ils étoient auparavant mal ensemble.

CHAPITRE CXXV.

1. *Barabbas préferé à* JESUS-CHRIST.

13. Pilate donc ayant fait venir les Princes des Prêtres, les Magistrats & le peuple,

14. leur dit : Vous m'avez présenté cet homme comme un seducteur du peuple; & neanmoins l'ayant interrogé devant vous, je ne l'ai trouvé coupable d'aucun des crimes dont vous l'accusez;

15. ni Herode non plus, car je vous ai renvoyés à lui; & cependant il ne lui a rien fait qui le puisse faire juger digne de mort.

16. C'est pourquoi je le renvoyerai après l'avoir fait châtier.

15. 6. 17. Or le Gouverneur avoit coutume à la fête de Pâque de delivrer au peuple un prisonnier tel qu'ils vouloient.

16. 7. Et il y avoit alors un insigne prisonnier nommé Barabbas, qui avoit été mis en prison avec des seditieux, parce qu'il avoit commis un meurtre dans une sedition.

17. Comme ils étoient donc assemblés, Pilate leur dit :

39. C'est la coutume que je vous delivre un criminel à la fête de Pâque.

8. Et le peuple s'étant mis à crier, lui demanda qu'il leur fît comme il avoit toujours coutume de leur faire.

9. Pilate leur répondit : Lequel voulez-vous que je vous delivre, de Barabbas, ou de JESUS qui est appellé CHRIST ? Voulez-vous que je vous delivre le Roi des Juifs ?

18. 10. Car il sçavoit bien que c'étoit par envie que les Princes des Prêtres le lui avoient mis entre les mains.

20. 11. Mais les Princes des Prêtres & les An-

Ch. 124.

I i ij

252   LA PASSION DE J. CH. *Le Vendr. au matin 3. d'Avril.*

	Mt. XXVII.	Mr. XV.	L. XXIII.	J. XVIII.	Chez Pilate.
Ch. 125.			18	40 f.	ciens poussèrent le peuple à demander qu'il leur delivrât plutôt Barabbas, & de perdre JESUS. 18. 40. Alors tout le peuple se mit à crier, en disant : Faites mourir celui-ci, mais delivrez-nous Barabbas. Or Barabbas étoit un voleur.
			19		19. Cet homme avoit été mis en prison à cause d'une sedition qui s'étoit faite dans la ville, & d'un meurtre qu'il y avoit commis.
					2. *Clameurs des Juifs contre* JESUS-CHRIST.
Depuis sept heures du matin jusqu'à huit.	21	12	20		21. 12. 20. Pilate donc leur dit encore, voulant leur délivrer JESUS : Lequel des deux voulez-vous que je vous delivre ? Ils lui répondirent : Barabbas.
	22				22. Pilate leur repliqua : Que voulez-vous donc que je fasse de celui que vous appellez Roi des Juifs ?
		13	21		13. 21. Mais ils crierent encore tous, en disant : Qu'il soit crucifié ; crucifiez-le, crucifiez-le.
	23	14	22		23. 14. 22. Il leur dit pour la troisieme fois : Quel mal a-t-il donc fait ? je ne trouve rien en lui qui merite la mort ; c'est pourquoi je le renvoyerai après l'avoir fait châtier.
			23		23. Mais ils insistoient avec de grands cris, demandant qu'il fût crucifié ; & leurs clameurs se redoubloient.
				XIX.	CHAPITRE CXXVI. 1. *Flagellation, Couronnement & Derision.*
				1	1. ALors Pilate prit JESUS, & le fit fouetter.
				2	2. Et les soldats ayant fait une couronne d'épines entrelassées, la lui mirent sur la tête ; & ils le revêtirent d'un manteau d'écarlate.
				3	3. Puis venant à lui, ils disoient : Salut au Roi des Juifs ; & ils lui donnoient des soufflets.
					2. JESUS-CHRIST *presenté aux Juifs par Pilate.*
a hors du Pretoire.				4	4. Pilate sortit encore une fois *a*, & dit aux Juifs : Le voici que je vous amene, afin que vous sçachiez que je ne trouve aucun crime en lui.
				5	5. JESUS donc sortit dehors, portant une cou-

				Chez Pilate.	
Mt. XXVII.	Mr. XV.	L. XXIII.	J. XIX.		
			6	ronne d'épines, & un manteau d'écarlate; & Pilate leur dit: Voici l'homme.	Ch. 126.
			7	6. Les Princes des Prêtres & leurs gens l'ayant vu, se mirent à crier: Crucifiez-le, crucifiez-le. Pilate leur dit: Prenez-le vous-mêmes, & crucifiez-le; car pour moi je ne trouve aucun crime en lui.	
				7. Les Juifs lui répondirent: Nous avons une loi, & selon notre loi il doit mourir, parce qu'il s'est fait Fils de Dieu.	

3. JESUS-CHRIST *interrogé une seconde fois par Pilate.*

			8	8. Pilate ayant entendu ces paroles, craignit encore davantage;	Depuis huit heures jusqu'à neuf.
			9	9. & étant rentré dans le Pretoire, il dit à Jesus: D'où êtes-vous? Mais JESUS ne fit aucune réponse.	
			10	10. Pilate lui dit: Vous ne me parlez point; ne sçavez-vous pas que j'ai le pouvoir de vous faire attacher à une croix, & que j'ai aussi le pouvoir de vous delivrer?	
			11	11. JESUS lui répondit: Vous n'auriez aucun pouvoir sur moi, s'il ne vous avoit été donné d'enhaut. C'est pourquoi celui qui m'a livré à vous, a commis un plus grand peché.	
			12	12. Depuis cela Pilate cherchoit un moyen de le delivrer. Mais les Juifs crioient: Si vous delivrez cet homme, vous n'êtes point ami de Cesar; car quiconque se fait Roi, s'oppose à Cesar.	

Ii iij

Chez Pilate. — Dans la cour du Prétoire.

CHAPITRE CXXVII.

1. JESUS-CHRIST *condamné par Pilate.*

13. 13. Pilate ayant donc ouï ce discours, mena JESUS dehors, & s'assit dans son tribunal, au lieu appellé Lithostrotos, & en Hebreu Gabbata.

14. 14. C'étoit le jour de la Preparation de la Pâque, & il étoit environ la sixième * heure *a*; & il dit aux Juifs : Voici votre Roi.

15. 15. Mais ils se mirent à crier : Otez-le, ôtez-le, crucifiez-le. Pilate leur dit : Crucifirai-je votre Roi ? Les Princes des Prêtres lui répondirent : Nous n'avons point d'autre Roi que Cesar.

24. Pilate voyant qu'il ne gagnoit rien, mais que le tumulte s'excitoit toujours de plus en plus, se fit apporter de l'eau, & lavant ses mains devant tout le peuple, il dit : Je suis innocent du sang de ce juste ; ce sera à vous à en répondre.

25. Tout le peuple répondit : Que son sang retombe sur nous & sur nos enfans.

15. 24. Pilate donc voulant satisfaire au peuple, ordonna que ce qu'ils demandoient fût exécuté.

26. 16. Alors 25. il leur delivra Barabbas, qu'ils demandoient, celui qui avoit été mis en prison pour meurtre & sedition ; & ayant fait fouetter JESUS, il le remit entre leurs mains à leur volonté, pour être crucifié.

* Pour accorder S. Jean qui dit que JESUS-CHRIST fut condamné environ à la sixième heure, qui est environ midi ; avec S. Marc qui dit qu'il fut crucifié à la troisième heure, qui est neuf heures du matin, il faut que les Copistes de l'Evangile de S. Jean au v. 14. ci-dessus, se soient trompés en mettant un *Sigma* qui signifie six, au lieu d'un *Gamma* qui veut dire trois, à cause de la ressemblance de ces deux Lettres Grecques : ainsi en suivant cette correction, ce seroit selon les Hebreux, environ la troisième heure du jour, qui est selon nous, environ neuf heures du matin, lorsque JESUS-CHRIST fut condamné ; & midi lorsqu'il fut crucifié.

Ch. 127.

Mt. XXVII. Mr. XV. L. XXIII. Jn. XIX.

a environ neuf heures du matin suivant la correction.

Depuis neuf heures du matin jusqu'à dix.

Mt.XXVII	Mr.XV	L.XXIII	Jn.XIX
			13
			14
			15
24			
25			
	15	24	
26	25	16	

LA PASSION DE J. CH. *Le Vendr. au matin 3. d'Avril.* 255

Mt. XXVII.	Mc. XV.	L. XXIII.	J. XIX.	Dans la cour du Pretoire. Sur le chemin du Calvaire.	
				2. JESUS-CHRIST *mocqué, frappé & insulté par les soldats.*	Ch. 127a
27	16.			27. 16. Ensuite les soldats du Gouverneur ayant emmené Jesus dans la cour du Pretoire, assemblerent autour de lui toute la compagnie;	
28	17			28. 17. & lui ayant ôté ses habits, le revêtirent d'un manteau d'écarlate;	
29				29. puis ayant fait une couronne d'épines entrelassées, ils la lui mirent sur la tête avec une canne en la main droite; & s'agenouillant devant lui, ils se mocquoient de lui.	
	18			18. & le saluoient, en disant: Je vous salue, Roi des Juifs.	
30	19			30. 19. Ils lui donnoient des coups de canne sur la tête, & lui crachoient au visage; & se mettant à genoux, ils l'adoroient.	
31	20			31. 20. Après s'être ainsi joués de lui, ils lui ôterent le manteau d'écarlate; & lui ayant remis ses habits, ils le prirent, & l'emmenerent pour le crucifier.	
				3. JESUS-CHRIST *portant sa croix.*	
			17	17. JESUS portant sa croix, vint au lieu appellé du Calvaire, qui se nomme en Hebreu Golgotha.	
32	21	26		32. 21. 26. En sortant, comme ils le menoient, ils rencontrerent un certain homme de Cyrene, nommé Simon, pere d'Alexandre & de Rufus, qui venant des champs, passoit par là; ils le contraignirent de porter sa croix, la lui faisant porter après JESUS.	
				4. *Quatrieme & derniere prediction de la ruine de Jerusalem.*	
		27		27. Or il étoit suivi d'une grande multitude de peuple & de femmes qui se frappoient la poitrine, & qui le pleuroient.	
		28		28. Et JESUS se tournant vers elles, leur dit: Filles de Jerusalem, ne pleurez point sur moi, mais pleurez sur vous-mêmes & sur vos enfans.	
		29		29. Car il viendra un tems que l'on dira: Heureuses les steriles, & les entrailles qui n'ont	

256 LA PASSION DE J. CH. *Le Vendr. au matin 3. d'Avril.*

	Mt. XXVII.	Mr. XV.	L. XXIII.	J. XIX.	Sur le chemin du Calvaire.	Au Calvaire.
Ch. 127.			30		point porté d'enfans, & les mammelles qui n'ont point nourri.	
					30. Ils commenceront alors à dire aux montagnes : Tombez sur nous ; & aux collines : Couvrez-nous.	
			31		31. Car si on traite ainsi le bois verd, comment traitera-t-on le bois sec ?	
			32		32. On menoit aussi avec lui deux autres malfaicteurs, qu'on devoit faire mourir.	

CHAPITRE CXXVIII.

1. *Crucifiment de* Jesus-Christ.

		22			22. Ils menerent donc Jesus au lieu appellé Golgotha, c'est à dire, le lieu du Calvaire ;	
	33	23	33		33. 23. & 33. lorsqu'ils furent arrivés au lieu appellé du Calvaire,	
a de la myrrhe, en saint Marc.	34 *ci-apr.3.*	*ci-apr.3.* 27	34 *ci-apres 3.*	18	34. ils lui donnerent du vin mêlé avec du fiel *a*, mais en ayant goûté, il n'en voulut point boire.	
	38	28			27. 18. 38. Là ils le crucifierent, & avec lui deux autres qui étoient des malfaicteurs, l'un à droit, & l'autre à gauche, & Jesus au milieu.	
Isa. LIII. 12.	39 *ci-après 4.*	29 *ci-après 4.*			28. Ainsi cette parole de l'Ecriture fut accomplie : " Il a été mis au rang des méchans ".	
					34. Et Jesus disoit : Mon Pere, pardonnez-leur, car ils ne sçavent ce qu'ils font.	

2. *Titre de la croix.*

	37	26	38	19	19. Pilate fit un écriteau,	
	38. *ci-devant 1.*	27. *ci-devant 1.*	39. *ci-après 5.*		37. 26. 38. qu'ils mirent au haut de la croix au dessus de sa tête, qui portoit le sujet de sa condamnation, & qui étoit écrit en lettres Grecques, Latines & Hebraïques : Celui-ci est Jesus de Nazareth Roi des Juifs.	
				20	20. Plusieurs des Juifs lurent cet écriteau, parce que le lieu où Jesus étoit crucifié, étoit proche de la ville.	
				21	21. Les Princes des Prêtres dirent donc à Pilate : Ne mettez pas, Roi des Juifs, mais qu'il s'est dit Roi des Juifs.	
				22	22. Pilate leur répondit : Ce que j'ai écrit est écrit.	

3 *Vétemens*

LA PASSION DE J. CH. *Le Vendr. au matin 3. d'Avril.* 257

Mt. XXVII.	Mr. XV.	L. XXIII.	J. XIX.	Au Calvaire.	
	24	23		3. *Vêtemens de* JESUS-CHRIST *jettés au sort.*	Ch. 128.
35				23. Les soldats 35. 24. ayant crucifié JESUS, prirent ses vêtemens, & en firent quatre parts, une pour chaque soldat, & *prirent aussi* la tunique, qui étoit sans couture, étant toute tissue depuis le haut jusqu'en bas.	Depuis dix heures jusqu'à onze.
			24	24. Ils dirent donc entre eux : Ne la coupons point, mais jettons au sort à qui l'aura.	
		34 r.		34. Et ayant partagé ses vêtemens, ils les jetterent au sort pour voir ce qui en viendroit à chacun, afin que cette parole de l'Ecriture fût accomplie : ›› Ils ont partagé mes vêtemens, & ›› ils ont jetté ma robe au sort ‹‹. Voilà donc ce que firent les soldats.	Ps. XXI. 19.
	25			25. Il étoit la troisième heure *a*, quand ils le crucifierent.	*a* neuf heures du matin.
36	26 ci-devant 2.			36. Et s'étant assis près de lui, ils le gardoient.	
				4. *Blasphèmes & derisions des Juifs.*	
		35		35. Cependant le peuple se tenoit là, & le regardoit ; & les Magistrats aussi bien que le peuple se mocquoient de lui, en disant : Il en a sauvé d'autres, qu'il se sauve lui-même s'il est le CHRIST l'Elu de Dieu.	
		36		36. Les soldats aussi l'insultoient, s'approchoient de lui, & lui presentoient du vinaigre,	
		37		37. en lui disant : Si tu es le Roi des Juifs, sauve-toi toi-même.	
39	29	38. ci-devant 2.		39. 29. Ceux qui passoient par là, le blasphemoient, en branlant la tête,	
40				40. & lui disoient : Toi qui détruis le temple de Dieu, & qui le rebâtis en trois jours,	
		30		30. sauve-toi toi-même ; si tu es Fils de Dieu, descens de la croix.	
41	31			41. 31. Les Princes des Prêtres se raillant aussi de lui entre eux avec les Docteurs de la loi & les Anciens, disoient :	
42				42. Il en a sauvé d'autres, & il ne sçauroit se sauver lui-même.	
	32			32. Ce CHRIST, s'il est le Roi d'Israël, qu'il descende presentement de la croix, afin que nous voyions, & nous croirons en lui.	

K k

258 LA PASSION DE J. CH. *Le Vendr. après midi 3. d'Av.*

	Mt. XXVII.	Mr. XV.	L. XXIII.	J. XIX.	Au Calvaire.
Ch. 128.					43. Il met sa confiance en Dieu ; si donc Dieu l'aime, qu'il le délivre maintenant, puisqu'il a dit : Je suis le Fils de Dieu.
					5. Larrons crucifiés avec JESUS-CHRIST.
Depuis onze heures jusqu'à midi.	43 44		39		44. Tout de même 39. l'un de ces malfaicteurs qui étoient crucifiés avec lui, le blasphémoit, en disant : Si tu es le CHRIST, sauve-toi toi-même, & nous avec toi.
			40		40. Mais l'autre le reprenant lui disoit : N'a-vez-vous point de crainte de Dieu, vous qui vous trouvez condamné au même supplice ?
			41		41. Encore pour nous autres, c'est bien justement, puisque nous souffrons la peine que nos crimes ont méritée ; mais pour celui-ci, il n'a fait aucun mal.
			42		42. Puis il dit à JESUS : Seigneur, souvenez-vous de moi lorsque vous serez dans votre royaume.
			43		43. JESUS lui répondit : Je vous dis en vérité, que vous serez aujourd'hui avec moi dans le Paradis.
					6. Mère de JESUS-CHRIST *& S. Jean au pied de la croix.*
				25	25. La mère de JESUS, & la sœur de sa mère Marie femme de Cléophas, & Marie Madelaine étoient près de sa croix.
				26	26. JESUS donc voyant sa mère, & près d'elle le disciple qu'il aimoit, dit à sa mère : Femme, voilà votre fils.
				27	27. Puis il dit au disciple : Voilà votre mère. Et depuis cette heure-là le disciple la prit chez lui.
					7. Ténèbres sur la terre.
a midi, b trois heures après midi.	45 46	33 34	44 45		45. 33. 44. Or il étoit environ la sixième heure du jour *a*, & toute la terre fut couverte de ténèbres jusqu'à la neuvième heure *b*, & 45. le Soleil s'obscurcit. 46. 34. Et sur la neuvième heure JESUS jetta un grand cri, en disant : Eli, Eli, lamma sabach-thani ? c'est à dire, Mon Dieu, mon Dieu, pourquoi m'avez-vous abandonné ?

LA PASSION DE J. CH. *Le Vendr. après midi 3. d'Av.* 259

Me.XXVII	Mr.XV.	L.XXIII.	J.XIX.	Au Calvaire.	
47	35			47. 35. Quelques-uns de ceux qui étoient là présens, l'ayant entendu, difoient : Il appelle Elie.	Ch. 128.

CHAPITRE CXXIX.

1. *Mort de* JESUS-CHRIST.

			28	28. APrès cela, JESUS voyant que tout étoit accompli, afin que l'Ecriture *a* fût auſſi accomplie, il dit : J'ai ſoif.	*a* In ſiti meâ potaverunt me aceto. Pſal. LXVIII. 22.
			29	29. Or il y avoit là un vaſe plein de vinaigre.	
48	36			48. 36. Et auſſitôt l'un d'eux courut, & ayant pris une éponge, l'emplit de vinaigre, & l'ayant miſe au bout d'une canne, il lui preſenta à boire, en diſant : Laiſſez, voyons ſi Elie viendra le tirer de là.	
49				49. Les autres diſoient : Laiſſez, voyons ſi Elie ne viendra point le delivrer.	
			30	30. JESUS donc ayant pris du vinaigre,	
50	37	46		50. 37. 46. & jettant un grand cri pour la ſeconde fois, il dit : Tout eſt accompli. Mon Pere, je remets mon eſprit entre vos mains. Et en prononçant ces paroles, & ayant baiſſé la tête, il rendit l'eſprit *b*.	Pſal. XXX. 6.

2. *Prodiges arrivés à la mort de* JESUS-CHRIST.

51	38	45		51. 38. 45. En même tems le voile du Temple ſe déchira en deux par le milieu depuis le haut juſqu'en bas, la terre trembla, & les pierres ſe fendirent ;	Depuis trois heures juſqu'à cinq heures du ſoir.
52		1.cri deſſus.		52. les ſepulcres s'ouvrirent, & pluſieurs des Saints qui étoient dans le ſommeil de la mort, reſſuſciterent,	
53				53. & ſortant de leurs tombeaux après ſa reſurrection, vinrent en la ville, & apparurent à pluſieurs.	

b Voici ce que S. Paul rapporte dans ſa premiere Epitre aux Corinthiens ch. XV. v. 3. touchant la mort de JESUS-CHRIST. *Car premierement je vous ai enſeigné ce que j'ai appris, ſçavoir que* JESUS-CHRIST *eſt mort pour nos pechés, ſelon les Ecritures.*

Kk ij

Au Calvaire.

3. Centenier, & Femmes saintes.

Ch. 139.	Mt. XXVII	Mr. XV.	L. XXIII	J. XIX
	54	39	47	
			48	
	55	40	49	
	56			
			41	
				31
				32
				33
				34
				35

54. 39. 47. Le Centenier qui étoit là présent vis à vis de lui, voyant ce qui étoit arrivé, qu'il étoit mort après avoir jetté un grand cri, glorifia Dieu, en disant : Veritablement cet homme étoit juste, cet homme étoit veritablement Fils de Dieu. Et ceux qui étoient avec lui pour garder Jesus, voyant le tremblement de terre, & les choses qui se faisoient, dirent : Cet homme étoit veritablement Fils de Dieu.

48. Et tout le peuple qui assistoit à ce spectacle, considerant toutes ces choses, s'en retournoit en se frappant la poitrine.

55. 40. 49. Il y avoit aussi là au loin tous ceux de sa connoissance, & plusieurs femmes qui l'avoient suivi depuis la Galilée, ayant soin de l'assister, qui regardoient de loin ce qui se passoit ;

56. entre lesquelles étoient Marie Madelaine, Marie mere de Jaque le mineur & de Joseph, & Salomé mere des enfans de Zebedée,

41. qui le suivoient lorsqu'il étoit en Galilée, & l'assistoient de leur bien. Il y en avoit encore plusieurs autres qui étoient venus avec lui à Jerusalem.

4. Côté de JESUS-CHRIST percé d'une lance.

31. Les Juifs, de peur que les corps ne demeurassent à la croix le jour du Sabbat, parce que c'étoit le jour de la Preparation, & que ce jour du Sabbat étoit une grande fête, prierent Pilate qu'on leur rompît les jambes, & qu'on les ôtât de là.

32. Les soldats donc vinrent, & rompirent les jambes du premier, & de l'autre qui avoit été crucifié avec lui.

33. Et étant venus à Jesus, voyant qu'il étoit mort, ils ne lui rompirent point les jambes.

34. Un soldat lui perça le côté avec une lance, & il en sortit aussitôt du sang & de l'eau.

35. Celui qui l'a vû en rend témoignage, & son témoignage est veritable, & il sçait qu'il dit vrai, afin que vous le croyiez aussi.

SÉPULTURE DE J. CH. *Le Vendr. après midi 3. d'Av.* 261

Mt. XXVII.	Mr. XV.	L. XXIII.	J. XIX.	Ch. Pilate.	Au Calvaire.	Au Sépulcre.	
			36		36. Car ces choses ont été faites afin que l'Ecriture fût accomplie : » Vous ne briserez aucun » de ses os «.		Ch. 129. Exode IX. 46.
			37		37. Il est dit encore dans un autre endroit de l'Ecriture : » Ils verront celui qu'ils ont percé «.		Zach. XII. 10.

S. Joseph d'Arimathie.

57	42		38		38. Après cela, 57. 42. étant déja tard, parce que c'étoit le jour de la Préparation, c'est à dire la veille du Sabbat,		
		50			50. un homme riche d'Arimathie ville de la Judée, nommé		
	43				43. Joseph d'Arimathie, honnête Sénateur, homme vertueux & sage, qui étoit disciple de JESUS, mais en secret parce qu'il craignoit les Juifs,		
		51			51. (il n'avoit point consenti à leur dessein, ni à ce qu'ils avoient fait) & attendoit aussi le regne de Dieu ;		
58		52		58. 52. vint hardiment trouver Pilate, & lui demanda la permission d'enlever le corps de JESUS.			
	44			44. Pilate s'étonna qu'il fût mort sitôt ; & lui demanda s'il étoit déja mort.			
	45			45. Le Centenier l'en ayant assuré, Pilate commanda qu'on le lui donnât. Il vint donc, & enleva le corps de JESUS.			

CHAPITRE CXXX.

1. Nicodême. Sepulture de JESUS-CHRIST.

			39			39. Nicodême, qui est celui qui étoit venu autrefois *a* trouver JESUS durant la nuit, y vint aussi, apportant environ cent livres d'une mixtion de myrrhe & d'aloës.	*a* Il y avoit trois ans. En S. Jean III. 1. 2.
59	46				59. 46. Joseph ayant acheté un linceul,		
		53			& détaché *de la croix* le corps *de* JESUS,		
			40			40. ils prirent le corps de JESUS, & l'enveloperent en des linceuls avec des aromates, selon la coutume d'ensevelir qui est ordinaire aux Juifs.	
			41			41. Il y avoit au lieu où il avoit été crucifié, un jardin, & dans ce jardin un sepulcre neuf,	

K k iij

262 SEPULTURE DE J. CH. *Le Vendr: au soir 3. d'Avril.*

Mt. XXVII	Mr. XV	L. XXIII	J. XIX	Au Sepulcre. Chez Pilate. Au Sepulcre.
				que Joseph avoit fait tailler dans le roc, où personne n'avoit encore été mis.
60				60. Il le mit dans ce sepulcre, puis ferma l'entrée du sepulcre avec une grosse pierre ; & après l'avoir ainsi fermée, il s'en alla.
		54		54. C'étoit le jour de la Preparation, & le Sabbat alloit commencer.
			42 f.	42. Ils mirent donc là JESUS à cause de la Preparation des Juifs, parce que ce sepulcre étoit proche.
		55		55. Les femmes qui étoient revenues de la Galilée avec lui, avoient suivi *Joseph*.
61	47 f.			61. 47. Marie Madelaine & l'autre Marie mere de Josè étoient là assises auprès du sepulcre, qui regardoient le sepulcre, & comment on y avoit mis le corps *de* JESUS.
		56 f.		56. Elles s'en retournerent *à Jerusalem* pour preparer des aromates & des parfums ; & demeurerent en repos le jour du Sabbat, selon le commandement *de la loi*.

Ch. 130.

2. *Gardes au sepulcre.*

62				62. Le lendemain qui étoit le jour d'après la Preparation *a*, les Princes des Prêtres & les Pharisiens vinrent chez Pilate,
63				63. & lui dirent : Seigneur, nous nous sommes souvenus que cet imposteur a dit lorsqu'il étoit encore en vie : Je ressusciterai dans le troisième jour.
64				64. Commandez donc que le sepulcre soit gardé jusqu'au troisième jour, de crainte que ses disciples ne viennent dérober son corps, & ne disent au peuple : Il est ressuscité d'entre les morts ; & ainsi la derniere erreur seroit pire que la premiere.
65				65. Pilate leur répondit : Vous avez des gardes, allez, faites-le garder comme vous l'entendrez.
66 f.				66. Ils s'en allerent donc ; & pour s'assurer du sepulcre, ils en scellerent la pierre, & y mirent des gardes.

a Le jour de la Preparation finissoit à six heures du soir le Vendredi 3. d'Avril ; c'est après ce tems-là qu'ils allerent chez Pilate, & qu'ils mirent des gardes au sepulcre.

RESURRECTION DE J. CH. *Le Dim. au matin 5. d'Avril.* 263

Mt. XXVIII.	Mr. XVI.	L. XXIV.	J. XX.	Au Sepulcre.	A Jerusalem.	Au Sepulcre.	
				✶✶✶✶✶✶✶✶✶✶✶✶✶✶✶✶✶✶✶✶✶✶✶			Ch. 131.

RESURRECTION DE JESUS-CHRIST.
CHAPITRE CXXXI.

1. Saintes Femmes au Sepulcre.

1	1			1.1. Lorsque le jour du Sabbat fut passé, Marie Madelaine, & Marie mere de Jâque, & Salomé, acheterent *a* des parfums pour venir embaumer Jesus.	
		1		1. 1. Etant parties le premier jour dès le grand matin, lorsqu'il faisoit encore obscur,	
	2			2. elles arriverent au sepulcre à soleil levé, portant les parfums qu'elles avoient preparés.	
	3			3. Et elles disoient entre elles: Qui nous ôtera la pierre de l'entrée du sepulcre?	
2				2. Tout d'un coup il se fit un grand tremblement de terre; car un Ange du Seigneur descendit du ciel, vint rouler la pierre, & s'assit dessus.	
3				3. Son regard étoit comme un éclair, & ses vêtemens comme la neige.	
4				4. Les gardes en furent tellement saisis de frayeur, qu'ils devinrent comme morts.	
	4	2		4. 2. Alors *ces femmes* regardant, virent que la pierre qui étoit fort grande en avoit été ôtée.	
	5	3		5. 3. Et étant entrées dans le sepulcre, elles n'y trouverent point le corps du Seigneur Jesus.	
			2	2. Marie Madelaine courut donc, & vint *b* trouver Simon Pierre, & cet autre disciple que Jesus aimoit, & leur dit: Ils ont enlevé le Seigneur hors du sepulcre, & nous ne sçavons où ils l'ont mis *c*.	

a S. Luc XXIII. v. 56. dit, qu'elles *les avoient preparés* dès le Vendredi au soir veille du Sabbat.
b à Jerusalem.
c Madelaine ayant dit cela à Pierre & à Jean, retourne aussitôt au sepulcre.

Mt.XXVIII	Mc.XVI	Lu.XXIV	Ja.XX	Au Sepulcre.	A Jerusalem.
Ch. III.				### Resurrection de Jesus-Christ annoncée aux saintes femmes.	
		4		4. Comme elles *a* en étoient troublées, elles virent un jeune homme *b* assis du côté droit, vêtu d'une robe blanche, dont elles furent fort effrayées.	
		5		5. Et lorsqu'elles étoient saisies de frayeur, & qu'elles baissoient le visage contre terre ;	
5	6			5. 6. alors l'Ange s'adressant aux femmes, il leur dit : Ne craignez point, car je sçai que vous cherchez Jesus de Nazareth qui a été crucifié. Pourquoi cherchez-vous parmi les morts celui qui est vivant ?	
6	6			6. 6. Il n'est point ici, car il est ressuscité comme il avoit dit. Ressouvenez-vous de quelle maniere il vous a parlé lorsqu'il étoit encore en Galilée,	
		7		7. & qu'il disoit : Il faut que le Fils de l'homme soit livré entre les mains des hommes pecheurs ; qu'il soit crucifié, & qu'il ressuscite le troisième jour. Venez, voyez le lieu où le Seigneur avoit été mis.	
7	7			7. 7. Allez promptement dire à ses disciples & à Pierre qu'il est ressuscité, & qu'il s'en va devant vous en Galilée ; c'est là que vous le verrez, selon qu'il vous l'a dit. Voilà que je vous l'ai dit.	
		8		8. Et elles se ressouvinrent de ses paroles.	
8	8			8. 8. Etant donc sorties promptement du sepulcre, elles s'enfuirent avec crainte & beaucoup de joie, & coururent pour annoncer ceci à ses disciples ; mais elles étoient saisies de tremblement & de peur, & elles ne dirent rien à personne, tant leur frayeur étoit grande.	
				### 3. S. Pierre & S. Jean courent au sepulcre.	
			3	3. Pierre sortit donc, & cet autre disciple aussi *c*, & ils vinrent au sepulcre.	

a les autres femmes qui étoient restées au sepulcre.
b S. Luc dit, deux hommes.
c S. Pierre & S. Jean avertis ci-devant par Madelaine, qu'on avoit enlevé du sepulcre le Seigneur, y allerent.

4. Ils

RESURRECTION DE J. CH. *Le Dimanche 5. d'Avril.* 265

			Au Sepulcre	Proche le Sepulcre	
Mt XXVIII.	Mc XVI.	Lc XXIV.	J. XX.		
			4	4. Ils couroient tous deux ensemble; mais cet autre disciple courut plus vite que Pierre, & vint le premier au sepulcre.	Ch. 131.
			5	5. & s'étant baissé, il apperçut les linceuls qui étoient à terre; il n'entra pas neanmoins.	
			6	6. Simon Pierre qui le suivoit, vint après, & entra dans le sepulcre, & apperçut les linceuls qui y étoient,	
			7	7. & le suaire qui avoit été sur sa tête, qui n'étoit pas avec les linceuls, mais qui étoit enveloppé à part en un autre lieu.	
			8	8. Alors cet autre disciple qui étoit venu le premier au sepulcre, y entra aussi, & il vit & il crut *a*.	
			9	9. Car ils ne sçavoient pas encore, que l'Ecriture enseigne qu'il falloit qu'il ressuscitât d'entre les morts	
			10	10. Les disciples donc retournerent chez eux.	

CHAPITRE CXXXII.

Premiere Apparition de Jesus-Christ, à Madelaine.

			11	11. Mais Marie se tenoit en pleurant hors du sepulcre; & comme elle pleuroit, s'étant baissée pour regarder dans le sepulcre,	à Madelaine
			12	12. elle y vit deux Anges vêtus de blanc, assis au lieu où avoit été le corps de Jesus, l'un à la tête, & l'autre aux pieds,	
			13	13. qui lui dirent: Femme, pourquoi pleurez-vous? Elle leur répondit: C'est qu'ils ont enlevé mon Seigneur.	
			14	14. Ayant dit cela, elle se retourna.	
		9		9. Jesus étant ressuscité le matin le premier jour de la semaine, apparut premierement à Marie Madelaine, dont il avoit chassé sept demons. Elle vit Jesus debout, sans sçavoir que ce fût lui.	le Dimanche,
			15	15. Jesus lui dit: Femme, pourquoi pleurez-vous? qui cherchez-vous? Elle pensant que ce fût le Jardinier, lui dit: Seigneur, si c'est vous	

a que le Seigneur avoit été enlevé, comme lui avoit dit Madelaine.

L l

	Mt XXVIII	Mc XVI	L. XXIV	J. XX	Au Sepulcre.	A Jerusalem.	Sur le chemin de Jerusalem.
Ch.132.

qui l'avez enlevé, dites-moi où vous l'avez mis, & je l'emporterai.

16. 16. Jesus lui dit: Marie. Aussitôt elle se tourna, & lui dit: Rabboni, c'est à dire, mon Maître.

17. 17. Jesus lui répondit: Ne me touchez point, car je ne suis pas encore monté vers mon Pere; mais allez trouver mes freres, & dites-leur *de ma part:* Je monte vers mon Pere & votre Pere, vers mon Dieu & votre Dieu.

10. 18. 10. 18. Marie Madelaine vint annoncer aux disciples, qui étoient dans l'affliction & dans les larmes, qu'elle avoit vu le Seigneur, & qu'il lui avoit dit ces choses.

11. Mais quoiqu'ils lui entendissent dire qu'il étoit vivant, & qu'elle l'avoit vu, ils ne la crurent point.

CHAPITRE CXXXIII.

Seconde Apparition, aux saintes femmes.

e les saintes femmes. 9. 9. EN même tems Jesus se presenta devant elles, & leur dit: Le salut vous soit donné. Elles s'approchant, lui embrasserent les pieds, & l'adorerent.

10. 10. Alors Jesus leur dit: Ne craignez point; allez dire à mes freres qu'ils aillent en Galilée, c'est là qu'ils me verront.

9. 9. Etant retournées du sepulcre, elles vinrent raconter toutes ces choses aux onze Apôtres & à tous les autres.

10. 10. Celles qui firent ce rapport aux Apôtres, étoient Marie Madelaine, Jeanne, & Marie mere de Jaque, & les autres qui étoient avec elles.

11. 11. Mais ce qu'elles leur disoient, leur parut comme une rêverie, & ils n'y ajouterent point de foi.

12. 12. Neanmoins Pierre se levant, courut au sepulcre, & s'étant baissé pour regarder, il ne vit que les linceuls par terre; puis il revint chez lui, admirant ce qui étoit arrivé.

RESURRECTION DE J. CH. *Le Dimanche 5. d'Avril.*

Mt XXVIII	Mc XVI	Lc XXIV	Jn XX	A Jerusalem.	Sur le chemin d'Emmaüs.	
11				1. *Dessein des Juifs pour cacher la resurrection de JESUS-CHRIST.*		Ch. 130
				11. Pendant que ces femmes étoient en chemin, quelques-uns des gardes vinrent en la ville, & rapportèrent aux Princes des Prêtres tout ce qui s'étoit passé.		
12				12. Et s'étant assemblés avec les Senateurs, & ayant déliberé ensemble, ils donnèrent une grosse somme d'argent aux soldats, en leur disant:		
13				13. Dites que ses disciples sont venus durant la nuit lorsque vous dormiez, & qu'ils ont dérobé son corps.		
14				14. Que si le Gouverneur vient à le sçavoir, nous l'appaiserons, & nous vous tirerons de peine.		
15				15. Les soldats ayant donc reçu cet argent, exécutèrent l'ordre qu'on leur avoit donné. Et ce bruit a été répandu parmi les Juifs jusqu'aujourd'hui.		

Chapitre CXXXIV.

Troisième Apparition, aux deux disciples allant à Emmaüs.

			13	13. APrès cela, & en ce même jour deux d'entre eux s'en allèrent à un bourg nommé Emmaüs, éloigné de soixante stades a de Jerusalem;		Depuis cinq heures jusqu'à huit du soir.
		14		14. s'entretenant de tout ce qui s'étoit passé.		
		15		15. Et il arriva que lorsqu'ils conferoient ensemble, & s'entreproposoient diverses choses,		a deux lieues & demie.
	12			12. Jesus apparut en une autre forme, Il les joignit lui-même, & marchoit avec eux.		
		16		16. Mais leurs yeux étoient si offusqués, qu'ils ne le reconnoissoient pas.		
		17		17. Il commença à leur dire: De quoi vous entretenez-vous ainsi dans votre chemin, & d'où vient que vous êtes tristes?		
		18		18. L'un d'eux appellé Cleophas lui répondit: Etes-vous seul si étranger dans Jerusalem, que vous ne sçachiez pas ce qui s'y est passé durant ces jours-ci?		

Ll ij

Mt. XXVIII	Mr. XVI	L. XXIV	J. XX	Sur le chemin d'Emmaüs.	A Emmaüs.
		19		19. Hé quoi, leur dit-il ? Ils lui répondirent : Touchant Jesus de Nazareth, qui a été un Prophete puissant en œuvres & en paroles devant Dieu & devant tout le peuple ;	
		20		20. & de la maniere que les Princes des Prêtres & nos Senateurs l'ont livré pour être condamné à mort, & qu'ils l'ont crucifié.	
		21		21. Cependant nous esperions que ce seroit lui qui racheteroit Israël. Et après tout cela neanmoins voici le troisieme jour que ces choses sont passées.	
		22		22. Il est vrai que quelques femmes de celles qui étoient avec nous, nous ont étonnés ; car étant allées de grand matin à son sepulcre,	
		23		23. & n'y ayant point trouvé son corps, elles sont revenu dire que les Anges mêmes leur ont apparu, qui les ont assurées qu'il est vivant.	
		24		24. Et quelques-uns des nôtres s'en étant allés au sepulcre, ont trouvé les choses ainsi que les femmes leur avoient dit, mais que pour lui, ils ne l'ont point vu.	
		25		25. Jesus leur repondit : O Insensés & lents de cœur à croire tout ce que les Prophetes ont dit !	
		26		26. ne falloit-il pas que le CHRIST souffrît tout cela, & qu'il entrât ainsi dans la gloire ?	
		27		27. Et commençant par Moyse, & ensuite par tous les Prophetes, il leur expliquoit tout ce qui avoit été dit de lui dans toutes les Ecritures.	
		28		28. Lorsqu'ils furent proche du bourg où ils alloient, il fit semblant d'aller plus loin.	
		29		29. Mais ils le retinrent, en lui disant : Demeurez avec nous, parce qu'il est déja tard, & que le jour est sur son declin. Et il entra avec eux.	
		30		30. Etant avec eux à table, il prit le pain, & le benit ; & l'ayant rompu, il le leur donna.	
		31		31. Aussitôt leurs yeux furent ouverts, & ils le reconnurent ; mais il disparut à leurs yeux.	
		32		32. Alors ils se dirent l'un à l'autre : Notre cœur n'étoit-il pas tout brulant dans nous, lorsqu'il nous parloit durant le chemin, & qu'il nous expliquoit les Ecritures ?	

RESURRECTION DE J. CH. *Le Dimanche 5. d'Avril.* 269

A Jerusalem.

CHAPITRE CXXXV.

1. *Quatrième Apparition, à S. Pierre.*

33. Ceux-ci donc se levant *de table* à l'heure même, s'en retournèrent à Jerusalem, & trouvèrent les onze *Apôtres* assemblés, & ceux qui étoient avec eux,

34. qui disoient que le Seigneur étoit veritablement ressuscité, & qu'il s'étoit fait voir à Simon[a].

35. Et eux racontèrent *aussi* aux autres disciples ce qui leur étoit arrivé dans leur voyage, & comment ils l'avoient reconnu dans la fraction du pain, mais ils ne les crurent point encore.

Ce fut apparemment dans le même tems que les deux disciples revenoient d'Emmaüs, que JESUS-CHRIST se fit voir à Pierre, que S. Paul appelle Cephas.

2. *Cinquième Apparition, aux Apôtres. S. Thomas absent.*

36. Pendant qu'ils tenoient ces discours,

19. sur le soir du même jour qui étoit le premier jour de la semaine, les portes du lieu où les disciples étoient assemblés étant fermées de peur des Juifs, Jesus vint & se tint au milieu d'eux [b], *& leur dit : La paix soit avec vous : c'est moi, ne craignez point.*

37. Ils furent frappés d'étonnement & de crainte, & ils s'imaginoient voir un esprit.

38. Jesus leur dit : Pourquoi vous troublez-vous ? & pourquoi s'élève-t-il des pensées dans vos cœurs ?

39. Regardez mes mains & mes pieds ; c'est moi-même. Touchez, & considérez qu'un esprit n'a ni chair ni os, comme vous voyez que j'ai.

40. 20. Après ces paroles, il leur montra ses mains & ses pieds, & son côté. Les disciples donc se réjouirent voyant le Seigneur.

41. Mais eux ne croyant point encore, tant ils étoient transportés de joie & d'admiration, il leur dit : N'avez-vous point ici quelque chose à manger ?

Ch. 135.

[a] Il se fit voir à Cephas. *1. Cor. XV. 5.*

XLIII. MIRACLE.

[b] puis aux douze. *Saint Paul. ib.*

L l iij

À Jérusalem.

Ch. 135.	Mc. XXVIII.	Mc. XX.	Mc. XXIV.	XX	
			42		42. Ils lui préſenterent un morceau de poiſſon rôti, & un rayon de miel.
			43		43. Et en ayant mangé devant eux, [V. il prit les reſtes, & les leur donna.]
				21	21. Il leur dit une ſeconde fois : La paix ſoit avec vous. Comme mon Pere m'a envoyé, je vous envoye auſſi de même.
				22	22. Ayant dit ces mots, il ſouffla ſur eux, & leur dit : Recevez le Saint Eſprit.
				23	23. Les pechés ſeront remis à ceux à qui vous les remettrez, & ils ſeront retenus à ceux à qui vous les retiendrez.
				24	24. Mais Thomas l'un des douze, appellé Didyme, n'étoit pas avec eux lorſque Jesus vint.
				25	25. Les autres diſciples lui dirent donc : Nous avons vû le Seigneur. Il leur répondit : Si je ne vois dans ſes mains la marque des clous, & ſi je ne mets mon doigt dans le trou des clous, & ma main dans la plaie de ſon côté, je ne le croirai point.

CHAPITRE CXXXVI.

Sixième Apparition, aux mêmes, en préſence de S. Thomas.

Le 12. d'Avril. XLIV. MIRACLE.					26	26. Huit jours après, les diſciples étant encore aſſemblés, & Thomas avec eux, Jesus vint les portes fermées, & ſe tint au milieu d'eux, & leur dit : La paix ſoit avec vous.
					27	27. Il dit enſuite à Thomas : Portez ici votre doigt, & voyez mes mains; & portez ici votre main, & mettez-la dans mon côté, & ne ſoyez pas incredule, mais fidéle.
					28	28. Thomas répondit & lui dit : Mon Seigneur & mon Dieu.
					29	29. Jesus lui dit : Vous avez cru, Thomas, parce que vous avez vû; Heureux ceux qui n'ont point vû, & qui ont cru.
					30	30. Jesus a fait pluſieurs autres miracles à la vûe de ſes diſciples, qui ne ſont pas écrits dans ce livre.
					31 f.	31. Mais ceux-ci ſont écrits, afin que vous croyiez que Jesus eſt Fils de Dieu, & qu'en croyant vous ayez la vie en ſon nom.

RESURRECTION DE J.Ch. Entre le 18. Avr. & le 9. Mai. 271

M. XXVIII.	M. XVI.	L. XXIV.	J. XXI.	Près la mer de Tiberiade.	
				CHAPITRE CXXXVII.	Ch. 137.
				1. *Septieme Apparition, proche de la mer, aux Apôtres. Seconde pêche miraculeuse ª.*	ª Voyez la premiere ch 56.
			1	JEsus se montra encore à ses disciples sur le bord de la mer de Tiberiade; & il s'y montra de cete sorte.	
			2	2. Simon Pierre, & Thomas appelé Didyme, Nathanaël qui étoit de Cana en Galilée, les deux fils de Zebedée, & deux autres disciples étoient ensemble.	
			3	3. Pierre leur dit : Je m'en vas pêcher. Ils lui dirent : Nous allons aussi avec vous. Ils y allerent donc, & monterent sur une barque; mais cette nuit là ils ne prirent rien.	
			4	4. Le matin étant venu, JEsus se trouva sur le rivage. Les disciples neanmoins ne sçavoient pas que ce fût JEsus.	
			5	5. JEsus donc leur dit : Enfans, n'avez-vous rien à manger ? Ils lui répondirent : Non.	
			6	6. Il leur dit : Jettez le filet au côté droit de la barque, & vous en trouverez. Ils le jetterent donc, & ils ne pouvoient plus le tirer à cause de la grande quantité de poissons.	XLV. MIRACLE.
			7	7. Alors le disciple que JEsus aimoit dit à Pierre : C'est le Seigneur. Simon Pierre ayant appris que c'étoit le Seigneur, mit son habit, car il étoit nu, & se jetta dans la mer.	
			8	8. Les autres disciples vinrent avec la barque; & comme ils n'étoient loin de la terre que d'environ deux cens coudées, ils y traînerent le filet où étoient les poissons.	
			9	9. Etant donc descendus sur la terre, ils trouverent des charbons allumés, & du poisson qu'on avoit mis dessus, & du pain.	XLVI. MIRACLE.
			10	10. JEsus leur dit : Apportez les poissons que vous venez de prendre.	
			11	11. Simon Pierre monta *dans la barque*, & tira à terre le filet plein de cent cinquante-trois poissons; & quoiqu'il y en eût tant, le filet ne se rompit point.	XLVII. & dernier MIRACLE.
			12	12. JEsus leur dit : Venez, dînez. Et pas un de	

Près la mer de Tiberiade.

ceux qui étoient là n'osoit lui demander : Qui êtes-vous ? parce qu'ils sçavoient que c'étoit le Seigneur.

13. Jesus donc vint, prit le pain, & leur en donna, & du poisson de même.

14. Ce fut là la troisiéme fois que Jesus apparut à ses disciples depuis sa resurrection d'entre les morts.

2. Jesus-Christ confie ses brebis à S. Pierre.

15. Après donc qu'ils eurent dîné, Jesus demanda à Simon Pierre : Simon fils de Jean, m'aimez-vous plus que ne font ceux-ci ? Il lui répondit : Oui, Seigneur, vous sçavez que je vous aime. Il lui dit : Paissez mes agneaux.

16. Il lui demanda encore une seconde fois : Simon Pierre fils de Jean, m'aimez-vous ? Il lui répondit : Oui, Seigneur, vous sçavez que je vous aime. Il lui dit : Paissez mes brebis.

17. Il lui demanda pour la troisieme fois : Simon, fils de Jean, m'aimez-vous ? Pierre fut attristé de ce qu'il lui demandoit par trois fois, M'aimez-vous ? Et il lui répondit : Seigneur, vous connoissez toutes choses, vous sçavez que je vous aime. Jesus lui dit : Paissez mes brebis.

3. Prédiction du martyre de S. Pierre, & de la mort de S. Jean.

18. En verité en verité je vous dis : Lorsque vous étiez plus jeune, vous vous ceigniez vous-même, & vous alliez où vous vouliez ; mais lorsque vous serez vieux, vous étendrez vos mains, & un autre vous ceindra, & vous menera où vous ne voudrez pas.

19. Or il dit ces mots, pour marquer de quelle mort il devoit glorifier Dieu. Et après il lui dit : Suivez-moi.

20. Pierre se tournant, vit venir après lui le disciple que Jesus aimoit, qui dans la Cene s'étoit reposé sur son sein, & lui avoit dit : Seigneur, qui est celui qui vous trahira ?

21. Pierre donc l'ayant vu, dit à Jesus : Et celui-ci, Seigneur, que deviendra-t-il ?

22. Jesus

			Sur une montagne de Galilée.	A Jerusalem.	
M. XXVIII.	M. XVI.	L. XXIV.			
		22	22. Jesus lui dit: Si je veux qu'il demeure jusqu'à ce que je vienne, que vous importe? Pour vous, suivez-moi.		Ch. 137.
		23	23. Il courut donc un bruit parmi les freres, que ce disciple ne mourroit point. Jesus n'avoit pas dit qu'il ne mourroit point; mais, Si je veux qu'il demeure jusqu'à ce que je vienne.		
		24	24. C'est ce disciple qui rend témoignage de ces choses, & qui a écrit ceci; & nous sçavons que son témoignage est veritable.		

Les Apôtres & les autres disciples, à qui les Anges avoient dit d'aller en Galilée, & que là ils verroient Jesus, (selon S. Matthieu v. 27. & S. Marc 7. ci-devant) sont commandés par Jesus d'aller sur une certaine montagne de Galilée, où il se devoit faire voir à eux (selon S. Matthieu v. 10. ci-devant, & v. 16. ci-après.)

Chapitre CXXXVIII.

1. *Huitieme Apparition, en Galilée.*

16	16. Or les onze disciples s'en allerent en Galilée sur une montagne, où Jesus leur avoit commandé de se trouver.	Le 11 de Mai.
	[*a* 6. Et il fut vu de plus de cinq cens freres ensemble, dont il y en a plusieurs qui vivent aujourd'hui, & d'autres sont morts.]	a *1. Cor.* XV. 6.
17	17. Et le voyant, ils l'adorerent; mais quelques uns furent dans le doute.	
18	18. Et Jesus s'approchant leur parla ainsi: Toute puissance m'a été donnée dans le ciel & sur la terre.	
19	19. Allez donc, & instruisez tous les peuples, les batizant au nom du Pere, & du Fils, & du Saint Esprit;	
20 f. Fin de S. Matth.	20. & leur apprenant à observer toutes les choses que je vous ai commandées. Et assurez-vous que je suis moi-même toujours avec vous jusqu'à la consommation des siecles.	

Les Apôtres retournent à Jerusalem, & y demeurent jusqu'au 14. de Mai.

2. *Neuvieme Apparition, à S. Jaque.*

[*b* 7. Ensuite il se fit voir à Jaque.]   b *S. Paul.* ibid. v. 7.

M m

				A Jérusalem.
Ch. 138.	Act. des Ap. 1.	Mc. XVI.	L. XXIV.	L. XXI.

3. *Dixieme & derniere Apparition, à tous les Apôtres.*

a à Jerusalem, | 14 | | | 14. Enfin, il apparut aux onze *Apôtres* [a], lorsqu'ils étoient à table, & il leur reprocha leur incredulité & la dureté de leur cœur, de ce qu'ils n'avoient point cru ceux qui l'avoient vu ressuscité.

44. Et il leur dit : Vous voyez ce que je vous avois dit lorsque j'étois encore avec vous ; qu'il falloit que tout ce qui a été écrit de moi dans la Loi de Moyse, dans les Prophetes & dans les Pseaumes, fût accompli.

45. Alors il leur ouvrit l'esprit, afin qu'ils entendissent les Ecritures.

46. Et il leur dit : Il falloit selon qu'il est ecrit, que le CHRIST souffrit, & qu'il ressuscitât d'entre les morts le troisieme jour ;

47. & qu'on prêchât en son nom la penitence & la remission des pechés dans toutes les nations, en commençant par Jerusalem.

48. Or vous êtes témoins de ces choses.

15. Il leur dit : Allez par tout le monde, prêchez l'Evangile à tout ce qu'il y a de créé.

16. Celui qui croira, & qui sera batizé, sera sauvé ; & celui qui ne croira point, sera condamné.

17. Et ces miracles accompagneront ceux qui auront cru. Ils chasseront les demons en mon nom ; ils parleront de nouvelles langues ;

18. ils feront mourir les serpens ; & s'ils boivent quelque breuvage mortel, il ne leur sera point de mal ; ils toucheront les malades, & les malades seront gueris.

4. *Promesse du Saint Esprit.*

49. Je m'en vais vous envoyer ce que mon Pere vous a promis ; mais cependant demeurez dans la ville [Gr. de Jerusalem] jusqu'à ce que vous soyez revêtus de la force d'enhaut.

5. Car Jean a batizé dans l'eau ; mais dans peu de jours vous serez batizés dans le Saint Esprit.

6. Alors ceux qui se trouverent presens lui

				A Jerusalem. Sur la montagne des Oliviers.	
Act. I.	Mr. XVI.	L. XXIV.	L. XXI.		Ch. 138.
7				demanderent : Seigneur, sera-ce en ce tems que vous rétablirez le royaume d'Israël ?	
				7. Il leur répondit : Ce n'est pas à vous à sçavoir les tems & les momens que le Pere a reservés à son pouvoir.	
8				8. Mais vous recevrez la vertu du Saint Esprit qui descendra sur vous, & vous me rendrez témoignage dans Jerusalem, & dans toute la Samarie, & jusqu'aux extremités de la terre.	

ASCENSION DE JESUS-CHRIST.

CHAPITRE CXXXIX.

9	19			9.19. LE Seigneur, après leur avoir ainsi parlé, 50. les mena dehors jusqu'à Bethanie ; & élevant les mains, il les benit ;	
		50			
		51		51. & en les benissant il se separa d'eux à leur vue, & s'élevoit au ciel.	
		52 c.		52. Eux l'ayant adoré, il fut enveloppé d'une nuée qui le déroba à leurs yeux ; & est assis à la droite de Dieu.	
10				10. Et comme ils étoient attentifs à le regarder montant dans le ciel, deux hommes vétus de blanc se presenterent soudain à eux,	
11				11. qui leur dirent : Hommes de Galilée, pourquoi vous arrêtez-vous à regarder au ciel ? Ce Jesus qui en vous quittant s'est élevé dans le ciel, viendra de la même sorte que vous l'y avez vu monter.	
12				12. Ils partirent ensuite de la montagne appellée des Oliviers, qui est éloignée de Jerusalem de l'espace du chemin qu'on peut faire le jour du Sabbat *a*,	*a* c'est environ mille pas, qui est le tiers d'une lieue.
		52 r.		52. Et s'en retournerent à Jerusalem, comblés de joie.	
		53 Fin		53. Et ils étoient assidûment dans le Temple, louant & benissant Dieu. Amen.	

À Jerusalem.

CHAPITRE CXL.

Election de Matthias à la place de Judas Iscariote.

15. PEndant ces jours-là Pierre se leva au milieu des disciples, qui étoient tous ensemble environ six-vingt, & leur dit :

16. Mes freres, il faut que ce que le Saint Esprit a prédit dans l'Ecriture par la bouche de David touchant Judas, qui a été le conducteur de ceux qui ont pris JESUS, soit accompli.

17. Il étoit dans le même rang que nous, & il avoit été appellé aux fonctions du même ministere ;

18. & après avoir acquis un champ de la recompense de son peché, il s'est pendu, & a crevé par le milieu, & toutes ses entrailles se sont répandues.

19. Ce qui a été si connu des habitans de Jerusalem, que ce champ est nommé en leur langue Haceldama, c'est à dire, le champ du sang.

20. Car il est écrit dans le livre des Pseaumes: Que sa demeure devienne deserte ; & , Qu'un autre prenne son episcopat.

21. Il faut donc qu'entre ceux qui ont été en notre compagnie pendant tout le tems que le Seigneur a conversé avec nous ,

22. commençant par le batême de Jean, jusqu'au jour qu'il nous a été enlevé, on en choisisse un, qui soit comme nous témoin de sa resurrection.

23. Alors ils en presenterent deux, Joseph appellé Barsabas, surnommé le Juste, & Matthias.

24. Et se mettant en prieres, ils dirent : Seigneur, vous qui connoissez les cœurs de tous les hommes, montrez-nous lequel de ces deux vous avez choisi,

25. pour prendre la place de ce ministere & de l'apostolat, dont Judas est déchu par son crime, pour entrer en son lieu.

26. Aussitôt ils tirerent au sort, & le sort tomba sur Matthias, & il fut mis du nombre avec les onze Apôtres.

DESCENTE DU S. ESPRIT. *Le 24. de Mai.* 277

CHAPITRE CXLI.

1. *Descente du Saint Esprit.*

1. Quand les jours de la Pentecôte furent accomplis, les disciples étant tous ensemble dans un même lieu,

2. on entendit tout d'un coup un bruit comme d'un vent impetueux qui venoit du ciel, & qui remplit toute la maison où ils étoient assis.

3. En même tems ils virent paroître des langues comme de feu, qui se partagerent, & qui s'arrêterent sur chacun d'eux.

4. Ils furent aussitôt remplis du Saint Esprit, & ils commencerent à parler diverses langues, selon ce qu'il leur inspiroit.

20. Eux étant donc partis, prêcherent par tout, le Seigneur cooperant avec eux, & confirmant sa parole par les miracles qui l'accompagnoient. Amen.

2. *Conclusion.*

25. Jesus a fait encore beaucoup d'autres choses, que si on les rapportoit en détail, je ne crois pas que le monde entier pût contenir les livres qu'on en écriroit. Amen.

FIN.

TABLE ALPHABETIQUE

Des évenemens, sentences & paroles les plus remarquables, contenues dans cette Harmonie.

Le premier chifre renvoye au Chapitre, & le second marque l'Article contenu dans le Chapitre.

A

ABandon de toutes choses en ce monde pour avoir la vie éternelle. *chap.* 94. *art.* 7.

Abomination de la desolation. 109. 5.

Ce qui est grand aux yeux des hommes, est abomination devant Dieu. 83. 4.

Abondance. De l'abondance du cœur la bouche parle. 41. 2.

Abraham. Son entretien avec le mauvais riche. 84. 3.

Les Juifs se glorifient d'être enfans d'Abraham. 11. 2. & 89. 5.

Dieu peut faire naître de ces pierres des enfans à Abraham. 11. 2.

Si vous êtes enfans d'Abraham, faites ce qu'il a fait. 89. 5.

Il a vu mon jour, & s'en est réjoui. *ibid.* 6.

Abregé de la Loi & des Prophetes. 40. 3.

s'Accorder avec son adversaire. 77. 9.

Adorateurs en esprit & en verité. 21. 1.

Adoration des Mages. 7. 2.

Adultere. Ne point commettre d'adultere. 36. 1.

Femme adultere. 88.

Agneau de Dieu. 15. 2. & 3.

Agonie de Jesus dans le jardin. 118. 2.

Aimer. Il sera remis beaucoup à celui qui aura beaucoup aimé. 43.

Il sera remis moins à celui qui aura moins aimé. *ibid.*

Celui qui aime Jesus garde ses paroles, & son Pere l'aimera. 115. 4.

Dieu a tellement aimé le monde, qu'il a donné son Fils unique. 18.

Le Pere m'aime, parce que je donne ma vie pour la reprendre. 91. 3.

S. Pierre aime plus Jesus que les autres Apôtres. 137. 2.

S. Jean aimé de Jesus. 114. 2.

TABLE DES MATIERES.

Si vous aimez seulement ceux qui vous aiment, quel gré vous en auront-ils? 37.

Celui qui aime son pere ou sa mere plus que moi, n'est pas digne de moi. 55. 8.

Aimer Dieu de tout son cœur, & son prochain comme soi-même. 107. 3.

Aimer ses ennemis. 37.

Ami demandant trois pains à son ami. *Parabole* 74. 2.

Se faire des amis des richesses injustes. 83. 2.

Qui sont les amis de Jesus. 116. 1.

Amis de l'époux ne jeûnent point pendant qu'il est avec eux. 28. 3.

Amour de la Pecheresse envers Jesus. 43.

Amour de Jesus envers Marthe, Marie & Lazare. 94. 10.

Amour mutuel. 115. 2.

On reconnoît par là les disciples de Jesus. *ibid.*

S. André Apôtre.

Il étoit de Bethsaïde ville de la Galilée. 15. 4.

Il étoit disciple de S. Jean Batiste. *ibid.* 3.

Il suit Jesus, & demeure avec lui pendant un jour. *ibid.*

Il dit à Simon son frere qu'il a trouvé le Messie, & le mene à lui. *ibid.*

Sa vocation. 24. 1.

Est élu Apôtre. 33.

Sa mission. 55. 1.

Il dit à Jesus que des Gentils voudroient le voir. 102. 1.

Il interroge Jesus sur le tems de la ruine de Jerusalem. 109. 3.

Anges. Un Ange apparoît à Zacharie dans le Temple. 1. 1. 2. & 3.

à la sainte Vierge. 2.

à S. Joseph sur la naissance de Jesus. 6. 1.

aux Bergers. *ibid.* 3.

à S. Joseph sur la fuite en Egypte. 9. 1.

à S. Joseph sur le retour de l'Egypte. *ibid.* 3.

Anges servans Jesus dans le desert. 14. 4.

Ange à la Piscine. 29. 1.

Anges moissonneurs. 49. 1.

Anges separans les bons d'avec les mechans. *ibid.*

Anges gardiens. 70. 4.

Ange fortifiant Jesus dans son agonie. 118. 2.

Ange roulant la pierre du sepulcre. 131. 1.

Deux Anges au sepulcre apparoissent à Madelaine. 132.

Deux Anges apparoissent à l'Ascension de Jesus. 139.

Anne Prophetesse.

Elle se trouve au Temple à la presentation de Jesus. 8. 4.

Anne Grand-Prêtre, chez qui Jesus fut mené premierement par les archers. 120. 1.

Annonciation & conception de S. Jean Batiste. 1.

Annonciation & incarnation de Jesus. 2.

Anon delié & amené à Jesus. 99.

Apôtres. Leur élection. 33.

sel & lumiere de la terre. 35. 1.

leur mission & leur pouvoir. 55. 1.

leurs instructions. *ibid.*

leur peu de foi. 50. 3. & 65. 2.

leur fermeté. 61. 8.

ils demandent au Seigneur de leur augmenter la foi. 85. 1.
leur dispute sur la primauté. 70. 1. & 115. 1.
leur pouvoir de lier & de délier. 70. 6.
ils jugeront les douze tribus d'Israel. 94. 7.
consolés & instruits par Jesus. 115. 4.
ils seront scandalizés. 116. 3.
endormis dans le jardin de Gethsemani. 118. 3.
ils fuient. 119. 4.
leur incredulité & dureté de cœur. 138. 3.
leur mission après la resurrection. 138. 1.
ils sont assidûment dans le Temple. 139.
ils prêchent par tout, faisant des miracles. 141.
Apparitions de Jesus après sa resurrection.
 1. Apparition à Madelaine en Jardinier. 132.
 2. aux saintes femmes. 133. 1.
 3. aux pelerins d'Emmaüs. 134.
 4. à S. Pierre. 135. 1.
 5. aux Apôtres, Thomas absent. 135. 1.
 6. aux mêmes, Thomas present. 136.
 7. aux mêmes proche de la mer de Tiberiade. 137.
 8. à plus de cinq cens freres. 138. 1.
 9. à Jaque. ibid. 2.
 10. aux Apôtres étant à table, où il leur reprocha leur incredulité. 138. 3.
l'Arbre se connoît par son fruit. 41. 2.
l'arbre qui ne produit point de bon fruit, sera coupé & jetté au feu. 11. 2.
Argent. On ne peut servir Dieu & l'argent. 39. 2.
Arrivée & baiser de Judas. 119. 1.
Ascension de J. Ch. 139.
Avarice. Se garder de l'avarice. 77. 3.
Avenement d'Elie. 67. 2.
Avenement du royaume de Dieu. 92. 2.
Avenement dernier de J. Ch. 109. 6.
Aveugles conducteurs d'aveugles. 40. 2.
Deux aveugles gueris. 53. 1.
Troisieme aveugle gueri. 65. 3.
Aveugle-né gueri. 90. 1.
Aveugle gueri près de Jerico. 95. 4.
Deux aveugles gueris au sortir de Jerico. 97. 1.
Autorité. Par quelle autorité Jesus enseignoit. 106. 1.
Aumône. Comment il faut faire l'aumône. 38. 1.
Faire l'aumône, & toutes choses seront pures. 76. 1.

B

Baiser de Judas. 119. 1.
Barabbas, larron, seditieux & meurtrier, preferé à Jesus. 121.
Barthelemi Apôtre, son élection à l'apostolat, 33.
Sa mission. 55. 1.
Bartimée, aveugle, gueri. 97. 1.
Batême de Jesus dans le Jourdain. 12. 1.
Batême de Jean dans l'eau. 11. 5.
Batême

DES MATIERES.

Batême de Jesus dans le S. Esprit & le feu. *ibid.*
Batême de Jean, d'où il étoit. 106. 1.
Bâtir sur la pierre, & non sur le sable. 41. 4.
Batizer au nom de la sainte Trinité toutes les nations. 138. 1.
Jesus ne batizoit pas, mais ses disciples. 20. 2.
Huit Beatitudes. 34. 2.
Beni celui qui vient au nom du Seigneur. 100. 1.
Bergers avertis par un Ange de la naissance de Jesus-Ch. 6. 3.
Bergers à Bethléem. *ibid.*
Bethsaïde, c'est à dire, maison de misericorde, 29. 1.
Malheur à vous Bethsaïde. 55. 10.
Bien. Faire du bien à ceux qui nous haïssent. 37.
Blasphême des Pharisiens. 45. 3.
Blasphême contre le S. Esprit. *ibid.* 4.
Blasphêmes & derisions des Juifs. 128. 4.
Boanerges, c'est à dire, enfans du tonnerre, Jaque & Jean. 33.
Bois. Si on traite ainsi le bois verd, que fera-t-on au sec ? 127. 4.
Bon Dieu, seul bon. 94. 5.
Bourse. Se faire des bourses qui ne s'usent point. 77. 5.
Brebis sans pasteur. 54. 2.
Cent brebis. *Parabole.* 70. 4. & 82. 2.
Brebis de Jesus entendent sa voix. 93. 1.
Brebis envoyées au milieu des loups. 55. 3.
Jesus n'a été envoyé que pour les brebis d'Israël. 63. 1.

Il donne sa vie pour ses brebis. 91. 3.
Elles ne periront jamais. 93. 1.
confiées à S. Pierre. 137. 2.
Bruvage. Premier bruvage donné à Jesus de vin mêlé avec du fiel. 128. 1.
Second, de vinaigre. 129. 1.

C

Caïphe Grand-Prêtre, il prophetize que Jesus doit mourir pour la nation. 95. 1.
il interroge Jesus, & le condamne à mort. 122. 3.
Cananée, sa foi. 63. 1.
Sa fille guerie. *ibid.*
Centenier, sa foi. 42. 2.
Son serviteur gueri. *ibid.*
Centenier glorifiant Dieu. 129. 3.
Cantique de la Vierge. 4. 2.
de Zacharie. 5. 2.
des Anges. 6. 3.
de Symeon. 8. 3.
Cenacle tout prêt pour le souper devant l'institution de l'Eucharistie. 112. 1.
Cene ou souper après le lavement des pieds. 112. 2.
Centuple promis à ceux qui quittent tout. 94. 7.
Cesar. Rendre à Cesar ce qui appartient à Cesar. 107. 1.
Chair de Jesus, pain vivant. 61. 1.
La chair ne sert de rien, c'est l'esprit qui vivifie. *ibid.* 7.
Celui qui mange la chair de Jesus, & boit son sang, a la vie éternelle. *ibid.* 6.
Champ acheté de la recompense de la trahison de Judas. 123. 2.

N n

Champ appellé Haceldama, c'est à dire, champ du sang. 140.
Chant. Premier & second chant du coq. 121. 1. & 3.
Etre Charitable. 37.
Charité recompensée. 55. 6.
Chemin de la vie étroit. 51. 1.
Chemin de perdition large. *ibid.*
Cheveux de la tête comptés. 55. 5.
Chien. Ne po nt donner le Saint aux chiens. 40. 3.
Ne point jetter aux chiens le pain des enfans. 63. 1.
Petits chiens mangent des miettes qui tombent sous la table. *ibid.*
Ciel ouvert au batême de JESUS. 12. 1.
Personne n'est monté au ciel que celui qui en est descendu. 18.
Il est plus facile que le ciel & la terre passent, qu'une seule lettre de la loi tombe. 83. 5.
Le Ciel se prend par violence. *ibid.*
Le ciel & la terre passeront, mais les paroles de JESUS ne passeront point. 110. 1.
Clefs du royaume des cieux données à S. Pierre. 66. 1.
Cleophas, un des disciples allant à Emmaüs. 134.
Circoncision de S. Jean Batiste. 5. 1.
Circoncision de JESUS, & son nom. 7. 1.
Cœur appesanti. 48. 1.
C'est le cœur qui souille l'homme. 61. 3.

Commandement. Détruire le commandement de Dieu pour garder les traditions. 62. 2.
Garder les commandemens de Dieu. 73. 3.
Le premier & le plus grand commandement est d'aimer Dieu. 73. 3. & 107. 3.
Le second, aimer son prochain. *ibid.*
Commandement nouveau, de s'aimer les uns les autres. 115. 2.
Conception de S. Jean B. 1. 3.
Confesser JESUS devant les hommes. 55. 6.
Confession des demons touchant J. CH. 25. 3.
Confession des pechés dans le batême de S. Jean. 11. 1.
Confession de S. Pierre touchant J. CH. 66. 1.
Conseil. Premier conseil des Juifs contre JESUS. 95. 1.
Second conseil contre JESUS. 111.
Conspiration des Juifs contre JESUS. *ibid.*
De la continence. 36. 1.
Corbeau. Dieu nourrit les corbeaux. 77. 5.
Corozaïn. Malheur à vous Corozaïn. 58. 10.
Correction fraternelle. 70. 5.
Couronnement & illusion. 106. 1.
Femme courbée guerie. 78. 1.
Côté de JESUS percé. 129. 4.
Crachats, coups de poings, illusions faits à JESUS. 122. 4.
Ne Craindre que Dieu. 55. 5. & 77. 2.
Un Creancier & deux debiteurs. *Parabole* 43.

Croire. Celui qui croit en Dieu, ne perit point. 61. 5.
Celui qui ne croit point, meurt dans son peché. 89. 2.
Je croi, Seigneur, suppléez à mon incredulité. 89. 2.
Tout est possible à celui qui croit. *ibid.*
Qui croira & sera batizé, sera sauvé. 138. 3.
Celui qui ne croira point, sera condamné. *ibid.*
Quels signes accompagneront ceux qui croyent. *ibid.*
Croix. Porter sa croix tous les jours. 66. 3.
Celui qui ne prend pas sa croix & ne me suit pas, n'est pas digne de moi. 55. 8.

D

David mange des pains de proposition. 31. 1.
J. Ch. fils & Seigneur de David. 108. 1.
Décollation de S. Jean B. 56.
Demander, chercher, frapper. 40. 3. & 74. 2.
Tout ce qu'on demande en mon nom, on l'obtiendra. 115. 4.
Demande des enfans de Zebedée. 95. 3.
Demeure. Il y a plusieurs demeures dans le ciel. 115. 4.
1. Demoniaque gueri. 23. 1.
2. Demoniaque gueri, Marie Madelaine. 25. 5.
3. Demoniaque aveugle & muet gueri. 45. 2.
4. Demoniaque appellé legion. 51.
5. Demoniaque muet gueri. 53. 2.
6. Demoniaque gueri. 63. 1.
7. Demoniaque lunatique & muet gueri. 68. 1.
8. & dernier Demoniaque gueri. 75. 1.
Demons confessent Jesus. 25. 1. & 51.
Demons chassés par les enfans des Juifs. 45. 3.
Pouvoir donné aux Apôtres de chasser les demons. 33. & 55. 1.
Dénombrement des habitans de la terre. 6. 2.
Dénonciation de celui qui devoit trahir Jesus. 114. 2.
Derision des Juifs contre Jesus à la croix. 128. 4.
Derniers seront les premiers, & les premiers seront les derniers. 94. 7.
Descente du S. Esprit. 141. 1.
Desolation de la ville de Jerusalem. 169. 5.
Diable. Il tente Jesus dans le desert. 14. 2. 3. 4.
homicide dès le commencement. 89. 5.
il n'est point dans la verité. *ibid.*
il est menteur & pere du mensonge. *ibid.*
feu éternel preparé pour lui & pour ses anges. 110. 6.
Juifs enfans du diable. 89. 5.
Dieu, a tellement aimé le monde, qu'il a donné son fils unique. 18.
il doit être adoré en esprit & en verité. 21. 1.
il est le seul qu'il faut craindre. 55. 5.
il faut l'aimer de tout son cœur. 73. 3.

Nn ij

il est seul bon. 94. 5.
il ne faut point le tenter. 14. 3.
il n'est point le Dieu des morts, mais des vivans. 107. 2.
c'est lui seul qu'il faut servir. 14. 4.
il est impossible de servir Dieu & l'argent. 39. 2.
personne n'a jamais vu Dieu. 12. 3.
celui qui est de Dieu, entend la parole de Dieu. 89. 5.
connoître Dieu, est la vie éternelle. 117. 1.
celui qui n'est pas avec Dieu, est contre Dieu. 75. 3.
Dieu dans l'union. 70. 7.
Disciples appellés premierement par Jesus. 15. 3. & 4.
pourquoi ils ne jeûnent pas. 28. 3.
plusieurs disciples quittent Jesus. 61. 7.
mission de 72. disciples. 72. 1.
disciples de S. Jean Batiste envoyés à Jesus. 44. 1.
Le disciple n'est pas plus que le maître. 40. 2.
Dispute des disciples de S. Jean Batiste sur le batême. 19.
Dispute entre les Apôtres sur la primauté. 70. 1. & 115. 1.
Division sur la terre. 77. 7.
Docteurs de la loi & Pharisiens bons à être écoutés, & non à être imités. 108. 2.
Doctrine. Quelle est cette nouvelle doctrine. 25.
Doctrine de Jesus cause de l'admiration. 10. 24. 2. & 86. 2.
La doctrine de Jesus n'est pas la sienne, mais celle de celui qui l'a envoyé. 86. 2.

la doctrine des Pharisiens & Sadducéens est à craindre. 65. 2.
Domestique ennemi. 55. 7.
Donner à celui qui demande. 37.
Donner afin qu'on vous donne. 40. 1.
Donner gratuitement, comme on reçoit gratuitement. 55. 1.
Donner son bien aux pauvres. 94. 5.
On donnera à celui qui a, & on ôtera à celui qui n'a point. 48. 1. ibid. 4. 96. 2. & 110. 5.
Doux. Jesus doux & humble de cœur. 57. 3.
Drachme retrouvée. Par. 82. 3.
Dureté de cœur des Apôtres reprochée. 138. 3.

E

Eau changée en vin aux nôces de Cana. 16.
Eau vive. 21. 1.
Eau que Jesus donne, devient une fontaine d'eau rejaillissante à la vie éternelle. ibid.
Un verre d'eau donné au nom de Jesus ne perd point sa recompense. 70. 2.
Edit de Cesar pour le dénombrement des habitans. 6. 2.
Election des Apôtres. 33.
Election & mission des 72. disciples. 72. 1.
Elever. Celui qui s'éleve sera abaissé. 80. 2.
Elie plein de majesté à la Transfiguration. 67. 1.
Avenement d'Elie. ibid. 2.
Elisabeth femme de Zacharie, mere de S. Jean Batiste. 1.
elle conçoit, & se tient ca-

chée durant cinq mois. *ibid.* 2.
elle est visitée par la sainte Vierge. 4. 1.
elle est remplie du S. Esprit à cette visite. *ibid.*
elle enfante un fils, & veut qu'il soit nommé Jean. 5. 1.
Eloge de S. Jean B. par J. Ch. 44. 2.
Elus. Beaucoup d'appellés, peu d'élus. 94. 8.
donnés à Jesus par son Pere. 117. 3.
ils n'ont pas élu Jesus, mais ils ont été choisis par lui. 116. 1.
ils seront vangés promptement. 92. 4.
jours abregés en faveur des élus. 109. 5.
élus seduits s'il est possible. *ibid.* 6.
rassemblés des quatre coins du monde. *ibid.*
ils seront un tous ensemble. 117. 3.
Enfans presentés à Jesus. 94. 2.
enfans des Juifs chassant les demons. 45. 3.
enfant prodigue. *Parabole.* 82. 4.
enfans du siecle plus sages que les enfans de la lumiere. 83. 2.
mechans enfans emplissent la mesure de leurs peres. 108. 3.
Entretien de Jesus avec Nathanaël. 15. 5.
avec Nicodême. 18.
avec la Samaritaine. 21. 1.
avec Marthe avant la resurrection de Lazare. 49. 9.
avec Marie Madelaine dans la premiere apparition. 132.
avec les disciples d'Emmaüs. 134.
Epée. L'ame de Marie sera percée comme par une épée. 8. 3.
Jesus n'est pas venu pour apporter la paix, mais l'épée. 55. 7.
Epics rompus le jour du Sabbat. 31. 1.
Esclave. Qui commet le peché est esclave du peché. 89. 4.
L'esclave ne demeure pas toujours dans la maison. *ibid.*
S. Esprit. Il survient en Marie. 2.
il descend en forme de colombe sur Jesus batizé. 12. 1.
il pousse Jesus dans le desert. 14. 1.
il souffle où il veut. 18.
il n'avoit pas encore été donné, parce que Jesus n'étoit pas encore glorifié. 87. 2.
Esprit de verité que le monde ne peut connoître. 115. 4.
l'Esprit saint parle par la bouche des saints. 109. 4.
S. Esprit premierement promis. 115. 4.
secondement. 116. 2.
troisiemement. 138.
il convaincra le monde touchant le peché, la justice & le jugement. 116. 2.
il enseignera toute verité. *ib.*
il dira tout ce qu'il a entendu. *ibid.*
il est donné par Jesus en soufflant sur les Apôtres. 135. 2.
il descend sur les Apôtres en langue comme de feu. 141. 1.
Esprit. C'est l'esprit qui vivifie, la chair ne sert de rien. 61. 7.
l'esprit est prompt, mais la chair est infirme. 118. 3.

esprit impur rentrant. *Parab.* 45. 7. & 75. 3.

Etoile. Premiere apparition aux Mages en Orient à la conception de S. Jean B. 1. 3.
seconde apparition à la naissance de Jesus. 7. 2.
troisieme aux Mages lorsqu'ils sortirent de Jerusalem pour aller à Bethléem. 7. 2.

Evangile prêché par tout le monde. 109. 4.

Eucharistie instituée. 114. 1.

Eunuques de trois sortes. 84. 2.

Exemple donné par Jesus au lavement des pieds des Apôtres. 113.

F

Faire aux autres comme on voudroit qu'il nous fût fait. 40. 3.

Fardeaux des Docteurs de la loi insupportables. 76. 3.

Faux prophetes. 41. 2.
faux Christs & faux prophetes. 109. 6.
faux témoins contre Jesus. 122. 2.

Femme courbée guerie. 78. 1.
femme de sept freres. 107. 2.
femmes pleurant Jesus. 127. 4.
femme triste dans l'enfantement. 116. 2.
femmes gueries du malin esprit. 45. 1.
femmes saintes suivant Jesus & l'assistant. 129. 3.
elles sont presentes de loin à la croix. 130. 1.
elles portent des parfums au sepulcre. 131. 1.
elles n'y trouvent point le corps de Jesus. *ibid.*
elles voyent un Ange qui leur dit que Jesus est ressuscité. *ibid.* 2.
elles courent le dire aux disciples. *ibid.*
elles rencontrent Jesus dans le chemin, & l'adorent. 133. 1.
elles le disent aux disciples qui ne les croyent pas. *ibid.*

Festin. Grand festin. *Parab.* 80. 4.
festin chez Levi. 28. 2.
chez Simon le Pharisien. 43.

Fête de la Dedicace. 92. 2.

Feu qui ne s'éteint jamais. 70. 3.
feu éternel preparé pour le diable. 110. 6.
feu mis sur la terre par Jesus. 77. 7.

Fidele serviteur. *Parabole* 77. 6.
Qui est fidele en peu, l'est en beaucoup. 83. 3.
Fidele en peu, établi sur beaucoup. *Parabole.* 110. 5.

Fiel mêlé dans le vin, presenté à Jesus sur la croix. 128. 1.

Figuier sterile. *Parabole.* 77. 11.
maudit. 104. 1.
commençant à pousser. *Parabole.* 110. 1.

Filet jetté dans la mer. *Parab.* 49. 4.

Fille de Jaire ressuscitée. 52. 3.
Fille de la Cananée guerie. 63. 1.

Fils de l'homme. *Voyez* Jesus.
Toutes choses ont été mises entre les mains du Fils. 73. 2.
Personne ne connoît le Fils que le Pere. *ibid.*
Il est Seigneur & Fils de David. 108. 1.
Fils d'un Officier gueri. 23.

fils d'une veuve de Naïm ressuscité. 42. 3.
deux fils, l'un revenant à soi, l'autre désobéissant. *Parabole.* 106. 9.
le fils demeure toujours à la maison, mais non l'esclave. 89. 4.
Flagellation, couronnement, & illusion de Jésus. 106. 1.
Foi petite des Apôtres. 50. 3.
foi ferme de S. Pierre. 61. 8.
foi de ceux qui portoient un paralytique. 27. 2.
de l'Hemorroïsse. 52. 2.
d'un aveugle au sortir de Jerico. 97. 1.
du Centenier. 42. 2.
de la pecheresse. 43.
de la Cananée. 63. 1.
de S. Pierre. 61. 8.
Tout est possible à la foi. 68. 1.
Foi demandée par les Apôtres. 85. 1.
comparée au grain de senevé. *ibid.*
elle transporte les arbres & les montagnes. 105. 2.
Fort armé. *Parabole.* 45. 4. & 75. 2.
Frange du vêtement de Jésus, guerissant les malades. 52. 2. & 62. 1.
Fremissement & trouble de Jésus à la resurrection de Lazare. 94. 10.
Freres de Jésus, qui sont-ils ? 46.
ses freres ne croyent pas en lui. 86. 1.
Fruit semblable à l'arbre. 41. 2.
Fruits dignes de penitence. 11. 2.
Fuir la persecution. 55. 4.
Fuite en Egypte. 9. 1.
fuite sur les montagnes. 109. 5.
fuite des Apôtres prédite. 116. 3.
leur fuite. 119. 4.
Fureur des Juifs contre Jésus. 93. 2.

G

Gabriel, Ange envoyé à Zacharie. 1. 2. & 3.
envoyé à Marie Vierge dans Nazareth. 2.
Gagner. Que sert à l'homme de gagner tout le monde aux dépens de lui-même. 66. 3.
Galilée instruite par Jésus. 24. 2.
De la Galilée il ne vient point de Prophete. 87. 3.
Jésus Galiléen. 124. 3.
Galiléens tués pendant leurs sacrifices. 77. 10.
Garder les commandemens pour entrer dans la vie éternelle. 94. 5.
Gardes mis au sepulcre. 130. 2.
épouvantés par l'Ange. 131. 1.
gagnés par argent par les Juifs. 133. 2.
Genealogie paternelle de Jésus. 3.
genealogie maternelle. 13.
Gentils veulent voir Jésus. 102. 1.
Geraseniens rejettent Jésus de leur païs. 51.
Gethsemani, lieu où il y avoit un jardin. 118. 1.
Gloire. Le diable promet à Jésus la gloire du monde. 14. 4.
Ceux qui recherchent la gloire qu'ils se donnent les uns aux autres, & non celle qui vient de Dieu, ne peuvent pas croire. 30.

Celui qui parle de soi, cherche sa propre gloire. 86. 1.
Glorification. JESUS prie pour sa glorification. 117. 1.
Golgotha, c'est à dire, lieu du Calvaire. 128. 1.
Grace. Marie pleine de grace. 2.
JESUS plein de grace & de verité. 12. 2.
Grace pour grace. *ibid.* 3.
Grace & verité apportée par JESUS. *ibid.*
JESUS croissant en grace devant Dieu & devant les hommes. 10.
Parole de grace sortant de la bouche de JESUS. 22. 1.
JESUS rend graces dans la multiplication des cinq pains. 59. 1.
dans la multiplication des sept pains. 64.
à la resurrection de Lazare. 94. 11.
à l'institution de l'Eucharistie. 114. 1.
Un des dix lepreux rend graces à JESUS. 92. 1.
Grain de froment meurt pour rapporter du fruit. 102. 2.
Grand. Qui est le plus grand? 70. 1. & 115. 1.
Celui qui s'humilira, sera le plus grand dans le royaume des cieux. 70. 1.
Celui qui est le plus petit entre vous, sera le plus grand. *ibid.*
Guerison de toutes sortes de malades dans la Syrie. 25. 6.

H

HAbit. Donner son manteau à celui qui demande votre habit. 37.
Ne point avoir deux habits. 55. 2.
Celui qui a deux habits, qu'il en donne un à celui qui n'en a point. 21. 3.
Haceldama, c'est à dire, champ du sang. 140.
Haine & persecution des justes. 55. 3.
Haïr ses parens. 81. 1.
Celui qui hait sa vie la conservera. 102. 2.
Le monde hait Dieu & les bons. 116. 1. & 127. 2.
Hemorroïsse guerie. 52. 2.
Heritier de la vigne tué par les vignerons. *Parabole.* 106. 3.
Herode dit le Grand, Roi de Judée. 1. 1.
troublé par la naissance du Roi des Juifs. 1. 2.
il assemble les Princes des Prêtres & les Docteurs pour sçavoir où devoit naître le CHRIST. *ibid.* 2.
il s'enquiert des Mages du tems que l'étoile leur étoit apparue. *ibid.*
il les envoye à Bethléem, & les charge de lui en rapporter des nouvelles. *ibid.*
il est trompé par les Mages, & fait tuer tous les enfans de Bethléem & d'alentour âgés de deux ans & au dessous. 9. 2.
il meurt le 9. de Fevrier de douleurs tres-cruelles. *ibid.*
Herode Antipas fils du grand Herode, Tetrarque de la Galilée. 11. 1.
il fait mettre S. Jean Batiste en prison, parce qu'il lui reprochoit son inceste avec Herodiade

DES MATIERES.

rodiade femme de son frere Philippe qu'il avoit épousée. 20. 1.

il fait couper la tête à S. Jean B. à Macheronte le jour qu'il faisoit un festin aux grands de sa cour. 56.

doute d'Herode sur la reputation de Jesus. 58. 1.

il cherche à le voir. *ibid*

il est appellé renard par Jesus. 79. 2.

il renvoye à Pilate Jesus revêtu d'une robe blanche par mépris. 124.

il se reconcilie avec Pilate. *ibid*.

Herodiade femme de Philippe frere d'Herode, mariée à Herode. 20. 1.

elle fait demander à Herode la tête de S. Jean B. par sa fille qui avoit dansé dans un festin. 56.

Herodiens & Pharisiens assemblés contre Jesus. 31. 2.

Heureuses les steriles, & les entrailles qui n'ont point porté. 127. 4.

Heureuses les entrailles qui ont porté Jesus, & les mammelles qui l'ont nourri. 75. 4.

Heureux ceux qui entendent la parole de Dieu, & qui la pratiquent. *ibid*.

heureux celui qui ne se scandalizera point au sujet de Jesus. 44. 1.

heureux les yeux de ce qu'ils voyent, & les oreilles de ce qu'elles entendent. 48. 1.

heureux ceux qui n'ont point vu, & qui ont cru. 136.

heureux les serviteurs vigilans. *Parabole*. 77. 6.

heureux le serviteur fidéle & prudent. *Parabole ibid*.

heureux ceux qui font du bien sans en attendre de recompense. 80. 3.

heureux celui qui mangera du pain dans le royaume des cieux. *ibid*. 4.

heureux ceux qui pratiquent ce qu'ils sçavent. 113.

Honneur des levres, mais non du cœur. 62. 2.

honneur des parens selon les Pharisiens. *ib·d*

Hosanna au fils de David. 100. 1.

Humble de cœur, Jesus. 57. 3.

Humilier. Celui qui s'humilie sera élevé. 80. 2.

Humilité recommandée. 70. 1, & 95. 3.

Hydropique gueri. 80. 1.

Hymne après le souper. 115. 4.

Hypocrisie à éviter. 35. 1. 2. 3.

hypocrisie, levain des Pharisiens. 77. 1.

I

Jacob Patriarche. Puits ou fontaine de Jacob. 21. 1.

Jaïre chef de la Synagogue de Capharnaüm. 52. 1.

sa fille ressuscitée. *ibid*. 3.

S. Jaque dit le Majeur, fils de Zebedée, Apôtre, sa vocation. 24. 1.

il va dans la maison de S. Pierre avec Jesus. 25. 2.

son élection à l'Apostolat. 33.

il est appellé Boanerges, c'est à dire, enfant du tonnerre. *ibid*.

il est present à la resurrection

de la fille de Jaïre. 52. 3.
il est present à la Transfiguration. 67. 1.
il s'emporte de zele contre les Samaritains, & en est repris par Jesus. 71. 1.
son ambitieuse demande. 95. 3.
il interroge Jesus sur le tems de la ruine de Jerusalem. 109. 3.
il va avec Jesus dans le jardin de Gethsemani. 118. 1.
Jesus lui apparoît après sa resurrection. 138. 2.

S. Jaque dit le Mineur, fils d'Alphée, Apôtre, son élection à l'Apostolat. 33.
appellé frere du Seigneur. 53. 3.

Jardin de Gethsemani. 118. 1.
Jardinier. Jesus en forme de Jardinier. 132.

S. Jean Batiste. Prediction de sa naissance. 1. 2.
sa nativité, sa circoncision & son nom. 5. 1.
il croît & se fortifie en esprit, & se retire dans les deserts. 5. 2.
son batême & sa predication. 11. 1.
il est la voix de celui qui crie dans le desert. ibid.
son habillement & sa nourriture. ibid.
ses reproches contre les Pharisiens. ibid. 2.
ses avis au peuple, aux publicains & aux soldats. ibid. 3.
son premier témoignage touchant Jesus. ibid. 4.
il batize Jesus. 12. 1.
second témoignage. ibid. 3.
troisieme témoignage. 15. 1.
quatriéme témoignage. ibid. 2.
cinquieme & dernier témoignage. ibid. 3.
il va à Ennon, où il batize. 19. 1.
il rend témoignage qu'il n'est point le Christ. ibid.
il est mis en prison pour avoir repris Herode de son inceste avec Herodiade. 20. 1.
il envoye deux de ses disciples vers Jesus pour sçavoir qui il étoit. 44. 1.
son éloge par Jesus. ibid. 2. 3.
jusqu'à Jean B. la loi & les Prophetes ont prophetizé. 44. 1.
il est rejetté par les Juifs. 44. 3.
sa mort & sa sepulture par ses disciples. 56.

S. Jean fils de Zebedée, Apôtre & Evangeliste. Sa vocation. 24. 1.
il va dans la maison de Pierre avec Jesus. 25. 2.
il est élu Apôtre. 33.
il est appellé Boanerges, c'est à dire, enfant du tonnerre. ibid.
il est present à la resurrection de la fille de Jaïre. 52.
il est present à la Transfiguration de Jesus. 67. 1.
il s'emporte de zele contre les Samaritains, & en est repris par Jesus. 71. 1.
son ambitieuse demande à Jesus. 95. 3.
il interroge Jesus sur le tems de la ruine de Jerusalem. 109. 3.
il est le disciple que Jesus aimoit, & qui reposoit sur son sein. 114. 2.

il va dans le jardin de Gethsemani avec JESUS. 118. 1.
il est debout près de la croix. 128. 6.
il est donné par JESUS à Marie pour fils, & Marie pour mere. *ibid.*
il court avec S. Pierre au sepulcre. 131. 3.
lui seul reconnoît JESUS sur le bord de la mer après la resurrection. 137. 1.
JESUS dit de lui : Si je veux qu'il demeure. *ibid* 3.
il a écrit l'Evangile dont il rend témoignage. 137. 3.
Jeanne femme de Chuza Intendant de la maison d'Herode. 45. 1. & 133. 1.
Jerusalem, sainte cité. 14. 3. & 129. 2.
homicide & deserte. 79. 2.
où JESUS doit mourir. *ibid.*
présages de sa ruine. 109. 3.
assiegée & ruinée. *ibid.*
JESUS. Son incarnation. 2.
sa naissance à Bethléem. 6. 2.
sa circoncision & son nom. 7. 2.
adoré par les Mages. *ibid.* 2.
presenté au Temple. 8. 1.
il fuit en Egypte. 9. 1.
il revient à Nazareth avec Joseph & Marie, où il demeure jusqu'à l'âge de douze ans. *ibid.*
il va à Jerusalem avec Joseph & Marie pour y celebrer la Pâque. 10.
il est trouvé assis parmi les Docteurs dans le Temple, les écoutant & les interrogeant. *ibid.*
il revient à Nazareth avec Joseph & Marie, où il demeure jusqu'à l'âge de trente ans. *ibid.*
il sort de Nazareth, & va au Jourdain pour être batizé par S. Jean. 12.
le S. Esprit descend sur lui en forme de colombe. *ibid.*
une voix du ciel se fait entendre, qui dit : Vous êtes mon fils bien-aimé. *ibid.*
il revient du Jourdain, & se retire dans le desert. 14. 1.
il jeûne pendant 40. jours, & est tenté par le diable. *ibid.* 2. 3. 4.
il sort du desert, & va à Bethanie au delà du Jourdain, où Jean batizoit. *ibid.*
entretien de JESUS avec Nathanaël. 15. 5.
il va à Cana en Galilée, où il change l'eau en vin. 16.
il va ensuite à Capharnaüm, où il fait plusieurs grands miracles. *ibid.*
il va à Jerusalem, où il chasse du Temple les vendeurs. 17. 1.
il y celebre la premiere Pâque après son batême, & y fait plusieurs miracles. *ibid.* 3.
son entretien avec Nicodême. 18.
il vient avec ses disciples en Judée, où il batizoit. 19.
il quitte la Judée, & retourne en Galilée. 20. 2.
il passe par la Samarie, & s'arrête à Sichar. 21. 1.
son entretien avec la Samaritaine. *ibid.*
il entre dans la Galilée, & va à Nazareth, où il enseigne dans la Synagogue. 22. 1.

Oo ij

il est chassé par les Nazaréens qui le veulent precipiter. *ibid.*
il quitte Nazareth, & va demeurer à Capharnaüm. *ibid.* 3.
il exhorte à la penitence. *ib.* 4.
il vient encore à Cana, où il guerit le fils d'un Officier. 23.
il va le long de la mer de Galilée, & appelle à lui Jâque & Jean fils de Zebedée. 24. 1.
il vient à Capharnaüm, où il prêche dans leur Synagogue. 24. 2.
il y guerit un demoniaque. 25. 1.
il sort de la Synagogue de Capharnaüm, & va dans la maison de S. Pierre, où il guerit de la fievre sa belle-mere. *ibid.* 2.
il y guerit des malades, & chasse des demons. *ibid.* 3.
il guerit dans la Galilée Marie Madelaine de sept demons, & autres femmes. *ibid.* 5.
il guerit dans la Syrie toute sorte de malades. *ibid.* 6.
il enseigne sur le lac de Genesareth dans une barque. 26.
il guerit un lepreux dans une certaine ville. 27. 1.
il revient à Capharnaüm, & y guerit un paralytique. *ib.* 2.
il sort de Capharnaüm, & s'en va encore vers la mer. 28. 1.
il appelle à lui Levi, nommé Matthieu. *ibid.*
il est invité par Levi à un grand festin. *ibid.* 2.
il va à Jerusalem pour la fête de Pâque. 29.
il guerit un paralytique de 38. ans à la piscine probatique. 29. 2.
il prêche aux Juifs dans le Temple. 30.
il celebre à Jerusalem sa seconde Pâque depuis son batême. *ibid.*
il passe en Judée & va en Galilée, & entrant dans une Synagogue, il y guerit un homme qui avoit la main seche. 31. 1. 2.
il va sur une montagne, où il choisit douze de ses disciples, qu'il nomme Apôtres. 33.
il descend de la montagne & guerit une grande multitude de malades. *ibid.*
il monte encore sur une montagne, & y fait un sermon. 34. 35. 36. 37. 38. 39. 40. 41.
il descend de la montagne, & guerit un lepreux. 42. 1.
il va à Capharnaüm, & guerit le serviteur du Centenier. *ibid.* 2.
il va à Naïm, & ressuscite le fils d'une veuve. *ibid.* 3.
il va souper chez Simon le Pharisien, où il est oint par la pecheresse. 43.
il y fait beaucoup de miracles. *ibid.*
il va à Jerusalem pour y celebrer la fête de la Pentecôte. 44. 3.
il va de ville en ville dans la Galilée, où il annonce le royaume de Dieu. 45. 1.
il va à Jerusalem pour la fête des Tabernacles. 45. 1.
il vient à Capharnaüm, où il guerit un demoniaque aveugle & muet. *ibid.* 2.

il fort de Capharnaüm, & va sur la mer de Galilée, où il enseigne le peuple par paraboles. 47. 1.

il revient à Capharnaüm, où il explique les Paraboles. 48. & 49.

il fort de Capharnaüm, & monte dans une barque sur la mer de Galilée, où il appaise une tempête. 50. 1. & 3.

il aborde au païs des Geraseniens, où il guerit un demoniaque nommé Legion. 51.

il repasse à l'autre bord d'où il étoit venu, & va à Capharnaüm. 52. 1.

en chemin il guerit une femme malade d'un flux de sang. ibid. 2.

étant à Capharnaüm, il ressuscite la fille de Jaïre. ibid. 3.

il fort de Capharnaüm, & va à Nazareth, & sur le chemin il guerit deux aveugles & un démoniaque muet. 53. 1. 2.

il fort de Nazareth pour la derniere fois. ibid. 3.

il prêche dans les villes de la Galilée. 54.

il envoye ses Apôtres en mission, & leur donne des instructions. 55.

il se retire de la Galilée avec ses Apôtres dans un lieu desert vers Bethsaïde, au delà de la mer de Galilée. 58. 2.

il monte sur une montagne, où il rassasie cinq mille hommes avec cinq pains & deux poissons, 59. 1.

il fuit pour n'être pas Roi. ibid 2.

il se retire sur une montagne, & ses disciples montent sur la barque; la mer s'élevoit, & Jesus les voyant en peine, marche vers eux sur la mer; mais ils crurent que c'étoit un phantôme, il les rassure. 60. 1.

il arrive à la terre de Genesareth avec ses disciples, où il guerit plusieurs malades. 61. 1.

il est trouvé au delà de la mer à Capharnaüm, par le peuple, & il les enseigne. ibid. 2.

il va à Jerusalem, & y celebre sa troisieme fête de Pâque depuis son baptême, 61. 8.

il parcourt la Galilée, où il guerit beaucoup de malades, par l'attouchement de ses vêtemens. 62. 1.

il prêche en Galilée. 62. 3.

il part de la Galilée, & va sur les confins de Tyr & de Sidon, où il guerit la fille de la Cananée. 63. 1.

il quitte les confins de Tyr, & vient par Sidon près la mer de Galilée, passant au milieu du païs de Decapolis, où il guerit un sourd & muet, & beaucoup de malades. ibid. 2. & 3.

il nourrit quatre mille hommes avec sept pains & quelques petits poissons. 64.

il monte sur une barque, & vient sur les confins de Magedan. ibid.

il arrive à Bethsaïde, où il guerit un aveugle. 65. 3.

il parcourt les villages de Cesarée de Philippe. 66. 1.

il va sur une haute montagne, où il est transfiguré. 67. 1.

O o iij

il descend de cette montagne, & guerit un demoniaque sourd & muet. 68. 1.

il passe par la Galilée, & arrive à Capharnaüm, où il paye le tribut. 69. 2.

il instruit ses disciples. 70.

il se met en chemin pour aller à Jerusalem. 71. 1.

il envoye 72. disciples en mission, & leur donne des instructions. 72.

il prêche aux environs de Jerusalem. 74. 75. 76. 77. 78. 79.

il guerit un demoniaque. 75.

il retourne en Galilée, & vient à Capharnaüm, où il guerit un hydropique. 80. 1.

il parcourt la Galilée, enseignant dans les Synagogues. 81.

il sort de la Galilée, & va aux confins de la Judée au delà du Jourdain, enseignant & guerissant les malades. 83. 84. 85.

il va à Jerusalem à la fête des Tabernacles, & prêche dans le Temple. 86. 2.

il se retire sur la montagne des Oliviers, & dès la pointe du jour il retourne au Temple, où on lui presente une femme adultere. 88.

il se retire de Jerusalem, & revient sur la montagne, & le lendemain il retourne à Jerusalem. 89. 6.

en chemin il guerit un aveugle-né. 90. 1.

il sort de Jerusalem, & va en Galilée pour la derniere fois ; ensuite il retourne à Jerusalem pour la fête de la Dedicace. En chemin il guerit dix lepreux. 92. 1.

il arrive à Jerusalem, y celebre la fête de la Dedicace, & prêche dans le Temple. *ibid.* 2.

il se retire à Bethanie au delà du Jourdain, d'où il part pour venir au bourg de Bethanie à cause de la maladie de Lazare. 93.

il arrive au bourg de Bethanie, & va au sepulcre de Lazare qu'il ressuscite. 94. 11.

il va à une ville nommée Ephrem, où il demeure quelque tems. 95. 1.

il se met en chemin pour aller à Jerusalem, parce que la Pâque étoit proche. *ibid.* 2.

il approche de Jerico, & guerit un aveugle sur le chemin. *ibid.* 4.

il entre dans Jerico, & va manger chez Zachée. 96. 1.

il sort de Jerico, & guerit deux aveugles. 97. 1.

il va au bourg de Bethanie le Dimanche, où il est convié à manger chez Simon le Lepreux, & oint par Marie Madelaine. 98. 1.

le lendemain lundi il approche de Jerusalem près Bethphagé & Bethanie, vers la montagne, & envoye deux de ses disciples pour lui amener un ânon. 99.

sa marche triomphante à Jerusalem. 100. 1.

son entrée à Jerusalem & dans le Temple, où il prêche. 101. 1.

il retourne le soir à Bethanie, & le lendemain Mardi il retourne à Jerusalem, & chasse du Temple les vendeurs. 103.

il se retire le soir à Bethanie, & le lendemain Mercredi il retourne à Jerusalem. 105.

il envoye le Jeudi au soir Pierre & Jean à Jerusalem pour preparer la Pâque. 112.

il vient le même soir à Jerusalem avec ses disciples, où ils souperent dans le Cenacle preparé. *ibid.* 2.

après le souper il lave les pieds à ses Apôtres, & institue l'Eucharistie. 113. *&* 114.

il donne des instructions à ses Apôtres, & les console, puis les mene au delà du torrent de Cedron en un lieu appellé Gethsemani, où il y avoit un jardin. 118. 1.

il se retire dans ce jardin pour prier, & tombe en agonie. *ibid.* 2.

il est pris par les soldats que Judas avoit amenés. 119. 1.

il est emmené chez Anne & & ensuite chez Caïphe. 120. 1.

il est interrogé sur sa doctrine par Caïphe. 122. 1.

il reçoit un soufflet. *ibid.*

on lui presente de faux témoins. *ibid.* 2.

il est interrogé & condamné. *ibid.* 3.

il est mené à Pilate. 123. 1.

il est accusé devant Pilate. 124. 1.

interrogé par Pilate. *ibid.* 2.

envoyé à Herode par Pilate. *ibid.* 3.

Barabbas preferé. 125. 1.

clameurs des Juifs contre Jesus. *ibid.* 2.

il est flagellé & couronné d'épines. 126. 1.

il est presenté aux Juifs par Pilate. *ibid.* 2.

il est interrogé une seconde fois par Pilate. *ibid.* 3.

il est condamné par Pilate. 127. 1.

il est moqué, frappé & insulté par les soldats. *ibid.* 2.

il porte sa croix. *ibid.* 3.

il est crucifié entre deux larrons. 128. 1.

ses vêtemens jettés au sort. *ibid.* 3.

il est blasphemé & moqué des Juifs. *ibid.* 4.

étant en croix, il recommande sa mere à S. Jean. 128. 6.

il meurt. 129. 1.

son côté percé. *ibid.* 4.

son corps est détaché de la croix par Joseph d'Arimathie. *ibid.* 5.

sa sepulture. 130. 1.

gardes au sepulcre. *ibid.* 2.

il ressuscite. 131. 1.

ses differentes apparitions. *voyez* Apparition.

il ordonne aux Apôtres de prêcher l'Evangile par tout. 138. 3.

il leur promet le S. Esprit. *ibid.* 4.

il monte au ciel. 139.

il leur envoye le S. Esprit. 141. 1.

Jeûne de Jesus. 14. 1.

dispute sur le jeûne. 28. 3.

comment il faut jeûner. 38. 3.

Pharisien jeûnant deux fois la semaine. *Parabole.* 92. 5.

Illusion, crachats, coups de poing donnés à Jesus. 122. 4.

& 126. 1.
Impenitence des Juifs. 89. 2.
quatre Imprecations. 34. 3.
   trois contre les Pharisiens. 76. 3.
   trois contre les Docteurs de la loi. *ibid.* 3.
   huit contre les Docteurs de la loi & les Pharisiens. 108. 3.
Incarnation de Jesus. 2.
Incredulité des Juifs. 30.
   l'incredulité empêche de chasser les demons. 68. 2.
   l'incredulité des Nazaréens empêche Jesus de faire des miracles. 53. 3.
Inquieter. Ne point s'inquieter pour les besoins de la vie. 39. 2.
Instructions pour la pauvreté. 55. 2.
   instructions données aux 72. disciples. 72. 1.
   instructions de S. Jean Batiste au peuple, aux publicains & aux soldats. 11. 4.
Joie des justes après la tristesse. 116. 2.
   joie d'une femme après l'enfantement. *ibid.*
   joie pour une brebi retrouvée. *Parabole* 70. 1.
   joie dans le ciel pour un pecheur penitent. 82. 2.
Jonas. Signe de Jonas. 45. 6. & 75. 5.
Joseph époux de Marie Vierge, de la maison de David. 2.
   homme juste, veut quitter sa femme en secret. 6. 1.
   averti par un Ange de la prendre pour femme. *ibid.*
   il va avec Marie à Bethléem pour se faire enregistrer. *ib.* 2.

il donne le nom à Jesus. *ibid.*
il est averti par un Ange de fuir en Egypte. 9. 1.
il est averti par l'Ange de retourner dans la terre d'Israël. *ibid.* 3.
il vient dans la ville de Nazareth, & y demeure. *ibid.*
il alloit tous les ans avec la mere de Jesus à Jerusalem pour y celebrer la fête de Pâque. *ibid.*
il mene Jesus âgé de douze ans à Jerusalem pour y celebrer la Pâque, & l'ayant perdu, il le retrouve dans le Temple au milieu des Docteurs. 10.
Jesus lui est soumis. *ibid.*
Joseph d'Arimathie noble senateur, disciple de Jesus en secret. 129. 5.
il demande permission à Pilate d'enlever le corps de Jesus. *ibid.*
il l'ensevelit dans son sepulcre neuf. 130. 1.
Joug doux & fardeau leger de Jesus. 57. 3.
Jour de Jesus comme un éclair. 92. 2.
jour qui surviendra comme un filet, & enveloppera tous les hommes. 110. 2.
jour de vengeance. 109. 5.
jours abregés en faveur des élus. *ibid.*
jour & heure connu de Dieu seul. 110. 1.
Judas Iscariote, son élection à l'Apostolat. 33.
appellé demon par Jesus. 61. 8.
son murmure du parfum répandu. 98. 1.
                  satan

satan entre en lui. 98. 3.
son pact avec les Juifs. *ibid.*
denonciation de sa trahison. 114. 2.
sa sortie du souper. *ibid.*
son arrivée & son baiser. 119. 1.
sa mort, 123. 2.
il se pend, & creve par le milieu. 140.
Jude, qui est le même que Thadée, Apôtre. Son élection à l'Apostolat. 33.
il demande à Jesus pourquoi il se fait connoître à eux, & non pas au monde. 115. 4.
Juge & veuve. *Parabole* 92. 4.
Jugement dernier. 110. 6.
Juger. Ne point juger pour n'être point jugé. 40. 1.
Dieu juge par les œuvres, & non par les paroles. 41. 3.
Jesus n'est pas venu juger, mais pour sauver. 103. 2.
Juifs, se disent enfans d'Abraham. 11. 2. & 89. 5.
incredules. 30. 2.
murmurent touchant l'Eucharistie. 61. 6.
cherchent le moyen de perdre Jesus 31. 2.
leurs differens sentimens. 86. 3.
dissension entre eux. 87. 3.
enfans du diable. 89. 5.
veulent lapider Jesus. 89. 6. & 93. 2.
tiennent conseil pour le perdre. 95. 1.
donnent ordre de le prendre. 97. 2.
cherchent le moyen de le perdre. 104. 2.
emmenés captifs chez toutes les nations. 109. 5.

renversés à la prise de Jesus. 119. 2.
Ivraie. *Parabole* 47. 2.
son explication. 49. 1.
Ivrognerie. Se garder de l'ivrognerie & de l'excès des viandes. 110. 2.
Jurer. Ne point jurer. 40. 1.
Jurement des Juifs. 108. 3.
Justes brillans comme le Soleil dans le royaume de Dieu. 49. 1.
persecutés. 109. 4.
Justice abondante. 35. 3.
Justifier. Dieu justifié par les publicains. 44. 2.

L

Lampe sous le boisseau. 35. 1. 48. 3. & 75. 6.
lampe ardente & luisante. 30.
l'œil est la lampe du corps. 39. 1.
Lapider. Juifs veulent lapider Jesus. 89. 6. & 93. 2.
Larrons crucifiés avec Jesus. 128. 5.
Lavement des pots, des coupes, des vaisseaux, & des bois de lit. 62. 2.
lavement des pieds des Apôtres. 113.
Lazare frere de Marthe & de Madelaine, que Jesus aimoit. 94. 1.
sa maladie. *ibid.*
sa mort. *ibid.* 4.
sa resurrection. *ibid.* 11.
les Juifs le veulent faire mourir. 98. 2.
Lazare mendiant, couvert d'ulceres à la porte du mauvais riche. 84.
il meurt, & est emporté par les Anges dans le sein d'A-

braham. *ibid*
Legation de deux disciples de S. Jean Batiste vers Jesus pour sçavoir qui il étoit. 44. 1.
Legion, quatrieme demoniaque. 51.
premier Lepreux gueri. 27. 1.
second lepreux gueri. 42. 1.
dix lepreux gueris. 92. 1.
Levain des Pharisiens & des Sadducéens, & celui d'Herode. 65. 2.
des Pharisiens 77. 1.
Levain. *Parabole.* 78. 3.
Levi. *Voyez* S. Matthieu.
Levres. Honorer Dieu des levres. 62. 2.
Lier. Pouvoir de lier & de délier donné aux Apôtres. 70. 6.
Lis. Comment les lis croissent. 39. 2.
Loi. Jesus est venu accomplir la loi. 35. 2.
abregé de la loi. 40. 3.
le ciel & la loi passeront plutôt qu'une seule lettre de la loi tombe. 35. 2.
toute la loi est comprise dans le commandement de faire à autrui ce qu'on veut qu'il nous soit fait. 40. 3.
toute la loi dépend d'aimer Dieu & son prochain. 107. 3.
la loi & les Prophetes ont prophetizé jusqu'à S. Jean B. 44. 1.
les Juifs n'ont point accompli la loi. 86. 2.
Loup. Le mercenaire qui voit le loup venir, s'enfuit. 91. 3.
le loup ravit les brebis & les disperse. *ibid.*
loup ravissant en habit de brebis. 41. 2.

Lumiere du monde, Jesus. 89. 1.
Apôtres, lumiere du monde. 35. 1.
que notre lumiere luise devant les hommes. *ibid.*
celui qui fait mal, hait la lumiere. 18.
les enfans de la lumiere sont moins sages que les enfans du siecle. 83. 2.
marcher pendant qu'on a de la lumiere. 102. 3.
Lunatique & muet gueri par Jesus. 68. 1.
pourquoi il n'a pu être gueri par les Apôtres. *ibid.* 2.

M

MAcheronte, palais d'Herode, où S. Jean B. étoit prisonnier. 56.
Mages viennent à Jerusalem pour adorer celui qui est né Roi des Juifs. 7. 2.
Herode les charge de s'en enquerir, & de lui en rendre réponse. *ibid.*
ils sont conduits par l'étoile à Bethléem, où ils adorent l'enfant, & lui font leurs presens. *ibid.*
ils s'en retournent par un autre chemin. *ibid.*
Main seche guerie. 31. 2.
mains non lavées. 62. 2.
couper la main si elle est cause de scandale. 36. 1.
celui qui met la main à la charrue, & regarde derriere soi, n'est pas propre au royaume de Dieu. 71. 2.
imposition des mains sur les malades. 25. 3. 78. 1. 53. 3. & 65. 3.

sur les enfans. 94. 2.
Maître. Ne point appeller maître aucun sur la terre. 108. 2.
le seul maître est le CHRIST. *ibid.*
nul ne peut servir deux maîtres. 39. 2.
Malheur aux riches, à ceux qui sont rassasiés, à ceux qui rient, & à ceux dont les hommes disent du bien. 34. 3.
malheur à Corozaïn, Bethsaïde, & Capharnaüm. 55. 10.
malheur au monde à cause des scandales. 70. 3.
malheur à celui par qui il arrive. *ibid.*
malheur aux Pharisiens. 76. 2.
malheur aux Docteurs de la loi. *ibid.* 3.
malheur à celles qui seront enceintes & nourrices. 109. 5.
Manger. JESUS mange avec les pecheurs. 28. 2.
celui qui mangera la chair de JESUS aura la vie éternelle. 61. 6.
JESUS mange après sa resurrection. 135. 2.
Marcher pendant le jour. 94. 3.
pendant qu'on a de la lumiere. 102. 3.
Mariage indissoluble. 36. 2.
Marie Vierge mere de JESUS.
elle est saluée par l'Ange Gabriël dans Nazareth. 2.
elle est troublée de cette salutation. *ibid.*
l'Ange lui annonce qu'elle concevra un fils qu'on appellera JESUS. *ibid.*
elle lui répond qu'elle est la servante du Seigneur. *ibid.*
elle conçoit par la vertu du S. Esprit. *ibid.*
elle visite sa cousine Elisabeth à Hebron. 4. 1.
son cantique. *ibid.* 2.
elle retourne trois mois après à Nazareth. *ibid.*
elle va à Bethléem avec Joseph pour se faire enregistrer. 6. 1.
elle y enfante JESUS dans une étable. *ibid.*
elle conserve dans son cœur tout ce qu'elle entendoit dire de lui. *ibid.* 3.
elle va au Temple, & y porte son fils pour le presenter au Seigneur. 8. 1.
elle est dans l'admiration des choses que Symeon dit de son fils. *ibid.* 3.
sa coutume d'aller tous les ans à Jerusalem avec Joseph à la fête de Pâque. 9. 3.
elle & Joseph menent JESUS âgé de douze ans à Jerusalem. 10.
l'ayant égaré, elle le trouve au milieu des Docteurs, les écoutant & les interrogeant. *ibid.*
JESUS lui est soumis. *ibid.*
elle va avec JESUS aux noces de Cana. 16.
elle avertit JESUS que le vin manque. *ibid.*
elle dit aux serviteurs de faire ce que son fils leur ordonnera. *ibid.*
elle se tient dehors voulant parler à JESUS. 46.
elle est debout devant la croix. 128.
elle est donnée à S. Jean pour mere. *ibid.*

Pp ij

Marie Madelaine, de laquelle sept demons avoient été chassés par Jesus. 25. 5. & 41. 1.
elle suit Jesus en Galilée, qu'elle assistoit de ses biens. *ibid. &* 129. 3.
elle se tient aux pieds de Jesus, l'écoutant. 73. 4.
elle choisit la meilleure part. *ibid.*
elle se jette aux pieds de Jesus, pleurant la mort de Lazare. 94. 10.
elle oint Jesus chez Simon le Lepreux. 98. 1.
elle est debout devant la croix. 128. 6.
elle va au sepulcre. 129. 3.
elle achete des parfums. 131. 1.
elle retourne au sepulcre. *ibid.*
elle voit la pierre du sepulcre roulée. *ibid.*
elle va trouver Pierre & Jean, & leur dit qu'on a enlevé le Seigneur. *ibid.*
elle revient au sepulcre pleurant. 132.
elle voit deux Anges qui lui disent qu'il est ressuscité. *ib.*
Jesus lui apparoît sous la forme de jardinier. *ibid.*
son entretien avec Jesus. *ibid.*
elle le va dire aux disciples, qui ne la croyent point. *ibid.*
Marie mere de Jâque le Mineur & de Joseph, & Salomé mere des enfans de Zebedée, & Marie Madelaine, qui suivoient Jesus dans la Galilée, & l'assistoient de leurs biens. 129. 3.
Marthe. Elle reçoit Jesus en sa maison. 73. 4.
Un necessaire. *ibid.*

elle envoye dire à Jesus que Lazare étoit malade. 94. 1.
son entretien avec lui. *ibid* 9.
elle confesse qu'il est le Christ. *ibid.*
elle sert au repas de Simon le Lepreux. 98. 1.
Matthias, élu Apôtre à la place de Judas Iscariote. 140.
S. Matthieu, dit Levi, fils d'Alphée, Apôtre & Evangeliste, Publicain, assis dans un bureau. 28. 1.
sa vocation. *ibid*
il fait un grand festin. *ibid* 2.
son élection à l'apostolat. 33.
Maux. Tous les maux sortent du cœur. 62. 3.
Medecin pour les malades, & non pour les sains. 28. 2.
Mer appaisée. 50. 3.
Jesus & S. Pierre marchent sur la mer. 60. 1. 2.
Mercenaire qui voit le loup venir, s'enfuit. 91. 3.
Mere & freres de Jesus, ceux qui écoutent sa parole & la pratiquent. 46.
Mesure. On se servira de la même mesure envers vous, dont vous vous serez servis envers les autres. 48. 4.
Meurtre des enfans par Herode. 9. 2.
Miracles.
  1. Noces de Cana. 16.
  2. Fils d'un Officier gueri. 23.
  3. Premier demoniaque gueri. 25. 1.
  4. Belle-mere de S. Pierre guerie. 25. 2.
  5. Second demoniaque Marie Madelaine guerie. *ibid* 2.
  6. Premiere pêche miracu-

leuse. 26.
7. Premier lepreux gueri. 27. 1.
8. Premier paralytique gueri. ibid. 2.
9. Second paralytique gueri. 29. 2.
10. Main seche guerie. 31. 2.
11. Second lepreux gueri. 42. 1.
12. Troisieme & dernier paralytique gueri. 42. 2.
13. Le fils d'une veuve de Naim ressuscité. 42. 3.
14. Troisieme demoniaque aveugle & muet gueri. 45. 2.
15. Premiere tempête appaisée. 50. 3.
16. Quatrieme demoniaque Legion chassée. 51.
17. Hemorroïsse guerie. 52. 2.
18. Fille de Jaïre ressuscitée. 52. 3.
19. Deux aveugles gueris. 53. 1.
20. Cinquieme demoniaque gueri. 53. 2.
21. Premiere multiplication des pains. 59. 1.
22. Jesus marche sur la mer. 60. 1.
23. S. Pierre marche sur la mer. 60. 2.
24. Seconde tempête appaisée. ibid.
25. La barque se trouve en un même instant au lieu où ils alloient. ibid.
26. Sixieme demoniaque la fille de la Cananée guerie. 63. 1.
27. Sourd & muet gueri. 63. 2.
28. Seconde multiplication des pains. 64.
29. Aveugle gueri. 65. 3.
30. Transfiguration. 67. 1.
31. Septieme demoniaque lunatique & muet gueri. 68. 1.
32. Huitieme & dernier demoniaque muet gueri. 75. 1.
33. Femme courbée guerie. 78. 1.
34. Hydropique gueri. 80. 1.
35. Aveugle-né gueri. 90. 1.
36. Dix lepreux gueris. 92. 1.
37. Lazare ressuscité. 94. 11.
38. Aveugle gueri. 95. 4.
39. Deux aveugles gueris. 97. 1.
40. Figuier maudit. 104. 1.
41. Soldats renversés. 119. 2.
42. Oreille coupée remise. 119. 3.
43. Jesus entre les portes fermées. 135. 2.
44. Il entre encore les portes fermées. 136.
45. Prodigieuse quantité de poissons pêchés. 137. 1.
46. Charbons allumés, & poissons mis dessus. ibid.
47. Filet non rompu, quoiqu'il y eût une prodigieuse quantité de poissons. ibid.

Misericorde vaut mieux que sacrifice. 28. 2. & 31. 1.

Mission des douze Apôtres aux brebis d'Israël. 55. 1.
envoyés comme des brebis au milieu des loups. ibid. 2.
leurs instructions. ibid. 3. & 4.
des 72. disciples, & leurs instructions. 72. 1.

Moisson spirituelle. 21. 2.
moisson grande, & peu d'ouvriers. 54. 2.
moisson, consommation du siecle 49. 1.

Moissonneurs, les Anges. ibid.

Monde. Que sert de gagner tout le monde, & de se perdre. 66. 3.

P p iij

malheur au monde à cause des scandales. 70. 3.
pourquoi le monde hait Jesus. 86. 1.
le monde est ennemi de Dieu & des fideles. 116. 1.
le diable prince du monde. 102. 115. 4. & 116. 2.
Montagnes & arbres se transportent par la foi. 85. 1.
montagnes, tombez sur nous, & collines, couvrez-nous. 129. 4.
Mort d'Herode. 9. note.
de Lazare. 94. 4.
de Jesus. 129. 1.
de Judas. 123. 2.
mort n'est point à craindre. 77. 2.
Morts ensevelir les morts. 71. 2.
entendront la voix de Dieu, & vivront. 30.
morts ressuscités & apparus à la resurrection de Jesus. 129. 2.
Morts ressuscités par Jesus
Le fils d'une veuve de Naïm. 42. 3.
la fille de Jaïre. 52. 3.
Lazare. 94. 11.
Moyse & Elie vus pleins de majesté à la Transfiguration. 67. 1.
Muets demoniaques gueris. 45. 2. 53. 2. & 68. 1.
& sourd gueri. 63. 2.
Multiplication des cinq pains & deux poissons. 59. 1.
des sept pains & quelques poissons. 64.
Murmure des Pharisiens de ce que Jesus mange avec les pecheurs. 28. 2.
des Juifs touchant le pain celeste. 61. 5.
des disciples touchant la chair & le sang de J. Ch. ibid. 7.
des ouvriers contre le pere de famille. 94. 8.
du parfum répandu. 98. 1.
Mysteres cachés aux sages. 73. 2.
il n'est pas donné à tout le monde de connoître les mysteres. 48. 1.

N

Naaman de Syrie, gueri de la lepre par Elisée. 22. 2.
Naissance & circoncision de S. Jean. 5. 1.
de Jesus. 6. 1.
Nathanaël vrai Israëlite, & sans fraude. 15.
son entretien avec Jesus. ibid.
il voit Jesus ressuscité. 137.
Nation mechante & maudite cherche un signe. 45. 6.
nation s'elevera contre nation. 109. 3.
Nazareth, d'où étoient Marie & Joseph. 2.
Jesus y est élevé. 22. 1.
il y prêche. ibid.
sa doctrine y cause du scandale. ibid.
il est conduit par les Nazaréens sur une montagne pour le precipiter. ibid. 2.
il y fait peu de miracles à cause de leur incredulité. 53. 3.
Nettoyer ce qui est au dedans. 76. 1.
Nicodême l'un des principaux d'entre les Juifs, son entretien avec Jesus. 18. 1.
son conseil aux Juifs. 87. 4.
il vient au sepulcre de Jesus, il l'embaume & l'ensevelit. 130. 1.

Ninivites condamneront les Juifs au jugement dernier. 75. 5.
leur penitence. *ibid*
Nom de JESUS annoncé par l'Ange à Marie. 1.
à S. Joseph. 6. 1.
Noces en Cana. 16.
d'un Roi. *Parabole*. 106. 5.

O

OEconome injuste loué. *Parabole* 83. 2.
Oeil simple, lumiere du corps. 39. 1. & 75. 6.
arracher l'œil s'il est cause de scandale. 36. 1.
Oeuvre de Dieu est de croire en celui qu'il a envoyé. 61. 3.
on rendra à chacun selon ses œuvres. 66. 3.
Oiseaux. Comment vivent les oiseaux du ciel. 39. 2.
ils ont des nids. 71. 1.
Oindre. Malades oints d'huile par les Apôtres, & gueris. 55. 9.
Onction chez Simon le Pharisien. 43.
chez Simon le Lepreux. 98. 1.
Oraison Dominicale. 38. 2. & 74. 1.
Oreille coupée & remise. 119. 3.
Ouvrier merite sa recompense. 72. 1.
ouvriers de la vigne. *Parabole*. 94. 8.

P

PAct de Judas avec les Juifs. 98. 3.
Paille & poutre dans l'œil. 40. 2.

Pain JESUS pain de vie. 61. 4.
pain, la chair de JESUS. *ibid*.
le pere ne donne pas une pierre à son fils qui lui demande du pain. 4. 3.
David prend des pains de proposition, & en mange. 31. 1.
trois pains prêtés. *Parab* 74. 2.
cinq pains multipliés. 59. 1.
sept pains multipliés. 64.
Paix annoncée aux hommes par les Anges. 6. 3.
en entrant dans une maison. 55. 2.
laissée aux Apôtres. 115. 4.
Pâque, JESUS va à Jerusalem avec Marie & Joseph pour y celebrer la Pâque. 10.
premiere Pâque de JESUS depuis son Batême. 17. 3.
seconde Pâque. 31.
troisieme Pâque. 61.
1. Parabole du drap neuf. 28. 4.
2. des vieux vaisseaux. *ibid*.
3. aveugle qui conduit un aveugle. 40. 2.
4. Paille dans l'œil. *ibid*.
5. Bâtir sur la pierre. 41. 4.
6. Bâtir sur le sable. *ibid*.
7. D'un creancier. 43.
8. Enfans qui jouent de la flûte. 44. 3.
9. Satan peut-il chasser Satan? 45. 3.
10. Du fort armé. 45. 4.
11. De l'esprit impur. 45. 6.
12. Du semeur. 47. 1.
13. De l'ivraie. 47. 2.
14. De la semence jettée en terre. *ibid*. 3
15. Du grain de senevé. 47. 4. & 78. 2.
16. Du levain. 47. 5. & 78. 3.
17. De la lampe sous le boisseau

seau. 48. 3. & 75. 6.
18. Du tresor caché. 49. 2.
19. D'une perle de grand prix. ibid. 3.
20. Du filet jetté en mer. ib. 4.
21. Du pere de famille qui tire de son tresor. 49. 4.
22. Rien de ce qui entre dans l'homme. 61. 3.
son explication. ibid.
23. De la brebi égarée. 81. 2. & 70. 4.
24. Des dix mille talens. 70 9.
25. Du Samaritain. 73. 3.
26. Des trois pains prêtés. 74. 2.
27. Du riche qui bâtit des greniers. 77. 4.
28. Des serviteurs veillans. ibid. 6.
29. Du serviteur fidele & du mauvais serviteur. ibid.
30. Du figuier sterile. ibid. 11.
31. De la derniere place. 80. 2.
32. Des conviés aux noces qui s'excusent. 80 4. & 106. 5.
33. D'un homme qui bâtit une tour. 81. 2.
34. D'un Roi qui va combatre. 81. 3.
35. De la drachme retrouvée. 82 3
36. De l'enfant prodigue. ib. 4.
37. De l'œconome injuste. 83. 2.
38. Du mauvais riche. 84. 3
39. Du serviteur inutile. 85. 2.
40. Du voleur & du pasteur. 91. 1.
41. Du Juge d'iniquité 92. 4.
42. Du Pharisien & du Publicain. 92. 5.
43. Des ouvriers de la vigne. 94. 8.
44. Des dix marcs. 96. 2.

45. De deux fils. 106. 3.
46. Des vignerons homicides. 106. 3.
application de cette parabole aux Juifs. ibid. 4.
47. Du figuier. 110. 1.
48. Du bon & du mauvais serviteur. ibid 3.
49. Des vierges folles. ibid. 4.
50. Des cinq talens. ibid. 5.
il ne leur parloit point sans paraboles. 47. 5.
il leur parloit en paraboles, afin qu'en voyant ils ne vissent point. 48. 1.
Paralytique. Premier paralytique gueri. 27. 2.
second gueri. 29. 2.
troisieme gueri. 42. 2.
Pardonner afin qu'on vous pardonne. 36. 2.
combien de fois il faut pardonner. 70. 8.
si vous ne pardonnez point, il ne vous sera point pardonné. 105. 2.
Parfait. Si vous voulez être parfait, vendez tout ce que vous avez, & le donnez aux pauvres. 94. 5.
soyez parfaits comme votre Pere celeste est parfait. 37.
Parole inutile. 45. 5.
vous serez justifié ou condamné par vos paroles. ibid.
paroles de Jesus, paroles de vie éternelle. 61. 8.
les paroles de Jesus ne passeront point. 110. 1.
Le Pasteur & le voleur. 91. 1.
le bon pasteur & le mercenaire. ibid. 3.
appeller les pauvres aux festins. 80. 3.

Pauvreté

DES MATIERES.

Pauvreté recommandée aux Apôtres. 55. 2.

Pêche. Premiere pêche miraculeuse. 26

 seconde. 137. 1.

Peché contre le S. Esprit irremissible. 45. 4.

 beaucoup de pechés remis pour avoir beaucoup aimé. 43.

 le peché fait esclave, la verité rend libre. 89. 4.

 confession des pechés dans le batême de S. Jean B. 11. 1.

 pouvoir de remettre les pechés. 135. 2.

Pecheur. Jesus est venu pour appeller les pecheurs à la penitence. 28. 2.

 Jesus appellé pecheur. 90. 2.

 il mange avec les pecheurs. 28. 2.

 joie au ciel pour un pecheur penitent. *ibid*.

 les pecheurs n'ont point d'excuse. 116. 1.

Penitence. Exhortation à la penitence. 22. 4.

 penitence prêchée premierement par S. Jean B. 11. 1.

 dans le sac & la cendre. 72. 2.

 penitence des Ninivites. 75. 5.

 la penitence cause de la joie dans le ciel. 82. 2.

 si vous ne faites penitence, vous perirez. 77. 11.

 faire des fruits dignes de penitence. 11. 1.

 il a fallu que la penitence ait été prêchée au nom de Jesus. 138. 3.

 fausse penitence de Judas. 123. 2.

Perdre tout pour se sauver. 66. 3.

Pere celeste, il a mis toutes choses entre les mains du Fils. 73. 2.

 il n'est connu que du Fils. *ib*.

 personne ne peut venir au Fils, si le Pere ne l'attire. 61. 5.

 le Pere & le Fils ne sont qu'un. 93. 1.

 il ne faut point appeller personne son pere sur la terre. 108. 2.

 pere de famille veillant. 110. 2.

Peril des richesses. 94. 6.

Perle de grand prix. *Parabole*. 49. 3.

 ne pas jetter les perles devant les pourceaux. 40. 3.

Persecution. Souffrir les persecutions. 55. 9.

Perseverance dans la priere. 74. 2. & 92. 4.

Perseverer. Celui qui perseverera, sera sauvé. 55. 3.

Petits, ne point les scandalizer. 70. 3.

 ne les point mepriser. *ibid* 4.

 les mysteres leur sont revelés. 73. 2.

 il faut devenir semblables aux petits. 70. 1.

 celui qui reçoit un petit, reçoit Jesus. *ibid*.

Pharisien & Publicain. *Parab*. 92. 5.

Pharisiens, race de viperes. 11. 2.

 rejettans Jesus. 42. 2.

 semblables aux enfans qui crient dans les places. *ibid*. 3.

 ils demandent des signes du ciel. 75. 5.

 leurs traditions touchant les lavemens. 62. 2.

Qq

aveugles, & conducteurs d'aveugles. *ibid* 9.
nets au dehors, & impurs au dedans. 76. 1.
hypocrites, qui payent la dixme, & negligent la justice & la misericorde. *ibid*. 2. & 108. 3
qui avalent un chameau, & rejettent un moucheron. 108. 3.
qui aiment les premieres places, & les salutations. 76. 2. & 108. 2.
qui devorent les maisons des veuves. 76. & 108. 3
qui font des proselytes dignes de l'enfer. *ibid*.
qui errent dans les juremens. *ibid*.
qui sont semblables à des sepulcres qui ne paroissent point. 76. 2.
qui ressemblent à des sepulcres blanchis. 108. 3.
qui bâtissent des sepulcres aux Prophetes que leurs peres ont tués. 76. 3. & 108. 3.
qui n'entrent point dans le royaume de Dieu, & empêchent les autres d'y entrer. 76. 3. & 108. 3.
qui chargent les hommes de fardeaux insupportables. 76. 3.
qui marchent avec de longues robes. 108. 2.
ils assemblent le conseil contre Jesus. 95. 1.
ils interrogent Jesus par quelle autorité il agissoit. 106. 1.
s'il est permis de payer le tribut à Cesar. 107. 1.
ils sont interrogés sur le batême de S. Jean. 106. 1.

sur le Christ, & de qui il est fils. 108. 1.
ils sont pires que les publicains & les femmes debauchées. 106. 2.
ils disent, & ne font pas. 108. 2.
ils veulent être appellés maîtres. *ibid*.
ils s'assemblent pour chercher le moyen de prendre Jesus. 111.
ils l'appellent seducteur. 130. 1.
ils mettent des gardes au sepulcre. 130. 2.
S. Philippe Apôtre. Sa vocation. 15. 4.
il amene Nathanaël à Jesus. *ibid* 5.
son élection à l'apostolat. 33.
Jesus lui demande où l'on pourroit acheter assez de pain. 59. 1.
il est prié par des Gentils de leur faire voir Jesus. 102. 1.
il dit à Jesus de leur faire voir son Pere. 115. 4.
S. Pierre Apôtre. Sa première vocation, lorsqu'il est amené par André son frere à Jesus, qui lui donne le nom de Cephas, c'est à dire, Pierre. 15. 3.
sa seconde vocation. 24. 1.
il fait une pêche miraculeuse. 26.
il est élu à l'Apostolat. 33.
il est present à la resurrection de la fille de Jaïre. 52. 3.
il marche sur la mer. 60. 2.
il est repris de sa petite foi. *ib*.
sa confession & primauté. 66. 1.
les clefs du royaume des cieux lui sont données. *ibid*.

il est présent à la Transfiguration. 67. 1.
il pêche un poisson pour payer le tribut. 70. 2.
il interroge Jesus sur le tems de la destruction du Temple. 109. 3.
sa présomption. 116. 3.
il entre dans la cour du Grand-Prêtre, & se chauffe avec les archers. 120. 1.
il renonce trois fois Jesus. 121. 1. 2. 3.
il se ressouvient de la parole de Jesus, il sort & pleure amerement. *ibid* 3.
il court avec S. Jean au sepulcre. 131. 3.
il se jette dans la mer, ayant apperçu le Seigneur. 137. 1.
Jesus lui conte ses brebis. *ibid*.
il est interrogé trois fois par Jesus s'il l'aime. *ibid*.
prediction de son martyre. *ibid*. 3.
il est présent à l'Ascension de Jesus avec les autres Apôtres. 139.
il incite les disciples à faire élection d'un autre Apôtre à la place de Judas. 140.
Pierre angulaire rejettée par ceux qui bâtissoient. 106. 4.
Dieu peut faire avec des pierres des enfans d'Abraham. 11. 2.
pierres se fendent à la mort de Jesus 129. 2.
Pilate Gouverneur de la Judée.
Il fait mourir les Galiléens dans le tems de leurs sacrifices. 77. 10.
il interroge Jesus. 124. 2.

il est surpris de son silence. *ib.*
il l'envoye à Herode. *ibid*
il le veut renvoyer sans le juger. 125. 2.
il le fait fouetter, le fait voir aux Juifs, & le declare innocent. 126. 1.
il cherche le moyen de le delivrer. *ibid* 3.
il le condamne, & s'en lave les mains. 127. 1.
Piscine aux moutons, ou probatique. 29. 1.
Plante qui n'a point été plantée par le Pere celeste, sera arrachée 62. 3.
Pleurs de Jesus sur Jerusalem. 100. 2.
Pleurer sur nous, & non sur Jesus. 127. 4.
Poisson pêché pour payer le tribut 69. 7.
poisson & miel mangés par Jesus après sa resurrection. 135. 2.
poisson trouvé sur des charbons allumés. 137. 1.
Porte. Jesus est la porte 91. 2.
porte de perdition large. 41. 1.
porte étroite de salut. *ibid. &* 79. 1.
Poule comparée à Jesus. 108. 4.
Pouvoir de vie & de jugement donné à Jesus. 30.
de lier & délier donné aux Apôtres. 70. 6.
de fouler aux pieds les serpens & les scorpions. 73. 1.
donné d'enhaut. 126. 3.
Pourceaux submergés. 51.
Predication & miracles des Apôtres. 55. 9.
Prediction premiere de la mort de Jesus. 66. 2.

Qq ij

seconde. 69. 1.
troisieme. 95. 2.
prediction premiere de la ruine de Jerusalem. 79. 2.
seconde. 100. 2.
troisieme. 109. 5.
de la destruction du Temple. 109. 2.
de la trahison de Judas. 113.
de la fuite des Apôtres. 116. 3.
du renoncement de S. Pierre. 115. 3. & 116. 3.
de son martyre. 137. 3.
Preparation de la Pâque. 127. 1.
Prémediter. Ne point prémediter ce que l'on a à dire. 129. 4.
Le Premier sera le serviteur de tous. 95. 3.
les premiers seront les derniers. 94. 7.
Présages de la ruine de Jerusalem. 109. 3.
Prêter sans rien esperer. 37.
Prêtres assemblés par Herode sur la nativité de JESUS. 7. 2.
envoyés vers S. Jean B. pour sçavoir qui il étoit. 15. 1.
ils assemblent le conseil pour faire mourir JESUS. 95. 1.
ils veulent aussi faire mourir Lazare. 98. 2.
ils conviennent avec Judas. ibid. 3.
ils conviennent avec les gardes du sepulcre pour cacher la resurrection. 132. 2.
Prier. Comment il faut prier. 38. 2.
prier toujours & veiller. 116. 2.
prier de crainte d'entrer en tentation. 118. 3.
prier pour ceux qui vous persecutent. 37.

JESUS prie après son batême. 12. 1.
il prie pour la foi de S. Pierre. 115. 2.
pour sa glorification. 117. 1.
pour les Apôtres. ibid. 2.
pour les élus. ibid. 3.
il prie trois fois dans le jardin de Gethsemani. 118. 2. & 3.
pour ceux qui le crucifient. 128.
Priere dominicale. 38. 2. & 74. 1.
du Pharisien & du Publicain. Parabole. 92. 5.
force de la priere. 68. 2.
perseverance dans la priere. 74. 2.
priere de JESUS toujours exaucée. 94. 11.
Primauté. Premiere dispute sur la primauté. 70. 1.
seconde dispute. 115. 1.
primauté de S. Pierre. 66. 1.
Prince du monde, le diable. 101. 3. 113. 4. & 116. 2.
Prochain. Qui est le prochain. 73. 3.
aimer son prochain comme soi-même. ibid. & 107. 3.
Prodige demandé, Jonas, Reine du Midi. 45. 6. 65. 1. & 75.
prodiges arrivés à la mort de JESUS. 129. 6.
Prodigue. L'enfant prodigue. Parabole. 89. 4.
Promesse du S. Esprit. 138. 4.
Prophete sans honneur dans sa patrie. 53. 3.
nul prophete en son païs. 22.
jusqu'à Jean les Prophetes & la loi ont prophetizé. 44. 2.
Prophetie d'Isaïe de l'endurcissement de cœur. 48. 1.

Prudens comme des serpens. 55. 3.
Publicains instruits par S. Jean B. 11. 3.
publians la justice de Dieu. 44. 2.
precederont les Pharisiens dans le royaume de Dieu. *ib.*
Purification de Marie au Temple. 8. 1.

R

Race de viperes. 11. 2.
Recompense d'un verre d'eau. 55. 8.
recompense de Prophete à celui qui recevra un Prophete. *ibid.*
hypocrites reçoivent leur recompense en cette vie. 38. 1. 2. 3.
l'ouvrier digne de recompense. 72. 1.
recompense pour ceux qui quittent tout pour le royaume de Dieu. 94. 7.
Recevoir. Qui reçoit celui que j'aurai envoyé, me reçoit. 113.
Reconciliation avec son prochain. 35. 3.
Regarder. Celui qui regarde derriere, n'est pas propre au royaume de Dieu. 71. 2.
Reine du Midi se levera contre les Juifs. 75. 5.
se Réjouir dans le tems de la persecution. 34. 2.
se réjouir de ce que les noms sont écrits dans les cieux. 73. 2.
Remettre à son frere. 85. 1.
il sera remis beaucoup à celui qui aura beaucoup aimé. 43.
Renaître de l'eau & du S. Esprit. 18.

Renards ont des tannieres. 71. 2.
Rendre à Cesar ce qui appartient à Cesar. 107. 1.
Renoncemens de S. Pierre. 121. 1. *ibid.* 2. *ibid.* 3.
Renoncer à tout pour être disciple de Jesus. 81. 3.
à soi-même, & porter sa croix. 66. 3.
celui qui me renoncera devant les hommes, je le renoncerai aussi devant mon Pere. 55. 6.
Reproches de Jesus aux villes impenitentes. 55. 10.
contre les Juifs. 119. 4.
Repudiation illicite. 84. 1.
Resurrection du fils d'une veuve de Naim. 42. 3.
de la fille de Jaïre. 52. 3.
de Lazare. 94. 11.
de Jesus. 131. 1.
annoncée aux saintes femmes. *ibid.* 2.
dessein des Juifs pour cacher la resurrection de Jesus. 133. 2.
resurrection prouvée. 107. 2.
après la resurrection, les saints seront comme les Anges. *ibid.*
resurrection & apparition de plusieurs saints à la resurrection de Jesus. 129. 2.
Restitution de Judas. 123. 2.
Retour d'Egypte. 9. 3.
retour des Apôtres de leur mission. 57. 1.
Retraite de Jesus de la Judée en Galilée. 20. 2.
sa retraite dans le desert pour prier. 25. 4.
sur une montagne pour prier. 33.

Qq iij

sur les confins de Tyr & de Sidon. 73. 1.
Riche qui bâtit des greniers. *Parabole.* 77. 4.
du mauvais riche. *Parabole.* 84. 3.
malheur aux riches, parce qu'ils ont leur consolation. 34. 3.
riches malaisés à sauver. 94. 6.
Richesses. Peril des richesses, *ibid.*
employer les richesses injustes pour se faire des amis. 83. 2
l'illusion des richesses suffoque la parole. 48. 2.
Rien de caché qui ne soit découvert. 48. 3.
Robe. Donner son manteau à celui qui demande votre robe. 37.
ne point avoir deux robes. 55. 2.
Roi remettant la dette à ses serviteurs. *Parabole.* 70. 9.
Roi qui va combattre contre un autre Roi. *Parabole.* 81. 3.
Jesus fuit pour n'être pas Roi. 59. 2.
il confesse devant Pilate qu'il est Roi. 124. 2.
Rougir. Celui qui rougira de Dieu, Dieu rougira de lui. 66. 3. & 77. 2.
Royaume de Dieu premierement à rechercher. 39. 2.
il se prend par violence. 44. 2.
il ne vient point avec signes. 92. 2.
il est au dedans de nous. *ibid.*
il est pour les pauvres d'esprit. 34. 2.
pour ceux qui souffrent persecution. *ibid.*
pour les petits enfans. 94. 2.
royaume divisé ne peut subsister. 45. 3. & 75. 1.
royaume soulevé contre royaume. 103. 3.

S

Sabbat non violé par les Prêtres dans le Temple. 31. 1.
non violé pour tirer d'un fossé une brebi. *ibid.*
non violé pour tirer d'un puits un âne ou un bœuf. 80. 1.
non violé pour mener abruver un bœuf. 78. 1.
non violé pour donner la circoncision. 86. 2.
Sabbat fait pour l'homme, & non l'homme pour le Sabbat. 31. 1.
le Fils de l'homme est maître du Sabbat. *ibid.*
s'il est permis de faire du bien le jour du Sabbat. *ibid.*
Sadducéens appellés races de viperes. 11. 2.
ils demandent des prodiges dans le ciel. 65. 1.
levain des Sadducéens. *ibid.*
Sadducéens convaincus touchant la resurrection. 107. 2.
Sages. Mysteres cachés aux sages. 73. 2.
Sagesse justifiée par tous ses enfans. 44. 3.
Saints semblables aux Anges après la resurrection. 107. 2.
ne point donner le saint aux chiens. 40. 3.
Salomé mere des enfans de Zebedée. 129. 3.

Salutation angelique. 2.
 salutation & paix en entrant dans une maison. 55. 2.
Samaritain charitable. *Parabole.* 73. 3.
 Samaritains croyent en Jesus. 21. 3.
 ils le rejettent. 71. 1.
Samaritaine. Son entretien avec Jesus. 21. 1.
Sang de Jesus est veritablement bruvage. 61. 6.
 sang & eau sortant du côté de Jesus. 129. 4.
 sang des Prophetes recherché chez les Pharisiens. 76. 3.
Satan n'est pas chassé par Satan. 45. 3. & 75. 1.
 satan tombant du ciel comme un éclair. 73. 1.
 satan entrant dans Judas. 98. 3. & 114. 2.
 satan a demandé à cribler les Apôtres. 115. 2.
 S. Pierre appellé satan par Jesus. 66. 2.
Scandale de l'œil, de la main, du pied. 36. 1. & 70. 3.
 scandale des Nazaréens à cause que Jesus étoit fils de Joseph. 22. 1.
 fils de charpentier. 53. 3.
 malheur à celui par qui les scandales arrivent. 85. 1.
 les Anges enleveront tous ceux qui sont sujet de scandale & d'iniquité. 49. 1.
 il est necessaire qu'il arrive des scandales. 70. 3.
 il ne faut pas scandalizer les petits. *ibid.*
 il y aura beaucoup de scandalizés. 109. 2.
Sel insipide, bon à rien. 35. 1.

70. 3. 81. 4.
 Apôtres, sel & lumiere de la terre. 35. 1.
Semence jettée en terre. *Parabole.* 47. 3.
Le Semeur. *Parabole.* 47. 1.
 son explication. 48. 2.
Senevé. *Parabole.* 47. 4.
 foi comparée au grain de senevé. 68. 2.
Sentimens differens des Juifs touchant Jesus. 86. 3.
Sept pains multipliés. 64.
 femme de sept freres. 107. 2.
 qu'il faut pardonner septante fois sept fois. 70. 8.
Sepulcre neuf où Jesus est mis, appartenant à Joseph d'Arimathie. 130. 1.
Sepulcres ouverts à la mort de Jesus. 129. 2.
Sermon de Jesus aux Juifs. 30.
 sermon sur la montagne. 34.
Servir. Jesus n'est pas venu pour être servi, mais pour servir. 95. 3.
 il est impossible de servir Dieu & l'argent. 83. 2.
 on ne peut servir deux maîtres. *ibid.*
Le Serviteur ne sçait ce que fait son maître. 116. 1.
 le serviteur n'est pas plus que le maître. 55. 4.
 serviteurs vigilans. *Parabole* 77. 6.
 serviteur qui sçait la volonté de son maître, & qui ne la fait pas. *ibid.*
 serviteur inutile. *Parabole.* 85. 2.
 serviteur du Centenier gueri. 42. 2.
Sidon traitée moins rigoureuse-

ment. 55. 10.
Signe du ciel demandé. 45. 6. &
  65. 1.
signes des tems inconnus aux
  Pharisiens. ibid.
signes de la consommmation
  du siecle. 109. 3.
signes qui doivent preceder
  l'avenement de JESUS. 109. 6.
JESUS a fait beaucoup de signes qui ne sont pas écrits
  dans ce livre. 136. & 140. 2.
signes qui accompagneront
  ceux qui ont cru. 138. 3.
Simon, nommé Pierre par JE-
  SUS. 15. 3. & 33.
Simon le Cananéen, Apôtre,
  élu à l'apostolat. 33.
Simon le Pharisien, chez qui
  la pecheresse oignit JESUS. 43.
Simon le Lepreux, chez qui
  Marie sœur de Lazare oignit
  JESUS. 98. 1.
Simon le Cyrenéen, qui aida à
  porter la croix de JESUS. 127.
  3.
Simples comme des colombes.
  55. 3.
Sodome traitée moins rigou-
  reusement. 55. 10.
Soif de JESUS à la croix. 129. 1.
si quelqu'un a soif, qu'il
  vienne à JESUS. 29. 1.
Soldats renversés à la prise de
  JESUS. 119. 1.
Soleil obscurci à la mort de
  JESUS. 128. 7.
le soleil s'obscurcira au der-
  nier avenement. 109. 6.
Sort jetté sur les vêtemens de
  JESUS. 128. 3.
sort tombé sur Matthias. 140.
Souffrir. Etre prêt à tout souffrir. 37.

Soufflet. Si quelqu'un vous donne un soufflet sur la joue,
  presentez l'autre. 37.
Grand Soupé. Parabole. 80. 4.
soupé à Bethanie chez Si-
  mon le Lepreux. 98. 1.
soupé fait au jour de la naissance d'Herode. 56.
soupé avant l'institution de
  l'Eucharistie. 112. 2.
Suivre pauvre JESUS pauvre. 50.
  1.
qu'il faut suivre JESUS. 66. 3.
les Apôtres qui ont suivi JE-
  SUS, jugeront les douze tribus d'Israël. 94. 7.
Susanne, une des femmes qui
  suivoit JESUS. 45. 1.
Symeon homme juste & crai-
  gnant Dieu. 8. 1.
il reçoit JESUS entre ses bras
  dans le Temple. ibid.
son cantique. ibid. 3.
Syrophenissienne. Voyez Cananée.

T

TAbernacles. Fête des Ta-
  bernacles. 86. 1.
Talens. Parabole. 110. 5.
cinq Temoignages de S. Jean B.
  touchant J. CH. I. 11. 5. II. 12.
  3. III. 15. 1. IV. ibid. 2. V. ib.
  3.
le Pere, S. Jean B. & les œuvres qu'il fait rendent témoignage de JESUS. 30.
témoignage de JESUS par lui-
  même. 89. 1.
Tempête Premiere tempête appaisée. 50. 3.
seconde tempête appaisée. 60.
  2.
Temple

Temple du corps de Jesus détruit, & en trois jours rétabli. 17. 2.
ruine du Temple de Jerusalem. 109. 2.
Tems de Noé, de Loth, & du deluge. 92. 3. & 110. 2.
tems du Messie inconnu. 77. 8.
tems inconnus aux Pharisiens. 65. 1.
tems de Jesus non encore venu. 86. 1.
tems de la visite n'est pas connu. 100. 2.
Tenebres sur la terre. 128. 7.
tenebres exterieures, où il y aura des pleurs & grincemens de dents. 105. 5.
puissance des tenebres. 119. 4.
Tentations de Jesus. 14. 2. 3. 4.
Tête de S. Jean B. recompense de la danseuse. 56.
S. Thadée, qui est le même que S. Jude, Apôtre. Son élection à l'Apostolat. 33.
S. Thomas appellé Didyme, Apôtre. Son élection à l'Apostolat. 33.
prêt à mourir avec Jesus. 94. 4.
incredule. 135. 2.
il met son doigt dans le côté du Seigneur, & croit. 136.
Titre de la croix. 128. 2.
Traditions des Juifs. 61. 2.
traditions humaines contraires aux divines. ibid.
Transfiguration sur la montagne. 67. 1.
Tremblement de terre à la mort de Jesus. 129. 2.
tremblement de terre au sepulcre. 131. 1.
Trente pieces d'argent, prix de la trahison de Judas. 98. 3.
Tresor dans le ciel. 39. 1.
où est votre tresor, là est votre cœur. 39. 1. 77. 5.
tresor bon ou mauvais se tire du bon ou mauvais cœur. 41. 2.
tresor caché. Parabole. 49. 2.
tresor du Temple, où Jesus enseigne. 89. 1.
presens mis dans le tresor du Temple. 109. 1.
Tresorizer dans le ciel. 77. 5.
à qui est semblable celui qui tresorize sur la terre. ibid.
Tribut payé par Jesus. 69. 2.
s'il faut payer le tribut. 107. 1.
Triomphante entrée en Jerusalem. 100. 1.
Tristesse changée en joie. 116. 2.
tristesse de Jesus dans le jardin. 118. 1.
Tunique sans couture. 124. 8.
Tyr & Sydon moins rigoureusement traitées. 55. 10.

V

Van en la main de Jesus. 11. 4.
Veiller & prier. 116. 2.
Vendeurs, premiers chassés du Temple. 17. 1. seconds. 105. 2.
Vendre tout, & en faire l'aumône. 77. 5. & 94. 5.
Vengeance, jour de vengeance. 109. 5.
Vent cesse à l'arrivée de Jesus. 60. 2.
il commande aux vents. 50. 3.
Ver qui ne meurt point. 70. 3.
Verbe étoit avec Dieu, & le Verbe étoit Dieu. 12. 1.
toutes choses ont été faites par le Verbe. ibid.

le Verbe illumine tout homme qui vient au monde. *ibid.*
le Verbe a été fait chair. *ibid.*
Verité rend libre, & le peché rend esclave. 89. 4.
Vertu sortant de Jesus. 33. & 52. 2.
vertu des vêtemens de Jesus. 62. 1.
Vêtemens de Jesus jettés au sort. 128. 3.
Veuve de Naïm. 31.
veuve de Sidonie. 22. 2.
veuve sollicitant son juge. 92. 4.
veuve donnant de son indigence. 109. 1.
Viande de Jesus est de faire la volonté de Dieu. 21. 1.
Vie éternelle, est de connoître Dieu & son Fils. 117. 1.
pour avoir la vie éternelle, il faut croire en Jesus. 61. 5.
il faut manger sa chair & boire son sang. *ibid.* 6.
il faut garder les commandemens. 73. 5.
Vierges prudentes. *Parab.* 110. 1.
Vigne. Jesus est la vigne, & nous les branches. 116. 1.
Villes impenitentes. 72. 2.
Vin fait d'eau aux noces de Cana. 16.
vin nouveau dans de vieux vaisseaux. 28. 4.
Vinaigre presenté à Jesus sur la croix. 129. 1.
Violence. Le ciel se prend par violence. 83. 5.
Viperes. Engeance de viperes. 11. 2.
Virginité recommandée. 84. 2.
Visite de la Vierge à sainte Elisabeth. 4. 1.

Un necessaire. 73. 4.
le Pere & le Fils ne sont qu'un. 93. 1.
élus ne sont qu'un avec Jesus. 117. 3.
Vocation premiere de S. André & de S. Pierre. 15. 3.
vocation de S. Philippe. *ibid.* 4.
seconde vocation de S. André & de S. Pierre. 24. 1.
vocation de S. Matthieu. 28. 1.
vocation de S. Jâque le Majeur. 24. 1.
Voie, verité & vie. 115. 4.
Voile du Temple dechiré. 119. 2.
Voix de celui qui crie dans le desert. 11. 1.
voix de celui qui dit : Vous êtes mon Fils bien-aimé. 12. 1.
voix sortant d'une nuée, qui dit : Celui-ci est mon Fils bien-aimé. 67. 1.
voix du ciel glorifiant Jesus. 102. 2.

Y

Yeux des disciples d'Emmaüs ouverts dans la fraction du pain. 134.

Z

Zacharie Prêtre de la classe d'Abia. 1. 1.
averti par un Ange qu'il auroit un enfant qu'il appelleroit Jean. *ibid.* 2.
devenu muet pour n'avoir pas cru. *ibid.* 3.
il donne à son fils le nom que l'Ange lui avoit imposé. 5. 1.

DES MATIERES. 315

la parole lui revient auſſitôt. *ibid.*

il eſt rempli du S. Eſprit, & prophetize. *ibid.*

ſon Cantique. *ibid.* 2.

Zacharie Prophete, tué entre le temple & l'autel. 108. 3.

Zachée chef des Publicains. 96. 1.

monte ſur un ſycomore pour voir Jesus. *ibid.*

il donne la moitié de ſon bien aux pauvres. *ibid.*

il eſt enfant d'Abraham. *ibid.*

Zebedée pere de Jâque & de Jean. 24. 1.

demande des enfans de Zebedée. 95. 3.

leur zele contre les Samaritains repris par J. Ch. 71. 1.

appellés enfans du tonnerre. *ibid.*

FIN DE LA TABLE DES MATIERES.

R r ij

TABLE GEOGRAPHIQUE.

Et explication des contrées, villes & lieux de la Judée & autres païs, dont il est fait mention dans cette Harmonie Evangelique.

A

Abylene ou *Abyline*, contrée de la Syrie ou Phenicie vers le Liban, dont Lysanias étoit Tetrarque. *Chapitre* 11. *Art.* 1.

Aquilon, c'est à dire, Septentrion 79. 1.

Arimathie ou *Arimathée*, ville d'où étoit Joseph qui ensevelit Jesus. 130. 1. On la croit située proche Lydde, entre Jerusalem & Joppé.

Aser tribu, d'où étoit Anne Prophetesse. 8. 4. Cette tribu est située au Septentrion de la Judée, & tire son nom d'Aser huitieme fils de Jacob.

B

Babylone, capitale de la Caldée, qui a donné le nom de Babylonie à une partie de l'Assyrie. Leur Roi Nabuchodonosor y transporta les deux tribus de Juda & de Benjamin, après avoir pris & pillé Jerusalem. D'où il est parlé de la Transmigration des Juifs à Babylone. 3.

Bethabare dans l'édition Grecque, qui est la même que Bethanie au delà du Jourdain, où S. Jean batizoit. 15. 1.

Bethanie bourg, où étoit la demeure de Marie, Marthe & Lazare. Il est éloigné de Jerusalem d'environ quinze stades : & ce fut en ce lieu-là que Jesus ressuscita Lazare mort depuis quatre jours. 94. 1.

Bethléem en Judée, ville de la tribu de Juda, où Joseph étant allé avec Marie son épouse, & le tems de son accouchement étant arrivé, elle enfanta Jesus, qui y fut adoré par les Mages. 6. *&* 7.

Bethphagé, village au bas de la montagne des Oliviers du côté de l'Orient, d'où Jesus monté sur un âne partit pour faire son entrée triomphante à Jerusalem. 100. *&* 101.

Bethsaïde, ville de la Galilée en Decapolis, & proche de la mer Tiberiade, d'où étoient nés S. André, S. Pierre & S. Philippe. 15. 3. Jesus y guerit de la fievre la belle-mere de S. Pierre, & y fit plusieurs miracles. 25. 2

& 3. Il lui reproche neanmoins son impenitence. 55. 10.

C

Cana, ville de la Galilée, située entre Ptolemaïde & Nazareth, proche du mont Carmel. Jesus y fut convié aux noces, & y changea l'eau en vin. 16. Il y guerit aussi le fils d'un Officier. 23.

Capharnaüm, ville maritime de la Galilée sur les confins de Zabulon & de Nephtali. 22. 3. Elle est une des plus belles qui soit en Decapolis; elle a à l'Orient le Jourdain, & au Midi la mer de Galilée. Jesus ayant abandonné Nazareth, la choisit pour sa patrie, & y demeura quelque tems, prêchant dans la Synagogue, & enseignant au peuple la doctrine de l'Evangile; il y fit beaucoup de miracles, & entre autres la guerison d'un paralytique, 27. 2. Il y guerit le fils d'un Centenier 42. 2. Il restitua la vue à deux aveugles, & rendit le bon sens à un demoniaque. 53. 1. & 2. Il guerit une femme affligée d'un flux de sang par l'attouchement de son vêtement. 52. 2. Il ressuscita la fille de Jaïre chef de la Synagogue. 52. 3. Il fit pêcher un poisson à S. Pierre pour payer le tribut. 69. 2. Neanmoins Jesus declare que Sodome sera traitée moins rigoureusement que Capharnaüm, pour n'avoir pas fait penitence. 55. 10.

Cedron, torrent qui coule entre Jerusalem & le mont des Oliviers, par le milieu de la vallée de Josaphat, & se va precipiter dans la mer morte. Jesus le traversa en allant de Jerusalem à la montagne des Oliviers avec ses disciples pour y prier. 118. 1.

Cesarée de Philippe, autrefois dite Paneas, mais depuis nommée Cesarée par Philippe en consideration de Cesar Auguste. Cette ville est située proche des sources du Jourdain; & ce fut en ces quartiers-là que Jesus donna à S. Pierre la primauté & les clefs du royaume des cieux. 66. 1.

Chananée selon S. Matthieu, & Syrophenissienne selon saint Marc, femme dont la fille fut delivrée du demon par ses prieres, quoiqu'absente. Ceux qui habitoient Tyr & Sidon, étoient appellés Chananéens; & ceux qui étoient en Afrique, Syropheniissiens pour les distinguer. 63. 1.

Château, est une maison, bourg ou village auprès de Bethphagé & de Bethanie, vers la montagne des Oliviers, où Jesus envoya chercher une ânesse & son poulain. 99.

Corozain, ville de la Decapole, située au delà du Jourdain vis à vis Capharnaüm. Il n'est point dit par les Evangelistes qu'il y ait fait aucun miracle, cependant Jesus la met au rang des villes impenitentes. 55. 10.

Cyrenéen. Simon Cyrenéen, fut celui qui aida à porter la croix à Jesus, à qui les forces manquoient. Il étoit de Cyrene

R r iij

ville de Libye en Afrique, éloignée de la Judée, & au delà de l'Egypte. 127. 3.

D

Dalmanutha, lieu ou ville au delà de la mer de Galilée au regard de Capharnaüm & de Bethsaïde, où Jesus alla après la multiplication des sept pains. 64.

Decapolis, contrée, qui outre plusieurs villes, en contient encore de tres-celebres; entre lesquelles on compte Cesarée de Philippe, Corozaïn, Capharnaüm, Bethsaïde & Gadare: cette contrée s'étend le long du rivage du Jourdain superieur & de la mer de Galilée. 25. 6. & 63. 2. Jesus passant au milieu du païs de Decapolis, guerit un sourd & muet, & étant monté sur une montagne, il rendit la santé à une infinité de malades qu'on lui amena de toutes parts, & y fit le miracle de la multiplication des sept pains & de quelques petits poissons, dont il rassasia environ quatre mille hommes. 63. 2. & 64.

Desert de Bethsaïde. Il est situé au delà du détroit de la mer de Galilée au regard de Bethsaïde. C'est de ce lieu où Jesus ayant fait la multiplication des cinq pains & deux poissons, fut obligé de se retirer, parce que le peuple le vouloit faire Roi, & ordonna à ses disciples de le preceder au delà du détroit à Bethsaïde. 59. 1. & 2.

Desert de la Judée, il est situé dans le milieu de la tribu de Juda, près Bethléem. C'est en ce desert & proche du Jourdain que S. Jean B. prêchoit le batême de penitence.

Desert de Tentation. Il est situé entre Jerusalem & Jerico. C'est où Jesus jeûna pendant quarante jours, & fut ensuite tenté par le diable. 14.

E

Egypte, contrée tres-celebre de la Libye ou Afrique, proche de la Judée, entre le Midi & l'Occident. C'est là où Joseph se retira avec Marie & l'Enfant pour fuir la persecution d'Herode. 9. 1.

Emmaüs, bourg situé à deux lieues & demie de Jerusalem, dans lequel deux disciples reconnurent Jesus après sa resurrection. 132.

Ennon, proche Salim entre Samarie & Jerico, où S. Jean batizoit, parce qu'il y avoit là beaucoup d'eau. 19.

Ephrem, proche du desert, entre Samarie & Jerico, ville où demeuroit Jesus avec ses disciples après la resurrection de Lazare. 95. 1.

F

Fontaine de Jacob, située proche Sichar ville de la Samarie, où Jesus fatigué du chemin s'assit, & eut un long entretien avec une femme Samaritaine touchant l'eau vive, les veritables adorateurs, & le Messie. 21. 1.

G

Galilée, contrée tres-celebre, qui occupe la partie Septentrionale de toute la Judée, & contient quatre Tribus, sçavoir, Aser, Nephtali, Zabulon & Isachar, dont les deux premieres sont mélangées de Pheniciens & de Syriens gentils, plus voisines du Septentrion, & sont connues sous le nom de Galilée superieure; les deux autres sont comprises sous le nom de Galilée inferieure. Elle a pour limites du côté du Septentrion la Syrie qui en est separée par le mont Liban; du côté du Midi la Samarie & le mont Carmel; du côté de l'Orient le Jourdain, & de celui de l'Occident la mer Mediterranée. C'est dans la Galilée que Jesus a été conçu & élevé, où il a commencé à prêcher la grace de l'Evangile, & fait un grand nombre de miracles; c'est ce qui a donné lieu aux Juifs de l'appeller Galiléen. Tous les Evangelistes en font souvent mention.

Genesar & *Genesareth*, dans S. Matthieu. 61. Terre de Genesar, dans S. Marc. 53. 1. Genesareth, *ibid*. dans S. Luc, lac de Genesareth. 26. & dans S. Jean, la Mer de Tiberiade. 137.

Geraza ou *Gerasa*, ville située à l'Orient de la mer de Galilée, d'où l'on dit contrée des Geraseniens dans S. Matthieu, S. Marc & S. Luc. 51.

Golgotha ou *mont de Calvaire*, lieu où on executoit les coupables, & où Jesus fut crucifié. 138. 1.

I

Idumée, contrée voisine de la Judée du côté du Midi, entre la Judée, l'Arabie & l'Egypte. S. Marc seul entre les Evangelistes en fait mention. 32.

Jerico, ville tres-connue dans le vieil & le nouveau Testament. Elle est peu éloignée du Jourdain, & située à l'Orient de la ville de Jerusalem. Jesus passant par cette ville, entra dans la maison de Zachée publicain. 96. 1. & en sortant il guerit deux aveugles, dont l'un s'appelloit Bartimée. 97. 1.

Jerusalem, ville metropolitaine de toute la Judée, tres-fortifiée, & la plus belle de toutes les villes de l'Orient. Elle est recommandable d'avoir eu chez elle le trône de David, de Salomon & de Judas, d'avoir été la demeure des souverains Pontifes, & d'avoir dans son enclos le Temple de Salomon si fameux par tout le monde. Elle est appellée Sainte Cité. 129. 2. Jesus pleura sur elle lorsqu'il y entra, 100. 2. & prédit sa destruction. 109. 2.

Jourdain, est un tres-grand fleuve, & presque le seul de toute la Judée, puisque les autres sont plutôt des torrens que des fleuves. Il tire ses sources du mont Liban, & coule du

Septentrion au Midi, & après avoir passé la mer de Galilée, il perd ses eaux tres agreables & tres-salutaires dans la mer Morte. Ce fleuve est tres celebre tant dans l'ancien que dans le nouveau Testament, non seulement de ce que le peuple d'Israël le traversa à pied sec, *Jos* 3. 16. mais encore de ce que S. Jean y avoit batizé beaucoup de peuple, 11. 1. & que JESUS y avoit aussi été batizé. 11. 1.

Israël. Avant Salomon tout le peuple Hebreu n'avoit point d'autre nom que celui d'Israël, mais après lui le royaume des Hebreux ayant été divisé en deux, dont l'un prit le nom de Juda, & l'autre celui d'Israël, parce que des douze tribus il en demeura dix dans ce dernier, & dans le premier deux seulement sous le nom de Juda, comme étant Royale, la plus puissante & la plus noble. Et de cette division de royaume, ceux qui avoient été auparavant appellés en general Hebreux & Israëlites, furent enfin separés en Israëlites & en Juifs.

Iturée, contrée au delà du Jourdain, vis à vis de la Samarie, & voisine de l'Arabie. Philippe frere d'Herode étoit Tetrarche de l'Iturée & de la Traconite. 11. 1.

Juda Tribu plus nombreuse & plus forte que les autres douze Tribus. Elle tient son nom de Juda quatrieme fils de Jacob & de Lia sa femme.

Judée, contrée presque la plus petite de l'Asie, mais la plus noble. Elle est située à l'Orient de la mer Mediterranée, & contiguë à l'Egypte. Elle a eu differens noms selon la concurrence des tems. Elle a été appellée premierement terre de Chanaan, à cause de Chanaam fils de Cham; secondement Terre Promise, à cause que Dieu l'avoit promise à Abraham & à sa posterité: troisiemement Terre d'Israël, & royaume d'Israël, parce que les Israëlites descendans d'Abraham la possedoient, & l'avoient divisée en douze Tribus ou parties, toutes lesquelles Tribus sont comprises sous le nom d'Israël & de Juda: quatriemement Judée à cause de la Tribu de Juda. Or du tems de J. CH. toute la Judée fut divisée en six parties, sçavoir, en la Galilée, la Samarie & la Judée proprement dite, qui sont situées au deçà du Jourdain & à côté de la mer Mediterranée: & en la Trachonite, l'Iturée & l'Idumée, qui sont au delà du Jourdain: cinquiemement Palestine & terre des Palestins (appellés Philistim par les Hebreux.) C'est sous le nom de Palestine que les Romains ont partagé la Judée en trois provinces. Enfin, sixiemement Terre Sainte, parce que J. CH. y ayant été né & élevé, il y a fait un grand nombre de miracles, & y est mort pour le salut des hommes, c'est pour cela que tous les Chretiens ont appellé cette contrée, Terre Sainte.

M

Magedan. Voyez Dalmanutha.

Maritime, ou *païs maritime*. S. Luc entend la partie maritime de la Judée qui approche de la mer Mediterranée, & principalement celle qui est vers Tyr & Sidon. 35.

Mer de Galilée ou *Lac de Tiberiade*. Elle est appellée mer de Galilée, à cause qu'elle est voisine de la Galilée, & Tiberiade à cause de la ville de Tiberias qui est proche. Le Jourdain passe au travers de cette mer, & elle est entourée de plusieurs belles villes, sçavoir de Capharnaüm & de Corozain du côté du Septentrion; de Julias, Gerase, & Gadare, à l'Orient; de Bethsaïde & Tiberiade, à l'Occident; & de Tarichée, au Midi. Jesus marchant le long de cette mer, vit Simon appellé Pierre, & André son frere, Jaque & Jean son frere enfans de Zebedée, qu'il appella à lui, 14. 1. & où il leur fit pêcher une si prodigieuse quantité de poissons que les filets s'en rompoient. 26. Il appaisa encore une tempête qui s'étoit élevée pendant qu'il dormoit sur la poupe. 30. 3. Et enfin ce fut où il marcha sur les eaux, & saint Pierre aussi par son commandement. 60. 1. & 2.

Montagne sur laquelle Jesus se retiroit souvent pour prier & prêcher, & où il élut ses Apôtres. 33. Cette montagne est proche de Capharnaüm, de Bethsaïde & de la mer de Galilée.

Montagne d'Olivet ou *des Oliviers* qui est très-haute, & ainsi appellée à cause de la grande quantité d'Oliviers qui y croissent. Elle est éloignée de Jerusalem de cinq ou six mille pas. Jesus y alloit souvent pour prier, & enfin avec ses disciples avant sa passion. 115. 4. Ce fut de dessus cette montagne qu'il s'éleva au ciel en presence de ses disciples. 139.

Montagne de Tentation très haute, où le diable transporta Jesus, & le tenta en lui montrant tous les royaumes du monde & leur gloire, elle est proche de Jerico, du côté du Septentrion. 14. 3.

Montagne où Jesus fut transfiguré. *Voyez* Thabor.

Païs de Montagnes, où étoit la demeure de Zacharie & d'Elizabeth dans une ville appellée Hebron. 4. 1.

N

Naïm, ville située entre Samarie & Capharnaüm, proche Nazareth & Tiberiade. C'est à la porte de cette ville que Jesus ressuscita le fils d'une veuve qu'on portoit en terre. 42. 3.

Nazareth, ville de la Galilée, en laquelle l'Ange Gabriël fut envoyé à Marie Vierge. 2. C'étoit sa patrie, & celle de Jesus, parce qu'il y avoit été conçu, & élevé pendant la plus grande partie de sa vie, & c'est pour cela qu'il étoit appellé Nazaréen. Il arriva un jour qu'étant entré dans leur Synagogue, & ayant expliqué un passage d'Isaïe, les Nazaréens irrités, & le méprisant en disant que c'étoit le fils de Joseph Charpentier, le chasserent de leur ville, & le menerent au haut de la montagne pour le precipiter, mais il s'échapa au milieu d'eux. 22. 1. & 2.

Nephtali, Tribu située à la superieure & occidentale rive du Jourdain, ainsi appellée de Nephtali sixieme fils de Jacob. Elle est voisine de la tribu de Zabulon. 22. 3.

P

Piscine probatique. Elle est dans la ville de Jerusalem. Le premier malade qui y descendoit, après que l'Ange en avoit troublé l'eau, étoit gueri. Ce fut là où Jesus de sa parole guerit un malade de 38. ans. 29. 2.

Piscine de Siloé, sous le mont de Sion, à l'Orient de Jerusalem. Jesus ayant oint de sa salive un aveugle-né, l'envoya se laver à la piscine de Siloé, où il reçut l'usage de la vue, & confessa Jesus malgré les Pharisiens. 90. 1.

S

Salim, ville qu'on croit être proche du Jourdain, & peu éloignée d'Ennon, où S. Jean batizoit. 19.

Sainte Cité. Jerusalem est ainsi appellée par S. Matthieu, dans la seconde Tentation, 14. 3. & dans les prodiges qui arriverent à la mort de Jesus. 139. 2.

Samarie, contrée située au milieu de la Judée. Jesus allant à Jerusalem passa par le milieu de la Samarie & de la Galilée, & lorsqu'il fut entré dans un village, dix Lepreux se presenterent devant lui, qu'il envoya se montrer aux Prêtres, & qui furent gueris en chemin, l'un des dix se voyant gueri, retourna vers Jesus, glorifiant Dieu, & se prosterna à ses pieds, & celui-là étoit Samaritain. 92. 1.

Samarie, ville tres-belle & bien fortifiée, & qui a été la residence des Rois d'Israël. Elle est située au milieu de la contrée. Il en est fait mention en plusieurs endroits de l'ancien Testament.

Sarepte, ville proche de Sidon, bâtie sur le bord de la mer Méditerranée. J. Ch. en fait mention, lorsqu'il reproche aux Nazaréens leur incredulité. 22. 2.

Sichar, ville située proche de l'heritage que Jacob donna à son fils Joseph, où il y a une fontaine. *Voyez* Fontaine de Jacob.

Sidon, ville tres-ancienne, qui fut bâtie par Sidon premier-né des fils de Chanaam. Il en est fait mention à l'endroit où Jesus fait des reproches aux villes impenitentes. 55. 10.

Sodome & Gomorre, ville si-

GÉOGRAPHIQUE.

tuée dans une vallée remplie de bois, fertile & agréable, arrosée du Jourdain, & proche la mer Morte. Ces villes furent consumées par le feu du ciel pour punition de leurs crimes. 55. 10.

Siloé. Voyez *Piscine de Siloé*, ci-devant.

Syrie, dont Cyrinus fut Président, lequel publia l'Edit de César Auguste pour la description de toute la terre. S. Marc parle de la Syrie qui étoit proche de la Judée, parce qu'elle s'étendoit si loin, que la Judée en faisoit une partie.

T

THabor montagne. Il n'est fait aucune mention de ce nom dans les Evangelistes, mais seulement d'une haute montagne sur laquelle J. Ch. fut transfiguré. 67. 1.

Thraconite, province au delà du Jourdain, vis à vis de la Galilée, dont Philippe frere d'Herode fut Tetrarque. 11. 1.

Tyr, étoit une ville maritime, la plus grande & la plus forte de toutes les villes de la Phenicie, située sur un rocher proche de la mer. Les Evangelistes en font mention en quelques endroits.

Z

Zabulon, Tribu située entre la mer Occidentale & la mer de Galilée. Elle tire son nom de Zabulon dixiéme des enfans de Jacob.

FIN DE LA TABLE GEOGRAPHIQUE.

APPROBATION.

J'Ai lû par ordre de Monseigneur le Chancelier un Manuscrit intitulé, *Harmonie Evangelique, ou la Vie de* Jesus-Christ, &c. Fait à Paris ce 13. Novembre 1715.

ROUSSEL.

PRIVILEGE DU ROY.

LOUIS par la grace de Dieu Roi de France & de Navarre, à nos aimés & feaux Conseillers les gens tenant nos Cours de Parlement, Maître des Requêtes ordinaires de notre Hôtel, Grand Conseil, Prevôt de Paris, Baillifs, Senéchaux, leurs Lieutenants Civils, & autres nos Justiciers qu'il appartiendra,

SALUT. Nôtre bien amé JEAN BATISTE LAMESLE, Libraire à Paris, Nous ayant fait remontrer qu'il souhaiteroit faire imprimer un Livre intitulé *Harmonie Evangelique ou la vie de Nôtre Seigneur JESUS-CHRIST selon les quatre Evangelistes, avec des Notes pour l'intelligence de l'histoire & de la chronologie*; s'il Nous plaisoit lui accorder nos Lettres de Privilege sur ce necessaires; Nous lui avons permis & permettons par ces Presentes de faire imprimer ledit Livre en telle forme, marge, caractere, conjointement ou separément, & autant de fois que bon lui semblera, & de le vendre, faire vendre & debiter par tout nôtre Royaume pendant le tems de *neuf* années consecutives, à compter du jour de la date desdites Presentes: Faisons défenses à toutes sortes de personnes de quelque qualité & condition qu'elles soient d'en introduire d'impression étrangere dans aucun lieu de nôtre obeïssance, & à tous Imprimeurs, Libraires, & autres, d'imprimer, faire imprimer, vendre, faire vendre, debiter ni contrefaire ledit Livre en tout ni en partie, ni d'en faire aucuns extraits, sous quelque prétexte que ce soit, d'augmentation, correction, changement de titre ou autrement, sans la permission expresse & par écrit dudit Exposant ou de ceux qui auront droit de lui, à peine de confiscation des Exemplaires contrefaits, de quinze cent livres d'amende contre chacun des contrevenans, dont un tiers à Nous, un tiers à l'Hôtel-Dieu de Paris, & l'autre tiers audit Exposant, & de tous dépens, dommages & interêts; à la charge que ces Presentes seront enregistrées tout au long sur le Registre de la Communauté des Imprimeurs & Libraires de Paris, & ce dans trois mois de la date d'icelles; que l'impression dudit Livre sera faite dans nôtre Royaume & non ailleurs, en bon papier & en beaux caracteres, conformément aux Reglemens de la Librairie, & qu'avant que de l'exposer en vente, il en sera mis deux Exemplaires dans nôtre Bibliotheque publique, un dans celle de nôtre Château du Louvre, & un dans celle de nôtre très-cher & féal Chevalier, Chancelier de France, le Sieur Voysin, Commandeur de nos Ordres; le tout à peine de nullité des Presentes, du contenu desquelles vous mandons & enjoignons de faire jouir l'Exposant ou ses ayant cause pleinement & paisiblement, sans souffrir qu'il leur soit fait aucun trouble ou empêchement: Voulons que la copie desdites Presentes, qui sera imprimée au commencement ou à la fin dudit Livre soit tenue pour duement signifiée, & qu'aux copies collationnées par l'un de nos amez & feaux Conseillers Secretaires, foi soit ajoutée comme à l'original: Commandons au premier nôtre Huissier ou Sergent de faire pour l'execution d'icelles tous Actes requis & necessaires, sans demander autre permission, nonobstant clameur de Haro, Charte Normande, & Lettres à ce contraires; CAR tel est nôtre plaisir. DONNÉ à Paris le troisieme jour du mois de Decembre l'an de grace mil sept cent quinze, & de nôtre Regne le premier. Par le Roi en son Conseil.

FOUQUET.

Registré sur le Registre N. 3. de la Communauté des Libraires & Imprimeurs de Paris, page 1007. N. 1332. conformément aux Reglemens & notamment à l'Arrêt du Conseil du 13. Août 1703. A Paris ce 10. Decembre 1715.

DELAULNE, Syndic.

CATALOGUE

DES LIVRES NOUVEAUX qui se vendent à Paris chez Jean-Baptiste Lamesle, ruë du Foin, du côté de la ruë S. Jacques, à la Minerve. MDCCXVI.

Harmonie ou Concorde Evangelique, contenant la vie de Notre-Seigneur Jesus-Christ selon les quatre Evangelistes, suivant la methode & avec les Notes de M. Toinard. 1716. *volume in* 8. 3. liv.

Propre de l'Eglise Paroissiale de S. Paul, Latin-François ; contenant l'Office de la Conversion de S. Paul, & de l'Octave ; l'Office de S. Pierre & S. Paul, & de l'Octave ; l'Office de la Commemoration de S. Paul ; & l'Office de la Dedicace de l'Eglise, qui est le même qui se dit dans toutes les autres Paroisses du Diocese de Paris. 1714. *vol. in* 12. 2. l. 5. s.

Discours prononcé dans l'Eglise Cathedrale de Strasbourg le 5. Mai 1715. par M. Jean-Sigismond Nester, de Dresde en Saxe, ci-devant Ministre Lutherien ; dans lequel sont exposez les motifs de son retour à l'Eglise Catholique. *in* 12. 8. s.

Nouvelle maniere d'Ecrire comme on parle en France. *in* 12. 5. s.

Instructions Crétiennes mises en Ortografe naturelle pour faciliter au peuple la lecture de la sience du salut. *vol. in* 12. 1. l. 10. s.

Histoire de l'Ancien Testament, divisée en cinq âges, avec des reflexions Theologiques. *in* 8. 4. l.

La nouvelle & la tres-ancienne Coutume de Bretagne, avec les Commentaires & Observations pour l'intelligence & l'usage des Articles obscurs, abolis & à reformer, suivant les Edits, Ordonnances & Arrêts de Reglemens rendus depuis la derniere reformation de la Coûtume. *in* 4. 2. *vol.* 12. l.

De Messieurs de l'Academie Royale des Inscriptions & Medailles.

Dissertation sur le culte que les Anciens ont rendu à la Déesse de la santé. On y a joint les Medailles & quelques autres Monumens antiques qui ont rapport à cette matiere. *in* 8. *avec figures.* 1. l. 5. s.

―――Sur le Janus des Anciens, & sur quelques Medailles qui y ont rapport. *in* 8. *avec figures.* 1. l. 5. s.

Explication d'une Inscription antique trouvée depuis peu à Lyon, où sont décrites les particularitez des sacrifices que les Anciens appelloient *Tauroboles*. in 8. *avec figures*. 1. l. 10. s.

Eloge historique de Dom Mabillon, lûë dans une Assemblée publique de l'Académie. *in 4.* 15 s.

Dissertation sur une Figure de bronze trouvée dans un Tombeau, & qui represente une Divinité des Anciens. *in 8. avec figures*. 1. l. 15. s.

Observations sur les Monumens Antiques trouvez depuis peu dans l'Eglise Notre-Dame de Paris. 1711. *in 4. avec figures*. 1. l.

Fête d'Athenes representée sur une Cornaline antique du Cabinet du Roi. *in 4. avec figures*. 1. l. 10. s.

Explication d'une Pierre gravée de M. le Comte de Pontchartrain, où l'on traite en même tems plusieurs Matieres curieuses de l'Antiquité. *in 12. avec figures*. 15 s.

Critique en forme de Lettres adressées à M. le Marquis de Dangeau, sur une prétenduë Medaille d'Alexandre, publiée par M. de Vallemont, où l'on traite plusieurs Matieres d'Antiquité. *in 12. avec figures*. 1. l. 5. s.

Description des Bas-Reliefs qui ont été trouvez dans l'Eglise Cathedrale de N. D. de Paris. 1711. *in 4. avec figures*. 1. l. 5. s.

Traité historique de la Mouvance de la Bretagne, dans lequel on justifie que cette Province, dès le commencement de la Monarchie, a toujours relevé, ou immediatement ou en arriere-fief de la Couronne de France, pour servir de Réponse à ce qu'en a écrit le R. P. Lobineau dans son Histoire moderne de Bretagne. *in 12.* 1. l. 15. s.

Odes sur la Musique, la Danse, l'Etude & l'Architecture. *in 12.* 1. l. 10. s.

De differens Auteurs.

Dissertations du R. P. Etienne Chamillart sur plusieurs Medailles, Pierres gravées, & autres Monumens d'Antiquité. vol *in 4. avec figures*. Sçavoir

I. Lettre dans laquelle l'on examine si les Médailles ont été des Monnoyes ou non.

II. Lettre sur le même sujet.

III. Lettre à S. A. S. M. le Duc du Maine, sur les Quinaires.

IV. Lettre sur l'avantage que les Lettres retireroient, si l'on défendoit de fondre les Médailles antiques.

V. Lettre, sçavoir si les revers des Medailles ont toujours rapport aux Empereurs ou aux Imperatrices, dont les têtes sont representez de l'autre côté de la Médaille.

VI. Lettre sur une Medaille de Faustine la Mere.

VII. Lettre sur une Medaille d'*Annia Faustina*.

VIII. Lettre sur une Médaille de Julia Mammæa.
IX. Lettre sur une Médaille de Pacatianus.
X. Lettre sur une Médaille de Mariniana.
XI. Lettre sur une Médaille de l'Empereur Galien.
XII. Lettre sur une Médaille de Posthume.
XIII. Lettre au sujet de la découverte d'un tresor de Médailles rares & uniques.
XIV. Lettre sur les Médailles de Julien, tyran du tems de Carinus.
XV. Lettre sur quelques Pierres gravées.
XVI. Lettre sur une Statuë trouvée à Bourges.
XVII. Lettre sur la Gallerie de S. A. M. le grand Duc de Toscane.
XVIII. & derniere Lettre sur la situation de quelques Villes de France ; sur les differentes constructions des Bâtimens d'Eglise ; sur les Catacombes de Rome ; sur les raretez qui se voyent en Italie, & sur une Lettre de l'Empereur Vespasien, qui n'a point encore parué. *Toutes ces Pièces ensemble se vendent* 6. liv. en veau, & 5. liv. en papier marbré.

Dissertations historiques sur divers sujets d'Antiquité ; Sçavoir,
Explication d'une Inscription antique trouvée à Borbonne.
Dissertation historique sur la nouvelle Ville de Bibracte.
——— Sur la Ville nommée anciennement *Aventicum*.
——— Sur la Ville de Bibrax.
——— Sur la Ville d'Alyse.
——— Sur les Tombeaux antiques, qu'on voit à Autun, & aux environs.
——— Sur la langue Celtique.
——— Sur le Bas-Breton.
Eclaircissemens sur quelques passages des Commentaires de Cesar.
Seconde Dissertation sur la Ville nommée anciennement *Aventicum*.
Lettres sur les Médailles antiques. *Le tout ensemble*, 1. l. 10. s.
Dissertation sur Magnia Urbica, où l'on fait voir que cette Princesse n'est point femme de l'Empereur Maxence, comme on l'a crû jusqu'à present. *in* 12. *avec figures*. 1. liv. 5. s.
——— Sur Nigrinianus, dont le tems a été jusqu'ici fort incertain, & sur quelques autres Princes, dont les Médailles font quelque difficulté parmi les Antiquaires, avec un Avertissement à la tête, qui sert de Réponse à la Critique faite sur Magnia Urbica. *in* 12. *avec fig*. 1. l.
——— Sur deux Tombeaux antiques qui se voyent dans l'Eglise de l'Abbaye de Notre-Dame de Soissons. *in* 12. *avec fig*. 15. s.
Défense de l'Auteur des Lettres sur les Sciences & sur les Arts,

contre un Article du Journal des Sçavans de Paris. *in* 12. 5. ſ.
L'Origine du Fard ou Metamorphoſe d'Hebé en vieille. *in* 12. 8.ſ.
Le Jeu du Monde ou Introduction à l'Hiſtoire generale, pour l'Inſtruction d'un homme de Cour. *in* 12. *avec fig.* 1. l. 10. ſ.
Eloges des Saints, ou les Hymnes qui ſe chantent tant à Matines, qu'à Laudes & Vêpres pendant l'Année, ſelon les uſages de Rome & de Paris, nouvellement traduites en vers François, accommodez au chant de l'Egliſe, le Latin eſt vis à vis. Ouvrage propre pour les Miſſions, les Catechiſmes, & pour occuper ſaintement toute ſorte de perſonnes. *in* 18. 1. l. 5. ſ.
Les Proſes des principales Fêtes de l'année, traduites pareillement en vers François. le Latin vis à vis. *in* 18. 15. ſ.
Les Hymnes propres des SS. Patrons des Paroiſſes & des Communautez particulieres du Dioceſe de Paris, traduites pareillement en vers François. *in* 18. 10. ſ.

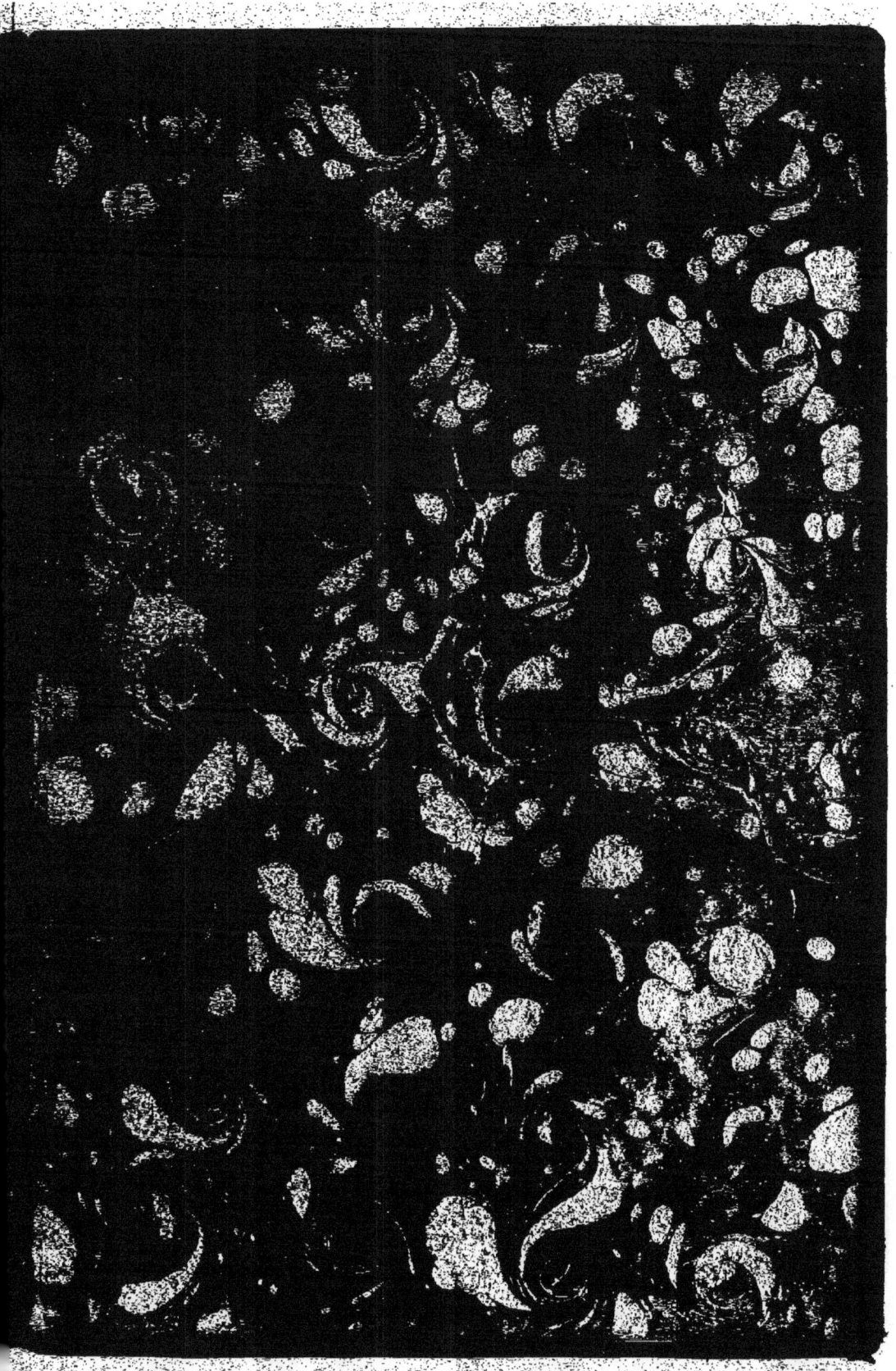

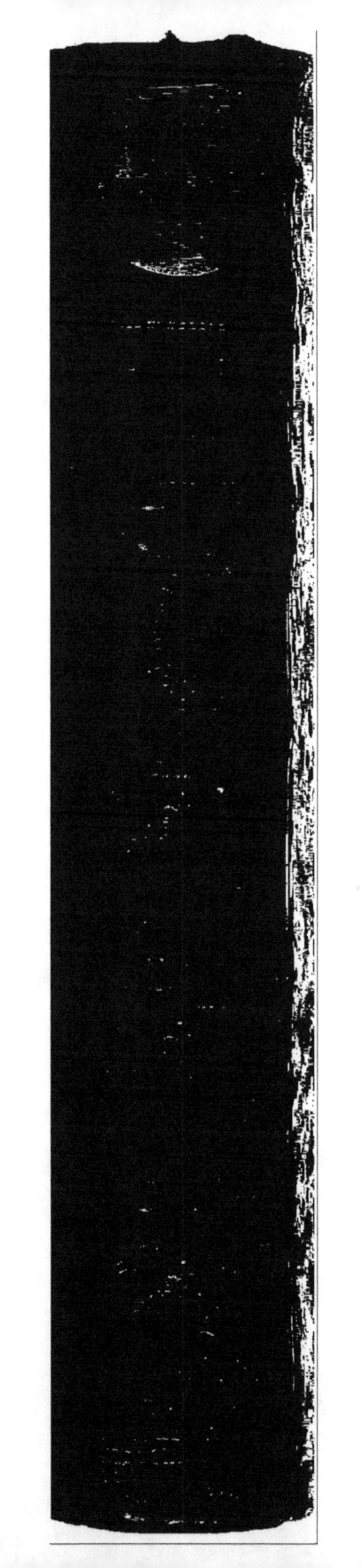

www.ingramcontent.com/pod-product-compliance
Lightning Source LLC
Chambersburg PA
CBHW070907170426
43202CB00012B/2226